经以修身
建德尚真

贺教育部

人文社科项目

成果出版

季羡林
两千零八

教育部哲学社会科学研究重大课题攻关项目
"十三五"国家重点出版物出版规划项目

# 全球化背景下国际秩序重构与中国国家安全战略研究

THE STUDY ON THE RECONSTRUCTION
OF INTERNATIONAL ORDER AND
CHINA'S NATIONAL SECURITY STRATEGIES
IN THE CONTEXT OF GLOBALIZATION

张汉林 等著

中国财经出版传媒集团
经济科学出版社
Economic Science Press

图书在版编目（CIP）数据

全球化背景下国际秩序重构与中国国家安全战略研究/张汉林等著 .—北京：经济科学出版社，2021.5
教育部哲学社会科学研究重大课题攻关项目 "十三五"国家重点出版物出版规划项目
ISBN 978-7-5218-2461-2

Ⅰ.①全… Ⅱ.①张… Ⅲ.①国际关系-研究②国家安全-国家战略-中国 Ⅳ.①D81②D631

中国版本图书馆 CIP 数据核字（2021）第 055830 号

责任编辑：刘战兵
责任校对：刘　昕
责任印制：范　艳

**全球化背景下国际秩序重构与中国国家安全战略研究**
张汉林　付亦重　李　杨　等著
经济科学出版社出版、发行　新华书店经销
社址：北京市海淀区阜成路甲 28 号　邮编：100142
总编部电话：010-88191217　发行部电话：010-88191522
网址：www.esp.com.cn
电子邮箱：esp@esp.com.cn
天猫网店：经济科学出版社旗舰店
网址：http://jjkxcbs.tmall.com
北京季蜂印刷有限公司印装
787×1092　16 开　23.25 印张　440000 字
2021 年 9 月第 1 版　2021 年 9 月第 1 次印刷
ISBN 978-7-5218-2461-2　定价：93.00 元
(图书出现印装问题，本社负责调换。电话：010-88191510)
(版权所有　侵权必究　打击盗版　举报热线：010-88191661
　QQ：2242791300　营销中心电话：010-88191537
　电子邮箱：dbts@esp.com.cn)

## 课题组主要成员

**首席专家** 张汉林
**主要成员** 李　杨　付亦重　冯伟杰　程斌琪
　　　　　　孙俊成　高　媛　车丽波　唐　克
　　　　　　刘　颖　贾瑞哲　黄艳希　王家林
　　　　　　赵曦梦　宋懿达　陈濛濛

## 编审委员会成员

**主 任** 吕 萍
**委 员** 李洪波　柳　敏　陈迈利　刘来喜
　　　　 樊曙华　孙怡虹　孙丽丽

# 总　序

哲学社会科学是人们认识世界、改造世界的重要工具，是推动历史发展和社会进步的重要力量，其发展水平反映了一个民族的思维能力、精神品格、文明素质，体现了一个国家的综合国力和国际竞争力。一个国家的发展水平，既取决于自然科学发展水平，也取决于哲学社会科学发展水平。

党和国家高度重视哲学社会科学。党的十八大提出要建设哲学社会科学创新体系，推进马克思主义中国化、时代化、大众化，坚持不懈用中国特色社会主义理论体系武装全党、教育人民。2016年5月17日，习近平总书记亲自主持召开哲学社会科学工作座谈会并发表重要讲话。讲话从坚持和发展中国特色社会主义事业全局的高度，深刻阐释了哲学社会科学的战略地位，全面分析了哲学社会科学面临的新形势，明确了加快构建中国特色哲学社会科学的新目标，对哲学社会科学工作者提出了新期待，体现了我们党对哲学社会科学发展规律的认识达到了一个新高度，是一篇新形势下繁荣发展我国哲学社会科学事业的纲领性文献，为哲学社会科学事业提供了强大精神动力，指明了前进方向。

高校是我国哲学社会科学事业的主力军。贯彻落实习近平总书记哲学社会科学座谈会重要讲话精神，加快构建中国特色哲学社会科学，高校应发挥重要作用：要坚持和巩固马克思主义的指导地位，用中国化的马克思主义指导哲学社会科学；要实施以育人育才为中心的哲学社会科学整体发展战略，构筑学生、学术、学科一体的综合发展体系；要以人为本，从人抓起，积极实施人才工程，构建种类齐全、梯队衔接的高校哲学社会科学人才体系；要深化科研管理体制改革，发挥高校人才、智力和学科优势，提升学术原创能力，激发创新创造活力，建设中国特色新型高校智库；要加强组织领导、做好统筹规划、营造良好学术生态，形成统筹推进高校哲学社会科学发展新格局。

哲学社会科学研究重大课题攻关项目计划是教育部贯彻落实党中央决策部署的一项重大举措，是实施"高校哲学社会科学繁荣计划"的重要内容。重大攻关项目采取招投标的组织方式，按照"公平竞争，择优立项，严格管理，铸造精品"的要求进行，每年评审立项约40个项目。项目研究实行首席专家负责制，鼓励跨学科、跨学校、跨地区的联合研究，协同创新。重大攻关项目以解决国家现代化建设过程中重大理论和实际问题为主攻方向，以提升为党和政府咨询决策服务能力和推动哲学社会科学发展为战略目标，集合优秀研究团队和顶尖人才联合攻关。自2003年以来，项目开展取得了丰硕成果，形成了特色品牌。一大批标志性成果纷纷涌现，一大批科研名家脱颖而出，高校哲学社会科学整体实力和社会影响力快速提升。国务院副总理刘延东同志做出重要批示，指出重大攻关项目有效调动各方面的积极性，产生了一批重要成果，影响广泛，成效显著；要总结经验，再接再厉，紧密服务国家需求，更好地优化资源，突出重点，多出精品，多出人才，为经济社会发展做出新的贡献。

作为教育部社科研究项目中的拳头产品，我们始终秉持以管理创新服务学术创新的理念，坚持科学管理、民主管理、依法管理，切实增强服务意识，不断创新管理模式，健全管理制度，加强对重大攻关项目的选题遴选、评审立项、组织开题、中期检查到最终成果鉴定的全过程管理，逐渐探索并形成一套成熟有效、符合学术研究规律的管理办法，努力将重大攻关项目打造成学术精品工程。我们将项目最终成果汇编成"教育部哲学社会科学研究重大课题攻关项目成果文库"统一组织出版。经济科学出版社倾全社之力，精心组织编辑力量，努力铸造出版精品。国学大师季羡林先生为本文库题词："经时济世　继往开来——贺教育部重大攻关项目成果出版"；欧阳中石先生题写了"教育部哲学社会科学研究重大课题攻关项目"的书名，充分体现了他们对繁荣发展高校哲学社会科学的深切勉励和由衷期望。

伟大的时代呼唤伟大的理论，伟大的理论推动伟大的实践。高校哲学社会科学将不忘初心，继续前进。深入贯彻落实习近平总书记系列重要讲话精神，坚持道路自信、理论自信、制度自信、文化自信，立足中国、借鉴国外、挖掘历史、把握当代、关怀人类、面向未来，立时代之潮头、发思想之先声，为加快构建中国特色哲学社会科学，实现中华民族伟大复兴的中国梦做出新的更大贡献！

教育部社会科学司

# 前 言

随着全球化在深度和广度上的加速发展，传统国际秩序受到挑战，新型国际秩序处于重构过程中。全球化浪潮中最明显的是经济全球化，由贸易全球化、金融全球化、生产全球化和投资全球化构成的经济全球化浪潮中，世界各国和地区经济相互依赖、相互渗透日益加深，逐渐结合成一个统一的整体，各国之间利益关联性越来越强。在此背景下，传统上以政治与军事为重的国际体系逐步转变为以经济力量的竞争和均衡为核心，国际经济秩序成为国际秩序重构的核心，国际经济秩序则通过影响国家经济主权、经济制度和经济模式等影响一国经济政治发展。2008年的全球金融危机对国际力量对比、国际格局演变和大国关系产生了长远而深刻的影响，危机过后，美国、日本和欧洲等发达国家和地区的国际地位相对下降，新兴市场国家地位凸显，国际经济、金融体系改革取得突破，国际经济秩序加速转型。

国际经济秩序重构不仅反映了世界经济和政治格局的变化，也将对一国经济安全和政治安全产生深刻的影响。一方面，经济全球化大背景下，国家利益的核心已转向经济利益和经济安全，经济安全成为政治安全、社会安全、军事安全的基础，国际经济秩序成为国际秩序重构的核心，并会通过影响其经济制度的变迁，影响其经济主权的控制，影响其经济危机的周期，影响其经济模式的选择等。另一方面，综合国力的提高和经济规模的不断扩大使实现国家安全上升到新高度，这就需要中国利用国际秩序重构的机遇不断实现自身安全利益诉求。

改革开放的历史充分表明，以全球化为代表的历史趋势及其造成的国际秩序重构给中国带来了广阔的战略空间。中国和平发展以经济建设为中心，它与经济全球化相对应，与世界的共同发展、共同繁荣相呼应。在融入经济全球化的过程中，中国对国际秩序重构的有效参与及与其他大国的有效战略时空境域将大大拓宽，在一个更宏大的境域中开展政治、经济、社会、文化的互动，更符合中国和平发展的需要，也更有利于更好地实现国家核心利益。与此同时，随着中国综合国力的提升以及全球政治经济格局的转变，中国所面临的国内国际环境都发生了巨大变化，尤其是在加入世界贸易组织（WTO）后，国际贸易、国际货币体制规则对中国的影响日益加深，发达国家、发展中国家等贸易伙伴对中国经济政策日益关注，对中国承担全球责任的诉求也越来越强烈，这也为中国通过参与国际秩序重构维护国家安全提出了挑战。

因此，在国际秩序重构进程中，迫切需要丰富、充实和完善参与国际秩序重构与国家安全互动关系的理论，需要全面梳理和总结主要经济体参与国际秩序重构的策略与战略选择，需要在多边、区域及双边层面探讨中国参与国际秩序重构的策略，并构建维护国家安全的保障机制。

本书作为教育部哲学社会科学研究重大课题攻关项目的最终成果，首先梳理了国际秩序重构及其理论，就全球化背景下的国际秩序重构特征和趋势进行了全面阐述，接着深入分析了美国、欧盟、日本、俄罗斯、印度、巴西等发达经济体和主要新兴经济体参与国际秩序重构的历程及相关国家安全战略，最后根据中国实际，提出新时代中国参与国际秩序重构的理念、目标、定位与实现途径，分别从多边、区域、双边等层面提出中国参与国际秩序重构及实现国家安全的战略及策略，论述了中国参与国际秩序重构与实现国家安全的保障体系与评估机制。

本书在写作过程中参阅了大量的文献，从中获得了颇多教益，在此对参考文献作者表示深深的敬意，同时对关怀和帮助本书撰写的各位领导、专家和学者表示由衷的谢意。书中难免会有疏漏或偏颇之处，敬请读者批评指正。

张汉林
2021年1月

# 摘 要

2008年国际金融危机以来，全球政治经济格局调整不断加快，美国、日本和欧洲等发达国家和地区的国际地位相对下降，新兴市场国家地位凸显，国际秩序加速转型。近年来，决定国际秩序重构因素的经济全球化发展缓慢，从而对国际秩序重构产生了深远的影响，作为国际秩序重构的核心内容，国际经济秩序重构面临更复杂的背景。作为经济贸易迅速发展的最大发展中国家，中国近年来积极参与国际秩序重构，尤其是国际经济秩序重构的愿望和能力不断增强，在纷繁芜杂的国际政治经济格局中，中国如何参与国际秩序重构，如何维护国家安全，值得我们深入思考。

本书共包括十三章内容，大体分为三个部分。

第一部分为第一章和第二章，探讨了国际秩序重构的理论以及全球化背景下国际秩序重构的特征和趋势。其中，第一章重点阐述了国际秩序重构的理论基础、规律特征和影响因素、国际安全理论基础与指标、国际秩序重构对国家安全因素的影响等。第二章重点阐述了全球化背景下国际秩序重构的特点与趋势，尤其强调了当前国际秩序重构的新变化，指出全球化促使国际秩序重构以和平与发展、竞争与合作为主线，梳理了全球政治经济格局持续演变的国际秩序重构过程，提出国际秩序重构具有复杂性和长期性并存的特点，强调了国际经济秩序重构是国际秩序重构的突破口，并展望了未来国际秩序变革和世界格局发展趋势。

第二部分为第三章至第八章，分别探讨了美国、欧盟、日本、俄罗斯、印度、巴西等主要经济体参与国际秩序重构和维护国家及地区安全的战略及策略。其中第三章分四个时期论述了美国参与国际秩序重构及实现国家安全的战略及策略，尤其重点论述了2008年国际金融危机后美国主导国际秩序的新国家安全观。第四章分四个时期论述了欧盟参与国际秩序重构及实现地区安全的战略及策略，对欧盟未来发展和国际秩序重构的策略进行了展望，并在英国脱欧的大背景下特别探讨了英国国际秩序重构策略与国际安全战略问题。第五章将日本第二次世界大战后参与国际秩序重构分为五大历史阶段，每一阶段都遵循经济基础决定上层建筑的逻辑，在深入分析日本经济现状的基础上探讨其参与国际经济与政治秩序重构的安全战略及策略，并对日本参与国际秩序重构与实现国家安全的前景进行展望。第六章将俄罗斯参与国际秩序重构分为三个时期，在分析各时期俄罗斯经济实力和国际地位变动的基础上，阐述了其参与国际秩序重构和维护国家安全战略和策略，并展望了俄罗斯参与国际秩序重构及实现国际安全的战略。第七章重点阐述了印度参与国际秩序重构及实现国家安全的战略及策略。莫迪上台后，印度外交展现出更为进取的姿态，试图从地缘政治格局的"平衡力量"转型为"领导力量"，在亚洲地区推行"东进政策""西联政策""季风计划"，在"印太"地区与美日保持良好合作关系，与中国"竞争与合作"并存，并积极参与全球事务，提升在国际治理中的地位。第八章根据巴西各时期的经济发展基础及其他实际情况，探讨了四个时期巴西参与国际秩序重构及实现国家安全的战略及策略，总结了战略实施的经验教训，并对其未来参与国际秩序重构及实现国家安全的战略及策略进行了展望。

　　第三部分为第九章至第十三章，重点探讨了中国参与国际秩序重构的理念、目标、定位及实现途径，并分别从多边、区域、双边层面阐述了中国如何参与国际秩序重构和实现国家安全；多边层面涉及积极参与联合国改革，推动G20机制化建设，支持以WTO为代表的多边贸易体制，参与IMF治理改革等；区域层面涉及深化上海合作组织区域经济合作，全力推进亚太区域经济一体化发展，加强"金砖国家"有效合作，推进"一带一路"建设等；双边层面则重点探讨了中美、中欧、中日、中俄、中印、中巴双边关系中的核心问题及处置策略。最后重点阐述了中国参与国际秩序重构时建立国家安全保障体系与评估体系的重要性，针对维护国家安全保障与评估体系在立法、参与主体、评价指标体系和相关研究进展的不足，提出构建完善组织制度保障体系的建议。

# Abstract

Since the international financial crisis in 2008, the adjustment of the global political and economic structure has been accelerating, the international status of developed countries such as the United States, European Countries and Japan has declined relatively, the status of emerging market countries has become prominent, and the international order has accelerated its transformation. In recent years, economic globalization, which determines the factors of international order reconstruction, has developed slowly, thus exerting a far-reaching impact on the reconstruction of international order. As the core content of the reconstruction of international order, the reconstruction of international economic order is facing a more complex background. As the largest developing country with rapid economic and trade development, China's desire and ability to participate in the reconstruction of international order, especially the reconstruction of international economic order, has been increasing in recent years. In the complicated international political and economic pattern, how China participates in the reconstruction of international order and how to safeguard national security deserves our in-depth consideration.

The book consists of thirteen chapters, which are divided into three parts.

The first part is Chapter 1 to Chapter 2, which discuss the theory of international order reconstruction and the characteristics and trends of international order reconstruction under the background of globalization. Among them, Chapter 1 focuses on the theoretical basis, characteristics and influencing factors of the reconstruction of international order, the theoretical basis and indicators of international security, and the impact of the reconstruction of international order on national security factors. Chapter 2 focuses on the characteristics and trends of the reconstruction of international order under the background of globalization, especially on the new changes in the reconstruction of the current international order. It points out that globalization promotes the reconstruction of the international order with peace and development, competition and cooperation as the main line, and combs the process of the reconstruction of the international order with the continuous evolution of the global political and economic pattern. It points out that the reconstruction of international order has the characteristics of complexity and long-term coexistence, emphasizes that the reconstruction of international economic order is the breakthrough of the reconstruction of international order, and looks forward to the future reform of international order and the development trend of world pattern.

The second part is Chapter 3 to Chapter 8, which respectively discusses the strategies and tactics of major economies such as the United States, the European Union, Japan, Russia, India and Brazil in participating in the reconstruction of international order and safeguarding national security. Chapter 3 discusses the strategies and tactics of the United States in participating in the reconstruction of international order and realizing national security in four periods. In particular, it focuses on the new national security concept of the United States leading the international order after the 2008 International Financial Crisis. Chapter 4 is divided into four parts. It discusses the strategies and tactics of EU's participation in the reconstruction of international order and the realization of national security. It also prospects the strategies of EU's future development and the reconstruction of international order. In the context of Britain's separation from Europe, it particularly discusses the strategies of British international order reconstruction and international security strategy. Chapter 5 divides Japan's participation in the reconstruction of international order in the post-WWII period into five historical stages, each of which follows the logic of economic foundation deciding superstructure, explores the security strategies and tactics of participating in the reconstruction of international economic and political order on the basis of in-depth analysis of Japan's economic situation, and prospects the future of Japan's participation in the reconstruction of the international order and realization of national security. Chapter 6 divides Russia's participation in the reconstruction of international order into three periods. On the basis of introducing the changes of Russia's economic strength and international status in each period, it expounds its strategies and tactics for participating in the reconstruction of international order and maintaining national security, and looks forward to Russia's strategies for participating in the reconstruction of international order and realizing international security. Chapter 7 focuses on India's strategies and tactics of participating in the reconstruction of international order and realizing national security. After Modi came to power, India's diplomacy showed a more aggressive attitude, trying to transform from a "balancing force" of geopolitical pattern to a "leading force", carrying out the "Eastern Entry", "Western Union", "Monsoon Plan" in Asia, maintaining good cooperation between the United States and Japan in the "Indo-Pacific" region, and "competition and cooperation" with China, showing active participation in global affairs to enhance the status of international governance. Based on the economic development basis and other actual conditions of each period, Chapter 8 explores the strategies and tactics of Brazil's participation in the reconstruction of international order and the realization of national security in the four periods, summarizes the experiences and lessons learned from the implementation of the strategy, and looks forward to the strategies and tactics of Brazil's participation in the reconstruction of international order and the realization of national security in the future.

The third part is from Chapter 9 to Chapter 13. It focuses on the concepts, objectives, positioning and ways of realizing China's participation in the reconstruction of international order, and expounds how China participates in the reconstruction of international order and realizes national security from the multilateral, regional and bilateral levels. The multilateral level involves actively participating in the reform of the United Nations and promoting the mechanism construction of G20, supporting the multilateral trade mechanism represented by WTO, and particating in the governance reform of IMF. The regional level involves deepening the regional economic cooperation of the Shanghai Cooperation Organization, promoting the development of regional economic integration in the Asia-Pacific region, strengthening the effective cooperation of the BRICS countries, and promoting the construction of the "One Belt, One Road" initiative. This book focuses on the core issues and disposal strategies in bilateral relations between China and the United States, EU, Japan, Russia, India and Brazil. Finally, the importance of establishing a national security assurance system and evaluation system in China's participation in the reconstruction of international order is emphasized. In view of the deficiencies in legislation, participants, evaluation index system and related research progress in safeguarding the national security assurance and evaluation system, suggestions are put forward to improve the organizational safeguard system.

# 目 录

## 第一章 ▶ 国际秩序重构及其理论分析　1

第一节　国际秩序与国际秩序重构理论基础　1
第二节　国际秩序重构的规律特征与影响因素　10
第三节　国家安全理论基础与指标　15
第四节　国际秩序重构对国家安全因素的影响　18

## 第二章 ▶ 全球化背景下国际秩序重构的特点和趋势　21

第一节　国际秩序重构的新变化　21
第二节　全球化促使国际秩序重构以和平与发展、竞争与合作为主线　33
第三节　全球经济政治格局持续演变的国际秩序重构过程　37
第四节　国际秩序重构的复杂性和长期性并存　45
第五节　未来国际秩序变革与世界格局发展趋势　48
第六节　国际经济秩序重构是国际秩序重构的突破口　54

## 第三章 ▶ 美国参与国际秩序重构与实现国家安全的战略及策略　61

第一节　第二次世界大战后至石油危机时期美国国家安全战略与
　　　　国际秩序重构策略选择　62
第二节　20世纪70年代至80年代末的国际秩序观与国家安全战略　66
第三节　20世纪90年代至金融危机前经济安全与国际秩序战略调整　70
第四节　2008年金融危机后美国主导国际秩序的新国家安全观　76

## 第四章 ▶ 欧盟参与国际秩序重构与实现地区安全的战略及策略　93

第一节　第二次世界大战后期欧洲国际秩序观与安全战略及策略　94

第二节　联合时期欧洲国际秩序观与安全战略及策略　　97

　　第三节　冷战结束前欧共体国际秩序观与安全战略及策略　　101

　　第四节　后冷战时期欧盟国际秩序重构观与安全战略及策略　　104

　　第五节　欧盟未来发展与国际秩序重构策略展望　　112

　　第六节　英国国际秩序重构策略与安全战略展望　　119

第五章　日本参与国际秩序重构与实现国家安全的战略及策略　　127

　　第一节　战后恢复期日本参与国际秩序重构和国家安全战略及策略　　128

　　第二节　经济奇迹时期日本参与国际秩序重构和国家安全战略及策略　　130

　　第三节　经济放缓期日本参与国际秩序重构和国家安全战略及策略　　134

　　第四节　经济迷失期日本参与国际秩序重构和国家安全战略及策略　　139

　　第五节　新时期日本参与国际秩序重构和国家安全战略及策略　　144

　　第六节　日本参与国际秩序重构及实现国家安全前景分析　　150

第六章　俄罗斯参与国际秩序重构与实现国家安全的战略及策略　　154

　　第一节　叶利钦时期俄罗斯参与国际秩序重构和国家安全战略及策略　　155

　　第二节　乌克兰危机前俄罗斯国际秩序重构和国家安全战略及策略　　160

　　第三节　乌克兰危机后俄罗斯国际秩序重构和国家安全战略及策略　　171

　　第四节　俄罗斯未来参与国际秩序重构和实现国家安全的战略及策略　　179

第七章　印度参与国际秩序重构与实现国家安全的战略及策略　　185

　　第一节　印度参与国际秩序重构与实现国家安全策略的演进　　185

　　第二节　制定现实导向的经济改革和外交政策　　187

　　第三节　以维护在南亚地区利益为基调平衡与主要大国的关系　　193

　　第四节　坚持围绕自身利益选择性地向亚洲地区渗透　　197

　　第五节　积极参与全球事务，提升在国际治理中的地位　　200

　　第六节　印度参与国际秩序重构与实现国家安全策略的展望　　205

第八章　巴西参与国际秩序重构与实现国家安全的战略及策略　　210

　　第一节　20世纪50年代前巴西参与国际秩序重构和国家安全战略及策略　　211

第二节 "巴西奇迹"下巴西参与国际秩序重构和国家安全
战略及策略　213

第三节 前"中等收入陷阱"时期巴西参与国际秩序重构和国家
安全战略及策略　218

第四节 金融危机后巴西参与国际秩序重构和国家安全战略及策略　224

第五节 巴西未来参与国际秩序重构和实现国家安全的战略及策略　229

## 第九章 ▶ 新时代中国参与国际秩序重构的理念、目标、定位与实现途径　232

第一节 新时代中国面临的国际政治经济形势　232

第二节 新时代中国参与国际秩序重构的理念　234

第三节 新时代中国参与国际秩序重构的目标　237

第四节 新时代中国参与国际秩序重构的定位　239

第五节 新时代中国参与国际秩序重构的途径　241

## 第十章 ▶ 中国在多边层面参与国际秩序重构和实现国家安全的战略及策略　247

第一节 积极参与联合国改革，促进国际政治秩序重构　247

第二节 积极推动G20机制化建设，把握规则制定主导权　251

第三节 积极支持WTO多边贸易体制，引领国际贸易规则重构　253

第四节 积极参与IMF治理改革，促进国际金融秩序重构　258

第五节 中国以多边路径改革国际秩序与大国战略关系的新发展　263

## 第十一章 ▶ 中国在区域层面参与国际秩序重构与实现国家安全的战略及策略　267

第一节 深化上海合作组织区域经济合作　268

第二节 全力推进亚太区域经济一体化发展　273

第三节 加强"金砖国家"有效合作，提高发展中国家政经话语权　278

第四节 推进"一带一路"沿线合作，促进区域协同发展　281

## 第十二章 ▶ 中国在双边层面参与国际秩序重构与实现国家安全的战略及策略　284

第一节 中国—美国关系展望及中国的策略选择　284

第二节 中国—欧盟关系展望及中国的策略选择　288

第三节　中国—日本关系展望及中国的策略选择　292

　　第四节　中国—俄罗斯关系展望及中国的策略选择　294

　　第五节　中国—印度关系展望及中国的策略选择　300

　　第六节　中国—巴西关系展望及中国的策略选择　303

# 第十三章 ▶ 中国参与国际秩序重构与实现国家安全的保障体系　308

　　第一节　构建保障体系与评估机制的重要战略意义　308

　　第二节　中国维护国家安全的保障与评估机制面临的主要问题　309

　　第三节　建立维护国家安全的制度和组织保障机制　311

　　第四节　建立参与国际秩序重构和维护国家安全的评估机制　312

　　第五节　基本结论及政策建议　315

# 参考文献　318

# 后记　333

# Contents

**Chapter 1  Reconstruction of International Order and Its
Theoretical Analysis    1**

1.1   Theoretical Basis for the International Order and the Reconstruction of
International Order    1

1.2   Regular Characteristics and Influencing Factors of the Reconstruction of
International Order    10

1.3   National Security Theory Foundation and Indicators    15

1.4   Impact of the Reconstruction of International Order on
National Security Factors    18

**Chapter 2  Characteristics and Trends of International Order Restructuring
in the Context of Globalization    21**

2.1   New Change of the Reconstruction of International Order    21

2.2   Globalization Promotes the Reconstruction of the International Order with
Peace and Development, Competition and Cooperation as the Main Line    33

2.3   Process of Reconstruction of the International Order in the Continuing
Evolution of the Global Economic and Political Pattern    37

2.4   The Coexistence of Complexity and Long-Term Nature of the
Reconstruction of International Order    45

2.5   Future of International Order Reform and Development Trends
of World Pattern    48

2.6 Reconstruction of the International Economic Order is the Breakthrough of the Reconstruction of the International Order    54

**Chapter 3   Strategies and Tactics for the United States to Participate in the Reconstruction of the International Order and Realize National Security    61**

3.1 US National Security Strategies and International Order Reconstruction Strategies Choice from the end of Second World War to the Oil Crisis    62

3.2 The View of International Order and the National Security Strategies from the 1970s to the End of the 1980s    66

3.3 Economic Security and Strategic Adjustment of the International Order from the 1990s to the Financial Crisis    70

3.4 The New National Security View of the United States Leading the International Order after the 2008 Financial Crisis    76

**Chapter 4   Strategies and Tactics for the EU to Participate in the Reconstruction of the International Order and Realize Regional Security    93**

4.1 European International Order View and Security Strategies and Tactics in the Late Second World War    94

4.2 European International Order View and Security Strategies and Tactics during the Joint Period    97

4.3 EC's View of International Order and Security Strategies and Tactics before the End of the Cold War    101

4.4 The EU's View of International Order Reconstruction and Security Strategies and Tactics in the Post Cold War Period    104

4.5 Prospects for the Future Development of the European Union and the Reconstruction of the International Order    112

4.6 International Order Restructuring Strategies and Security Strategies Outlook of the United Kindom    119

**Chapter 5   Japan's Strategies and Tactics for Participating in the Reconstruction of the International Order and Realizing National Security    127**

5.1 Japan's Strategies and Tactics for Participating in the Reconstruction of the International Order and National Security during the

    Post-war Recovery Period  128

5.2 Japan's Strategies and Tactics for Participating in the Reconstruction of the International Order and National Security during the Economic Miracle Period  130

5.3 Japan's Strategies and Tactics for Participating in the Reconstruction of the International Order and National Security during Economic Slowdown Period  134

5.4 Japan's Strategies and Tactics for Participating in the Reconstruction of the International Order and National Security during Economic Lost Period  139

5.5 Japan's Strategies and Tactics for Participation in the Reconstruction of the International Order and National Security in the New Period  144

5.6 Prospects Analysis of Japan's Participation in the Reconstruction of the International Order and the Realization of National Security  150

## Chapter 6 Russia's Strategies and Tactics for Participating in the Reconstruction of the International Order and Realizing National Security  154

6.1 Russia's Strategies and Tactics for Participation in the International Order Reconstruction and National Security during the Yeltsin Period  155

6.2 Russia's Strategies and Tactics for Reconstruction of International Order and National Security before the Ukraine Crisis  160

6.3 Russia's Strategies and Tactics for Reconstruction of International Order and National Security after the Ukraine Crisis  171

6.4 Russia's Strategies and Tactics for Reconstruction of International Order and the Realization of National Security in the Future  179

## Chapter 7 India's Strategies and Tactics for Participating in the Reconstruction of the International Order and Realizing National Security  185

7.1 India's Strategies and Tactics for Participation in the Reconstruction of the International Order and the Evolution of the National Security  185

7.2 Formulating Reality-oriented Economic Reform and Foreign Policies  187

7.3 Balancing the Relationship with the Main Powers on the Basis of Maintaining Its Own Interests in South Asia  193

7.4 Insists on Selectively Infiltrating into the Asian Region around Its Own Interests　197

7.5 Actively Participate in Global Affairs and Enhance Its Status in International Governance　200

7.6 Prospects for India's Strategies and Tactics for Participating in the Reconstruction of the International Order and Realizing National Security　205

## Chapter 8　Brazil's Strategies and Tactics for Participating in the Reconstruction of the International Order and Realizing National Security　210

8.1 Brazil's Strategies and Tactics for Participating in International Order Reconstruction and National Security Before the 1950s　211

8.2 Brazil's Strategies and Tactics for Participating in the International Order Reconstruction and National Security during the "Brazilian Miracle" Period　213

8.3 Brazil's Strategies and Tactics for Participating in the International Order Reconstruction and National Security before "Middle Income Trap" Period　218

8.4 Brazil's Strategies and Tactics for Participating in the International Order Reconstruction and National Security after the Financial Crisis　224

8.5 Brazil's Strategies and Tactics for Participating in the International Order Reconstruction and National Security in the Future　229

## Chapter 9　The Idea, Goals, Positioning and Realization of China's Participation in the Reconstruction of International Order in the New Era　232

9.1 International Political and Economic Situation Faced by China in the New Era　232

9.2 The Idea of China's Participation in the International Order Reconstruction in the New Era　234

9.3 The Goals of China's Participation in the Reconstruction of the International Order in the New Era　237

9.4 The Positioning of China's Participation in the Reconstruction of International Order in the New Era　239

9.5　The Ways of Realization of China's Participation in the Reconstruction of International Order in the New Era　241

**Chapter 10　China's Strategies and Tactics for Participating in the Reconstruction of the International Order and Realizing National Security at the Multilateral Level　247**

10.1　Actively Participates in UN Reform and Promote the Reconstruction of the International Political Order　247

10.2　Actively Promotes the G20 Mechanism Construction and Grasps the Rulemaking Power　251

10.3　Actively Supports the WTO Multilateral Trading System and Promotes the Reconstruction of International Trade Rules　253

10.4　Actively Participates in IMF Governance Reform and Promotes the Reconstruction of the International Financial Order　258

10.5　China's New Development of the Multilateral Path to Reform the International Order and the Strategic Relationship with the Great Powers　263

**Chapter 11　China's Strategies and Tactics for Participating in the Reconstruction of the International Order and Realizing National Security at the Regional Level　267**

11.1　Deepening the Regional Economic Cooperation of the Shanghai Cooperation Organization　268

11.2　Fully Promotes the Development of Economic Integration in the Asia-Pacific Region　273

11.3　Strengthening the Effective Cooperation of the BRICS Countries and Improving the Political and Economic Discourse Rights of Developing Countries　278

11.4　Promote Cooperation Along the "Belt and Road" to Promote Regional Coordinated Development　281

**Chapter 12　China's Strategies and Tactics for Participating in the Reconstruction of the International Order and Realizing National Security at the Bilateral Level　284**

12.1　Sino-US Relations Outlook and China's Strategic Choices　284

12.2　Sino-EU Relations Outlook and China's Strategic Choices　288

12.3　Sino-Japan Relations Outlook and China's Strategic Choices　292

12.4　Sino-Russia Relations Outlook and China's Strategic Choices　294

12.5　Sino-India Relations Outlook and China's Strategic Choices　300

12.6　Sino-Brazil Relations Outlook and China's Strategic Choices　303

**Chapter 13　Security System for China's Participation in the Reconstruction of the International Order and Realizing National Security**　308

13.1　Important Strategic Significance of Building a Security System and Assessment Mechanism　308

13.2　Main Issues of China's Security System and Assessment Mechanism for National Security　309

13.3　Establishing a System and Organizational Guarantee Mechanism for Maintaining National Security　311

13.4　Establishing an Assessment Mechanism for Participating in the Reconstruction of the International Order and Maintaining National Security　312

13.5　Basic Conclusions and Policy Recommendations　315

**References**　318

**Postscript**　333

# 第一章

# 国际秩序重构及其理论分析

## 第一节 国际秩序与国际秩序重构理论基础

### 一、国际秩序与国际秩序重构的定义与内涵

#### （一）国际秩序的理论来源及定义

人类文明对秩序的探析追求从未停止，国际秩序是一个新与旧、消极与积极、破与立、量变与质变并存的混合物。天下思想是以中国为代表的东方文明对国际秩序最早的思考成果，1311年但丁在《论世界帝国》中提出的建立世界秩序的政治理想堪称西方相关思考的渊薮。但严格意义上，国际秩序理论的国际关系分析在20世纪五六十年代才开始启动，赫德利·布尔（Hedley Bull）的著作《无政府社会——世界政治秩序研究》被视为标志性的成果。[①] 尽管不同学者对于国际秩序的价值构成和认识理念有着明显的差异，部分学者选择从机制和规范化角度切入，部分学者从超国家集团视角进行探讨，但他们研究国际秩序基本内

---

① 肖晞. 国际秩序变革与中国路径研究 [J]. 政治学研究，2017 (4): 38-48+125.

涵、可行性的角度存在相似性。

　　对于国际秩序的定义，雷蒙·阿隆（Raymond Aron，1965）认为"秩序"有五层含义：生存的最低要求，共存的最低条件，舒适生活的必要环境，任何有规则的安排，各组成部分的有序关系。一般来说，国际秩序是国家以及国际社会旨在维护世界稳定、全球合作的一种公正、合理的安排。① 唐世平（2019）将秩序定义为"一个社会系统内的可预测性（可预见性）的程度，而这种可预测性通常是因为在一个社会系统内部，行为体的行为、社会交往以及社会结果均受到了一定的调控"，只要一个社会系统出现了一定的可预测性，就可以认定该社会系统是有秩序的。国际秩序就是国际系统中的秩序，而其在时空中的变化即是所谓的"国际秩序变迁"。② 布尔提出，"确保国内社会或国际社会基本的或首要目标的人类行为模式或倾向，构成了国际秩序"③；他还定义了秩序的三大目标：一是反对造成死亡的暴力；二是遵守签署的协定；三是保证现有状况的稳定性和持续性，避免经常性、无休止的挑战④。山本吉宣（1993）进一步研究指出："由于规则的制定以及成员自发或强制地遵守，规则受益集团内部的行动预测可能性会大大增加。"⑤ 罗伯特·基欧汉（Robert Keohane，1988）强调，"秩序实际上就是确定约束行为、引发期望、指明责任的一整套长期性的规则"。⑥ 梁守德等（1994）认为，国际秩序是指国际社会中既相互联系又不相同的国家，围绕某些一致性的目标、规则相互作用运行的机制，主要表现为各个国家在国际社会中的位置，且一定时间内具有相对稳定性。⑦ 伊肯伯里（Ikenberry，2008）把国际秩序定义为："一群国家中的'控制性'安排，其中包括基本的规则、原则和制度……这些规则、原则和制度是秩序中的焦点，它们确定了秩序创建参与国之间的核心关系。"⑧ 门洪华（2016）则认为国际秩序是大国之间权力分配、利益分配和观念分配的结果，它兼具稳定性与变革性的特征。⑨ 赵磊（2019）以世界格局和国际秩序为两个关键变量，对"百年未有之大变局"这一重大战略判断进

---

① 张家栋. 中国与美国：谁是当代国际秩序的挑战者？[J]. 美国问题研究，2007（0）：172-220+396.
② 唐世平. 国际秩序变迁与中国的选项 [J]. 中国社会科学，2019（3）：187-203+208.
③④ Hedley Bull. The Anarchical Society: A Study of Order in World Politics [M]. New York: Columbia University Press, 1995: 15.
⑤ [日] 山本吉宣. 国际政治理论 [M]. 王志安译. 上海：三联书店，1993.
⑥ Robert Keohane. International Institutions: Two Approaches [J]. International Studies Quarterly, 1988, 32 (4): 379-396.
⑦ 梁守德，洪银娴. 国际政治学概论 [M]. 北京：中央编译出版社，1994：127.
⑧ [美] 约翰·伊肯伯里. 大战胜利之后 [M]. 门洪华译. 北京：北京大学出版社，2008：20.
⑨ 门洪华. 中国与国际秩序：国家实力、国际目标与战略设计 [J]. 黄海学术论坛，2016（1）：102-132.

行分析，认为世界格局指主要政治力量形成的一种相对稳定的力量对比态势；国际秩序主要指国际政治行为体之间的相处之道、游戏规则。[1]

可以看出，对于国际秩序概念的不同界定是源于把体系主义和结构主义与方法论的个人主义对立起来——它与戴维·辛格（Singer, 1961）提出的层次分析法有关，即把国际体系的分析层次与个人行为体层次或集体行为体层次区分开来。

### （二）国际秩序重构的定义和内涵

门洪华（2004）将国际秩序的发展分为三个主要的时间段：一是从 20 世纪初凡尔赛—华盛顿体系的确立开始；二是第二次世界大战前后，雅尔塔体系的确立以及联合国（UN）、世界银行（WB）、国际货币基金组织（IMF）、关税与贸易总协定（GATT）等的建立；三是冷战结束后，20 世纪 80 年代末及 90 年代初开始的全球性国际新秩序。经济全球化时代的到来与发展，充分体现了以机制化方式重构国际秩序、实现全球治理的内在需求。随着全球化的深度和广度加速发展，传统国际秩序受到挑战，新型国际秩序处于重构过程中。[2] 张少东（2017）从更宏观的历史视角出发，认为现代国际秩序的建立始于欧洲，又从欧洲扩张到全世界；威斯特伐利亚秩序标志着现代国际秩序的开端，此后的国际秩序都是以它为基础进行变迁，先后经历了维也纳秩序、凡尔赛—华盛顿秩序和雅尔塔秩序的变迁，并认为冷战结束后雅尔塔秩序并没有终结，第二次世界大战后确立的国际政治与经济秩序在大国的主导下运行至今。[3] 虽然学者们对国际秩序演变阶段的划分有所区别，但都认为现代国际秩序以西方文明基础，由西方大国主导建立；大国在现代国际秩序中扮演着复杂而多重的角色，是国际秩序的缔造者和维护者，也可能是国际秩序的挑战者或破坏者；目前国际秩序处于加速重构的过程中。

国际秩序的重构一般有重大历史事件作为标志。近年来，国际秩序重构标志性的事件就是 2008 年美国"次贷危机"引起的全球金融危机。之所以它能够作为国际秩序重构的突出节点，是因为它不仅影响了国际金融、经济等领域，同时体现了在方式和内涵上都具有新特征的国际力量对比以及国际格局演变。

针对国际秩序的演变，学术界存在"国际秩序重构"和"国际秩序变革"两种说法。实际上，"重构"与"变革"是两个不同的概念。根据《辞海》的解释，"重构"意为打破旧有秩序，破坏性或毁灭性再造，于混沌中出现新局面，"变革"则是指在量变中积聚力量，与目前复杂的世界形势相吻合。傅梦孜

---

[1] 赵磊. 从世界格局与国际秩序看"百年未有之大变局" [J]. 中共中央党校（国家行政学院）学报，2019（3）：114-121.
[2] 门洪华. 大国崛起与国际秩序 [J]. 国际政治研究，2004（2）：133-142.
[3] 张少冬. 现代国际秩序的历史变迁及当代启示 [J]. 甘肃理论学刊，2017（6）：28-35.

（2005）曾在《中国崛起与国际秩序的和平变革》一文中使用"变革"这个概念。① 宫力（2009）在《国际金融危机与国际秩序的变革》中指出，中国应"积极参与国际政治经济秩序的建设与变革，以渐进、和平、民主方式改革现有国际政治经济秩序中不合理方面，不断提升自己的作用和影响力。"② 巴利·博赞等（Buzan et al., 2000）指出，分析国际秩序重构需要注意两大因素：第一，大国战争形式上的结束；第二，拥有巨大经济体量以及持续影响力的角色的出现。当全球格局从军事政治过程逐渐向经济过程转变时，就形成相互影响且具有稳定性的体系。这个过程是，全球性市场的强化伴随着国际社会的强化，共同带来了规则、规范和制度在更大范围内平稳地扩展或强行扩张，特别是在经济领域。③ 张仕荣（2016）在《二十国集团：国际秩序重构的动力与表征》中指出，国际秩序重构的前提在于各国经济实力的对比变化，尤其是各国在全球经济总量结构中的比重变化。④ 吉尔平（Robert Gilpin）注重把对"国际体系变革"的分析置于一个连续的历史进程中，强调对历史发展的某个特定时刻进行研究。他首先探讨了国际体系的稳定问题，认为只要国家没有感到改变国际体系是有利可图的，并且没有改变其体系的企图，国际体系就处于均衡的稳定状态。国际体系既提供了一系列机会，也产生了一系列的约束力，正是在这种机会与约束并存的环境下，个人、群体和国家谋求实现更多的利益。吉尔平在《全球政治经济学》一书中写道，国际体系结构之所以意义重大，在于它对行使权力以及由此而产生的国际体系变革所要付出的成本有着深刻的影响。这些因素包括国家的数量、权力的分配等，它们通过影响国际体系的稳定或动荡，进而促成或抑制国际体系的变革。

## 二、国际秩序的理论范式

国际关系理论作为对国际互动的结构、趋势和要素的宏观解释，在议题设置和专业教育中都发挥着向导作用，因而常被称为"范式"。国际关系研究中，针对国际秩序构建共有六种具有代表性的理论范式：自由主义范式、现实主义范式、建构主义范式、马克思主义范式、跨国主义范式和激进主义范式。⑤ 其中前四种范式是主流理论，前三种是西方国际政治学界的三大主流学派。

虽然西方三大流派对国际秩序变革主要动力的见解不一，但有两个基本共

---

① 傅梦孜. 中国崛起与国际秩序的和平变革［J］. 现代国际关系，2005（10）：18 - 20.
② 宫力. 国际金融危机与国际秩序的变革［J］. 现代国际关系，2009（4）：23 - 24.
③ 巴利·博赞等. 世界秩序：旧与新［J］. 史学集刊，2000（1）：1 - 12.
④ 张仕荣. 二十国集团：国际秩序重构的动力与表征［J］. 当代世界与社会主义，2016（4）：25 - 30.
⑤ 达里奥·巴蒂斯特拉. 国际关系理论［M］. 潘革平译. 北京：社会科学文献出版社，2010.

识：首先，主权国家是国际关系的主要行为体；其次，国际秩序的最基本特征是"无政府状态"。正是由于国际社会的"无政府状态"，主权国家的行为和政策尤其是大国的行为和政策才会对国际秩序产生影响进而引起国际秩序变革，而在什么主要影响着主权国家的行为和政策的问题上，三大流派存在着分歧。① 现实主义范式的核心概念是权力，即基于权力政治逻辑以权力为中心安排国际秩序结构。奥甘斯基（Organski, 1968）认为，单极霸权能够实现国际秩序的稳定。这是因为权力强势的一方拥有远超弱小一方的实力。因此，无论强者或弱者都没有需要和能力通过战争来控制或改变现有秩序。② 另一些观点则认为权力均势优于权力单级（Morgenthau, 1948③；Waltz, 1959④）。自由主义范式认为在经济全球化背景下，国际社会的基本特征应该是相互依赖与合作，国际秩序的治理手段应当是国际制度和国际机制。杨（Yang, 1989）指出，国际制度可以使世界秩序的行为主体和国际社会处于一种可循的、有序的状态。⑤ 建构主义范式则认为，除了物质因素（例如经济实力），物质基础之上的文化与观念是影响国际秩序的重要因素。

### （一）自由主义范式与国际秩序重构

自由主义国际关系理论没有确定的概念界定。"自由主义是多层面的概念，任何有关核心内容的论述都会遇到争论的问题。"⑥ 安德鲁·莫劳夫奇克（Andrew Moravcsik, 1997）对自由主义理论的核心理论提出假设，即社会行为体的首要性、代表性与国家偏好、相互依赖与国际体系。⑦ 中国学者苏长和（2004）从四个方面对自由主义国际关系理论做出了界定：第一，行为主体是个人或团体，其在追求目标与利益的过程中促进了个人福利与社会秩序的改进；第二，国家代表着国内社会利益总和，即国家政策与行为是个人偏好和国内社会团体共同作用的结果；第三，国家与社会关系是重要的考量因素；第四，国内政治经验可

---

① 李杨. 国际政治三大流派视角下的国际秩序——基于三大流派核心概念的分析［J］. 中州大学学报, 2013（6）：109 – 113.
② A. F. K. Organski. World Politics ［M］. New York：Alfred A. Knopf, 1958.
③ Hans J. Morgenthau. Politics Among Nations：The Struggle for Power and Peace ［M］. New York：Alfred A. Knopf, 1948.
④ Kenneth Waltz. Man, the State and War：A Theoretical Analysis ［M］. New York：Columbia University Press, 1959.
⑤ Oran R. Young. International Cooperation ［M］. Ithaca, NY：Cornell University Press, 1989：199.
⑥ Arthur Stein. Why Nations Cooperate：Circumstance and Choice in International Relations ［M］. Ithaca, NY：Cornell University Press, 1990：7.
⑦ Andrew Moravcsik. Taking Preferences Seriously：A Liberal Theory of International Politics. International Organization ［J］. International Organization, 1997, 51（4）：513 – 553.

以向国际政治推广和应用，引导世界政治步入秩序形态。① 自由主义国际关系理论中涉及国际秩序重构的理论主要包括如下几点：

**1. 本质上的利他观**

自由主义者认为，如果人的理性经受教育和锻炼，它将强化人类社会的自然和谐，创造出一种推动进步、富裕与和平的合作性秩序。② 自由主义者在认同个体的自利与竞争取向的同时，也强调个体之间的共同利益，认为人们能够相互帮助与合作，战争与冲突并非是必然的。他们认可人类会运用理性以达到相互之间的合作，国际合作而不是冲突是国际关系的主旋律。

**2. 行为体的多元主义视角**

自由主义者认为国家是由不同的个体、利益集团等构成的，而且还把国家看成不同的类型，如自由主义国家与非自由主义国家、共和国家与集权国家等。国家行为的首要决定因素是国家偏好而非国家能力，由于不同国家在文化、经济体系与政府类型等方面的偏好上存在着差异，因而它们会反映出不同的国际行为。

**3. 国际合作会减轻国际无政府状态的性质**

国际虽然处于无政府主义状态之下，它们却并不是处于战争状态，制度安排等国际合作形式有助于改善或限制无政府状态。自由民主国家或共和政府、国际相互依赖、认知的进步、国际一体化、国际法以及国际制度等会促进和平的实现，也会增大保障人类自由与平等的可能性。③

**4. 相信各种依赖的体系性力量的作用**

自由主义者认为国家间交往不仅限于政治、军事与安全等高级政治领域，也涉及经济、社会、环境等领域。不同领域间具有密切的联系，这导致了国家间关系日益处于相互依赖的状态。它们并不特别强调军事力量的作用，而是"寻求发现有着特殊利益的单独行为体可以自己组织起来提高经济效益、避免毁灭性的物质冲突"。④

**（二）现实主义理论范式与国际秩序重构**

在西方国际关系传统学说中，现实主义思想可以追溯到 2000 多年前古希腊历史学家——修昔底德，现实主义的基本原则可以在其著作中找到。但直到第二

---

① 苏长和. 自由主义与世界政治：自由主义国际关系理论的启示 [J]. 世界经济与政治，2004 (7)：15－20＋4.

② [挪威] 拖布约尔·克努成. 国际关系理论史导论 [M]. 余万里，何宗强译. 天津：天津人民出版社，2004：249.

③ [英] 约翰·格雷. 自由主义 [M]. 曹海军等译. 长春：吉林人民出版社，2005：2.

④ [美] 罗伯特·基欧汉. 局部全球化世界中的自由主义、权力与治理 [M]. 门洪华译. 北京：北京大学出版社，2004：87.

次世界大战前后，现实主义才成为国际关系中正式的理论流派，爱德华·卡尔、汉斯·摩根索、肯尼斯·华尔兹、罗伯特·吉尔平、约翰·米尔斯海默等人进一步探究和发展了现实主义传统。现实主义自始至终就处于发展变化中，在其知识传统中不断修正或补充其论述。

现实主义者主张国际体系是由政治实体所组成，在当代世界就表现为民族国家。国家首先关注的是其自身的生存以及权力的最大化。

现实主义者认为，国际秩序重构具有以下三个特点：一是周期性；二是重构的过程是一个权力转移的过程；三是大国往往诉诸战争的方式进行崛起。而无政府状态的"逻辑假设"、基于"权力"的分析路径以及关于"安全困境"的分析范式却构成了现实主义理论关于解读国际秩序重构进程特点的理论依据。在现实主义者眼中，伴随着国家的周期性崛起，国际政治经济关系中的权力格局安排将处于一种动态的循环过程中，并且这一过程也呈现出周期性的特征。乔治·莫德尔斯在《全球政治的长周期与民族国家》（1978年）一文中提出了霸权周期理论。该理论所持的主要观点之一是：国际政治周期性演变具有不以人的意志为转移的客观性，并且呈现出规律的特征。霸权国家和挑战国家（崛起国家）的交替出现和相互冲突不仅是国际政治体系变动的必然结果，而且也是国际政治体系变动的内在动力。单极霸权的绝对实力可以主导稳定的国际体系和秩序。但随着各国实力的此消彼长，一些国家开始崛起，霸权国家的地位相对下降。当现存国际秩序无法满足崛起国对国际地位的需求时，国际秩序主导权的争夺就会产生。接下来，国际秩序就会进入相对混乱的状态，当原来的霸权国和崛起国通过战争或非战争方式实现国际秩序重构后，国际秩序便进入新的稳定状态，此过程周而复始。[①]

现实主义理论认为，国家的崛起与局部或全球性大战是紧密相关的。因为，大国的崛起将意味着新霸权国家的兴起，意味着国际体系的主导权将在新旧霸权国家之间发生转移，崛起国家急于改变现状的企图和既有霸权国家极力维持现状的努力都将使得二者的矛盾具有不可调和性，因此，争夺国际体系主导权的战争将会变得不可避免。而在第二次世界大战之后，美国更看重如何利用国际垄断来获得更高的收益。因而，减少遏制其他大国成长，在某种程度上容忍日本、中国以及众多新兴国家在规则体系内壮大也是新阶段现实主义的体现。[②]

此外，国际体系中，新兴大国与霸权国之间实力差距的逐渐缩小带来了更多摩擦和战争的可能性。霸权国家为了维持既有的国际秩序，可能对崛起国家采取先发制人的预防性打击。当崛起国实力赶上或超过霸权国时，它对国际秩序改革

---

[①] 倪世雄等. 当代西方国际关系理论 [M]. 上海：复旦大学出版社，2001：302.
[②] 高程. 从规则视角看美国重构国际秩序的战略调整 [J]. 世界经济与政治，2013（12）：81-97.

的需求就会明确,只要这种需求无法满足,战争将成为一枚定时炸弹。由于战争将决定国际体系主导权的归属,因此将会相当惨烈。①

### (三) 建构主义范式与国际秩序重构

该理论认为,结构与施动者之间是一种相互构成的关系,既不相互独立,也没有先后之分,结构既是施动者实践的结果,又制约施动者的行动。亚历山大·温特认为,"国际社会的无政府状态是由国家造就的",② 在此基础之上,谢剑南则认为"他者主义"是国家关系理论中的"元理论",即所有国际关系理论或范式均以他者主义为基础展开。③

影响建构主义地位的一个重要因素是,它被一些学者指责为仅是一种方法论而不是国际关系理论。一些建构主义学者也间接承认这一点。如库巴科娃和奥鲁弗等人就认为,建构主义不是一种具体的理论,它并不想解释事物何以按自身方式运转的原因。建构主义仅仅是一种可供选择的本体论,以及一种对世界的重新描述。因此,它不带有任何内在的意识形态。建构主义不是一种可以被添加到新现实主义和新自由主义所主宰的国际关系研究行列中的又一种"主义"。④

### (四) 马克思主义范式与国际秩序重构

经典马克思主义者大多强调经济对政治的决定作用,侧重研究生产关系和阶级关系。财富分配过程中的阶级斗争被视为政治冲突的根源,因此政治冲突将随着市场以及阶级的消亡而告终。中国学者刘海霞(2016)总结认为,西方三大主流学派经过多年的发展,其理论体系固然已经相当成熟,但三大理论对"国家"这一政治容器高度关注,而与国际体系的存续与变革同样密切相关的其他因素,如阶级、社会生产方式和社会分配等,却没有受到应有的重视。为了更深入地理解国际体系及其变革的规律,有必要从马克思主义的研究传统中汲取营养,以动态的、发展的视角,关注国家内部和全球层面的社会变迁、资本主义生产方式与政治制度的关系,并在此基础上探索国际秩序不平等的根源和国际体系变革的动力。⑤ 马克思主义是国际关系理论的重要传统之一,可以分为现实主义、理性主

---

① Douglas Lemek. Region of War and Peace [M]. London: Cambridge University Press, 2002: 25.
② [美] 亚历山大·温特. 国际政治的社会理论 [M]. 秦亚青译. 上海: 上海人民出版社, 2000: XIII.
③ 谢剑南. 国际关系退化机制与国际秩序重构 [M]. 北京: 时事出版社, 2014.
④ [美] 温度卡尔·库巴科娃,尼古拉斯·奥鲁弗,保罗·科维特. 建构世界中的国际关系 [M]. 肖锋译. 北京: 北京大学出版社, 2006.
⑤ 刘海霞. 马克思主义时代观与国际秩序的重构——再议马克思主义国际关系理论的发展路径 [J]. 欧洲研究, 2016 (2): 92 – 105 + 7.

义和革命主义三大流派（Marin Wight，1991）。其中，革命主义是近现代历史中的主要理论表现。① 迈克尔·多伊尔（Michael W. Doyle，1997）则把马克思主义作为解释战争与和平的三大范式之一。②

经典马克思主义及葛兰西与法兰克福学派为代表的西方马克思主义是批判理论的重要理论来源，也深刻影响着国际政治经济学的构建。批判理论之一的新葛兰西主义运用葛兰西的历史唯物主义、霸权主义及历史集团等概念，探讨了世界秩序的变革、国家与资本主义世界经济以及权力与生产的范围等问题③。

花勇（2019）总结了过去西方国际关系学界对马克思主义思想态度的转变，文中写道："安德鲁·林克雷特（Andrew Linklater）提出，20世纪80年代以来，马克思主义就成为批判新现实主义的重要武器，对国际关系批判理论影响巨大，是国际政治经济学的重要思想来源。2008年全球性金融危机爆发之后，利奥·帕里奇（Leo Panitch）撰文阐述了《资本论》的时代价值，指出马克思主义在当代依然发挥着重要的理论价值。"④

马克思主义国际政治经济学的研究逻辑认为：一方面，生产的全球化导致了生产力发展的不均衡，各国实力的不平衡造成了权力的分散化，原本稳定的国际秩序便开始动摇。西方大国关系、南北关系、南南关系都将面临着重构。另一方面，从阶级之争的视角来说，国际冲突主要源于国际垄断资产阶级在全球范围内追逐利益最大化而造成的多重矛盾。⑤ 刘笑阳（2019）认为，研究马克思主义国际理论，应以生产力和生产关系的互动为原理，以国内与国际的互动为维度，以国际关系的核心要素为借鉴⑥。

中国共产党在21世纪进一步丰富发展了马克思主义范式。胡锦涛在2005年首次提出了"和谐世界"的国际秩序新构想。他指出国际秩序不应局限于维护个别大国的安全，而应该关注国际社会所有成员的普遍安全；发展中国家的普遍发

---

① Marin Wight. Gabriele Eight and Brian Porter eds., International Theory: The Three Traditions [M]. Leicester and London: Leicester University Press, 1991.

② Michael W. Doyle. Ways of War and Peace: Realism, Liberalism, and Socialism [M]. New York and London: W. W. Norton & Company, 1997.

③ 国外学者将世界体系论、葛兰西主义、批判理论以及马克思主义等归类为马克思主义国际关系理论，详见 John Baylis and Steven Smith. The Globalization of World Politics: An Introduction to International Relation [M]. Oxford: Oxford University Press, 2001: 225 - 247.

④ 花勇. 西方国际关系学者对马克思主义国际关系思想的认识 [J]. 国际论坛，2019（3）：115 - 123 + 159.

⑤ 刘海霞. 马克思主义时代观与国际秩序的重构——再议马克思主义国际关系理论的发展路径 [J]. 欧洲研究，2016（2）：92 - 105.

⑥ 刘笑阳. 马克思主义国际战略的时代背景分析——基于国家实力和世界秩序的互动 [J]. 太平洋学报，2019（6）：32 - 41.

展和共同繁荣是构建国际秩序的关键；承认和尊重各国文明的多样性，否定文明的单一性和西方文明中心论。① 2013 年，习近平总书记在莫斯科国际关系学院发表的演讲中首次阐释了人类命运共同体的理念，之后不断发展完善，形成"五个世界"的架构：各国人民同心协力，构建人类命运共同体，建设持久和平、普遍安全、共同繁荣、开放包容、清洁美丽的世界。习近平总书记在 2017 年 2 月 17 日召开的国家安全工作座谈会上指出，"要引导国际社会共同塑造更加公正合理的国际新秩序，引导国际社会共同维护国际安全"。② 党的十九大把推动构建人类命运共同体作为新时代坚持和发展中国特色社会主义的基本方略之一。在十九大报告中，习近平总书记对新型国际关系也进行了进一步阐释，强调"中国将高举和平、发展、合作、共赢的旗帜，恪守维护世界和平、促进共同发展的外交政策宗旨，坚定不移在和平共处五项原则基础上发展同各国的友好合作，推动建设相互尊重、公平正义、合作共赢的新型国际关系"。和谐世界的构想与人类命运共同体的理念是相通的。应该说新型国际关系是重构国际秩序的重要支撑，人类命运共同体是重构国际秩序的目标追求。从实践上讲，新型国际关系是对过去 400 年以资本主义强权政治为核心内容的国际关系和以意识形态阵营对峙和冷战思维等为重要特征的两极体系国际关系格局的扬弃；从理念上讲，它体现了以中国为代表的新兴经济体和广大发展中国家对于新时代国际关系的期待③。

## 第二节 国际秩序重构的规律特征与影响因素

### 一、国际秩序重构的规律特征

美国学者乔治·莫德尔斯基（Modelski，1987）提出了近现代世界政治大循环理论。他认为，世界大国是连接世界经济与政治最重要的主导者，在制定国际贸易、投资、金融等规则上有决定性作用。④ 吉尔平（Gilpin，2001）指出，各国的竞争与合作关系对市场和经济力量的相互作用决定了政治关系架构。大国所制定的跨国公司规章在很大程度上体现了占主导地位的国家及其公民的政治、经

---

① 胡锦涛. 努力建设持久和平、共同繁荣的和谐世界 [EB/OL]. http://news3.xinhuanet.com/world/2005-09/16/content_3496858.htm.
② 人民网. 习近平首提"两个引领"有深意 [EB/OL]. http://politics.people.com.cn/n1/2017/0220/c1001-29094518.html.
③ 郭树勇. 新型国际关系：世界秩序重构的中国方案 [J]. 红旗文稿，2018（4）：17-19.
④ George Modelski. Long Cycles in World Politics [M]. London：Macmillan，1987.

济利益。① 孙兴杰（2019）指出，在20世纪之前的数千年间，国际关系的演化主要体现在几十个帝国的兴衰。基辛格所推崇的"构成世界秩序基础"的威斯特伐利亚国家要么是帝国的继承者，要么是帝国裂变而来。主权国家是非常晚近以及正在发生的现象，国际秩序的"百年变局"就在于如何在后帝国空间重新建立一种包容多样性的互动与共存模式。国际秩序的发展其实就是不同"空间"竞争的结果，自然空间与政治空间之间的辩证法是国际关系发展的基本动力。②

当前国际秩序重构的基本特征是和平与发展、竞争与合作，同时又兼具长期性和复杂性。在全球化背景下，和平与发展是主导力量，同时各国之间的相互依赖与合作也不断加强。发展中国家崛起，南南合作进一步加强。而发展中国家中的新兴大国则是改变秩序的主力，它们正在重塑国际秩序，"我们正经历三百年来未有之变局"。③ 2008年全球金融危机爆发以来，国际秩序加速变革，新兴大国快速发展，对全球GDP的贡献量已超过50%，新兴大国已成为国际秩序重构的决定力量，并且将继续对世界经济与政治产生更深远的影响。同时，南南合作也在一定程度上取得了重大的进展，例如金砖国家合作机制的建立。④

中国对世界经济净增长的贡献在2008年已经超过美国成为世界第一，对中国来说最紧迫、最现实的就是积极参与国际经济秩序重构进程，为全面参与国际政治、军事等秩序重构打下坚实的经济基础和参与经验。⑤ 进入21世纪，各国关于秩序重构的重心逐渐转移至区域层面，通过将全球经济治理与地区合作结合，探究全球秩序重构的新路径。⑥

## 二、国际秩序重构的发展方向

国际秩序最重要的主体是国家。决定一国的国际秩序地位的绝对性因素是综合国力。综合国力包括一国的经济总量、贸易影响力、军事和软实力（文化和外交）。其中经济是基础，政治军事是手段。经济是最易入手的，也是最为核心的变量因素。但是，现有文献对一国经济对国际秩序重构产生的影响研究得很少。吉尔平（2001）认为，国际政治和安全体系为国际经济的稳定运行提供了框架基

---

① 吉尔平. 全球政治经济学：解读国际经济秩序 [M]. 杨宇光，杨炯译. 上海：上海人民出版社，2006：17.
② 孙兴杰. 帝国、后帝国空间与国际秩序的重建 [J]. 史学集刊，2019（3）：30-33.
③ 《文化纵横》编辑部. 我们正经历"三百年未有之变局"[J]. 文化纵横，2015（1）：7.
④ 任晓. 南南合作的蓬勃重构世界秩序 [J]. 国际关系研究，2015（2）：7-10.
⑤ John Lipsky. Asia, the Financial Crisis, and Global Economic Governance. Speech at the Federal Reserve Bank of San Francisco Conference, Santa Barbara, California, October, 2009.
⑥ 门洪华. 地区秩序构建的逻辑 [J]. 世界经济与政治，2014（7）：4-23+156.

础。安德鲁·赫里尔（Andrew Hurrell，2006）强调军事力量和战争是权利分配以及认可大国地位的核心。①约瑟夫·奈（Joseph S. Nye，2004）着重指出了软实力的重要性，他将美国稳定的主导地位归功于其强大的软实力。②刘丰（2015）指出，国际利益格局是构成国际秩序的核心维度，利益格局是单个国家交往互动形成利益交集的产物，界定这一概念首先要从理解国家利益需求出发，通常从安全、福利和威望这三个维度对国家利益进行分类。③

徐秀军（2018）总结当前国际秩序呈现四个特点，即不稳定性、不确定性、不平衡性和不可逆性，并认为无论未来大国或国家集团之间的关系如何调整，国际秩序退回到大国或国家集团间相互孤立状态的可能性很小。④对于国际秩序的发展方向，亨利·基辛格（Henry Kissinge，1994）指出："未来的世界新秩序会体现出相互矛盾的特点，一方面越来越分散，一方面又越来越全球化。"⑤朱锋等（2009）认为，短期看，金融危机难以对国际权力结构和财富分配造成实质性影响。虽然深受全球金融危机的冲击，但全球自由主义主流价值的地位是稳定的。⑥雷达等（2017）认为，这些事件已经反映出现行国际经济秩序的困境，在全球经济秩序的改造和重建过程中，必须有针对性地从实践和理论两个层面完善全球治理理念。⑦傅梦孜等（2017）认为影响世界未来基本走向的大趋势并未发生根本改变，但不确定性也将带来机遇和发展。⑧

## 三、国际秩序重构的影响因素

### （一）国际秩序重构的决定因素：经济全球化的发展与深化

**1. 经济全球化是国际秩序重构的决定因素**

经济全球化是工业革命后世界经济发展与深化的必然结果。张仕荣（2016）

---

① Andrew Hurrell. Hegemony. Liberalism and global order：What space for would-be great powers？［J］. International Affairs，2006（1）：1 – 19.
② Joseph S. Nye. Soft power：The means to success in world politics［J］. New York：Public Affairs，2004.
③ 刘丰. 国际利益格局调整与国际秩序转型［J］. 外交评论（外交学院学报），2015（5）：46 – 62.
④ 徐秀军. 国际秩序：变革呼唤加强全球治理［J］. 世界知识，2018（14）：34 – 35.
⑤ 亨利·基辛格. 大外交［M］. 顾淑馨，林添贵译. 海口：海南出版社，1997：747.
⑥ 朱锋，李淑华. 金融危机与当前国际秩序的演变［J］. 现代国际关系，2009（4）：24 – 26.
⑦ 雷达，杨连星. 现行国际经济秩序改革困境与全球治理理念的完善［J］. 中国人民大学学报，2017（4）：63 – 70.
⑧ 傅梦孜，付宇. 变化的世界，不确定的时代——当前国际秩序演变的趋势［J］. 人民论坛·学术前沿，2017（7）：6 – 11.

指出，国际经济治理结构是世界格局演变的经济基础，也是包括中、美这样的主要大国容易取得共识和成果的领域。① 经济全球化的发展一方面对国际秩序提出了新要求，另一方面也为国际秩序重构提供了坚实的基础，推动国际新秩序的建立。徐步（2009）指出，"现有秩序重构的重要特征是全球化发展与矛盾同时深化"。英国学者罗兰·罗伯逊（Roland Robertson，1992）认为："全球化可以理解为特殊性的普遍化和普遍性的特殊化。"② 也即经济全球化给国际秩序带来的双重的制度结果。一方面，它具有破坏性和解构性，从根本上动摇了传统国际秩序的基础和前提；另一方面，它也具有建设性和再造性。刘杰（2003）认为，在经济全球化的时代，国家之间相互依存程度增高，各国越来越高的利益追求需要规范化的国际秩序来进行平衡。③

**2. 国际金融危机后全球化广度与深度不断拓宽**

2008 年全球金融危机爆发后，发展中经济体开始积极参与经济全球化进程，并在危机中发挥了重要的作用。

2008 年 11 月 15 日在华盛顿举行的第一次二十国集团（G20）领袖峰会共同探讨应对金融危机的措施，改变了一直由发达经济体主宰的世界经济格局，从而融入了发展中经济体的声音。接下来的 G20 伦敦峰会、匹兹堡峰会中发展中经济体和新兴经济体都发挥了积极的作用，正是中国、巴西、印度、俄罗斯等新兴经济体提出的改革主张受到一定的重视，形成了扼制贸易保护主义、克服危机和共同复苏的氛围。2016 年 G20 峰会在中国杭州的顺利举办，更是体现了发展中国家在国际秩序中话语权的提升。

此外，全球金融危机爆发后，全球的联动效应更明显，全球范围共同行动在节奏上更快，各国政府间相互呼应更及时。正如阮宗泽（2005）指出的："当前国际秩序处于一个历史性的转型时期，其驱动力主要是全球化与冷战的终结。这两大因素正在重组现代社会和世界秩序。"④ 同时，经济全球化进程中累积的各种矛盾也日益突出，如世界经济增长下滑，贸易保护主义抬头，国际金融风险增加，能源资源压力增大，反全球化浪潮愈演愈烈，使得开放时代的全球经济自我修复更为复杂。王文等（2018）认为，当前世界经济的演进，已超出"繁荣—衰退—萧条—复苏"的经济逻辑，在全球开放市场条件下，众多要素发生了新旧转化：新劳动力接替旧劳动力，新增长动能接替旧增长动能，新兴市场取代传统

---

① 张仕荣. 二十国集团：国际秩序重构的动力与表征 [J]. 当代世界与社会主义，2016（4）：25 - 30.

② Robertson R. Globalization：A Brief Response [J]. Journal for the Scientific Study of Religion，1992（3）：319.

③ 刘杰. 全球化时代的国际秩序及其治理机制 [J]. 社会科学，2003（4）：27 - 33.

④ 阮宗泽. 从国际秩序转型看中国的和平发展 [J]. 国际问题研究，2005（3）：9 - 14.

市场,"接替"的过程兼具"替代"和"创新"的特征。①

**3. 全球化的深入发展导致国际力量格局发生重大变化**

随着全球化的加深,各国综合实力对比发生了重大变化,世界经济格局、政治格局和军事格局发生了重大调整,传统国际秩序受到挑战,新型国际秩序处于重构过程中。其中由贸易、金融、生产和投资构成的经济全球化,使得世界各国和地区经济相互依赖、相互渗透日益加深,逐渐结合成一个统一的整体,各国之间利益相关性越来越强。金融危机后,发展中经济体参与经济全球化和全球事务的热情和能力有所提高。让—克洛德·特里谢(Jean-Claude Trichet)指出:"G20的建立、全球经济会议、金融稳定委员会的建立推动全球经济治理进入重大转变。"②

## (二)国际秩序重构的重点因素:大国关系

大国关系决定了国际秩序重构的方向,是国际秩序重构的重点因素。由于世界政治经济的不平衡发展,世界政治在其长期进程中也具有自身的规律。大国关系对国际秩序的影响是巨大的。③ 赫德利·布尔(Hedley Bull)认为,大国正是通过实力差距赋予的权力不平等来主导国际秩序。国际秩序稳定的条件是大国所引导的秩序受到了全球的广泛认可。因此,他认为大国在获得认可的过程中,必须避免将自己的特殊地位正式化和明确化,满足世界上某些公正变革的要求,避免破坏秩序的行为,维持国际秩序均势。郑必坚(2003)在提到中国"崛起"时指出,"一个大国的崛起,往往导致国际格局和世界秩序的急剧变动"。④ 张家栋(2007)认为,新兴大国国家实力不断提升,其在世界范围内被认可的需求持续增加,使得国际秩序出现新的变动,因而容易被国际社会列为国际秩序的挑战者和破坏者。⑤

## (三)国际秩序重构的趋势因素:全球控制向全球治理的转变

罗伯特·O. 基奥恩(Robert O. Keohane,1986)认为,世界秩序的创造和维

---

① 王文,刘典,贾晋京. 大接替:国际金融危机10周年来的世界经济动能转换 [J]. 广西师范学院学报(哲学社会科学版),2018(3):85-97.

② Jean-Claude Trichet. Global governance today [C]. Keynote address at the Council on Foreign Relations, New York, April 2010.

③ Tvon Laue Ranke. The Formative Years [M]. Princeton:Princeton University Press,1950:203.

④ 郑必坚. 历史机遇与中国特色社会主义在新世纪的根本走向 [J]. 求是,2003(8):7-9.

⑤ 张家栋. 中国与美国:谁是当代国际秩序的挑战者 [A] //美国问题研究(第六辑). 北京:时事出版社,2007.

持，需要通过思想、物质能力、机构以及国家体制组成的各种社会力量来共同完成。① 新自由主义虽然重视无政府状态下的国际合作和国际机制，但仍认为国际关系中"合作"不等于"和谐"。国际秩序的维持是多要素互动的结果。20 世纪 90 年代以来兴起的"全球治理"理论为人们从建构国际机制的角度理解国际秩序提供了强有力的理论支持。② 刘杰（2000）指出，21 世纪的国际秩序是去霸权的。从价值层面来说，国际社会在经历大国霸权争夺的惨痛后，对霸权存在的价值已逐渐产生否定观念，因而以霸权思想和理论为基础的国际秩序缺乏国际社会的普遍价值认同。从现实层面来说，国际秩序作为经济全球化和政治多极化时代的产物，随着国际社会平等和主动参与意识增强，仅代表西方利益的秩序必定会改革或推翻占主导地位的霸权制度，逐步走向平等化。③ 于潇等（2018）认为，现有国际制度、规范过于单一与刻板，权力中心较为固定，新兴大国的声音并没有得到足够重视，选择性激励的作用难以扭转权威的单极化或者说决策权集中化的局面，往往造成非对等博弈与治理成本的增加，使治理效果大打折扣。多中心的政治格局必然推动新型国际治理秩序与规范的发展，通过制度手段形成新的资源分配机制和成本分担机制，使各参与主体获得与其自身贡献和力量相匹配的公共产品，分担治理成本。④

## 第三节　国家安全理论基础与指标

### 一、国家安全与国家利益

国内外学术界对国家利益的认识至今仍未达成一致。即使是对美国外交有重要影响的人，对国家利益的定义也莫衷一是。国内外主要存在综合国家利益论、福利博弈利益论和系统的国家利益论。⑤

综合国家利益论是将国家利益看作各种利益的综合体。福利博弈利益论将国

---

① Robert O. Keohane. Neorealism and its critics [M]. New York: Columbia University Press, 1986: 217.
② 刘杰. 全球化时代的国际秩序及其治理机制 [J]. 社会科学, 2003 (4): 27 - 33.
③ 刘杰. 论国际秩序重构进程中的制度霸权 [J]. 上海社会科学院学术季刊, 2000 (3): 74 - 81.
④ 于潇, 孙悦. 全球共同治理理论与中国实践 [J]. 吉林大学社会科学学报, 2018 (6): 71 - 82 + 204 - 205.
⑤ 王希. 美国历史上的"国家利益"问题 [J]. 美国研究, 2003 (2): 9 - 30.

家利益看作各阶级相互之间为了生存和发展利益所作的一种福利博弈。赵英（2007）把国家利益定义为：国家利益是指一个国家人民通过法律程序以及通过合法政府行政程序表达、确定与努力获取的，对于生存与发展所必需的社会福利。① 系统的国家利益理论于 20 世纪 30 年代已在西方国家产生。追求利益是人类一切社会活动的动因。"国家"作为一种人类的集合体，也必然有它特殊的利益需求。所谓国家利益，就是主权国家生存和发展的需求和条件。

同样，不同学者对国家安全也有不同定义，金钿（2002）认为，国家安全说到底不过是一种对国家利益的实现没有威胁或较少威胁的战略态势。② 刘跃进（2019）认为，国土安全、资源安全，主权安全、人权安全、政治领域的安全、经济领域的安全、军事领域的安全、文化领域的安全，政府的安全、家庭的安全，军政要人的安全、妇孺老弱的安全等都属于国家安全。③ 国家安全指主权、生存、发展和战略利益等国家根本利益不受伤害。由于这些都建立在经济基础上，假如生存都不能维持，主权和利益的扩展就无从谈起。任何国家的生存与发展都不可能不受到任何来自内部或外部的威胁。既然国家安全是对国家利益实现的保障，国家安全总是与国家利益密不可分，甚至是从国家利益派生出来的概念。换言之，国家安全就是对国家生存和发展利益的保障。

## 二、国家安全与国家经济安全

从传统意义上来看，一国的国家安全问题，主要是指军事安全、国防安全，关注的大多是国家遭遇到外部的军事威胁或外敌入侵的可能性，以及如何通过各种手段来维护国家的军事、国防安全等。也就是说，此时的国家安全主要是以军事安全为核心和基本内容的，还没有涉及国家经济安全。冷战结束后，国与国之间在经济和科技领域的竞争日益激烈，意识形态以及军事领域的竞争已经让位于以经济实力为基础的综合国力之间的较量和竞争，此时各国尤其是发达国家，对国家安全的关注主要体现在国家经济安全方面。各国在制定国家安全战略时也开始赋予国家经济安全以基础性、关键性、核心性、根本性的战略地位。安全是一个国家永恒的主题。在经济全球化背景下，国家安全的内容有了明显的扩展和延伸。在国家安全的诸多因素中，经济安全处于目的和基础地位，其他安全因素则是服从和服务于经济安全的手段。1993 年美国总统克林顿宣布将经济安全作为

---

① 赵英. 政府采购与国家经济安全 [J]. 中国招标，2007（4）：4-6.
② 金钿. 国家安全论 [M]. 北京：中国友谊出版社，2002.
③ 刘跃进. 加快国家安全学理论研究与学科建设 [N]. 中国社会科学报，2019-07-09（1）.

对外政策的主要目标。20世纪70年代日本学者开始关注"日本的生存空间和经济安全问题"。1980年日本在《国家综合安全报告》中明确提出"国家经济安全"概念。1996年俄罗斯发布《国家安全构想》,将经济安全置于重要位置。英国、澳大利亚、韩国和印度也开始关注经济安全问题。①

1980年日本发布的《国家综合安全报告》当中,首次使用"国家经济安全"这个概念,美国和日本学者、政府对国家经济安全问题的关注开始大幅度提高,关于国家经济安全的学术专著和研究报告开始涌现。20世纪90年代,许多研究国际政治的学者开始关注国家经济安全问题,国家在制定战略和政策时开始更多地考虑维护国家经济安全的问题。关于国家经济安全的研究在世界范围内迅速展开。例如国际货币基金组织和世界银行、联合国贸易与发展会议等国际组织以及众多国家的研究机构都做过大量研究。但长期以来,对国家经济安全的定义一直没有统一。1994年兰德公司撰写的《国家安全的经济维度》研究报告中,对"国家安全的经济维度"给出的定义就是"在国家面临威胁或阻碍国家经济利益的情势时保护和促进其经济利益的能力"。②

孔庆江（2018）认为,国家的经济安全是国家安全在经济领域的延伸,国家安全首先是一个国内经济问题,对外经济政策的制定和执行取决于国内经济状况,经济处于不安全状态必然成为重要的国内经济和政治事务。③ 第一层次是经济的可持续发展。这里就涉及国家竞争力的问题,一个国家没有竞争力就会处于弱势,无安全可言。第二层次也就是狭义上的国家经济安全,即"国家自主性"经济全球化背景下的主权外移,可能会使一国的自主性被他国控制,从而影响该国家保卫国家利益、应对突发事件（包括经济危机）的能力。综上可知,国家经济安全是国家安全中最为重要的部分,指一个国家中对国家生存、发展具有重要意义的产业的竞争力,一个国家经济抵御国内外各种干扰、威胁、侵袭的能力,一个国家经济得以存在并不断发展的国内、国际环境。④ 该定义说明了国家经济安全领域中既有区别又密切联系的层次。第一个层次是指在开放的条件下,一个国家中对经济、军事起支柱作用的产业的状态。如果这类产业成长状态不佳,自然会从根本上影响一个国家的国际竞争力,影响一个国家的经济实力,从而影响到一个国家在政治上、军事上的状态,导致其国际地位的变化。维持一个国家的经济安全,从本质上看,在于不断提高一个国家至关重要的产业的竞争力。董术

---

① 张汉林,魏磊. 全球化背景下中国经济安全量度体系构建 [J]. 世界经济研究,2011（1）：8 - 13.

② C. R. Neu, Charles Wolf, Jr. The Economic Dimension of National Security [R/OL]. https：//www. rand. org/pubs/monograph_reports/MR466. html.

③ 孔庆江. 国家经济安全与WTO例外规则的应用 [J]. 社会科学辑刊,2018（5）：134 - 138.

④ 赵英. 中国经济面临的危险：国家经济安全论 [M]. 昆明：云南人民出版社,1994.

(2007) 认为,国家经济安全是指国家对本国经济有自主权、控制力和防卫力,能够防范和化解内部、外部的危险、破坏和侵害,使国民经济平稳、全面、协调、较快地可持续发展,维护国家经济利益不受侵犯的正常状态。①

## 三、国家经济安全指标体系与预警机制

尽管目前不少国内外学者、机构都在研究国家经济安全问题,但是还没有建立起系统的、符合一国"具体国情"的国家经济安全理论。各国对于国家经济安全问题的研究,还缺少有效的分析技术、知识积累、关键数据的支持。在一定程度上,有效分析技术的短缺,构成了基于国情的国家经济安全研究的一大障碍。同时,迫切需要建立国家安全保障体系与评估机制来完善对国家经济安全的深入研究。

经济安全的内涵十分丰富,涵盖了经济领域的各个方面。根据指标体系的科学性、客观性、系统性、公正性、可行性、可比性的设计原则,同时考虑国内经济、开放经济以及国内经济与开放经济的互动,张汉林、魏磊(2011)建立了一个由三个层次指标构成的开放条件下经济安全量度体系。该指标体系将经济安全量度体系作为一级指标,总权重设为1。一级指标的经济学含义就是经济安全的整体形势。一级指标下涵盖10个二级指标,分别是粮食安全、就业安全、金融安全、市场安全、能源安全、环境安全、文化安全(侧重于文化贸易)、信息安全、人力资本安全、技术安全。经济安全的国际测度,主要是借鉴一些国际组织和机构的统计指标,从一个侧面衡量国家经济安全相关领域的水平。

## 第四节 国际秩序重构对国家安全因素的影响

### 一、国际秩序重构对国家主权的影响

经济全球化加快了世界经济的融合,使得全球体系逐渐成为一个关联度越来越高的有机整体。世界各国在相互竞争、相互合作、相互依赖的过程中形成了一

---

① 董术,董化研. 中国经济安全外资经济比重临界值研究[J]. 经济问题探索,2007(3):109 - 113.

种开放性、渗透性的"共变关系"。但美国学者威廉·奥尔森认为,"主权国家体系将各国分成一个个作茧自缚的政治实体,而经济生活的繁荣却需要商品和投资的流通。这一直是主权国家体系的根本性难题",[①] 这种关系同主权国家体系的排他性、专属性发生了冲突。

20 世纪后期,主权的实质性内容更多地由经济主权来实现。国家作为国际秩序的主要遵守者和制定者,其本质就是拥有绝对主权,但这种绝对性正因经济全球化的不断深化和广化,以及由此带来的国际秩序的重构而面临着挑战。工业革命之前,国家的行为囿于领土边界之内,因而土地界限决定了主权界限。进入工业经济时代后,运输成本下降、通信技术提升、货币流通加快,生产要素在国家之间的流动使得经济活动范围超越了国家的界限,超国家的国际经济机制、国际协调机制的广泛建立进一步压缩了国家对经济主权的绝对掌控力。有一些学者甚至认为全球性因素限制了国家发挥传统功能的能力,因而日渐损害政府做出的政策决定(Booth,1991[②];星野昭吉,2000[③])。一方面,国家强调主权的重要性,但同时共享全球价值观和生活方式也是大势所趋,便增加了认知的复杂性。徐步(2009)认为,在全球化时代,世界秩序发生了深刻变化,世界秩序主体的多元化倾向进一步加强,国际关系中超国界的因素在不断增加,国家主权不可避免地受到各方面的挑战和冲击。[④] 陈拯(2018)指出,无论单极权力结构、"脱嵌"的经济自由化和市场化进程,抑或"新古典自由主义"的意识形态霸权,都使冷战后的"自由国际秩序"在由地方性走向全球性的过程中缺乏必要的调整,导致"自由国际秩序"在扩展中失去内在平衡,反而激化了更多矛盾,产生了更多问题。[⑤]

## 二、国际秩序重构对国家经济制度的影响

建构主义学者认为,国际秩序可以独立地影响国家行为。[⑥] 机制本身能够建立国际关系中高级别的代理权,即通过其自身的官僚机构和机制本身的意识形态的发展,机制能够成为标准与规则的积极倡导者。新自由主义者认为,在无政府状态下,国家需要通过建立多边安全合作组织来寻求安全。兰德尔·施韦勒

---

① 奥尔森. 国际关系的理论与实践 [M]. 王沿等译. 北京:中国社会科学出版社,1987.
② Booth K. Security and Emancipation [J]. Review of International Studies, 1991 (4): 313 – 326.
③ 星野昭吉. 全球政治学 [M]. 刘小林,张胜军译. 北京:新华出版社,2000.
④ 徐步. 关于国际秩序调整构建问题的思考 [J]. 外交评论,2009,26 (4):1 – 9.
⑤ 陈拯. 失衡的自由国际秩序与主权的复归 [J]. 国际政治科学,2018 (1):1 – 24.
⑥ 如 Michael N. Barnett,Martha Fennimore 等。

(Randall Schweller，2001）认为，新的国际秩序并不代表美国放弃霸权的利益，而是建立有利的国际规则、机制来维护美国的利益。这显然比强权压迫更为行之有效。①

此外，也有观点认为建立和维持现有国际秩序是那些理性的维持现状国家解决安全困境的规范性方法。如江忆恩等（2002）认为，在国际安全制度中，维持现状国家"愿意建立军控制度来提高透明度、建立互信，对武器的增长加以可信的、且可核查的限制"。② 王公龙（2009）认为，国际秩序的重构会最终对传统超级大国的国家战略起到抑制作用。经济全球化伴随着的世界格局多极化、多元化，为超级大国维持原有秩序带来了极大的挑战。强制性手段在越来越广泛的合作共赢趋势下逐渐成为一种收效不高的做法。例如，在传统安全领域，美国仍采用强制的方式处理与其他大国的关系，但伴随着逐渐不复存在的军事绝对强势，这种方法的收效渐渐减少。并且，这种硬碰硬的处理方式在给世界战略格局带来不稳定的同时，最终也会损害美国的战略利益。③

---

① Schweller R L. After Victory: Institutions, Strategic Restraint, and the Rebuilding of Order after Major Wars by G. John Ikenberry [J]. Journal of Politics, 2001 (4): 1291 - 1293.
② 江忆恩，李韬. 简论国际机制对国家行为的影响 [J]. 世界经济与政治, 2002 (12): 21 - 27.
③ 王公龙. 权力转移及其对世界政治发展的影响 [J]. 国际论坛, 2009 (4): 1 - 5.

# 第二章

# 全球化背景下国际秩序重构的特点和趋势

## 第一节　国际秩序重构的新变化

生产力的发展推动商品、服务以及资本、技术在国际范围内的流动，特别是冷战结束后，经济全球化的发展深刻影响了国际秩序中各类力量实力的演变，在"你中有我、我中有你"的格局中，加速了国际秩序的重构，特别是参与主体日渐多元化，会进一步加快重构的过程。而逆全球化现象则成为全球化发展的十字路口，"利己主义"色彩在传统西方世界政治经济生活中的分量日渐突出，影响着全球化的方向，更使得此轮重构变得复杂。这些，都是过去的重构过程中不曾出现的。

### 一、经济全球化深入发展使各国紧密结合，深层次推动国际秩序重构

在科技全球化加速推进、制造业生产全球化不断深入、贸易全球化全面发展、资本和金融全球化加速深化的背景下，经济全球化深入发展，推动全球治理的机制体制不断完善，为深化全球化提供了重要保证。

## （一）科技全球化进程加快

科技发展是保证经济全球化发展的基石。第四次工业革命大潮已至，世界各国都在调整科技发展战略，努力在最具前景、最为活跃的技术领域占据有利位置。科技全球化的核心要义包括研发资源的全球性配置、科学技术活动的全球性管理以及科研成果的全球性共享三方面，这三方面相互促进，相辅相成，推动科技全球化加速发展。科技全球化主要表现在以下方面：

**1. 科研活动全球化**

许多科学研究活动和项目已经超越了某个特定国家的承受能力，必须依靠不同国家、不同机构的科研人员相互交流配合，实现智力互补。同时，复杂科学研究需要大量价值昂贵的科研设备，提高了科研项目成本；为分担高额成本、共享科技成果，不同国家采取抱团参与、共同研究方式，实现资源共享。

**2. 跨国公司研发国际化**

技术是最为核心的竞争力，在全球化驱使下，跨国公司的全球化科技研发水平与全球化经营管理间的不平衡越发明显，这种不平衡在国际竞争中的劣势不断被放大。在这种背景下，跨国公司正提升研发的国际化水平，加速科技的全球化。除了普遍在海外建立研发机构和科技子公司外，跨国公司还采取以下措施：一是大型跨国公司之间强化技术合作，形成技术联盟，主要表现在高科技领域。通过强强联合，可以发挥比较优势，集中人力、物质资源开展联合攻关，并实现减少成本、降低风险的效果。二是加强与东道国技术合作，提升技术"本土化"水平，实现技术换市场。

**3. 区域科技合作程度加深**

区域科技合作与区域经济合作相辅相成。区域科技合作一般是作为区域经济合作的一个重要内容而确立和发展起来的，又反促区域经济合作的发展和深化。① 区域科技合作促进了近邻国家互通科技有无，形成科技联盟，以集团化方式抢占全球科技高地。

**4. 信息技术的发展加速科技全球化**

信息技术的飞速发展加快了科技全球化进程，主要表现为便捷了科技信息的传输和共享。通过信息网络，科技信息超越了传统地理限制，传播速度大为提高，不同地区的科研人员可以快速获取科技资源并实现畅通的沟通交流。同时，普通人也能依托信息网络获得更多的科技知识，提升科技普及程度。

---

① 徐冠华．科技全球化：中国的挑战、机遇与对策［EB/OL］．http://cppcc.people.com.cn/GB/34961/51372/51376/51494/3600144.html，2018－04－13．

## （二）贸易全球化全面发展

贸易全球化是经济全球化的最初表现形式，是经济全球化的最显著标志，也是衡量经济全球化发展程度的重要尺度。贸易全球化拉近了国与国之间的经济联系，也在不断扩大贸易范围和体量，对世界经济变革产生重要影响。贸易全球化全面发展主要表现在以下几个方面：

**1. 参与贸易国家及地区的增多**

全球多边贸易体系日趋完善带动了贸易全球化的全面发展。WTO 涵盖了全球绝大部分国家和地区，在此框架下 164 个成员贸易往来极为密切。而成员中有近 2/3 是发展中国家，为数众多的发展中国家把参与国际贸易作为发展本国经济的重要手段，因此其在世界经济中的影响力日益增强，在 WTO 中的地位也越来越重要，已经成为世界经济发展中的新兴力量。同时，为了促进贸易便利化发展，主要参与的经济体积极采取措施，通过取消配额、削减关税，对各种行政干预和其他技术壁垒都进行着规范和完善，不断完善和维护全球的贸易体系，推动全球贸易向着更加开放、自由、透明、公平的方向发展。

**2. 贸易规模的扩大**

近年来全球贸易回暖趋势明显。根据 WTO 的数据，全球货物贸易在 2017 年、2018 年出口规模分别为 177 318.64 亿美元、194 753.61 亿美元，同比分别增长 10.6% 和 9.8%，而 2015 年、2016 年增长率分别为 -13.2% 和 -3%；2017 年、2018 年进口规模分别为 180 432.87 亿美元和 198 664.89 亿美元，同比分别增长 10.8% 和 10.1%，2015 年、2016 年增长率分别为 -12.5% 和 -2.9%。① 服务贸易方面，2017 年、2018 年出口规模分别为 53 577.07 亿美元和 57 696.71 亿美元，同比分别增长 8% 和 7.7%，2015 年、2016 年增长率则分别为 -5% 和 0.7%；2017 年、2018 年进口规模分别为 51 083.33 亿美元和 54 851 81 亿美元，同比分别增长 6.3% 和 7.4%，2015 年、2016 年增长率分别为 -5.4% 和 0.9%。②

## （三）金融全球化加速深化

金融全球化是指世界各国、各地区在金融业务、金融政策等方面相互交往和协调、相互渗透和扩张、相互竞争和制约已发展到相当水平，进而使全球金融形成一个联系密切、不可分割的整体。随着世界经济的全球化发展，金融领域的跨国活动也在以汹涌澎湃之势迅猛发展。金融全球化主要表现在以下几个方面：

---

①② 根据 WTO 数据库数据测算，https：//data.wto.org/，2019 -07 -23。

**1. 资本流动国际化**

国际资本在经济全球化中起到了关键的助推作用，有利于资金在全球范围内的优化配置，同时也带动了高新科学技术和先进管理经验在全球的流动。资本的国际化流动具有逐利性、顺周期和易超调等特点，短期内资本的大规模无序波动可能对经济金融带来冲击。① 20世纪90年代后，资本的国际流动呈现出膨胀发展的态势，并与经济金融发展状况相吻合。根据IMF的数据，2018年全球资本流动总规模为1.38万亿美元，较2017年同比上升8.5%。分地区来看，仍呈现自2015年以来形成的发达经济体资本净输出、新兴市场国家资本净输入的格局。

**2. 金融市场国际化**

在金融市场国际化中，保险、银行、证券市场面向全球开放，使得全球的资本实现更为优化的流动和配置。国际融资规模不断扩大，股票债券的国际发行数额也在快速增长。同时，金融市场的国际化还表现在以下几个方面：金融机构的国际化发展，全球多个金融机构设立了海外分支；金融货币国际化发展，美元、欧元、日元等传统货币可作为国际结算货币，以人民币为代表的新兴经济体货币也正逐步走向世界金融舞台的中央；金融市场价格趋同，一国利率、汇率的变动将产生蝴蝶效应，可以引发不同国家金融市场的震荡。

## 二、逆全球化沉渣泛起，"利己主义"深刻影响国际秩序重构

全球化在不断深化发展，但是作为2008年金融危机的副产品，"逆全球化"正成为全球发展一股不能忽视的力量。保守主义、排外主义对崇尚自由、开放的全球化形成了严峻挑战。这股思潮由民间走向政府，反全球化思潮发展成为逆全球化现象。逆全球化和贸易保护主义兴起有其必然性，但是全球化作为时代潮流利大于弊，具有不可逆性。

### （一）新时代逆全球化现象的特征

2016年被认为是逆全球化的元年，其标志性的事件是英国脱欧和特朗普当选美国总统。英国作为自由贸易主义的发源地，2016年6月23日以公投形式退出欧盟；此后英镑对美元贬值幅度达到30%，主张留在欧盟的首相卡梅伦宣布

---

① 潘功胜. 跨境资本流动趋于平衡，宏观审慎政策已全部回归中性 [EB/OL]. https://wallstreetcn.com/articles/3232709，2018-04-15.

辞职。出于对欧盟瓦解的担忧，欧元出现了大幅度贬值。2016年11月，带着"反建制""民粹主义"标签的特朗普赢得美国总统大选，深层次原因是美国社会中下阶级对就业、收入等的不满，美国中产阶级比例从1971年的61%下降到2015年的49.9%，低收入人群从1971年的25%上升到2015年的29%。① 特朗普的胜利为民粹主义提供了成功经验，为民粹主义政党在全球的崛起提供了强大动力。

逆全球化现象在政治上表现为鼓励保守主义，在经济上突出表现为贸易保护主义，在文化上表现为排外主义，与全球化形成鲜明对比。近年来，逆全球化越来越多地由思潮向行动和政策转化，给全球化的发展带来了负面作用。逆全球化的最新表现如下：

**1. 贸易保护主义措施层出不穷**

各国间频繁使用非关税壁垒措施，根据世界贸易组织（WTO）数据，2015年以来各成员使用非关税壁垒措施大幅增加，2018年达到3 613项，较2017年增加19.24%（如表2-1所示）。主要经济体间贸易摩擦不断，尤其是近年来，针对全球第二大经济体中国，美国等发达国家不断采取贸易保护主义措施，加剧了全球贸易的动荡。为削弱中国在全球货物贸易市场中的优势，美国、欧盟、日本拒绝承认中国的市场经济地位。2017年12月，欧盟通过反倾销调查新方法的修正案，引入"市场严重扭曲"概念，表示在这种情况下欧盟可以弃用出口国的价格，而选择使用第三国或国际价格来确定出口产品是否存在倾销。这种不负责任的做法违背了WTO原则，为欧盟对其他国家滥用反倾销措施提供了借口。从2018年3月起，特朗普将贸易保护的大棒挥向中国，对中国实施多轮加征关税措施，作为回应，中国奋起反击。全球最大的两个经济体在贸易问题上针锋相对，不仅对两国经济社会产生了冲击，也对全球经济产生了难以估量的负面影响。不仅针对中国，特朗普的贸易制裁措施也施加于加拿大、墨西哥、欧盟、日本、韩国等传统盟友，肆意践踏国际经济规则，做出了极为不良的示范，比如印度2018年9月宣布提高了19个类别产品的进口关税，日本在G20大阪峰会结束不久即对韩国半导体产业进行制裁。

表2-1　　WTO各成员2015~2018年非关税壁垒措施数

| | 2015年 | 2016年 | 2017年 | 2018年 |
| --- | --- | --- | --- | --- |
| 卫生与动植物检疫措施 | 1 018 | 769 | 1 001 | 1 316 |
| 技术性贸易壁垒 | 1 222 | 1 444 | 1 734 | 2 041 |

---

① 廖晓明，刘晓锋. 当今世界逆全球化倾向的表现及其原因分析［J］. 长白学刊，2018（2）：28-37.

续表

|  | 2015 年 | 2016 年 | 2017 年 | 2018 年 |
|---|---|---|---|---|
| 反倾销 | 228 | 287 | 247 | 185 |
| 反补贴 | 30 | 33 | 41 | 50 |
| 保障措施 | 15 | 20 | 7 | 21 |

资料来源：根据 WTO 数据整理，http：//i-tip. wto. org/goods/Forms/GraphView. aspx? period = y&scale = l。

**2. 排外主义兴风作浪**

近年来，右翼政党的政治地位不断提升，对主权国家的政策产生了极大影响，突出反映在排外主义色彩逐渐浓厚。以 2014 年 6 月欧洲议会选举为标志，欧洲多个国家的民族民粹主义政党群体性崛起。受恐怖主义威胁、难民潮引发一系列社会安全问题的影响，2017 年欧洲社会排外情绪高涨，各国政府逐渐收紧移民政策；排外主义对民粹主义产生推波助澜的作用，进一步分化了欧洲的政治结构。2017 年 5 月，时年 31 岁的塞巴斯蒂安·库尔茨当选奥地利人民党主席，这位政治新星因高调宣称在移民和难民问题上采取强硬路线而赢得选民支持，奥地利人民党成为欧洲第一个由中右主流政党蜕变而成的民族主义排外政党，2017 年 10 月该党赢得国民议会大选，库尔茨本人也成为奥地利政府新一任总理。同月，主张关闭欧洲边界、不接受难民并且反对过早加入欧元区的捷克富豪安德烈·巴比什赢得大选，并被任命为总理。2017 年，以反移民、反欧盟、反欧元为口号的荷兰自由党、德国选择党成功赢得政治资本，分别成为本国第二和第三大党。在法国，国民阵线党依靠难民危机起死回生，在 2015 年大区选举和 2017 年总统选举中接连取得佳绩，提出了"限制穆斯林移民入境人数，把法国的合法移民人数缩减至每年一万人，驱赶在法国居留的无证移民以及和激进伊斯兰教有关联的外国人"的主张。[①] 在美国，特朗普不仅多次在推特上公然发表"种族主义、排外主义"言论，而且多次采取排外措施。签署禁穆令、退出联合国主导的《移民问题全球契约》的制定进程、逐步实施其在美墨边境长达 1 162 公里的防护墙的竞选承诺，俨然已成为种族主义和排外主义的象征。2018 年 10 月的巴西大选中，极右翼社会自由党候选人博索纳罗赢得大选，他提出"巴西第一"的口号，支持退出《巴黎协定》和联合国人权理事会。2019 年印度大选中，莫迪领导的右翼人民党提出的施政纲领以民族主义、保护主义为主张，具有明显的民粹主义色彩，最终以绝对优势再次赢得大选。

---

① 史志钦. 排外主义折射欧洲人的集体焦虑 [J]. 人民论坛，2019 (1)：28 - 30.

**3. 多领域国际合作进程严重受挫**

WTO 多哈回合僵局依然没有找到合适的突破口，区域一体化进程也遭遇挫折。2017 年 1 月，特朗普签署上任后的第一份行政命令，宣布退出跨太平洋伙伴关系协定（TPP），为几周前刚达成协议的 TPP 前景蒙上了阴影。美国在其他多边合作领域也开始"退群"。2017 年 6 月，美国以破坏本国就业为由退出《巴黎协定》；2017 年 10 月，以会费不合理、改革无进展、歧视以色列等理由宣布退出联合国教科文组织，保留观察员身份；2018 年 5 月，退出伊核协议，这一举动震动世界，否定了国际社会在伊朗核问题中多年的付出和成果，给本就不太平的中东局势增添了更多不稳定因素。在经济合作中，美国开始采取点对点的贸易谈判方式争取利益最大化。2018 年 11 月《美墨加协定》（USMCA）签署，其中的毒丸条款①正式生效。该条款被广泛认为是针对中国，防止墨西哥和加拿大与中国达成自贸协定。这一举措具有强烈的示范效应，被认为是在经济领域打压中国的又一手段。

**（二）逆全球化现象产生的原因**

逆全球化与贸易保护主义兴起并非偶然现象，与全球化进程中产生的问题密切联系，有着深刻的背景。

**1. 全球化带来的社会分配不公平**

市场经济的一大弊端就是市场调控容易产生社会分配不公平问题，经济全球化将这一弊端进一步扩大。在市场经济条件下，不同经济要素带来的收益存在显著差异，其中资本与其他生产要素之间的差异最为突出；如果资本收益率在较长一段时期内显著高于经济增长率，财富分配差异化的风险就变得非常高。② 全球化放大了资本流动性优势，因此资本所有者能更多享受全球化市场的福利，使资本收益率与经济增长率之间的差距趋于拉大。根据瑞士信贷研究部门（Credit Suisse Research Institute）发布的 2018 年全球财富报告数据，全球财富金字塔最高的两个层级（>10 万美元）覆盖了全球人口的 9.5%，共计拥有全球财富的 84.1%；底部的两个层级覆盖全球人口的 90.5%，共计拥有全球财富的 15.8%。③ 2016 年麦肯锡全球研究所的报告指出，过去 10 年来，全球 25 个发达经济体中，70% 的家庭、5 亿多人口收入下滑。贫富差距增大、中产阶级崩塌，成为反全球化的温

---

① 《美墨加协定》第 32 条规定：若三国中有一国与某个"非市场经济国家"签署自贸协定，则其他协议伙伴有权在 6 个月内退出《美墨加协定》。
② 徐坚. 逆全球化风潮与全球化的转型发展 [J]. 国际问题研究，2017（3）：1-15+125.
③ Credit Suisse Research Institute, https://www.credit-suisse.com/corporate/en/research/research-institute/global-wealth-report.html.

床。中低收入群体成为"民粹主义"的拥护者，助长了反全球化思潮向政治层面流动。

### 2. 参与全球化的国家间发展不平衡

国家间发展的不平衡主要表现在两个方面：南北问题和东西问题。南北问题主要集中在发达国家与发展中国家的发展不平衡。全球化催生了从属国家或被边缘化的国家。受经济发展水平、资源禀赋、技术经验、产业结构所限，这类国家在全球化中获益有限，但面临的风险和压力不断增加，导致它们与发达国家甚至是新兴国家之间的差距进一步拉大。2015年卢森堡的人均GDP达到10.1万美元，而布隆迪的人均GDP仅为277美元，二者差距近365倍。① 这种现象反过来影响国内的政治社会稳定，是造成地区动荡和冲突的重要原因。同时，国际秩序中的不公平现象，也是加剧这类国家困难的原因，发达国家与发展中国家的南北分化是全球化进程中亟待缓解的主要矛盾。东西问题来源于发达国家同新兴经济体的发展不平衡。全球化推动了近年来的"东升西降"格局，成为国际力量对比和国际秩序重构中的重要趋势，但在2008年后世界经济下行压力较大的背景下，"东升西降"格局加剧了发达国家与新兴国家之间在国际秩序重构上的矛盾。美欧等西方发达国家面临许多发展困境，纷纷将矛头指向全球化的最大受益者——新兴国家，发达国家与新兴国家间矛盾变得更加突出。

### 3. 人口流动加速引发认同危机

在全球化浪潮中，西方发达国家以跨国公司员工的经营活动为载体，不断输出其标榜的"民主""自由""人权"等价值观；中东、北非难民在涌入欧洲社会的过程中，难以同本地社会生活习俗、环境相融合，极端主义思想在难民中泛滥，恐怖主义袭击又加剧了极右势力的抬头；中东的社会思潮和主流思想，一直处于保守与开化的交叉和对抗中，这使得中东地区充满教派冲突，为极端宗教思想的滋生提供了土壤；美国同伊斯兰世界的矛盾也进一步拉大。在全球化进程中，认同危机不断被放大，助长了各类反全球化思潮。

## 三、国际秩序重构的行为主体日渐多元化

### （一）主权国家仍是国际秩序重构的主体

国际行为主体是指有意愿且有能力参与国际活动和国际游戏规则制定并承担

---

① 高飞. "逆全球化"现象与中国的外交应对 [J]. 国际论坛，2017（6）：49-55+78-79.

和实施相应义务与责任的行为者。① 主权国家是最重要的国际行为主体,在参与国际事务中,所有国家都是从各自主权利益出发,因此主权国家充当着国际秩序重构的基本力量。在全球化的背景下,国家主权的多样化是国家主权行为方式扩张所体现出的必然结果。国家主权成为各国寻求实现其利益诉求的法定基础,并构成了国际秩序重构的基本要素。

首先是国家主权的多样化,范围已经超越了对领土、领海、领空等物理主权,在全球化时代来临之后,对政治、经济、文化等主权的保护在国际竞争中显得尤为重要。随着科技的发展,国家主权甚至延伸到了网络空间,尤其是美国"棱镜门"事件爆发后,全球各国均加强了对网络空间主权的重视,已成为和领土、领海、领空一样重要的物理主权,并成为国际竞争的新领域。

其次是国家主权管理的"上移"和"下移"。在全球化进程下,各种事务、各类问题层出不穷,本身就超越了国家、地理、民族的界限,因此国家的治理权限也相应发生了变化。国家主权"上移",指以主权国家为主体,相互建立的关于某类问题的协定并对此进行遵守;国家主权"下移",指通过国家层面的法律形式确定地方、私人对某类事务具有一定的管理权。虽然国家的传统主权随着时代的不同而产生变化,但也随之发挥了其他新的作用。

1945年,联合国的创始成员共51个,目前联合国已达193个成员,巴勒斯坦和梵蒂冈则以常驻联合国观察员身份向联合国派驻了代表团。② 数量众多的主权国家在不同领域有着不同的利益需要,进一步加大了国际活动的复杂程度和国际竞争的激烈程度。以贸易和气候领域为例,发达国家和发展中国家在WTO谈判中立场的不一致导致多哈回合举步维艰,已对多边贸易体系构成威胁;特朗普执政后退出《巴黎协定》,重创国际气候合作进程。国际活动协调的复杂性,也给了主权国家更多赢得国际竞争主导权的机会,进一步深化了国际秩序重构的可能性。

## (二) 跨国公司日益深度参与国际秩序重构

现代意义上的跨国公司出现于19世纪60年代,第二次世界大战后迅速发展。跨国公司本质上属于企业,应以追求经济利润为目标。事实上伴随着全球经济的发展,作为全球化的重要推动力量,跨国公司越来越深入地参与到国与国的交往中,从经济格局上将市场行为融合,从地理格局上将传统国界模糊,从政治

---

① 樊勇明. 全球化与国际行为主体多元化——兼论国际关系中的非政府组织 [J]. 世界经济研究, 2003 (9): 4-10.

② 根据联合国礼宾的蓝皮书,"常驻联合国代表团,编号:298",2008年3月最后更新 ST/SG/SER. A/298 (2008年2月29日),参见:http://www.un.org/zh/members/intergovorg.shtml, 2018-04-21.

格局上将国家利益关联，成为国际秩序重构中不可忽视的因素。

**1. 变革全球经济结构**

在跨国公司国际化经营的推动下，生产和资本的国际化迎来发展高潮，主要经济体间的生产、交换、流通和消费协作关系更加紧密，同时也带来了国际分工的精细化，加速了产品和技术的研发（R&D）速度。跨国公司带动的生产国际化，进一步增强了全球资本的流动性，使国与国间形成了利益共享、风险共担的经济发展共同体。据统计，发达国家90%以上的技术掌握在500家跨国公司中。在技术运用层面，跨国公司也会视情况有层次地转让或者出售技术。可以说，跨国公司是全球科学技术的最大拥有者和传播者，在全球技术进步中功不可没，由此推动了全球生产力水平的提高。

**2. 跨国公司的经济权力赋予其在国际关系中更大的权力**

第一，深度行使母国部分经济、外交主权。跨国公司的全球化与母国、东道国的发展战略息息相关，与母国在技术输出、资本输出、增加就业等方面存在冲突，通过培养政坛说客等方式向本国政府施压，在法律、政治、外交层面对跨国公司给予照顾，跨国公司代表的利益集团可以影响甚至左右本国政策与制度，实现对本国经济和外交主权中某些事务的操控。

第二，深度影响东道国主权。为实现经济社会发展，发展中国家会实施多种优惠措施吸引跨国公司投资，导致东道国在税收、贸易、产业结构等方面对母国产生极强的依赖性，一定程度上扭曲了东道国经济发展。在经营过程中，跨国公司运用母国文化实施影响，实现对东道国的文化输出；转移高污染、高能耗、高排放型产能，实现对东道国的污染输出，这些行为打破了东道国原有的社会结构与环境。

第三，深度参与国际事务。传统的金融、贸易、投资规则的制定和调整权属于国家层面的政府，但实践层面中跨国公司掌握了更多的市场运行规律，对市场的掌握程度更深，因此现在涉及经贸往来的规则制定中，各国政府会充分考虑跨国公司的想法，很多规则甚至是从跨国公司的运行方式中提取得到的。

第四，引发或转嫁国际经济金融危机。一方面，由于跨国公司加深了全球经济关联程度，与东道国捆绑成为命运共同体，在危机发生后迅速产生多米诺骨牌效应；另一方面，在危机发生后，为最大限度降低挑战和损失，跨国公司往往会加大对尚未经历危机的地区的投资，从而变相地转移了危机，更加剧了经济危机在世界范围内的传播。

## （三）政府间国际组织成为国际秩序重构的重要表现及力量

政府间国际组织（inter-government organization，IGO）指两个以上的国家政

府为了达到一定的目的,根据一致同意的条约或协议而设立的常设机构,享有国际法规定的主体地位。政府间国际组织是主权国家参与国际政治经济事务的主要平台,已成为评估一国在国际事务中活跃度、重要性及其国际影响力的重要标准。

**1. 政府间国际组织数量庞大、种类繁多**

20世纪后,政府间国际组织呈现井喷式发展的趋势。根据国际协会联盟(Union of International Association)相关数据,自1909年到2000年,全球的政府间国际组织数量增长了170多倍,达到了6 556个。全球目前有超过7 000个政府间国际组织,其中一多半的组织都能正常运转。按照性质,IGO可以分为全球性组织和区域性组织,联合国是最为著名的全球性政府间国际组织,后者的代表欧盟、阿拉伯国家联盟、APEC等;按照功能,IGO可以分为政治、经济、文化、安全、环境组织等,联合国、WTO、联合国教科文组织、国际原子能机构、联合国环境规划署等分别是其典型代表。在国际社会中,这些IGO是国际社会的规则制定者,国际经济、社会发展事务的组织者、管理者和分配者,以及国际争端的和平解决者和世界和平维护者的角色。[①] IGO对国际关系和国际秩序重构产生了广泛影响。

**2. 政府间国际组织对国际关系产生广泛影响**

IGO的蓬勃发展,一方面是各国对共同解决各类全球、地区性问题的现实需要,另一方面IGO已经深入触及经济、军事、政治、知识产权、人权等各方面,进入国家主权的管辖范围,对主权国家的影响作用日渐明显。发达国家则在IGO中扮演着领导作用,以新兴经济体为代表的发展中国家也在积极通过IGO表达自身的利益诉求。

首先,全球性问题的解决离不开IGO的协调。地球村的治理在很长一段时间里都属于"无政府状态",不存在统一的领导或者管理机构。在不断密切的相互往来中,制定共同的游戏规则势在必行。IGO作为一个协调合作的平台,可以以独立的行为主体制定国际法和行为规范,约束和规范国家的行为。如世界贸易组织(World Trade Organization)、世界银行(World Bank)和国际货币基金组织(International Monetary Fund)构成了全球经济体系的三大支柱,规范了全球贸易、金融规则。

其次,区域性的IGO备受青睐,区域组织成员较少、协调与合作机制较为灵活,因此区域性IGO正成为主流,成为探讨和影响国际秩序的重要因素。例如,APEC作为亚太地区最具影响力的官方经济合作论坛,对推进贸易和投资的自由化、便利化,引领经济全球化和区域经济一体化,乃至推动亚太自贸区构想的实

---

① 綦鲁明. 国际组织机构进展研究[A]//国际经济分析与展望(2015~2016), 2016: 9.

施,都具有不可估量的意义。

最后,发展中国家在 IGO 中的作用日趋明显。21 世纪以来,新兴经济体的迅速崛起,对固有的国际体系产生了强烈冲击,进一步推动了多极化发展,对国际地位和影响的诉求进一步提升。最为明显的标志就是自 2009 年匹兹堡首脑峰会起,G20 取代 G8(G7)成为协调国际经济发展的重要论坛,发展中国家在 G20 中占据了半壁席位。

**3. 非政府间组织广泛参与国际秩序重构**

非政府间组织(non-governmental organization,NGO)按照性质可分为具有地方性、国家性和国际性的非政府间组织。其中,广泛参与国际关系和国际秩序重构的主要是具有国际性的,即非政府间国际组织(international non-governmental organization,INGO)。按照联合国经济及社会理事会(The United Nations Economic and Social Council,ECOSOC)的定义,所有未经政府间协议建立的国际组织均可称为非政府间国际组织。① 从性质上看,INGO 首先有非政府性,不属于政府和企业,有独立的判断、决策和行为机制,因此也具有独立性特点,不以权力的意志为转移;其次具有非营利性,INGO 不同于其他私人组织的营利性,所提供服务与咨询不以利润为主要目标,其主要资金来源于各国政府、国际组织、企业及捐赠;再次具有志愿性,组织内有大量工作人员提供志愿服务;最后兼具民主和法治性质,为民众参与社会治理提供平台,也以法律为准绳批准设立,以内部规范管理组织行为。INGO 在国际事务中的作用越来越明显,主要表现在以下几个方面:

第一,参与解决部分全球性问题与争端。同政府和政府间组织相比,INGO 官僚气息较小,具有更强的灵活性,能站在公众立场上采取公平公正的措施,在解决人道主义危机、地区冲突等方面的做法可以为各方接受,扮演调停者的角色。

第二,推动全球治理。INGO 在数量增长的同时,涉及的领域也越发广泛。从最初的政治理论研究、环境保护、经济发展扩大到安全、人权、妇女保护、反恐等各领域。INGO 影响力的不断扩大也吸引了更多的杰出人才和资金的注入,更提升了 INGO 在领域内的专业化、权威性水平,在安全、环境、人权、经济等全球治理中的角色越来越重要。

第三,参与完善国际规则。对国际行为产生影响是 INGO 的重要目标之一。许多 INGO 可以在主权国家制定决策、执行国际条约的过程中施加影响并予以监督;INGO 凭借广泛的信息来源、雄厚的资本实力、专业的分析能力,能对特定

---

① https://uia.org/yearbook? qt-yb_intl_orgs=3#yearbook_pages-page_yb_faq-4.

国际规则进行专业的研究，并提供专业的信息和咨询服务，不断提升自身主张的影响力，并促使部分政府间国际组织对其产生依赖。

第四，反全球化中不可忽视的力量。多数发达国家非政府组织主要反对全球化给发达国家带来的产业"空洞化"和由此产生的失业增加、社会福利下降等现实经济利益问题；而全球化带来的环境污染转移、贸易剪刀差等造成发展中国家社会福利效应下降的问题，也引起了 INGO 的强烈抗议，比如绿色和平组织（Greenpeace）作为全球知名的环保组织，多次对跨国公司的高污染提出抗议，甚至引发暴力活动，引发了人们对全球化弊端的高度关注。

## 第二节 全球化促使国际秩序重构以和平与发展、竞争与合作为主线

由贸易、金融、生产和技术构成的经济全球化，使得世界各国和地区经济相互依赖、相互渗透日益加深，逐渐结合成一个统一的整体，各国之间利益相关性越来越强。邓小平以高瞻远瞩的战略眼光提出了"和平与发展是当今时代的主题"。在全球化深入发展的今天，传统的以政治与军事为重的国际体系逐步转变为以经济力量的竞争和均衡为核心，国际经济秩序成为国际秩序重构的核心，而国际经济秩序则通过影响国家经济主权、经济制度和经济模式等诸多方面影响着一国经济政治的发展。当前国际秩序重构的基本特征是和平与发展、竞争与合作，同时又兼具长期性和复杂性。

### 一、发展和合作成为共识

以全球价值链为坚实基础的全球化势必会成为未来世界的发展趋势，而新的产业革命将成为新一轮增长的主要驱动力。在新的产业革命推动下，世界各国在经济上相互依存程度大大增强，又都面临着日益增多的各种非传统安全威胁，追求共同发展和繁荣的愿望越来越强烈，全球治理需要更为开放、包容、共赢的发展平台，合作与发展成为主要经济体发展的共识。

#### （一）G20 合作机制在全球治理中的作用日益突出

二十国集团（G20）成立于 1999 年，成立之初旨在解决国际金融危机，防范局部性危机的扩散。2008 年以来，融合了发达国家与主要新兴经济体的 G20 逐渐

成为推动全球经济治理、开展国际经济合作的重要平台，为应对国际金融危机、促进世界经济发展做出了突出贡献，也为发达国家与发展中国家共同开展交流合作、为全球治理提供了新的平台。G20旗帜鲜明地反对贸易保护主义，以共同促进世界经济的复苏与增长为使命，是世界经济纵深发展中各主要经济体利益共识的重要合作机制，也是推动国际经济秩序重构的重要力量，必将对世界经济发展走势产生积极深刻的影响。中国国家主席习近平指出："我们应该让二十国集团成为行动队，而不是清谈馆。"① 欧美等国政府（尤其是欧洲中央银行）和七国集团（G7）一致认为，G20几乎是应对全球金融危机的独一无二的有效国际合作平台。

## （二）国际社会积极响应"一带一路"倡议

当前，全球经济深度调整，逆全球化现象频发，全球化面临着许多不确定性与挑战，转型升级势在必行。在此背景下中国提出的"一带一路"倡议为全球发展提供了中国方案，是中国向世界提供的公共产品。2013年9月和10月，中国国家主席习近平分别提出共建"丝绸之路经济带"的倡议和共建21世纪"海上丝绸之路"的倡议。"一带一路"以"共商、共建、共享"为原则，涵盖政策沟通、设施联通、贸易畅通、资金融通、民心相通五项重点内容，覆盖沿线68个国家、44亿人口。作为中国参与全球治理的重要顶层设计，"一带一路"倡议具有以下重要意义：一是为全球化深入发展提供硬件保障，有利于推动沿线国家基础设施建设和经济稳定增长；二是有助于削减贸易壁垒，提振沿线国家外贸需求，推动贸易和投资自由化便利化；三是对碎片化作业、排他性运作、效率低下的传统全球公共产品平台的完善，为各国平等发展提供了优势互补的平台，有助于打造开放、包容、共享的命运共同体；四是构建新的全球治理格局，推动发展中国家不断提升全球治理的话语权，有助于国际秩序朝着更加公正合理的方向发展。2017年首届"一带一路"国际合作高峰论坛吸引了全球29位国家领导人和联合国、世界银行、国际货币基金组织负责人出席，130多个国家和70多个国际组织的1 500多名代表参会，形成76大项、270多项重大成果；2019年，第二届高峰论坛成功举办，38个国家的元首和政府首脑等领导人以及联合国秘书长和国际货币基金组织总裁共40位领导人出席圆桌峰会，来自150个国家、92个国际组织的6 000余名外宾参加了论坛，会议形成283项的成果清单，充分彰显了国际社会对"一带一路"倡议的高度认同和全球化深度调整阶段对新型国际关系下开展合作的热切期盼。

---

① 习近平在G20杭州峰会上的主旨讲话［R/OL］. http://www.xinhuanet.com/world/2016-09/04/c_129268987.htm 2018-04-17.

## （三）亚洲基础设施投资银行茁壮成长

发展中国家经济社会发展主要的核心要素之一是基础设施建设和投融资平台建设，同时也是实现"一带一路"互联互通的重要抓手。中国国家主席习近平在2013年10月首次提出筹建亚洲基础设施投资银行（AIIB）的倡议，得到发展中国家积极响应。多国积极响应亚投行，反映了寻求基建投融资平台、拓宽经济发展空间的愿望和共识。2015年12月，AIIB正式在北京成立。自诞生之日起，AIIB就受到了全球瞩目和各方积极参与，不仅以域内发展中国家为基础，同时域外的欧洲主要发达国家也先后加入。AIIB的成立，不仅有利于推动亚洲地区的互联互通，促进域内发展中国家的经济稳定增长，加快亚洲经济一体化进程，同时也是对国际金融体系的完善与补充，对应对国际金融危机、推动全球经济转型升级具有重要意义。目前AIIB已经经历了八次扩容，自2016年开业运营以来，成员已由57个扩容至97个（主要成员股份和股票权占比见表2-2），充分体现了全球化背景下，各经济体寻求发展与合作、共同推动经济发展的目标与诉求。截至2019年4月，AIIB累计开展投资项目39个，贷款总额79.4亿美元。①

**表2-2 AIIB主要成员股份及投票权占比（截至2018年12月）**

| 域外成员 | 股份（亿美元）250亿美元 | 投票权占比（%） | 域内成员 | 股份（亿美元）750亿美元 | 投票权占比（%） |
|---|---|---|---|---|---|
| 德国 | 44.8 | 17.92 | 中国 | 297.8 | 39.71 |
| 法国 | 33.8 | 13.52 | 印度 | 83.7 | 11.16 |
| 英国 | 30.5 | 12.20 | 俄罗斯 | 65.4 | 8.72 |
| 意大利 | 25.7 | 10.28 | 韩国 | 37.4 | 4.99 |
| 西班牙 | 17.6 | 7.04 | 澳大利亚 | 36.9 | 4.92 |
| 荷兰 | 10.3 | 4.12 | 印度尼西亚 | 33.6 | 4.48 |
| 加拿大 | 9.6 | 3.84 | 土耳其 | 26.1 | 3.48 |
| 波兰 | 8.3 | 3.32 | 沙特阿拉伯 | 25.4 | 3.39 |
| 瑞士 | 7.1 | 2.84 | 伊朗 | 15.8 | 2.11 |
| 埃及 | 6.5 | 2.60 | 泰国 | 14.3 | 1.91 |
| 其他 | 22.4 | 8.96 | 其他 | 102.2 | 13.63 |

资料来源：中国一带一路网，https://www.yidaiyilu.gov.cn/zchj/rcjd/958.htm。

① 中国"一带一路"官网，https://www.yidaiyilu.gov.cn/zchj/rcjd/958.htm，2019-07-24.

## 二、全球化使各经济体获得平等的整合全球资源和市场的机会

### (一) 通过市场和开放经济制度确保进入他国市场的渠道

在以和平与发展为主题的时代,发达经济体通过倡导自由市场和开放经济的制度建设获得进入他国市场的渠道,新兴经济体同样基于互惠的安排获得与发达经济体平等取得整合全球资源的权利,并不需要与占主导地位的经济体通过战争等其他方式来争夺资源。

### (二) 任何非法竞争手段的使用必然会受到一致的谴责和国际惯例的制裁

经济全球化对世界的重大影响之一就是竞争的全球化,其必然推动涵盖反不正当竞争法在内的竞争法律体系的发展。具体来说,竞争的对象已从单一的产品竞争扩展到产品之外的服务、技术、人才、投资环境等众多对象和因素的竞争。竞争的手段也从质量竞争和价格竞争转到技术创新、人才、投资环境等因素的复合竞争。国际贸易绝非是中小企业在市场上正常竞争的结果,而是少数大企业和政府自觉协调的产物。国家已经自觉成为竞争主体出现于世界市场,通过竞争法来保护本国和本集团的利益、维持竞争优势的兴趣越发浓厚,竞争法律的定位基础或立法宗旨不仅仅限于维护和促进公平竞争,还加进了保护民族和国家竞争力这一关键要素。[1]

### (三) 全球垂直竞争、水平竞争和关联性竞争的格局共存

和平与发展固然是主流,但国际竞争更呈现出"全维性"的特征,不仅表现为新兴经济体与发达经济体之间赶超与反赶超的"垂直竞争",而且表现为与发展水平相当的发展中经济体之间争相拓展发展空间的"水平竞争",还表现为新兴经济体与发展水平较低的发展中国家之间互相帮带且夹杂摩擦的"关联竞争"。从与中国利益相关的维度看,中国与传统友好的众多亚非拉国家和少数的社会主义国家之间,仍要保持传统的友好和援助关系,但由于在气候变暖、能源资源开发等方面不可避免会发生"不愉快或分歧",由此形成了中国与这些国家之间微

---

[1] 林川云. 反不正当法律制度比较与中国相应的立法完善 [EB/OL]. http://article.chinalawinfo.com/article_print.asp? articleid = 34243, 2018 – 04 – 21.

妙的竞争关系。特别是在西方国家插手的情况下,还会造成意想不到的外部风险。①

## 第三节 全球经济政治格局持续演变的国际秩序重构过程

### 一、美国作为全球唯一超级大国的政治经济实力相对变弱

在过去的百年之中,尤其是第二次世界大战以来,美国一直是全球政治与经济秩序的主导者与构建者。即便是在美苏争霸时期,美国在全球政治、军事、经济、文化和外交等多方面也都是国际秩序的引领者。但随着世界政治经济多元化的不断发展、经济全球化的持续深入、欧盟以及新兴经济体的诞生与崛起,美国政治经济实力相对衰退,全球"霸主"地位受到挑战。主要表现在以下几方面:

#### (一)美国在全球经济版图中的地位下滑

第二次世界大战后,以欧洲为中心的政治经济格局彻底瓦解,美国在军事、经济、科技等各领域都成为全球的领头羊。20世纪80年代,美国在全球GDP中的比重降到25%以下,在世界出口总额中所占的份额也降至12%以下。虽然此后美国经济得到稳定发展,但是伴随着其他经济体的崛起,美国在全球经济总量中的份额已难以复制过去的辉煌。作为全球第一大经济体,2003年以来,美国GDP在全球GDP总量中的比重一直低于30%(如表2-3所示)。与全球第二大经济体中国经济增长的迅猛势头相比,美国经济增长近年来表现相对疲软。相较于1998年美国对世界经济47%的贡献率,2017年美国经济对全球经济增长的贡献率为16.14%,OECD预测到2023年美国的贡献率将降至8.5%;而2013年以来中国对世界经济的平均贡献率则为30%左右,中国已经超越美国,成为全球经济增长最主要的动力源。

---

① 韩保江. 迎战新的国际竞争[J]. 瞭望, 2011 (18): 2.

表 2-3  2000~2016 年美国 GDP 在全球 GDP 总量中的占比变化  单位：%

| 年份 | 2001 | 2002 | 2003 | 2004 | 2005 | 2006 | 2007 | 2008 | 2009 |
|---|---|---|---|---|---|---|---|---|---|
| 比重 | 31.85 | 31.70 | 29.60 | 28.02 | 27.61 | 26.98 | 25.02 | 23.19 | 23.96 |
| 年份 | 2010 | 2011 | 2012 | 2013 | 2014 | 2015 | 2016 | 2017 | 2018 |
| 比重 | 22.69 | 21.18 | 21.57 | 21.68 | 22.04 | 24.23 | 24.55 | 24.09 | 23.89 |

资料来源：根据世界银行数据库（https://data.worldbank.org/）数据整理。

### （二）财政赤字和贸易逆差削弱美国经济实力

美国经济近几年来上行势头良好，国内失业率在 2011 年后保持着下降趋势，2018 年 3.9% 的失业率创下了 18 年来的新低，经济刺激政策在短期内取得了一定成效。但是长期性问题仍是制约美国经济发展的重要因素，这主要是指自 20 世纪 80 年代以来美国经济一直在努力摆脱的预算赤字和贸易赤字"双赤字"现象。里根执政时期在大规模增加国防开支的同时又大幅度降低税率，使美国财政赤字急剧上升。1982 年，里根政府的财政赤字首次突破 1 000 亿美元大关，达到 1 280 亿美元。同年，美国贸易结束顺差，逆差现象逐步严重。扩张性财政政策和紧缩性货币政策相结合的宏观经济政策是导致"双赤字"现象发生的主要原因，从长期看对经济有较为严重的副作用：一是降低公共储蓄，进而减少国民储蓄，影响国内投资；二是刺激利率上升，对私人投资产生"挤出效应"；三是加剧贸易摩擦，激活贸易保护主义；四是债务加剧进一步弱化美国政府的宏观经济调控能力。

克林顿时期美国经济相对稳定，亦无大的战争和经济危机发生，财政赤字较为平稳。进入 21 世纪，历经阿富汗战争、伊拉克战争和金融危机，美国财政赤字进一步扩大，2009 年更是突破万亿美元大关。2012 年后美国削减财政支出，同时经济增长使政府收入明显增加，财政赤字有稳定下降趋势。自 20 世纪 80 年代中期以来，美国贸易逆差一直居高不下，常年保持着超过 1 000 亿美元的逆差缺口。特朗普执政以来秉持"美国优先"理念，采取大规模减税、美元继续加息等措施刺激经济增长，同时高举贸易保护主义大旗力图填平贸易逆差，并不断加大军费开支，试图保持和维护美国"超级大国"形象。但是，特朗普经济政策的实质仍然是"宽财政"和"紧货币"的政策组合，实际效果令人怀疑。大规模减税将极大刺激美国财政赤字的增加，根据美国税收政策中心（Tax Policy Center）预测，《减税与就业法案》实施后将令美国政府收入在未来 10 年减少 2.4 万亿~2.5 万亿美元，在 2027~2037 年减少 3.4 万亿美元。[①] 而财政赤字的增加

---

① Tax Policy Center. Analysis of the Tax Cuts and Jobs Act [EB/OL]. https://www.taxpolicycenter.org/feature/analysis-tax-cuts-and-jobs-act, 2018-04-25.

和美元升值又将进一步导致美国贸易逆差的增大。

## (三) 美元霸权遭遇挑战

长期以来，美元在金融领域一直享有霸主地位。第二次世界大战后的布雷顿森林体系确定了美元的霸主地位。布雷顿森林体系解体后进入浮动汇率时代，虽然全球货币仍以美元为中心，但是 2008 年后随着一大批新兴经济体的迅速崛起，全球经济治理秩序进入新阶段。美元的自身运行机制和运行基础发生变化，全球货币体系变革的呼声日益强烈，美元本位遭到极大冲击。

首先，美元在各国外汇储备和外汇交易市场上的占比出现波动。2001 年至今，在全球可辨明币种的外汇储备中，虽然美元所占份额始终为第一位，但 2008~2013 年，美元所占份额持续下降，2014 年后略有上升，2018 年为 62.2%（如图 2-1 所示）。外汇市场交易中，有 85% 以上的交易涉及美元，要么是买进美元，要么是卖出美元，近年来美元所占的份额较前几年有所下降；有 30% 以上的外汇交易涉及欧元，20% 左右的外汇交易涉及日元，约 12% 的外汇交易涉及英镑。其他主要币种如澳元、加元、瑞士法郎等都在 10% 以下。美元在外汇交易中的份额虽然仍占据主导地位，但是近年来下降趋势明显（见表 2-4）。

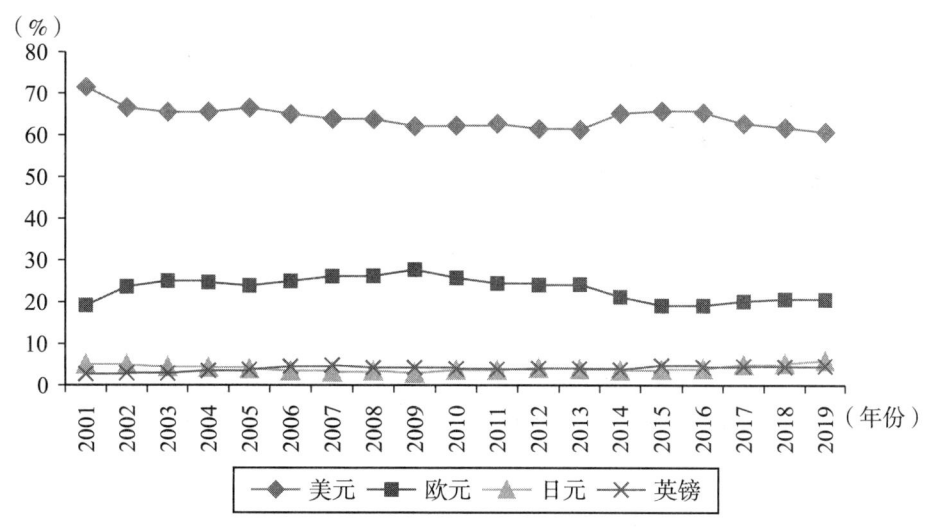

**图 2-1　主要币种在外汇储备中所占的份额**

资料来源：国际货币基金组织 COFER 数据库，http://data.imf.org/?sk=E6A5F467-C14B-4AA8-9F6D-5A09EC4E62A4。

表 2-4　　　　　　主要币种在外汇交易中的份额　　　　单位：%

| | 2001 年 | 2004 年 | 2007 年 | 2010 年 | 2013 年 | 2016 年 |
|---|---|---|---|---|---|---|
| 美元 | 90 | 88 | 86 | 85 | 87 | 88 |
| 欧元 | 38 | 37 | 37 | 39 | 33 | 31 |
| 日元 | 24 | 21 | 17 | 19 | 23 | 22 |
| 英镑 | 13 | 16 | 15 | 13 | 12 | 13 |
| 澳元 | 4 | 6 | 7 | 8 | 9 | 7 |
| 加拿大元 | 4 | 4 | 4 | 5 | 5 | 5 |
| 瑞士法郎 | 6 | 6 | 7 | 6 | 5 | 5 |
| 人民币 | 0 | 0 | 0 | 1 | 2 | 4 |

注：货币交易同时涉及两种货币，因此总份额为 200%。
资料来源：国际清算银行数据，http://stats.bis.org/statx/srs/table/d11.3.

其次，IMF 和世界银行改革冲击美元地位。随着金融危机后美国综合实力下降和其他新兴市场经济国家的群体性崛起，改革国际货币体系的呼声越来越强烈。2012 年世界银行和国际货币基金组织落实关于治理结构与份额的改革，世界银行向国际货币基金组织增资 4 300 亿美元，用于提升其贷款能力和危机处置能力，原属发达国家的 6% 的份额被转给金砖国家。2010 年 10 月国际货币基金组织对特别提款权（SDR）组成的一揽子货币进行调整，美元权重由 44% 降至 41.9%，欧元由 34% 升至 37.4%，日元由 11% 降至 9.4%，英镑由 11% 升至 11.3%。2015 年 11 月，中国的人民币被批准加入 SDR 货币篮子，2016 年 10 月生效，权重为 10.92%，之前的四种货币权重也因此相应减少，美元权重从 41.9% 降至 41.73%；欧元权重从 37.4% 降至 30.93%；英镑权重从 11.3% 降至 8.09%，日元权重从 9.4% 降至 8.33%，人民币成为 SDR 中美元、欧元之后的第三大货币。在国际货币体系的改革过程中，美元的霸主地位被逐渐削弱。

## 二、欧盟及新兴经济体实力不断增强，国际权力多元化趋势继续

全球化深入发展为世界各国带来新的发展机遇，越来越多的经济体在全球化红利中实现了经济的飞跃发展，对美国独占鳌头的局面形成冲击，推动全球经济和治理体系朝着多元化方向发展。

## （一）欧盟发展迎来新机遇

**1. 欧债危机刺激经济改革**

欧债危机对欧盟经济造成了巨大冲击，同时也大大激发了欧盟经济改革的决心，一系列具体的改革计划和调整措施纷纷出台。一是再工业化。欧盟在 2012 年发布的《强大的欧盟工业有利于经济增长和复苏》报告中指出，由先进制造技术引领的新一轮工业革命已经到来，欧盟需及时抢得先机，通过"新工业革命"扭转其工业比重逐年下降的颓势，目标是到 2020 年将工业增加值占 GDP 比重从 15.6% 提升至 20%。① 二是刺激投资。2014 年，时任欧盟委员会主席容克提出一项预计规模超过 3 000 亿欧元的投资计划，即"容克计划"。根据该计划，欧盟将成立欧洲战略投资基金，以欧洲投资银行出资的 50 亿欧元及欧盟委员会预算内安排的 160 亿欧元为种子基金，吸引更多公共投资，为欧洲基础设施建设、教育、能源以及包括信息技术、航空航天等在内的新兴产业提供支持。三是强化经济治理。主要包括：强化欧元区政治协调度，设立欧元区主席，增强经济政策的协调；改变欧洲央行的职能，逐渐演变为"准最后贷款人"，稳定动乱的金融货币市场；推行财政公约，通过加强对财政预算和赤字的限制、设立惩罚机制等措施来重塑短期市场的信心；设立单一监管机制，推进欧洲银行业联盟建设。②

**2. 欧元的国际地位在全球金融秩序变革中保持稳固**

2016 年 10 月 1 日，IMF 主席拉加德宣布将人民币纳入 IMF 特别提款权货币篮子。这对包括美元在内的一些主流货币的储备地位造成了冲击。美元在国际储备货币中所占的比重从 2016 年第四季度到 2017 年第四季度有明显下降，而此时的欧元比重却不降反升。这一方面说明欧元区经济正在逐步复苏，另一方面也体现出欧元在价值储备作用方面所具有的弹性以及其目前依旧难以撼动的"国际货币体系第二大货币"的地位。

**3. 英国脱欧促使欧盟内部更加团结**

英国脱欧是欧洲一体化进程中遭遇的最严重的挫折，会极大削弱欧盟的政治经济实力，但是英国脱欧是把"双刃剑"。一是给欧盟内部的疑欧国家敲响了警钟。英国脱欧为欧洲极右翼政党的发展壮大提供了良好的借口，但给英国自身造成的动荡和分裂，又使欧洲各国选民对脱欧带来的社会冲击忧心忡忡。法国极右翼政党候选人勒庞在总统大选中落选，表明疑欧主义未占据社会主流思想，维护

---

① 孙彦红. 欧盟"再工业化"战略解析 [J]. 欧洲研究, 2013 (5): 59-76.
② 陈新. 欧债危机对欧洲经济的影响 [EB/OL]. http://www.cssn.cn/gj/gj_gjwtyj/gj_oz/201310/t20131026_592872.shtml, 2018-04-26.

稳定统一的欧盟仍是欧洲未来发展的最好出路。二是强化了法国和德国在欧盟中的领导地位。即使作为欧盟的一份子,英国对欧盟团结发展的态度也是若即若离,在多项议题中对法德联盟发难,影响欧盟内部的集体决策进程。脱欧打破了过去欧盟内部三足鼎立的局面,提升了法德两国重塑欧盟内部凝聚力的决心和信心。在脱欧事务中法德已经达成一致,并推动欧盟在谈判中采取强硬立场。2017年5月马克龙上任后次日即访问德国,与默克尔在欧盟团结和改革问题上达成多项共识。

### (二)越来越多的发展中国家走上全球治理舞台

自20世纪80年代至今,发展中经济体在世界经济的舞台上发挥的作用越来越明显,几乎呈稳定的上升趋势。20世纪90年代,发展中国家经济整体上出现好转迹象,随着苏联解体,冷战结束,笼罩在各国上空的大国对峙阴霾褪去,为各国经济发展提供了更宽松的环境。发展中经济体GDP占世界GDP的比重由1980年的22.17%上升至2017年的42.33%,已接近50%,在数据上几乎可以与发达国家分庭抗礼(见表2-5)。

表2-5　　　　　1980~2017年发展中经济体和
发达经济体GDP占世界GDP比重　　　　　　　单位:%

| 年份 | 1980 | 1990 | 2000 | 2005 | 2010 |
|---|---|---|---|---|---|
| 发展中经济体 | 22.17 | 17.45 | 21.72 | 23.69 | 33.05 |
| 发达经济体 | 77.83 | 82.55 | 78.28 | 76.31 | 66.95 |
| 年份 | 2013 | 2014 | 2015 | 2016 | 2017 |
| 发展中经济体 | 37.42 | 38.25 | 40.57 | 42.06 | 42.33 |
| 发达经济体 | 62.58 | 61.75 | 59.43 | 57.94 | 57.67 |

资料来源:根据UNCTAD《2018年统计手册》(Handbook of Statistics 2018)整理,http://unctad.org/en/Pages/statistics.aspx,2019-7-26。

**1. 发展中经济体在全球经济事务中的决策力增强**

全球金融危机爆发以来,随着以新兴经济体为代表的发展中国家的快速发展,其在国际经济秩序中的决策权力不断增强,无论是在IMF还是在世界银行中新兴经济体的投票权都在上升。2010年10月在韩国首尔召开二十国集团财政部长和中央银行行长会议,IMF份额改革达成"历史性协议",确认向新兴经济体转移超过6%的投票权。中国持有份额升至6.19%,超越德国、法国和英国,位列美国和日本之后。"金砖国家"（中俄印巴）持有的份额升至14.18%，全体新兴经济体持有份额升至42.29%。2010年4月25日，世界银行通过新一阶段投票权改革方案，发达国家向发展中国家共转移了3.13个百分点的投票权，使发展中国家整体投票权从44.06%提高到47.19%；中国在世界银行的投票权则从2.77%提高到4.42%，仅次于美国和日本，位列第三。中国在世界银行投票权的提高不仅仅反映了国际地位的提升，也是以中国为代表的发展中国家影响力的提高。

**2. 以中国和印度为代表的新兴经济体成为世界经济的重要增长极**

21世纪以来，新兴经济体经济整体增长率攀升至逾7%，成为世界经济的重要增长极。以金砖国家为主的新兴经济体成为当前重要的国际经济力量。其中，中国和印度两国经济总量分别占全球的14.8%和3.0%，而2016年两国对全球经济增长的贡献率分别达到34%和15%，即全球大约一半的经济增量来自中印的贡献。特别是中国，2013年以来中国对世界经济增长的贡献率保持在30%左右，超过美国、欧元区和日本贡献率的总和，世界经济增长的重要引擎和稳定器作用日益凸显出来。

未来，随着新兴经济体的快速发展，其经济规模及对全球经济增长的贡献必然会超过发达国家。当前，中国已经超过德国和日本，成为全球第二大经济体，而未来30年中，印度经济规模也很有可能位居美国和中国之后成为第三大经济体，而俄罗斯则可能超过德国、法国、意大利和英国。

## 三、"一超"减弱和"多强"兴起使国际力量对比明显改变

冷战结束后，"一超多强"的局面已经形成。美国作为超级大国在国际格局中扮演领导者角色，而欧盟、新兴经济体等则在谋求大国地位的同时，对国际格局和国际秩序重构产生了深刻影响。目前，国际力量的对比呈现"一超"减弱和"多强"同时兴起的状态。

### （一）国际力量多元化发展的实证检验

学术界判断国际结构变革的一个标准是：如果一个大国实力超过所有大国实力总和的50%，该体系即为单极体系；如果有两个大国的实力之和超过了所有大国实力总和的50%，且这两个国家各自不低于25%，则为两极体系；如果有三个或三个以上的大国，各自占全部大国实力的比重均大于5%又小于25%，且

这些大国实力之和不低于50%，则为多极体系。[①] 测度一国实力的通行方法是(E+M)/2。其中，E为一国相对经济实力，等于该国GDP在所有大国GDP总和中的比重；M为一国相对军事实力，等于该国军费开支在所有大国军费开支中的比重。

根据该标准，21世纪以来全球公认的主要大国、G7成员国和金砖五国共12个国家的相对实力测算结果（见表2-6）。根据测算结果得出以下判断：一是21世纪以来美国实力远超其他国家，但是已经低于50%，并呈现逐年下降的趋势，表明美国依然占据超级霸主地位，但是实力在减弱；二是中国崛起进程加快，到2017年中国的实力已经超过0.2，正成为改变国际秩序的重要力量；三是欧盟依旧保持较强的竞争力，虽然英国脱欧对欧盟的国际地位产生了负面影响，但老牌强国法国和德国依然保持了较强的竞争力，为欧盟提供了坚定支持；四是新兴经济体的重要性越发明显，除中国外，俄罗斯、印度等国实力近年来也较突出。

表2-6　　　　2010年以来全球主要国家相对实力测算表

|     | 2010年 | 2011年 | 2012年 | 2013年 | 2014年 | 2015年 | 2016年 | 2017年 | 2018年 |
| --- | --- | --- | --- | --- | --- | --- | --- | --- | --- |
| 加拿大 | 0.024 | 0.025 | 0.025 | 0.024 | 0.023 | 0.023 | 0.022 | 0.023 | 0.023 |
| 法国 | 0.051 | 0.050 | 0.048 | 0.049 | 0.049 | 0.047 | 0.047 | 0.047 | 0.047 |
| 意大利 | 0.036 | 0.035 | 0.032 | 0.032 | 0.031 | 0.028 | 0.029 | 0.029 | 0.028 |
| 德国 | 0.054 | 0.054 | 0.052 | 0.052 | 0.053 | 0.050 | 0.050 | 0.051 | 0.053 |
| 日本 | 0.081 | 0.080 | 0.080 | 0.069 | 0.065 | 0.062 | 0.066 | 0.063 | 0.060 |
| 英国 | 0.050 | 0.048 | 0.047 | 0.047 | 0.049 | 0.048 | 0.045 | 0.044 | 0.042 |
| 美国 | 0.468 | 0.455 | 0.449 | 0.436 | 0.426 | 0.431 | 0.426 | 0.422 | 0.415 |
| 巴西 | 0.035 | 0.036 | 0.035 | 0.035 | 0.034 | 0.028 | 0.027 | 0.029 | 0.030 |
| 中国 | 0.122 | 0.135 | 0.150 | 0.167 | 0.180 | 0.195 | 0.196 | 0.203 | 0.209 |
| 印度 | 0.038 | 0.038 | 0.038 | 0.038 | 0.041 | 0.042 | 0.045 | 0.048 | 0.049 |
| 俄罗斯 | 0.035 | 0.039 | 0.040 | 0.046 | 0.043 | 0.041 | 0.041 | 0.037 | 0.039 |
| 南非 | 0.005 | 0.005 | 0.005 | 0.005 | 0.005 | 0.004 | 0.004 | 0.004 | 0.004 |

资料来源：根据IMF"世界经济展望数据库"（2019年4月版）和斯德哥尔摩国际和平研究所数据库数据整理，https://www.imf.org/external/pubs/ft/weo/2019/01/weodata/index.aspx https://www.sipri.org/databases，2019-7-26。

---

[①] 杨原，曹玮. 大国无战争、功能分异与两极体系下的大国共治[J]. 世界经济与政治，2015（8）：29-65+156-157.

### （二）"一超多强"格局深入发展

全球化的深入发展使得冷战后形成的"一超多强"格局发生了新的重大变化，多极化趋势更为明显。一是"一超"与"多强"之间的对比失衡现象明显改观。美国在经历了几次中东局部战争和金融危机后，整体实力明显下滑，"多强"实力、影响力整体上升，全球主要力量对比正向更加均衡的方向演进。二是"多强"内部变化明显。中国逐步走进世界舞台的中央，依靠强大的综合国力在各类国际事务中扮演着更为重要的角色；欧盟在G7老牌发达国家带领下，正走出欧债危机的阴影，经济稳步恢复，同时英国脱欧为欧盟内部团结提供了新的契机；日本在科技、经济等方面依然保持世界领先水平，具有极强的竞争力；俄罗斯能源资源丰富，并具有强大的军事、外交能力；印度拥有人口庞大、文化悠久、经济增长迅速、地缘战略价值重要等优势，地缘大国的作用越发突出。"一超"减弱、"多强"兴起使国际力量对比明显，推动了多极化的深入发展。

## 第四节 国际秩序重构的复杂性和长期性并存

"重构"意味着变化，是量的累积和增长，国际秩序重构的实质是新旧秩序更替。在过往的历史进程中，国际秩序动荡变革最重要的方式是战争。波及多数地区的战争会冲击和颠覆旧秩序并以胜利者的利益为基础构建新秩序，新秩序运行中矛盾的堆积和爆发则会引发新的冲突或战争，通过新一轮战争，旧秩序则会被更新的秩序所覆盖。但是，第二次世界大战后塑造的雅尔塔体系则在1991年苏联解体后以非暴力的形式被终结，因而目前国际秩序中并无太多"战败者"的怨气和愤怒，此轮秩序的调整、演化，也将表现出符合时代发展的特征和模式，以战争终结秩序的可能性相对较小，温和的转型过程则必将是长期和复杂的。

### 一、各种力量分化组合给国际秩序重构带来复杂性

冷战结束打破了两极格局的束缚，不同国家开始在国际事务中寻求更多的发言权。美国实力不断增强，试图维持"一超"绝对领先地位；欧日不断强化经济实力，以美国盟友的身份寻求更多协调空间和战略自主，共同保持对国际秩序的

主导权。普京执政以来，俄罗斯综合国力逐渐恢复，并且继承了苏联时期的大部分军事实力，在国际社会中保有强大的影响力和号召力，是国际秩序中不可忽视的主角。而以中印等为典范的新兴国家在金融危机之后表现出更为强劲的发展势头，在国际事务中的利益诉求更为广泛，使国际关系力量重组更加复杂和多元化。国际秩序重构伴随着世界经济的复苏进程，对不同议题、不同事务的影响力的追逐，促使各国在不同范围内进行不同的分化或组合，为国际社会增添了更多的不确定性因素，这将进一步为国际秩序的调整带来变数。

## 二、非传统安全问题重要性的上升使国际秩序重构面临新的挑战

过往的国际秩序调整变革，以政治或军事议题为切入口，政治色彩非常明显。然而，冷战结束以后的这次国际秩序重构，却有新的变化。这一变化，源自全球化时代，各国发展的重心和利益诉求更多地集中在了经济、安全、文化等领域。在全球化浪潮中各经济体间的相互依存度进一步提升，以全球价值链为纽带形成"一荣俱荣，一损俱损"的依赖关系，改变了国际关系过去的丛林法则生存规律。但是这种依赖关系敏感而脆弱，不仅使各国的依赖共存关系更为复杂深刻，也使得危机事件的放大效应会非常明显，不论从经济还是安全角度，某一国的危机事件都会冲击全球的稳定。在发展变革中，经济安全、气候变化、资源安全等议题逐渐成为各国关注的焦点，对国际关系的影响日益提高，围绕这些发展问题各国展开激烈竞争，成为不可忽视的非传统安全因素。2008年金融危机不仅对美国经济产生了巨大影响，使美国在政治上、经济上都元气大伤，其连锁反应波及全球，给各主要经济体的发展带来严重负面影响。超级大国将更多的精力投入全球经济安全治理中，在一定程度上改变了过去霸权国家对政治、军事的高度关注；同时，为避免金融危机的再次到来，各国呼吁并寻求国际经济秩序的改革，这些非传统安全因素将成为此次国际秩序重构的主要动力。

## 三、旧秩序中所涉及的重大问题会阻碍新秩序的建立

所有秩序的运行都有一定的合理合法性，目前的国际秩序也是如此，它为所有国家发展都提供了一定机遇，不可能迅速瓦解。重构需要逐步进行，只能通过积极参与国际机制运转，逐步实现从具体规则到运行机制的改变。这一过程具有长期性和艰巨性，不可能一蹴而就。

还应注意到，现有国际秩序仍有重大问题尚待解决，如部分地区局势紧张、军控、南北发展不平衡、全球减贫压力较大、环境治理问题等。这些问题的存在有着深刻复杂的原因，无法靠单个或几个国家的力量解决，也不是一朝一夕就能解决的，需要国际社会共同努力。只有妥善处理上述问题，才可建立可持续的国际新秩序。同时，必须看到，旧秩序的维护者在解决这些问题中的态度和努力值得商榷，为了维护自身利益，这些国家往往采取消极措施，给新秩序的建立带来强大阻力。而且，在这些重大问题上，新兴经济体和广大发展中国家出于自身发展考量，往往难以凝聚共识，成为妥善处理相关问题、推动新秩序建设的又一难题。

## 四、建立国际新秩序的分歧导致国际秩序重构的长期性和艰巨性

国际秩序处在转型重构的十字路口，为各国提供了良好的历史发展机遇。在国际事务中，各国纷纷表达各自的主张和诉求。各国出于不同的国家利益，对国际新秩序的建立存在很大分歧。

美国作为全球唯一超级大国，是旧秩序的坚定维护者，并不希望其他国家在各类事务中挑战其权威性。但是随着全球化带来的国际力量的分化，其传统盟友对美国的霸权提出挑战，发展中国家也强烈反对发达国家对国际社会的操控；多方势力都提出了各自主张，并寻求参与国际秩序重构。作为雅尔塔体系中受限制的国家，日本在冷战结束后一直谋求改变国际社会对其设置的诸多限制，希望凭借其经济实力与美国分享亚太地区的领导权，并积极推动参与安理会改革。欧盟则希望建立西欧主导的国际秩序，在各类问题中积极扮演协调者的角色，并积极争取摆脱美国的压力和束缚。俄罗斯经过几十年改革和蜕变，凭借其军事和外交等综合优势，以中东问题、石油问题、北极开发等问题为突破口，积极推动国际秩序重构。发展中经济体则以发展经济和改善民生为主要目标，希望和平与发展的大趋势得以持续，并以此为基础建立更公正合理的国际政治经济新秩序，为实现本国发展创造良好的国际环境。中国作为当今第二大经济体，积极推动构建人类命运共同体，代表着建立国际政治经济新秩序的呼声。因此，各国对构建国际新秩序的目标、途径和立场存在较大差异，就此凝聚共识困难重重，推进国际秩序重构因此面临较大阻碍，将是一个长期、曲折的过程。

# 第五节 未来国际秩序变革与世界格局发展趋势

## 一、全球环境、气候多边规则的新发展对世界经济格局的影响

全球气候变化对人类生活的很多方面产生了威胁,如在海平面的抬升、水资源的获得、粮食生产、生物物种的变化、健康、土地使用和环境等方面对于人类的生活和财富产生了重大影响。气候变化是迄今为止规模最大、范围最广的市场失灵现象。

### (一)《改变我们的世界:2030年可持续发展议程》和《巴黎协定》引领全球环境治理和应对气候变化

联合国经济和社会事务部(Department of Economic and Social Affairs,DESA)发布的《2017年可持续发展目标报告》中指出,全球超过20亿人面临水资源短缺,90%的城市居民呼吸着被污染的空气;全球气候变暖也正迫使人类必须立即行动,以应对危机。在可持续能源领域,2014年使用清洁烹饪燃料和技术的人数占全球人口的57%,高于2000年的50%,但仍有超过30亿人口无法获得清洁的烹饪燃料和技术,导致2012年约430万人死亡。①

**1.《改变我们的世界:2030年可持续发展议程》**

2015年9月,在联合国成立70周年之际,193个会员国在可持续发展峰会上通过了成果性文件《改变我们的世界:2030年可持续发展议程》(Transforming our World: The 2030 Agenda for Sustainable Development),该议程涵盖17个可持续发展目标(Sustainable Development Goals,SDGs),于2016年1月1日正式生效。SDGs对全球所有国家具有同等的效力,是全世界共同追求的发展目标,其中有8个SDGs中涉及环境治理和气候变化目标②,因此可以说《改变我们的世界:

---

① 联合国. 联合国最新报告:必须加快进展速度以实现可持续发展目标 [EB/OL]. https://www.un.org/development/desa/zh/news/statistics/sdgs - report - 2017.html,2018 - 05 - 10.
② 这八大目标分别是:目标2零饥饿、目标6清洁饮水和卫生设施、目标7经济适用的清洁能源、目标11可持续城市和社区、目标12负责任消费和生产、目标13气候行动、目标14水下生物和目标15陆地生物。见 https://www.un.org/sustainabledevelopment/zh/。

2030年可持续发展议程》是2015年后15年内全球环境、气候治理所遵循的最主要规则。毫无疑问，追求SDGs的过程不仅是推动全球发展进步的过程，也是各主要经济体追逐全球发展话语权、谋求政治经济利益的博弈过程。

**2. 《巴黎协定》**

气候变化在全球范围内产生了深远和惊人的影响。2016年全球平均气温达到有记录以来的最高点，2015～2019年，地球经历了有气温记录以来最热的五年。2019年5月南极海冰的厚度降至史上最低，北极海冰厚度也降至史上第二低，全球大气二氧化碳浓度连续7年大幅上升，2019年5月达到414.7ppm，打破了历史纪录。除海平面上升和全球变暖之外，极端天气事件频发，珊瑚礁等自然栖息地不断缩小。全球迫切需要采取协调一致的紧急措施来遏制气候变化，并且要增强对日益普遍和增多的相关气候危害的适应力。《巴黎协定》（The Paris Agreement）对减排提出了更高的目标，将加强对气候变化威胁的全球应对，在21世纪末将全球平均温升保持在相对于工业化前2摄氏度之内，并为将全球平均温升控制在1.5摄氏度之内付出努力。这表明了各国承诺对气候变化和可持续发展采取行动，将《巴黎协定》的目标变为具体可行的战略，并将全球资金更多转向低碳、气候适应等方面。目前177个缔约方接受或批准了《巴黎协定》。与此同时，各国正在推动形成一项支持发展中国家和最脆弱国家的倡议，该倡议旨在开发和执行项目以加强资金流动、技术和能力建设。①

**（二）绿色经济成为实现环境、气候目标的重要工具**

2012年"里约+20"会议确定"绿色经济是实现可持续发展的重要工具"。以低碳产品和服务贸易自由化为主的绿色贸易必将成为国际贸易的主流。2012年美国公布了最新的双边投资条约范本（Model Bilateral Investment Treaty），更加突出环保意识，是未来双边投资条约的方向。比如，相较于之前的范本，2012年范本强化了东道国不降低环境标准的义务，相关表述为"shall ensure"，删去了"strive to"；在第12条第7款明确要提供给公众参与投资与环境事务的机会。发展中国家缔约双边投资条约极少涉及环境问题，2012年范本无疑对此提出了更高要求，也倒逼相关国家尽早完善相关投资政策和环境政策，有助于推动绿色经济发展。2016年20国集团工商峰会（B20）开幕式上，中国国家主席习近平在《中国发展新起点　全球增长新蓝图》的主旨发言中明确指出中国"将坚定不移推动绿色发展"；G20杭州峰会上，习近平主席为全球经济开出了"从包容

---

① UNFCCC. The Pairs Agreement [EB/OL]. http://unfccc.int/paris_agreement/items/9485.php，2018-05-08.

性增长到可持续发展"的药方;作为东道国,中国推动制定了《G20 落实 2030 年可持续发展议程行动计划》,绿色金融业第一次出现在《G20 领导人杭州峰会公报》中。

绿色经济已经不可避免地成为未来世界经济发展的主要潮流。但发达国家尤其是部分伞形集团成员出于自身经济利益考虑,仍然常常在"共同但有区别的原则"① 借口下,不愿意承担过多的责任;特朗普对"共同但有区别的原则"颇有微词并宣布退出《巴黎协定》。减少"碳泄漏"现象发生、努力实现SDGs 目标,是人类共同需要承担的责任,主要经济体更应该有担当、有作为,认真执行本国相关政策的同时,推动全球治理合作朝着更深入的方向发展。但减轻气候变化所产生的不利影响,需要各国协调行动,就这些问题达成共识并采取协调行动无论是在政治方面还是经济方面都具有很大的困难,相关的争议将可能成为国际上不稳定的因素之一。

## 二、第四次工业革命引领未来新的竞争点

第四次工业革命大潮已至,世界各国都在调整科技发展战略,努力在最具前景、最为活跃的技术领域占据有利位置。当前《专利合作条约》(Patent Cooperation Treaty, PCT)已成为世界创新者谋求国际专利的有效途径,世界各国 PCT 申请格局的演变已成为全球技术竞争动态的重要反映。② 根据世界知识产权组织(WIPO)最新数据,美国、日本、中国 2018 年位居全球 PCT 申请数前 3 位,3 国已经连续多年占据 PCT 申请数前 3 位(见表 2 – 7)。

表 2 – 7　　　　2018 年度全球 PCT 申请数前 10 位的国家　　　　单位:件

| 国家 | PCT |
| --- | --- |
| 美国 | 56 142 |
| 中国 | 53 345 |
| 日本 | 49 702 |

---

① "共同但有区别的原则"源于国际环境法,规定了发达国家应承担的减少温室气体排放(减排)的量化义务,而没有严格规定发展中国家应当承担的义务。该原则构成国际合作、构建和提升发展中国家履行国际环境法的能力,以共同应对全球环境问题的法律基础。
② 俞文华. 面向全球市场的技术竞争:地位变化、竞争力和适应效应——基于 WIPO 的 PCT 申请统计分析[J]. 世界经济研究,2012(7):3 – 9.

续表

| 国家 | PCT |
|---|---|
| 德国 | 19 883 |
| 韩国 | 17 014 |
| 法国 | 7 914 |
| 英国 | 5 641 |
| 瑞士 | 4 568 |
| 瑞典 | 4 162 |
| 荷兰 | 4 138 |

资料来源：WIPO. Patent Cooperation Treaty Yearly Review，2019：30.

第四次工业革命并不再以某一特定领域为突破口，而是一次系统性的创新革命，伴随着激烈的颠覆和创新，将对未来人类经济发展、商业模式、政府管理、个人生活带来巨大的变革性影响。此次工业革命将涉及3D打印、材料科学、新能源开发、共享经济等各个方面，技术和数字化将成为最主要的驱动力。未来有可能突破的新领域包括物理类、数字类和生物类三大门类：

一是物理类，包括以下几个方面：

第一，无人驾驶交通工具。无人驾驶汽车已经不是新鲜概念，包括卡车、飞行器、船只、潜水器也已经有所进展。未来随着人工智能（AI）和传感器技术的进步，无人驾驶技术将迅速提高，无人驾驶交通工具将能在医疗物资运输、电缆检查、农业灌溉施肥等领域得到广泛应用。

第二，3D打印。3D打印突破了人类过去采用的减材制造工艺，反其道而行之，目前运用在汽车、医疗等行业。技术的发展将打破体积小、成本高、生产速度慢等局限，广泛运用于制作服装鞋类、集成电子元件、人体器官等各领域，也为人体差异化的植入材料服务提供了平台。[1]

第三，新材料。以纳米材料为代表，未来新材料将具备硬度大、质量轻、可回收、适应性强等特点，对制造业和基础设施建设产生深远影响。

第四，高级机器人。受益于仿生工艺的发展，未来机器人能在结构和功能设计上取得突破，适应性、灵活性将大幅提高，可以承担家务、自主编程、人机协作等工作。

---

[1] 克劳斯·施瓦布. 第四次工业革命[M]. 李菁译. 北京：中信出版社，2016.

二是数字类,突出表现就是物联网的发展,即在物(包括产品、服务与地点等)与人之间建立起来的一种关系。① 未来可能取得突破的新领域有以下一些:

第一,区块链和比特币。数字化技术的发展提供了基于区块链的大规模信息储存的新方法,可以在金融服务、物流分类、资产管理等各方面发挥巨大作用。

第二,共享经济。目前共享经济已经在中国、美国市场取得初步成功,提供洗衣、家务、租车、民宿等服务,未来更多的生产要素将通过人力云、采购云、营销云等影响和改变经济运行模式。

第三,生物类,主要指合成生物学的发展。合成生物学是在系统生物学的基础上,结合工程学理念,采用基因合成、编辑、网络调控等新技术,来"书写"新的生命体,或者改变已有的生命体。② 合成生物学不仅有助于解决心脏病、癌症等医学难题,也将应用在智能药物、农业、材料科学、环境修复等领域。

## 三、大宗资源能源类商品金融化影响全球经济

大宗资源能源类商品是人类社会发展的重要基础,是国民经济的命脉。未来随着全球经济规模的不断扩大,全球大宗资源能源类商品的需求将持续增长,大宗资源能源对人类经济社会发展的制约和影响也将越来越明显,全球化战略成为各国的必然选择。

实体经济供求状况是影响全球大宗商品价格的长期因素。影响大宗商品价格的因素有很多,包括经济状况、货币金融因素、国际性突发事件等,但从长期来看,经济发展状况及其引起的供求变化是大宗商品价格波动的主要推动力。

大宗商品多属工业原材料、农产品和能源,商品属性明显,对实体经济具有至关重要的作用。但自21世纪初以来,大宗商品价格逐渐脱离供需面的单一影响,部分商品价格波动剧烈,金融化趋势渐强。

首先,商品期货市场金融投资交易量大幅增加。21世纪以来,全球多数大宗商品价格飙涨且出现巨幅波动,与之相伴的是投机资本对大宗商品市场的投入明显增加。国际清算银行数据显示,全球大宗商品期货交易量从2001年的3.8

---

① 克劳斯·施瓦布. 第四次工业革命[M]. 李菁译. 北京:中信出版社,2016.
② 合成生物学:颠覆性生物科技?[EB/OL]. http://news.sciencenet.cn/htmlnews/2017/3/371856.shtm.

亿张增加至 2010 年的 28 亿张，年均增幅达 25.14%；① 另有数据表明，机构投资者对商品指数相关的金融工具投资额从 2003 年的 150 亿美元飙升至 2008 年中期的 2 000 亿美元②，增幅达 12.3 倍；2005 年金属铜的期货期权合约交易规模已经达到实体市场产量的 36.1 倍。③ 庞大的资金规模和资本逐利的属性加剧了大宗商品价格的波动，使其逐渐偏离实体经济基本面的轨道，金融属性大为增强。其次，商品期货市场交易主体金融化趋势明显。商品期货市场的交易最初主要是套期保值、避免商品价格波动带来的风险，其价格发现和避险功能主要服务于实体经济。但近年来大宗商品市场上出现了商品指数投资者，这类投机者长期跟踪商品价格指数，通过期货合约价格的涨跌获利。他们在商品期货市场中的作用日益突出，凸显了市场交易主体金融化的趋势。数据显示，2004 年全球商品指数投资额约 500 亿美元，到 2008 年中期已经达 2 500 亿美元，2010 年三季度突破 3 000 亿美元，在瘦肉和小麦等期货品种中，指数投资者持仓比例高达 40% 以上。④ 此外，对冲基金在期货市场中的作用也在增强，20 世纪 90 年代商品期货市场中的对冲基金约 300 个，但 2009 年这一数量已经超过 1 万。⑤ 最后，能源和非能源类商品期货收益率的相关性增强。由于不同商品供求基本面不同，其价格和收益率的相关性也应维持在较低水平，但实证研究结果证明，21 世纪以来石油同非能源类大宗商品期货收益率相关性显著提升，1986～2004 年石油同大豆、棉花、活牛、金属铜的期货收益率相关性并不明显，但到 2009 年，其相关系数已分别升至 0.6、0.5、0.5 和 0.6。⑥ 这显示出非实体经济因素的作用，特别是国际资本在商品期货市场间的流动对收益率相关性的影响。

　　大宗商品金融化改变了其原有的定价机制。在大宗商品金融属性较弱时，其价格主要由供需基本面决定，可在很大程度上反映实体经济的真实状况。但金融化趋势的增强使金融投资者及其心理预期成为决定商品价格的重要因素，难以再从中窥视供求关系。更为重要的是，大宗商品的金融化和工业制造业转移的时间部分重叠，发达经济体利用其在金融市场中的优势地位，或可有效影响大宗商品价格，对发展中和新兴经济体工业制造成本带来巨大的负面影响。

---

① 吕志平. 大宗商品金融化问题研究 [J]. 湖北社会科学, 2013 (2)：77 – 80.
② Michal Falkowski. Financialization of commodities [J]. Contemporary Economics, 2011, 5 (4)：4 – 17.
③ 罗嘉庆. 商品金融化及其传导效应研究 [D]. 广州：暨南大学, 2015.
④ 张雪莹, 刘洪武. 国际大宗商品金融化问题探析 [J]. 华北金融, 2012 (4)：4 – 7.
⑤ 史晨昱. 大宗商品金融化 [J]. 中国金融, 2011 (7)：96 – 99.
⑥ Ke Tang and Wei Xiong. Index Investment and the Financialization of Commodities [J]. Financial Analysts Journal, 2012 (6)：54 – 74. https：//www.princeton.edu/~wxiong/papers/commodity.pdf.

## 第六节　国际经济秩序重构是国际秩序重构的突破口

### 一、G20机制：全球经济治理新平台

#### （一）G20议题深化扩展

在深刻吸取亚洲金融危机的教训后，1999年6月，G7财长在德国科隆达成共识，提议吸收新兴经济体和其他工业化发达经济体加入搭建新的对话平台，组成二十国集团（G20），共同磋商国际经济金融政策、维护国际货币和金融体系的稳定。此提议得到有关国家响应，同年12月，G20正式在柏林成立。

2008年金融危机后，G20在全球经济发展中的重要作用越发凸显；危机过后世界经济复苏节奏加快，使G20所能容纳和关注的议题超越了其原始的基本内容，现在已经包含安全、能源、环境、粮食等各领域。金融危机后，G20将部长级会议机制升格为领导人峰会机制，辅之以部长级会议和工作组。G20的升级提升了其在全球发展中的地位和能力，已成为国际经济合作的主要平台，其议题出现了包容增长态势。一方面，由应对金融危机扩展到了应对气候变化、解决饥饿问题、稳定能源市场、向最不发达国家提供经济援助等诸多发展议题；另一方面，G20议题与各成员国的经济政策的融合程度不断提升，对成员国的贸易、金融政策等产生影响，为各国经济政策调整与改革提供思路和建议。

#### （二）G20对全球经济治理的积极影响

G20的诞生和发展，是世界经济政治形势发生变化后，对第二次世界大战以来以美国为主导，IMF、世界银行和WTO为支撑的全球经济治理体系的调整和改变。相较于其他国际组织，G20具有更强的实力和灵活性，在不断深化议题中满足了各主要经济体对全球治理的需要，成为全球治理的新重要平台。

**1. G20的核心是致力于维护开放稳定的世界经济**

在金融危机大背景下成立，G20出现伊始就肩负着防范全球性系统金融风险的重大使命，并在2008年为应对全球金融危机做出了突出贡献。G20致力于维护多边贸易体系和自由贸易发展，曾努力推动多哈回合谈判进程，并坚定支持贸

易和投资自由化，保证了全球经济的可持续健康增长。同时，G20 议题已拓展到绿色、创新发展领域，并越来越重视解决贫富差距问题，为发展中国家发展社会经济提供了良策，注入了信心。

**2. G20 为经济全球化多个领域提供了全新的标准**

G20 自诞生起就秉持"为世界发展提供全新的规范化运行机制"的理念。例如，"9·11"事件之后，全球反恐形势日益严峻，阻断恐怖主义和活动的资金流动成为重要工作。当年的 G20 财长和央行行长会议便重点探讨了打击恐怖主义融资活动，并通过了《打击恐怖主义融资活动行动计划》，成为国际社会反恐工作的重要共识。为规范国际债券市场行为，G20 推动在相关合同中增加集体行动条款，并建立了非正式行为准则，得到各方共同认可。为推动全球可持续发展目标的实现，2016 年，G20 成员国就《G20 推动实现 2030 年可持续发展议程行动计划》达成共识，未来将围绕可持续发展目标联系密切的 15 大领域开展集体行动。作为主要经济体搭建的经济发展对话平台，G20 所有共识和标准均在成员国认同的基础上实现，成为主要经济体发展遵循的重要准则，为全球治理做出了重要贡献。

**3. G20 推动全球经济治理走向更为公平、公正、均衡的路径**

这突出表现在 G20 成员国的构成上。目前成员国中有 9 个为发达国家，代表传统工业强国和传统经济秩序；新兴经济体占据 11 个席位，代表新兴市场在国际经济秩序中的诉求。两个并不明显但又事实存在的利益主体在议题探讨中对国际经济社会发展产生影响，这为新兴大国提供了更好地维护自身利益、更便捷地参与经济治理的载体。同时，G20 成员国涵盖全球 2/3 的人口、经济总量的 85%；成员广泛分布在各大洲，在地区政治、经济、文化事务中均发挥着重要作用。以 G20 成员为代表和引领，G20 所涵盖的议题更有代表性、普遍性，也更易为世界各国接受。

## 二、IMF 改革：国际金融秩序重构的突破口

第二次世界大战后，在以布雷顿森林体系为基础构建的国际金融体系下，国际货币基金组织（IMF）和世界银行成为世界经济复苏发展的重要支撑和推动力。在该体系解体后，IMF 和世界银行仍发挥着国际金融合作基石的作用。2008 年金融危机后本应大有作为的 IMF 却面临着被 G20 抢风头的尴尬境地。在全球化深入发展、各经济体力量对比明显的时代，IMF 重启改革进程，力图消除累积多年的制度弊端，也为国际金融秩序重构提供了良好机遇。

## （一）IMF 改革背景

IMF 为实现维护全球金融和经济稳定、预防金融危机爆发以及为应对危机采取救援措施，需对各成员国进行有效的经济监控和金融风险检测，满足相关国家的各类贷款需要，并提供经济发展改革的政策建议。而实现上述目标和功能，需要 IMF 拥有充足的资金、成员间合理分配份额和公正的投票机制。但是，IMF 相关机制在运行中存在诸多与现行经济发展形势不一致的问题。

一是份额确定与调整依据不合理。IMF 份额与影响力相挂钩，所占据份额大小是各成员在其中地位的基础，决定了其特别提款权和贷款的额度，决定了投票分配制度。但是 IMF 份额计算公式的参数及权重的选择缺乏科学依据。虽然该公式包含了 GDP（50%）、经常项目开支（15%）、外汇储备（5%）、开放程度（30%）四个变量，[①] 但是未包含人口、经济增速等因素。在份额分配实践中，IMF 也未公开公式中相关参数和权重的调整。这一运行机制所形成的 IMF 份额缺乏客观依据和公平合理性，相当程度上夸大了发达国家在世界经济中的作用，未能如实反映新兴经济体在全球经济中的重要作用。2008 年，发达国家 GDP 占全球的 48.8%，而其在 IMF 总份额中的比重为 60.4%，投票权占 57.9%。[②]

二是决策和治理机制不合理。根据 IMF 的规定，IMF 决议必须得到 50% 以上的投票赞成，涉及重要决议时需要超过 85% 的投票赞成，投票权过度集中于少数发达国家实际上赋予了它们尤其是美国在 IMF 重大决议上的决策权和否决权。

三是 IMF 高层人事制度不合理。从表面上来看，IMF 执行董事会在民主的基础上推选出总裁，但在操作层面，IMF 总裁由欧洲人担任已成为不成文的规矩（类似的规矩也适用于世界银行，行长主要由美国人担任）。发达国家主导 IMF 高层人事管理，难以体现发展中国家的代表性，更是对 IMF 公平公正的挑战。

## （二）IMF 改革凸显新兴经济体在国际金融秩序重构中的作用

在以 IMF 为代表的国际金融旧秩序存在诸多不合理性的大环境下，新兴国家强势崛起，IMF 中份额和投票权远不能匹配其经济实力，IMF 的份额结构也不能反映当前世界经济的发展形势。以份额和投票权为本质的"代表性"不足成为推动 IMF 改革的源动力。2010 年 IMF 提出改革方案，将特别提款权（SDR）规模扩大一倍，并将 IMF 份额由发达国家向新兴国家转移 6.2%。

---

① IMF 官网，https://www.imf.org/zh/About/Factsheets/Sheets/2016/07/14/12/21/IMF - Quotas。
② 高海红. 透视国际货币基金法国组织份额改革［J］. 清华金融评论，2016（3）：101 - 104.

该方案符合世界经济实力变化，顺应了新兴经济体和发展中国家的发展势头和地位，在一定程度上扭转了过去 IMF 和旧金融秩序的不合理现象，是大势所趋、众望所归的方案。IMF 绝大多数成员都在第一时间认可并通过了该方案，然而占据 IMF 17.44% 投票权的美国直到 2015 年 12 月 25 日才通过。由此耗时五年的 IMF 改革方案终于落地。相较于改革前 IMF 的份额和投票权（如表 2-8 所示），IMF 改革后，新兴经济体中的代表中国、印度、俄罗斯和巴西四国均进入前十位，特别是中国仅次于美国和日本位列第三（如表 2-9 所示），美国仍牢牢占据超过 15% 的投票权。整体上看，此次份额和投票权的变动是在除美国外的 187 个成员国间进行利益重新分配。

表 2-8　　　　　　　　2016 年以前 IMF 投票权格局

| 排名 | 成员 | 投票权比重（%） | 排名 | 成员 | 投票权比重（%） |
| --- | --- | --- | --- | --- | --- |
| 1 | 美国 | 16.75 | 6 | 中国 | 3.81 |
| 2 | 日本 | 6.23 | 7 | 意大利 | 3.16 |
| 3 | 德国 | 5.81 | 8 | 沙特 | 2.80 |
| 4 | 法国 | 4.29 | 9 | 加拿大 | 2.56 |
| 5 | 英国 | 4.29 | 10 | 俄罗斯 | 2.39 |

资料来源：IMF，http://www.imf.org/en/data/imf-finances.

表 2-9　　　　　　　　IMF 最新份额和投票权格局

| 排名 | 成员 | 份额比重（%） | 投票权比重（%） | 排名 | 成员 | 份额比重（%） | 投票权比重（%） |
| --- | --- | --- | --- | --- | --- | --- | --- |
| 1 | 美国 | 17.40 | 16.47 | 6 | 英国 | 4.23 | 4.02 |
| 2 | 日本 | 6.46 | 6.14 | 7 | 意大利 | 2.75 | 2.63 |
| 3 | 中国 | 6.39 | 6.06 | 8 | 印度 | 2.71 | 2.59 |
| 4 | 德国 | 5.58 | 5.31 | 9 | 俄罗斯 | 2.32 | 2.22 |
| 5 | 法国 | 4.23 | 4.02 | 10 | 巴西 | 2.31 | 2.21 |

资料来源：IMF，http://www.imf.org/en/data/imf-finances.

在改革方案被美国搁置的时间里，作为对发达国家掌控的 IMF、世界银行、亚开行逐渐失去光彩和作用的回应，中国主导发起的 AIIB 从一开始就得到了新兴经济体的支持，被认为是更能代表当前经济金融发展格局的机构。而全球第二大经济体发起的 AIIB 受到欧洲发达国家的欢迎，一定程度上也要归功于美国阻挠了 IMF 改革进程。AIIB 对西方主导的国际金融秩序的冲击显而易见，也点明了 IMF 未来改革的必然性。新兴经济体虽然在此次改革中地位有所提升，但是仍未能获得与其经济实力相匹配的地位。未来 IMF 的改革，必将涉及美国份额与投票权的重大调整，新兴经济体和发达国家的投票权争夺也将更加激烈。

## 三、WTO 体系：全球贸易治理大平台

全球贸易治理制度诞生于第二次世界大战结束后，是为促进世界和平与稳定以及全球经济的复苏而建立的一系列制度和组织。① 全球贸易治理内涵丰富，其运行可以在多边贸易体制中进行，也可以在区域、双边贸易协定中展开，甚至是在其他国际组织的共识中进行。其中，WTO 是全球多边贸易体系的枢纽，因此也是全球贸易治理的核心机制。经过多年的发展，WTO 已成为多边贸易体系的主体框架，也涵盖了全球绝大多数贸易运行中的标准和规范。②

从 GATT 到 WTO，全球多边贸易体系为协调、维护、完善全球经济秩序和健全全球贸易规则做出了突出贡献。乌拉圭回合使农产品和纺织品贸易重回多边贸易体系，同时，服务贸易、知识产权、国际投资等也成为多边贸易体系的重要内容。WTO 为全球贸易的发展提供了重要的框架机制，是影响全球化的最重要的组织机构，但全球化深入发展也给其未来带来了诸多未知。

### （一）WTO 的重要作用

#### 1. 推进贸易自由化

WTO 经过 20 余年的发展，目前已有 164 个成员。队伍的不断壮大使各成员在 WTO 框架内推动了多边贸易自由化的发展，进而实现了世界经济贸易的发展。WTO 有效管控了补贴等非关税壁垒，并对各成员相关知识产权、补贴和农业支持措施等加以限制。贸易自由化的内涵不断延伸，《服务贸易总协定》和《与贸易有关的知识产权协定》促使各成员不断强化对服务贸易和知识产权的认识。同时，从 GATT 到 WTO，贸易自由化已经传播到世界各地，获得了广泛的赞誉和支持。

---

① Rorden Wilkinson. The World Trade Organization and the Governance of Global Trade [C].//European Policy Center Working Paper：Global Trade Governance：the WTO at a Crossroad, 2006 (26).

② 余敏友，刘衡. WTO 与全球贸易治理：演变、成就与挑战 [J]. 吉林大学社会科学学报，2010 (5)：140 – 146.

**2. 贸易政策审议机制的监督作用**

通过定期审议，政策审议机制能有效监督和约束各成员的贸易政策，提升政策和管理的透明度、公开性，保证其全面且有效地执行 WTO 相关协议中的义务，以此来保证各成员恪守多边贸易规则，同时更能维护多边体系的公平性，确保各方能在信息对称的氛围中开展务实合作。截至 2019 年 7 月 25 日，WTO 共进行了 394 次贸易政策审议，范围涵盖货物贸易、服务贸易、知识产权等多领域。[①] 这一机制的运用使 WTO 各成员的贸易政策和措施在更大程度上接受多边贸易体制的约束，使其在公开稳定的基础上制定措施，保证了市场准入的可预见性。

**3. 争端解决机制维护多边贸易权威性**

争端解决机制被视为 WTO 优于 GATT 的重要标志。争端解决机制的良好运行有效地维护了多边贸易体制的权威，避免了贸易争端中的单边主义和以强凌弱的现象。WTO 争端解决机制是强有力的，比任何其他国际司法机构都要有效，WTO 也成为有史以来最具法定约束力的国际机构。[②] 截至 2019 年 6 月，WTO 争端解决机构共受理了 586 起贸易争端，[③] 远远超过 GATT 近半个世纪受理的争端数。

### （二）WTO 的挑战和未来

随着多哈回合谈判陷入僵局，WTO 和多边贸易体系的变革已经刻不容缓，面对世界经济的突出变化和最新形势，WTO 必须做出快速的反应和调整，推动贸易自由化和自身的改革互动发展、共同进步。

WTO 目前面临着多方挑战。一是多边议题过多。WTO 的谈判议题范围不断扩大，框架下的议题已经远超 30 个，涵盖成员国内制度、文化偏好，乃至伦理道德等领域。随着谈判的深入，一些议题开始涉及成员经济管理的核心，主权利益冲突越发明显。日益增加的议题比 GATT 时期削减关税的目标复杂得多。多边贸易管辖范围和谈判性质正在发生改变，多边贸易谈判不断演进的性质构成对多边贸易体制的一大挑战。二是协商一致与成员不断增多的矛盾。发展中经济体成员不断增多，利益诉求进一步加大，不仅发达国家与发展中国家成员间利益协调难度巨大，主要发达国家成员也在不同议题上分歧巨大，这对 WTO 运行机制提出了严峻考验。三是"特殊与差别待遇"与发展中国家发展的矛盾。发展中国家与发达国家实行"特殊与差别待遇"成为这个多边贸易机制得以构建和具备吸引

---

① WTO. https://www.wto.org/english/tratop_e/tpr_e/tp_rep_e.htm#chronologically, 2019-07-25.

② 约翰·H. 杰克逊, 沈大勇, 张蔚蔚. 经过十年风雨洗礼的全球多边贸易体制 [J]. 国际商务研究, 2006 (2): 33-39.

③ WTO. https://www.wto.org/english/tratop_e/dispu_e/dispu_status_e.htm, 2019-07-25.

力的原因。目前，WTO 的 164 个成员中有 2/3 表示自己是发展中国家，但 WTO 并没有任何基准或指标来确定一个成员何时应该脱离"特殊与差别待遇"。发达国家成员希望已经具备经济实力的各大新兴市场国家成员能够承担更多的义务，却遭到发展中国家的抵制，这就导致了在贸易规则谈判中发达国家成员往往会抵制在 WTO 框架内的让步与妥协，转而更愿意在其他贸易规则的谈判平台上进行利益取舍，这也是 WTO 的多哈回合谈判没有实质性进展而各类区域自由贸易协定谈判方兴未艾的根本原因所在。① 四是区域主义兴起。WTO 在规则制定上的笼统，越发不能适应全球化下各经济体对区域经济合作的协调和激励作用，各成员相互搭建的各类区域合作平台以其灵活性和实用性又进一步削弱了多边贸易体系的职能和作用。TPP、TTIP 谈判和各类区域自由贸易协定的出现使得 WTO 面临严重的被边缘化危机。

面对全球贸易发展的新形势，WTO 亦需要在系统性改革中激发新的动力。维护以 WTO 为核心的全球多边贸易体系是所有成员应尽的责任，对 WTO 而言，适应全球产业链布局的变革是其继续维持作用的现实需要。如何重新界定"特殊与差别待遇"是推进 WTO 改革的核心所在，发达国家成员和发展中国家如果都不能做出让步，僵局将依然持续，找到更合理、更能为各方都接受的决策机制，将是 WTO 未来的重要工作。

---

① 荣民. WTO 需要在改革中重新焕发活力 [EB/OL]. http：//www.ccpit.org/Contents/Channel_4117/2017/1208/927743/content_927743.htm.

# 第三章

# 美国参与国际秩序重构与实现
# 国家安全的战略及策略

  大国仍是当前国际关系的重中之重，大国关系的演变在很大程度上决定着未来国际秩序走向。因此，研究大国的国际秩序观及其战略和政策选择的动向是把握世界形势发展变化的关键环节。从第二次世界大战后至今，美国可以划分为四个阶段来体现其不同时期的国家战略，分别为第二次世界大战后至石油危机时期、20世纪70年代中后期至90年代初期、苏联解体至2008年金融危机时期、金融危机后至今。2017年12月，美国发布新的国家安全战略，明确提出该战略的最终目标是美国的复兴和重振美国在全球的领导地位。2019年6月，美国公布了新的国家安全战略及新的印太战略。新安全战略表明，美国逐步从金融危机的困境中解脱出来，开始解决困扰美国发展的深层次问题。修复和重建全球经济与政治秩序，强调让美国再次伟大，以便在未来10~20年仍然能够在世界政治、军事和经济竞争中占据绝对优势地位。重新定位与新兴大国的竞争关系，将中国定位为战略竞争对手，要求中国承担更多国际责任。

# 第一节　第二次世界大战后至石油危机时期美国国家安全战略与国际秩序重构策略选择

## 一、美国国际地位显著提升并逐步成为全球经济实力第一的国家

第二次世界大战是美国历史上的一个重大转折点。这次战争使欧洲和亚洲经济遭到毁灭性的打击。而美国远离战场,虽受牵连,但损失相对较小。在第二次世界大战后的重建过程中,各国的经济复苏为美元投资提供了市场,加之其国内市场的开拓及技术革新的推动,美国很快恢复了往日的繁荣,成为第二次世界大战后世界上最富强的国家,一跃成为头号资本主义强国。第二次世界大战后至石油危机时期美国的经济发展情况见表3-1。

表3-1　　　　第二次世界大战后美国经济发展情况

| 时期 | 表现（特点） | 原因 |
| --- | --- | --- |
| 20世纪五六十年代 | 稳步发展西部和南部繁荣 | 世界头号资本主义大国,国际市场广大,着重发展科技产业、教育产业、新兴工业和军事工业,人民生活得到改善 |
| 20世纪70年代 | 70年代石油危机,经济地位下降 | 经济发展速度减缓;受到危机严重打击,通货膨胀,国际收支赤字 |

首先,从占世界工业的比重来看,1938年（第二次世界大战前）美国所占比例为36%,而西欧共同体（含英国）与日本的占比分别为35.6%和4.6%。1948年（第二次世界大战后）美国的占比为54.8%,远超西欧共同体的22.6%,而此时日本的比例下降至1.2%。其次,从占世界黄金外汇储备的比重来看,1950年美国占比为48.5%,比1937年的比例提升2.1%,而法、意、德、英的占比合计从25.9%降至10.5%。最后,从占世界出口额的比重来看,1938

年美国占其他资本主义国家的39%，而1948年这一比例猛增至95%。[①]

从第二次世界大战后到20世纪60年代末，美国突飞猛进的对外贸易不仅拉动了国民经济的增长，同时也捍卫了美国世界超级大国的地位。尽管60年代末，美国由于贸易保护政策使得经济增长有所减弱，但纵观这20年，美国GDP年均增长率将近4%，1970年美国GDP是1950年的两倍之多（见表3-2）。

表3-2　　　　　1950~1970年美国GDP及增长率变化

| 年份 | 名义GDP<br>（10亿美元） | 实际GDP（以2005年为基期）<br>（10亿美元） | 实际GDP年增长率（%） |
| --- | --- | --- | --- |
| 1950 | 293.7 | 2 006.0 | 8.7 |
| 1951 | 339.3 | 2 161.1 | 7.7 |
| 1952 | 358.3 | 2 243.9 | 3.8 |
| 1953 | 379.3 | 2 347.2 | 4.6 |
| 1954 | 380.4 | 2 332.4 | -0.6 |
| 1955 | 414.7 | 2 500.3 | 7.2 |
| 1956 | 437.4 | 2 549.7 | 2.0 |
| 1957 | 461.1 | 2 601.1 | 2.0 |
| 1958 | 467.2 | 2 577.6 | -0.9 |
| 1959 | 506.6 | 2 762.5 | 7.2 |
| 1960 | 526.4 | 2 830.9 | 2.5 |
| 1961 | 544.8 | 2 896.9 | 2.3 |
| 1962 | 585.7 | 3 072.4 | 6.1 |
| 1963 | 617.8 | 3 206.7 | 4.4 |
| 1964 | 663.6 | 3 392.3 | 5.8 |
| 1965 | 719.1 | 3 610.1 | 6.4 |
| 1966 | 787.7 | 3 845.3 | 6.5 |
| 1967 | 832.4 | 3 942.5 | 2.5 |
| 1968 | 909.8 | 4 133.4 | 4.8 |
| 1969 | 984.4 | 4 261.8 | 3.1 |
| 1970 | 1 038.3 | 4 269.9 | 0.2 |

资料来源：Bureau of Economic Analysis. National Economic Accounts.

---

[①] 黄安年. 当代世界五十年[M]. 成都：四川人民出版社，1997.

## 二、美国的国际秩序观与国家安全策略

### (一) 美国国家利益的主要目标是成为世界超级大国

第二次世界大战后,欧洲开始走向衰落,世界中心也由大西洋地区转移至太平洋地区。英国与法国元气大伤,而德国和意大利也因战败国的身份遭到惩罚。美国在第二次世界大战后开始主导世界经济与政治新格局的塑造。此时的欧洲已无法抗衡美国,同时在政治上开始依附于美国。美国彻底放弃了孤立主义政策,通过主导成立联合国、国际货币基金组织、世界银行以及签订《关税与贸易总协定》等方式建立了一套以实现"美国世纪"为目标的战后国际新秩序。

### (二) 通过布雷顿森林体系重构国际经济秩序

#### 1. 主导多边贸易体系的建立与发展

1945年11月,在英国等的支持下,美国提出了一项具有变革意义的扩大和管理国际贸易的机制——国际贸易组织(ITO)。之后,美国作为缔约方签署了《关税与贸易总协定》(GATT),并将《关税与贸易总协定临时适用议定书》作为《国际贸易组织宪章》实施之前的临时条约。[①] 国际贸易组织的建立终因美国贸易保护力量的反对而搁浅,但是,《国际贸易组织宪章》的拟定充分说明了美国经济贸易政策及战略开始向自由化倾斜。

之后的近50年,GATT在美国推行其对外贸易政策中扮演了重要角色。1947~1961年,美国参加了GATT主持的前五轮多边贸易谈判,谈判主要促进了各国货物贸易关税的削减。美国利用多边贸易体制可以推动其他国家的进口自由化和市场开放,从而实现其经济称霸全球的国家利益。[②] 1964~1967年的"肯尼迪回合"谈判中首次涉及非关税措施。美国在该轮谈判结束时,签署了规范反倾销程序的《反倾销协议》,该协议于1968年7月1日生效,并最终并入《1994年关税与贸易总协定》。

#### 2. 成立国际货币基金组织并控制其运行机制

国际货币基金组织(IMF)的成立确保了美元的世界货币霸权地位。美元同黄金挂钩、其他国家货币与美元挂钩的"双挂钩制"是这一货币体系的支柱。虽然布雷顿森林体系崩溃后,IMF在维持固定汇率和监督成员方国际收支情况方面

---

① 龙永图.世界贸易组织知识读本[M].北京:中国对外经济贸易出版社,2001.
② 屠新泉.中国在WTO中的定位、作用和策略[M].北京:对外经济贸易大学出版社,2005.

已形同虚设,① 但经济全球化也推动着 IMF 的职能转向经济监测、提供贷款和技术援助。IMF 采取的一直是以份额和投票权为基础的决策机制,日常运行机制是理事会制度。在决策层面,特别是在政策的制定上,IMF 受制于发达国家,尤其是受份额最多的美国的实际控制。

**3. 建立并主导世界银行运行**

世界银行的日常运行机制是董事会制度,资金来源机制是自筹与捐助并行,贷款采取项目评估机制。世界银行的最大股东是美国,因此其决策往往受到美国的控制,从而更多地反映美国的利益。这在世界银行行长产生程序上体现得更加明显,由于美国对世界银行行长人选具有一票否决权,因此行长均由美国人担任。有学者认为世界银行是美国或西方国家施行有利于它们自己的经济政策的工具。

在向发展中国家提供长期贷款和技术协助时,世界银行也往往附加政治条件,甚至涉及国家改革和选举活动。事实上,世界银行着力推动发展中国家进行的市场化改革,很多时候并不适合受援国的政治经济环境,对发展中国家的经济反而造成了破坏,其使用的各种结构性调整措施也削弱了受贷国家政府在经济决策中的作用。

## (三) 美国的国际政治和安全秩序观与策略

**1. 领导成立联合国并主导其发展**

美国当时的总统罗斯福积极主张建立世界反法西斯同盟,倡导成立联合国,并起草了《联合国家宣言》。1942 年初,中、苏、美、英等 26 个国家在《联合国家宣言》上签字。联合国成立过程见表 3-3。联合国成为最具普遍性、最有影响力、规模最大和最重要的国际组织,其宗旨是:维护国际和平与安全;发展国际间以尊重人民平等权利及自决原则为基础的友好关系,以增强普遍和平等。其原则是:会员国主权平等;善意履行宪章义务;以和平方法解决国际争端,避免危及国际和平、安全与正义;禁止会员以武力相威胁或用武力侵害他国领土完整和政治独立等。

表 3-3　　　　　　　　　　联合国成立的过程

| 提出设想 | 1941 年,美英签署《大西洋宪章》 |
| --- | --- |
| 名称由来 | 1942 年,26 个国家签署《联合国家宣言》 |

---

① 王燕. 试析国际货币基金组织 (IMF) 的作用及其改革 [J]. 科技信息, 2007 (26): 83.

续表

| 公开宣告 | 1943年，美英中苏签署 |
| --- | --- |
| 签署宪章 | 1945年，51国开会并签署《联合国宪章》 |
| 正式成立 | 1946年10月，《联合国宪章》生效，联合国正式成立，总部设在华盛顿 |

美国成立联合国的目的实际上是为了推行其国际秩序观，确立其在全球的霸主地位，利用联合国这一机构，推行自己的国际秩序构想。后来的实践证明，美国并没有按照联合国的宗旨和原则行事，而是将其作为实现自己国家利益的工具，在全球扩张的过程中，需要联合国时就利用，当联合国的存在为其行动带来障碍的时候，就会以拖欠会费等方式，向联合国施压，使其顺从自己的利益。

**2. 领导成立北约及主导实现其军事安全目标**

第二次世界大战结束后，苏联成为唯一能和美国对抗的国家，美国全球扩张的方针也同苏联实现其国家安全的战略针锋相对。为全面实施"遏制战略"，美国在欧洲推出"马歇尔计划"。1949年，美国、英国、法国、意大利、加拿大等12国签署的《北大西洋公约》，标志着北约军事同盟的建立。1955年，联邦德国也正式加入北约。亚洲方面，美国与菲律宾、澳大利亚、新西兰、日本、韩国等国双边和多边条约的签订为《东南亚集体防务条约》的签署奠定了基础，形成了针对中国的战略包围圈。在中东，美国积极推动英国主持建立了中央条约组织，之后又推出了"艾森豪威尔主义"。斯皮克曼认为，美国这种对苏联（以及新成立的中华人民共和国）的"遏制战略"，实质是在欧亚大陆的边缘地带保持美国的军事优势，以压制苏联向边缘地带突破，进而向西方海上力量挑战。

## 第二节 20世纪70年代至80年代末的国际秩序观与国家安全战略

20世纪70年代的石油危机、债务危机、货币危机中止了美国经济的持续快速增长，但美国采取的贸易保护政策也促进了国民经济的发展。这个时期美国奉行"自由"与"开放"是要保证美国最起码的经济利益，虽然在全球经济萧条的形势下不能攫取巨大的利益，但底线是不能让本国产业蒙受损失。

## 一、美国的国际秩序观与国家安全策略

### （一）美国国家利益的主要目标

经过战后初期的恢复，日本和欧洲已经从战争中恢复过来，尤其是 20 世纪 80 年代，日本经济已经崛起，欧洲区域一体化进一步深入，美国不再像过去那样在经济上占据绝对支配地位，来自国外的竞争导致美国经济贸易政策及战略进一步走向保护主义。① 可以说这一时期全球经济环境恶化，美国经济地位受到威胁，美国的利益目标就是通过经济调整，恢复实力，确保在冷战中获得胜利。

### （二）美国的国际经济、政治秩序观与策略

美国经济陷入"滞胀"使得其提出了"自由且公平"的经济贸易政策及战略，政府通过干预对外贸易，加强对本国产业尤其是衰退产业的支持和保护。② 虽然美国也参加了"东京回合"谈判，但是这个时期的美国国内政策明显带有保护主义色彩，配额、许可证等非关税措施的应用增多被称作"新贸易保护主义"。1970 年提交美国国会的《1970 年贸易法案》明显背离了美国过去 30 年所倡导的贸易自由化，被认为是自 1930 年《斯穆特—霍利法案》以来最具保护色彩的贸易法案，③ 该法案允许对任何受到进口产品威胁的产业加以保护。该法案虽然遭到欧共体以及美国国内部分代表强烈反对，但仍然于 1970 年 11 月在众议院获得通过。《1970 年贸易法案》促使主张贸易保护的集团寻求更具限制性的措施。众议员伯克（Burke）和参议员哈特克（Hartke）向国会提交了一份题为《1972 年对外贸易与投资法案》的草案，也称《伯克—哈特克法案》，不仅包括传统的进出口限制措施，而且包括外国直接投资限制等新的贸易保护形式，旨在加强美国政府对国际货物和资本流动的干预和规制程度。该草案最终未获通过，但却引发了整个 70 年代前半期关于经济贸易政策及战略取向的大讨论，并为后来出台的具有保护主义倾向的《1974 年贸易法案》做了铺垫。④ 从该法案的出台及其引发的一系列反应，可以看出美国贸易保护主义倾向的加强。1930～1988 年美国部分

---

① 马丁·费尔德斯坦.20 世纪 80 年代美国经济政策 [M]. 王健等译. 北京：经济科学出版社，2000.
② 戴维·B. 约菲，本杰明·戈梅斯·卡斯，宫桓刚. 国际贸易与竞争 [M]. 宫桓刚等译. 沈阳：东北财经大学出版社，2000.
③④ Victor A. Canto. U. S. Trade Policy: History and Evidence. [J]. Cato Journal, 1983/84, 3（3）: 683.

贸易立法、提案及政策取向见表 3-4。

表 3-4　1930~1988 年美国部分贸易立法、提案及其政策取向

| 法案 | 年份 | 性质 |
| --- | --- | --- |
| 斯穆特—霍利关税法案（Smoot-Hawley Tariff Act） | 1930 | 保护经济贸易政策及战略 |
| 互惠贸易协定法案（Reciprocal Trade Agreement Act） | 1934 | 较自由经济贸易政策及战略 |
| 贸易扩大法案（Trade Expansion Act） | 1962 | 较自由经济贸易政策及战略 |
| 伯克—哈特克法案（Burke-Hartke Bill） | 1972 | 保护经济贸易政策及战略 |
| 1974 年贸易法案（Trade Act of 1974） | 1974 | 保护经济贸易政策及战略 |
| 1979 年贸易协定法案（Trade Agreement Act of 1979） | 1979 | 相对自由经济贸易政策及战略 |
| 1984 年贸易和关税法案（Trade and Tariff Act of 1984） | 1984 | 保护经济贸易政策及战略 |
| 1988 年贸易与竞争综合法案（Omnibus Trade and Competition Act） | 1988 | 显著保护经济贸易政策及战略 |

资料来源：根据美国贸易法相关资料整理。

## 二、国内立法推行经济贸易保护主义

《1974 年贸易法案》作为美国 70 年代的重要贸易立法带有明显的保护主义色彩。《1974 年贸易法案》的 201 条款是 GATT 保障条款的对应条款，规定对美国厂商因关税减让和进口激增而遭受的损害进行补偿，或者阻止这种损害的发生。同时，《1974 年贸易法案》的 301 条款被称作单边报复制度，明确授权政府可以采取限制进口等贸易保护手段抵制国外的不公平贸易行为，保护本国利益。之后《1979 年贸易协定法案》和《1984 年贸易和关税法案》也对《1974 年贸易法案》的 301 条款分别进行了补充、修订。

## 三、频繁应用非关税措施,维护国际经济地位

以"自动"出口限制为例。"自动"出口限制是美国在多边贸易体系之外推行贸易保护的"捷径"。早在1969年1月,美国就与向其出口钢材的主要国家达成"自动"出口限制协议,由于国内钢材供应商要求持续推行"自动"出口限制,这项措施直到1971年12月31日才终止。1972年1月1日,美国又发起了新一轮"自动"出口限制,将解除限制的日期推迟到1974年12月31日。① 1976年,美国再度采取同样的方式,日本等国出于对自身利益的权衡,对钢铁、纺织品等实行了"自动"出口限制。② 随着日本汽车产业竞争力迅速提升,日本汽车在美国市场的份额不断增大,美国政府在汽车制造企业和汽车工人联合工会的压力下,提出对日本汽车实施进口数量限制的议案。1981年5月,迫于美国的压力,日本同意实施汽车产品的"自动"出口限制。③

## 四、政治和安全上全面推行遏制战略,加剧冷战态势

这一时期,冷战愈演愈烈,美国奉行全方位的"遏制战略":(1)与苏联的关系从第二次世界大战时期的盟友变成敌对,全面遏制苏联的扩张成为第二次世界大战后美国贯彻始终的战略目标。(2)20世纪70年代初期,美国同西欧的摩擦开始增加,西欧国家由于经济的恢复越来越难以容忍受美国控制的局面,要求"独立自主"的呼声越来越高。迫于新形势的压力,尼克松开始主动调整美欧关系:西欧应该更多承担北约的防务责任,而美国与西欧在基本安全结构层面应始终保持一致。《大西洋宣言》的签署重申了美国与北约成员国间在政治、安全等方面的合作。(3)由于美国陷入"越战"泥潭,苏联步步紧逼,美苏日欧中五大力量中心正在形成,美国在世界"救世主"和孤立主义两种极端政策之间谨慎地选择了一条中间路线,为此提出了"现实威慑"军事战略。

---

① Victor A. Canto. U. S. Trade Policy:History and Evidence [J]. Cato Journal, 1983/84, 3 (3): 682 - 683.
② Victor A. Canto. U. S. Trade Policy:History and Evidence [J]. Cato Journal, 1983/84, 3 (3): 686.
③ 张玮. 国际贸易 [M]. 北京:高等教育出版社, 2006.

## 第三节　20世纪90年代至金融危机前经济安全与国际秩序战略调整

1991年之后，单极格局并未形成，各主要经济体亦在国际事务中显现出重要性，国际政治并未出现单极格局，而是进入"一超多强"格局并延续至今。多极化趋势是21世纪最重要的政治特征，但目前仍未完全形成，各种力量间的对比极为不均衡，"一超多强"将是21世纪世界主要政治格局。

"一超"指的是美国。美国目前是全球发展的领头羊。经济层面，美国常年保持着全球最大经济体的位置，并且在科技领域保持着较大优势。军事层面，美国新式武器保持着对中俄等国的代际优势；以北约为平台，加强与盟友的合作，逐步完成海外军事基地的更新换代。外交层面，将海外战略重点转移至亚太地区，继续加强对中东的控制，增强对非洲的影响力，在国际问题上不断对中俄等国发难，维护其对国际事务的领导权。

"多强"指的是俄罗斯、欧盟、日本和中国等。俄罗斯作为解体后苏联的最大继承者，经历了20世纪90年代的制裁与动荡，在普京总统上台后迅速恢复元气。军事上，俄罗斯继承了苏联最主要的军工技术和大量武器装备，对美国保持着一定的核威慑。经济上，普京执政以来俄罗斯充分利用自然资源优势，能源经济蓬勃发展，带动了经济的复苏；工业基础雄厚，在一些科技领域也保持着较强的竞争力。近年来，俄罗斯在叙利亚问题上扮演着关键角色，举办了索契冬奥会、2018年世界杯等，大大提升了国际形象，话语权也逐渐恢复。

欧盟目前是世界上一体化程度最高、经济总量最大的区域经济组织，内部成员间的发展较为均衡，拥有雄厚的经济、科技和军事实力，在国际事务中发挥着重要作用。特别是欧元区建设，对美元的地位形成了极强的冲击。当然，目前欧盟也出现了民粹主义、难民危机、英国脱欧等棘手问题，一体化进程遇到瓶颈，不过整体上依然是世界最为重要的力量之一。

日本曾长期占据世界第二大经济体的地位，在地区事务中作用关键。日本已经从"失去的十年"中恢复过来，目前经济运行较为平稳，在国际事务中的诉求不断上升：日本一直在谋求亚太地区的领导者角色，在美国退出TPP后积极推动谈判达成共识；积极运作联合国"入常"计划，自卫队走出国门执行维和任务，等等。

中国在"和平发展"中不断加强国际领导力。中国已成为全球第二大经济体,是世界经济复苏进程中最主要的推动力;中国积极推动"一带一路"建设,提倡构建新型大国关系,在各个国际问题中发出强有力的声音,为打造人类命运共同体不断贡献中国智慧和中国方案。越来越多的国家和政党认可并积极学习中国共产党的执政理念和治国理政经验。

规律表明,多极化是世界发展的必然结果。国际社会普遍认可和接受多极化趋势,积极采取措施推动世界的多极化演进。稳定是相对的,变化是绝对的。世界格局将在未来一段时间内,呈现出发展不平衡态势,经济格局的变化将带来机遇,也伴随着挑战。

## 一、美国的经济贸易及国际地位:比重趋于下降,但仍居第一

### (一) 美国经济规模不断扩大,但在全球的比重及优势趋于下降

从占全球 GDP 的比重来看,美国经济地位呈现出显著下降趋势。1980 年美国 GDP 占世界 GDP 的比重高达 54.5%,1990 年跌落至 36.2%,2000 年下降到 34.7%,2007 年仅为 23.7%(见表 3-5)。这些经济基本面数据显示出美国经济实力衰退的事实,对其国际秩序重构与国家安全战略和策略带来了根本性的影响。

表 3-5　1980~2007 年美国经济在世界经济中的比重变化趋势

| 年份 | 世界 GDP(10 亿美元) | 美国 GDP(10 亿美元) | 美国所占比重(%) |
| --- | --- | --- | --- |
| 1980 | 10 705.5 | 5 834.0 | 54.5 |
| 1981 | 10 931.0 | 5 982.1 | 54.7 |
| 1982 | 10 829.1 | 5 865.9 | 54.2 |
| 1983 | 11 096.9 | 6 130.9 | 55.2 |
| 1984 | 11 534.0 | 6 571.5 | 57.0 |
| 1985 | 11 945.2 | 6 843.4 | 57.3 |
| 1986 | 14 078.1 | 7 080.5 | 50.3 |
| 1987 | 16 166.2 | 7 307.1 | 45.2 |
| 1988 | 18 141.2 | 7 607.4 | 41.9 |

续表

| 年份 | 世界GDP（10亿美元） | 美国GDP（10亿美元） | 美国所占比重（%） |
| --- | --- | --- | --- |
| 1989 | 19 042.9 | 7 879.2 | 41.4 |
| 1990 | 22 175.4 | 8 027.0 | 36.2 |
| 1991 | 23 246.9 | 8 008.3 | 34.4 |
| 1992 | 24 325.5 | 8 280.0 | 34.0 |
| 1993 | 24 960.6 | 8 516.2 | 34.1 |
| 1994 | 26 784.3 | 8 863.1 | 33.1 |
| 1995 | 29 774.2 | 9 086.1 | 30.5 |
| 1996 | 30 501.5 | 9 425.9 | 30.9 |
| 1997 | 30 370.2 | 9 845.9 | 32.4 |
| 1998 | 30 156.5 | 10 274.8 | 34.1 |
| 1999 | 31 337.7 | 10 770.6 | 34.4 |
| 2000 | 32 299.0 | 11 216.4 | 34.7 |
| 2001 | 32 090.9 | 11 337.5 | 35.3 |
| 2002 | 33 357.7 | 11 543.1 | 34.6 |
| 2003 | 37 484.4 | 11 836.4 | 31.6 |
| 2004 | 42 136.2 | 12 246.9 | 29.1 |
| 2005 | 45 571.2 | 12 623.0 | 27.7 |
| 2006 | 49 342.4 | 12 958.5 | 26.3 |
| 2007 | 55 677.5 | 13 206.4 | 23.7 |

资料来源：作者根据IMF Database整理。

## （二）美国在全球贸易中的优势地位不断下降

美国在世界贸易中的比重也在发生重大变化。如表3-6所示。1980年美国进口占世界进口的比重为12.6%，1990年增加到15.0%，2000年增加到18.2%，2007年下降到13.8%。1980年美国占世界出口的比重是11.9%，1990年达到13.0%，2000年为13.6%，2007年下降至9.6%。说明这一时期后美国贸易形势并不好，如果结合其GDP的变化趋势，可以发现美国的经济地位已经面临来自全球的巨大压力。

表 3-6　　1980~2007 年美国对外贸易在世界贸易中的地位

| 年份 | 进口 | | | 出口 | | |
|---|---|---|---|---|---|---|
| | 世界（亿美元） | 美国（亿美元） | 占比（%） | 世界（亿美元） | 美国（亿美元） | 占比（%） |
| 1980 | 23 172.9 | 2 912.4 | 12.6 | 22 932.5 | 2 718.3 | 11.9 |
| 1981 | 23 046.1 | 3 105.7 | 13.5 | 22 862.6 | 2 944.0 | 12.9 |
| 1982 | 21 606.1 | 2 993.9 | 13.9 | 21 237.1 | 2 752.4 | 13.0 |
| 1983 | 21 018.7 | 3 238.7 | 15.4 | 20 662.1 | 2 661.1 | 12.9 |
| 1984 | 22 138.7 | 4 001.7 | 18.1 | 21 788.2 | 2 910.9 | 13.4 |
| 1985 | 22 327.0 | 4 109.5 | 18.4 | 22 067.9 | 2 890.7 | 13.1 |
| 1986 | 24 667.3 | 4 485.7 | 18.2 | 24 545.7 | 3 100.3 | 12.6 |
| 1987 | 29 260.5 | 5 005.5 | 17.1 | 29 277.1 | 3 488.7 | 11.9 |
| 1988 | 32 792.6 | 5 457.2 | 16.6 | 32 805.0 | 4 311.5 | 13.1 |
| 1989 | 35 520.1 | 5 801.4 | 16.3 | 35 425.5 | 4 870.0 | 13.7 |
| 1990 | 40 999.6 | 6 161.0 | 15.0 | 41 070.7 | 5 352.3 | 13.0 |
| 1991 | 42 726.9 | 6 094.8 | 14.3 | 42 560.5 | 5 783.4 | 13.6 |
| 1992 | 46 866.0 | 6 560.9 | 14.0 | 47 018.8 | 6 168.8 | 13.1 |
| 1993 | 46 665.3 | 7 131.7 | 15.3 | 47 193.8 | 6 428.6 | 13.6 |
| 1994 | 51 983.7 | 8 017.5 | 15.4 | 52 809.2 | 7 032.5 | 13.3 |
| 1995 | 62 325.5 | 8 907.7 | 14.3 | 63 282.2 | 7 943.9 | 12.6 |
| 1996 | 65 762.3 | 9 556.7 | 14.5 | 66 765.0 | 8 516.0 | 12.8 |
| 1997 | 68 090.7 | 10 427.1 | 15.3 | 69 366.2 | 9 344.5 | 13.5 |
| 1998 | 67 697.8 | 10 993.1 | 16.2 | 68 446.9 | 9 331.7 | 13.6 |
| 1999 | 71 064.4 | 12 301.7 | 17.3 | 70 921.6 | 9 670.1 | 13.6 |
| 2000 | 79 664.5 | 14 495.3 | 18.2 | 78 997.3 | 10 727.8 | 13.6 |
| 2001 | 77 248.2 | 13 695.0 | 17.7 | 76 348.2 | 10 077.3 | 13.2 |

续表

| 年份 | 进口 | | | 出口 | | |
|---|---|---|---|---|---|---|
| | 世界（亿美元） | 美国（亿美元） | 占比（%） | 世界（亿美元） | 美国（亿美元） | 占比（%） |
| 2002 | 80 535.8 | 13 983.1 | 17.4 | 80 116.6 | 9 808.8 | 12.2 |
| 2003 | 93 362.9 | 15 145.0 | 16.2 | 93 279.9 | 10 235.2 | 11.0 |
| 2004 | 113 080.6 | 17 685.0 | 15.6 | 113 170.9 | 11 631.5 | 10.3 |
| 2005 | 128 393.9 | 19 960.7 | 15.5 | 128 699.1 | 12 874.4 | 10.0 |
| 2006 | 146 819.7 | 22 131.1 | 15.1 | 148 477.2 | 14 598.2 | 9.8 |
| 2007 | 170 019.9 | 23 512.9 | 13.8 | 172 954.6 | 16 545.6 | 9.6 |

资料来源：作者根据美国人口调查局外贸处的数据整理。

## 二、美国的国际秩序观与国家安全策略

### （一）美国国家利益的主要目标：增强综合实力，巩固全球领导地位

冷战结束后，美国将更多的精力投入经济建设中，将先进军事技术转化为民用，并通过改革社会经济，加大发展教育科技事业的力度，促进以信息产业为代表的高新技术的发展，完成了传统产业的技术改造，使美国经济进入新经济时代，尤其是克林顿时期，美国经济进入了持续的稳定发展期。此时的美国国家利益目标，就是增强综合实力，巩固全球领导地位，确保其地位不被削弱。

### （二）美国的国际经济秩序观与策略

**1. 市场开放与战略保护相结合**

1995 年 1 月 1 日，美国成为 WTO 的成员。基于"乌拉圭回合"谈判的结果，美国在货物贸易和服务贸易领域的市场开放度都有所提高。在开放国内市场的同时，国外市场也迎来了美国的工业产品、服务以及农产品。服务业是对美国 GDP 和就业率贡献最大的产业。基于本国服务业的实力，美国根据《服务贸易总协定》（GATS）对多个服务部门的开放做出了具体承诺，[①] 包括开放 12 个服

---

① GATT document. GATS/SC/90, 15 April 1994.

务行业大类中的 11 个，开放《服务部门分类表》列出的大约 160 个部门中的 111 个。① 此外，美国对服务业的监管程序透明度也较高，即使大部分国家保护程度极高的金融业，美国也相对开放。不过，其推行的经济贸易政策及战略和措施明显具有保护主义倾向。例如，授予"贸易促进权"的《2002 年贸易法案》明确规定，要确保贸易救济体系特别是反倾销和反补贴法规体系的有效性，不能签署在这方面做出让步的任何协议。对钢铁业启动保障条款（Definitive Safeguard Measures on Imports of Certain Steel Products）② 以及《2003 年农业援助法案》（Agricultural Assistance Act of 2003）③，更是与 WTO 倡导的非歧视、自由化原则和公平竞争原则相悖。

### 2. 灵活利用多边贸易规则和贸易争端维护经贸利益

美国利用贸易争端维护产业利益，确保在世界经济秩序中的主导地位。美国竞争力较强的产品市场通常对外开放度较高。但是，即使是竞争力很强的产业，在特定情况下也会出现市场开放度降低的状况。贸易争端对美国而言已经成为一种维护自身利益的重要途径。

美国原本是多边贸易体系的重要缔造者和维护者之一，但自 WTO 成立以来，美国成为全球应用争端解决机制最频繁的国家之一。在各国经济贸易往来日益频繁的时代，贸易摩擦不可避免；贸易摩擦并不可怕，关键在于如何应对。美国就是一个积极应对并善于利用贸易争端的国家。同时，美国对多边框架下的反倾销法律体系改革持消极态度。

### 3. 利用自由贸易区战略开拓国外市场及实现多重政治经济目标，实现在全球秩序重构中的领导地位

20 世纪 90 年代末，全球兴起一股签署自由贸易协定（FTA）的浪潮。双边及区域经济安排有其内在的深刻动因，面对多哈回合谈判长时间无实质性进展、全球多个经济体开始探索区域性贸易安排的形势，美国及时调整了政策方向。美国国务院认为，"FTA 是美国出口商打开国外市场的最佳途径之一"。美国积极谈判和实施 FTA，除了获取经济利益之外，趋同效应也是一个重要因素，作为全球第一大经济体，美国向来积极发起和参与新的制度安排，自然不会对在世界范围内蓬勃发展的 FTA 无动于衷。

高效的贸易谈判机构及决策机制是美国开展 FTA 谈判的组织基础，这个时

---

① WTO document MTN. GNS/W/120, 10 July 1991.
② 关于美国钢铁保障案的详细资料参见：U. S. Trade Representative. Definitive Safeguard Measures on Imports of Certain Steel Products. WT/DS248, 249, 250, 251, 252, 253, 254, 258, 259/AB/R, adopted 10 December 2003。
③ United States Department of Agriculture. The Agricultural Assistance Act of 2003, February 13, 2003.

期美国双边及区域贸易谈判取得显著成效与美国贸易促进授权密切相关。该授权程序包括：总统谈判一般权限、国会协商、及时签署协定、提交国会批准及向国会报告等。

### （三）重点关注中东地区反恐

克林顿时期推行的"预防性防务"战略主要以《美国参与扩展安全战略》《接触与扩大安全战略》《面向新世纪的国家安全战略》为指导原则，以预防威胁的出现以及防止大规模杀伤性武器的扩散。该防务体系主要是以美国为主导、强调双边军事同盟，以确保"太平洋共同体"和"大西洋共同体"的稳定。但是"9·11事件"后小布什政府开始认为恐怖主义是美国最大的威胁，将打击恐怖主义上升至国家安全最重要的任务，在反恐战争中也采取"非友即敌"的思想，大肆推行单边主义，使得阿富汗和伊拉克深陷战争泥潭。此时的美国国家安全战略显示出美国更加强硬的国际主导性和扩张性。

## 第四节 2008年金融危机后美国主导国际秩序的新国家安全观

### 一、美国的经济贸易及国际地位

2019年4月IMF发布的《世界经济展望》报告显示，全球经济活动的回升力度在继续增强。美国地处美洲大陆，其GDP总量、货物贸易量和服务贸易量均排名世界第一位，是世界上最重要的政治经济大国。美国GDP在2016年达到16.87万亿美元，2018年为20.49万亿美元，比2017年（19.49万亿美元）增长5.1%，2019年达到21.43万亿美元，如图3-1所示。

美国贸易额近年来也在不断增长。由图3-2可知，2016年货物贸易总额达到3.69万亿美元，其中出口额1.45万亿美元，进口额2.25万亿美元。虽然货物贸易呈现出增长的态势，但贸易逆差不断扩大，2016年美国的货物贸易逆差达到0.8万亿美元，2018年更是创历史新高，达到8 913万美元。2019年美国货物贸易出口额达1.64万亿美元，进口额为2.56万亿美元，见图3-2。

(万亿美元，2010年不变价)　　　　　　　　　　　　　(%)

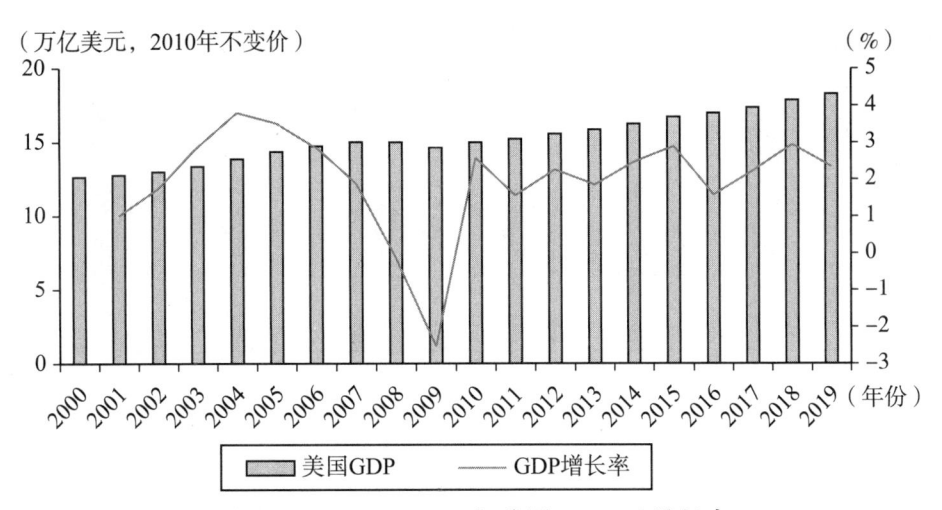

**图 3-1　2000~2019 年美国 GDP 及增长率**

资料来源：世界银行数据库。

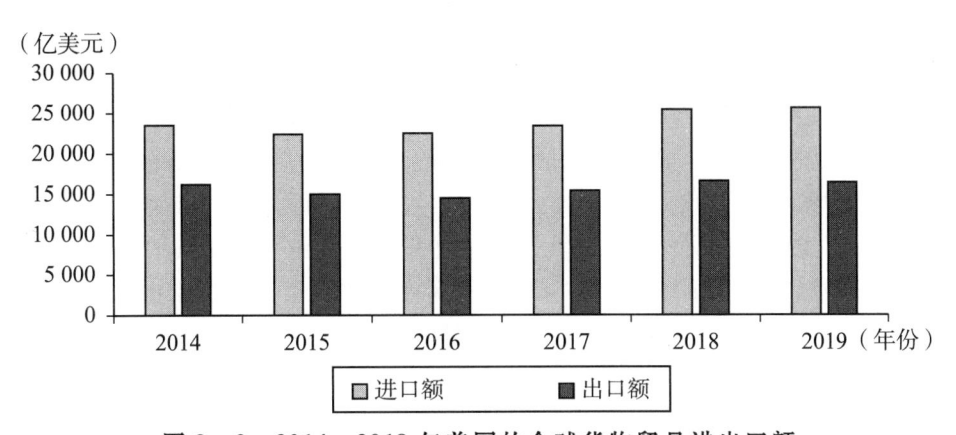

(亿美元)

**图 3-2　2014~2019 年美国的全球货物贸易进出口额**

资料来源：https://comtrade.un.org/data.

与货物贸易相反，美国服务贸易呈顺差趋势。如图 3-3 所示，美国 2015 年服务贸易出口额为 7 270 亿美元，进口额 4 797 亿美元，贸易顺差 2 473 亿美元。2018 年美国服务贸易的顺差额比 2017 年增加约 150 亿美元，达到 2 702 亿美元。2019 年美国服务贸易总额达到 14 442.01 亿美元，同比增长 3.6%，服务贸易顺差 2 492.29 亿美元（见图 3-3）。

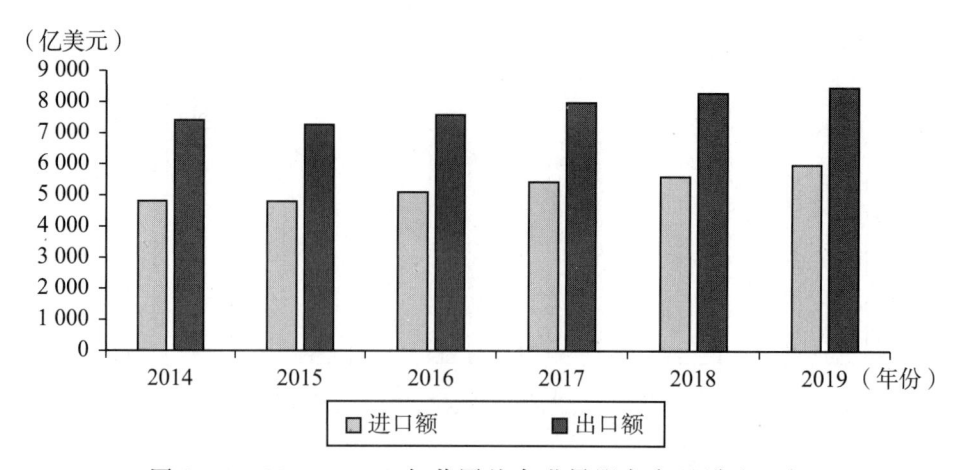

图 3-3 2014~2019 年美国从全世界服务贸易进出口额

资料来源：https://comtrade.un.org/data.

## 二、国际秩序观及安全战略变化的背景

2008 年金融危机的爆发已经暴露了美国经济发展模式存在缺陷。美国应该回归出口导向的经济，而不是以消费为基础的经济，必须更多地依靠实体经济生产而不是虚拟经济的无限扩张和投机。美国经济战略的这种转变是对世界发出的警告，将对主要贸易伙伴产生重大影响，如果美国不再容忍持续的经常账户赤字，那么中国、德国和日本就很难维持长久的巨额盈余。这些国家也就很难再凭借大量的出口来维持经济的持续增长，就需要扩大国内消费，寻求拉动经济增长的其他途径。

全球治理是全球化的必然结果，也是国际体系转型的重要组成部分。经济全球化深入发展，客观上要求在全球范围进行跨国家的经济协调和监控。然而，经济全球化的无序与全球经济调节的弱势并存，使世界经济长期处于失衡、不公平的巨大风险之中。国际金融危机就是这一深层次矛盾的集中表现。国际金融危机以后，全球化和全球治理进入一个新时期。改革全球经济治理机制，加强国际经济协调，成为发达国家和发展中国家的共同议题。

新兴大国既是全球化进程的重要参与者，又是国际体系权力转移的主要方向。在发达国家经济陷入低迷状态，难以提供全球治理公共品的背景下，新兴大国承担越来越多的责任，发挥越来越大的作用，将成为全球治理的发展趋势之一。目前，金砖五国对全球的经济贡献率接近一半。预计到 2030 年，金砖五国的经济总量将与西方七国相当，双方在全球治理体系中的地位也将达到相对均衡。因此，新兴大国在全球治理中的地位和作用不断上升，符合世界的发展趋势。

联合国体系、G20、金砖国家、区域机制是当前全球治理的四个层面，其中联合国体系正在从传统的国际治理体系向全球治理体系转变，这个转型过程十分艰难。G20作为全球治理的另一主体地位越来越凸显出来，但是其机制化过程几乎没有进展。金砖国家是在2008年金融危机后形成的新兴大国集群，直接成为这一轮全球治理机制变革的主要参与者。作为"后金融危机时代"国际战略格局中的两大"集群"，西方发达国家与新兴发展中国家之间，正围绕全球经济治理展开博弈。在G20之中出现金砖五国峰会和G7峰会并存的"大峰会前的小峰会"，形成了两大集群并存的新现象。

然而，这种权力转移过程在全球治理的不同领域表现出不平衡的特点。新兴大国在全球经济治理领域表现出某种后发优势，已经开始在全球治理中发挥作用，其虽然在全球安全治理领域仍未占据上风，但在一定程度上对"西方干预治理"具有制衡作用。在全球气候治理等新领域，由于发达国家的立场后退，新兴国家的角色正在从"被治理者"向治理者转变。"全球治理"不等于"西方治理"正在成为国际社会的共识。

## 三、奥巴马时期国际秩序观与策略：在国内重建力量来源，在全球重塑国际秩序

美国国家安全战略的重心在于重振美国在全球的领导地位，有效地维护美国的利益。整体来看，美国安全战略将从两方面入手：在国内大力发展经济，增强军事力量；在国际上重塑国际秩序，应对全球挑战。

### （一）美国"再工业化"战略

由于美国经济长期实施"去工业化"，使得众多企业把产品的制造加工环节转移至国外，工业在整个国民经济中所占的比重逐渐下降，服务业比重逐渐上升，经济结构出现"软化"现象。2008年金融危机的爆发使得金融信贷支撑的高消费模式的弊端显现出来。为了度过金融危机，重振美国制造业，让实体经济回归，奥巴马政府决定实施"再工业化"战略，去产业空心化，以期让美国经济复苏。美国此次实施的"再工业化"战略试图增强其高端制造业在国际上的优势，重振实体经济，保持与他国差异化的发展路径，掀起一场全球性的产业革命。[①] 美国政府为实施"再工业化"战略，制定出台了一系列政策措施。具体可

---

① 刘建江，蒋丽霞，唐志良. 美元霸权基础的动摇与美国应对战略探析［J］. 国际展望，2016（3）：107－125.

分为以下几部分：

**1. 重视投资基础科研，大力支持新兴产业创新**

2009 年 2 月美国政府签署《2009 年美国复苏与再投资法案》，除激励各行各业的投资外，重点支持能再创美国制造业辉煌的新工业领域，如新材料、新能源、信息技术、航空航天、生物医药等重点行业，对这些新兴产业的投资超过了 1 000 亿美元。此外美国国会还对通信科学、公共卫生、清洁能源这三个领域进行立法支持。

**2. 颁布实施多项政策法规，提高制造业生产效率**

美国政府在"再工业化"战略实施期间，颁布了多项政策法规，如《重振美国制造业框架》《国情咨文》《在美国制造》《先进制造伙伴计划》《制造创新国家网络》《促进联邦制造业法案》等，这些法律促进了对基础设施的投资，降低了生产资料和人员流动的成本，还为工人提供了多种免费的培训机会，以提高制造业生产效率。此外，美国政府还设立了相应机构以保证这些法律的有效执行，如 2011 年 6 月美国成立的先进制造项目办公室（AMNPO），主要负责执行先进制造伙伴计划（AMP 计划），该计划的目的是增强美国技术创新，鼓励信息共享，促进产业研发的投资机会。

"再工业化"战略实施后，虽然美国的制造业增加值没有显著增加，但已出现大型制造企业回流之势。近年来随着海外劳动力成本不断攀升，全球供应链越来越长，运输费用不断增加，很多美国企业计划把原来位于海外的生产工厂搬回美国本土，如汽车巨头福特公司、工程机械制造商卡特彼勒、著名的消费品巨头佳顿等，都已考虑为制造业回流采取措施。不过目前来看，一些大型制造业企业只是把总部和处于全球价值链高端的研发中心留在美国本土，处于价值链低端的劳动密集型生产基地仍留在海外，短期内美国制造业的回流并不能完成，制造业回归是否对美国经济产生了良好效果还不能确定。

## （二）美国能源战略的调整

2008 年金融危机以后，奥巴马政府为了带领美国经济走出低谷，寻找新的经济增长点，增加就业，提出了"绿色经济"的概念，推出了总额约 8 000 亿美元的经济刺激方案，该方案中涉及清洁能源发展的减税政策金额高达 1 000 亿美元，因此也被称为"绿色经济复兴计划"，同时为顺应未来全球经济低碳发展趋势，发起了史无前例的清洁能源复苏战略，奥巴马政府希望美国能走在新能源技术的前列，成为最大的清洁能源技术出口国，也为美国的经济繁荣奠定更雄厚的技术优势，抢占 21 世纪全球科技发展的先机。

"绿色经济复兴计划"提出，2025 年美国由风能、太阳能等可再生能源产生的电力要占到电力总量的 1/4。该计划也提出要借助政府奖励、补贴、税收、工人培训等多种措施，帮助工业进行绿色转型。为支持传统能源产业积极研发降低资源消耗、防治污染的新方法和新工艺，政府设立了"总统绿色化学挑战奖"，还出台了"绿色就业与培训计划"，大力提倡"绿领"概念。美国每年从就业培训基金中拿出 1.5 亿美元，重点资助能源效率较高和新能源产业的工作岗位，每年培训 3 万名工人进入"绿色经济"行业。[①] 此外，美国各州政府规定优先购买使用再生材料制作的产品，实施多项措施促进绿色经济的发展。

奥巴马政府还颁布了《美国清洁能源安全法案》和《美国复苏和再投资法案》等，这些法案涵盖了节能减排、增加对新能源的研发、大力开发智能电网等方面，试图应对气候变化，减少对石油等传统能源的依赖，转而积极支持新能源产业的发展，最终实现能源战略转移。

2013 年，奥巴马政府为阻止全球气候变暖，降低温室气体排放，制定了由美国环保署主要负责的"气候行动计划"，该计划包括"清洁电力计划"和"清洁水法"。"清洁电力计划"旨在限制化石能源，发展低碳的新能源，控制化工厂的废气排放，由于大部分煤炭发电厂的废气排放量达不到其要求，导致大批工厂倒闭、工人失业。而由美国环保署和陆军工程兵团共同拟定的"清洁水法"法案，保护了美国的湿地资源和水资源，限制了油田钻井和铺设管道等可能导致其受污染的活动。

### （三）实施弱势美元配合制造业复苏

制造业对国际市场的依赖性越来越大，很大一部分产品是用来出口的，而且对国外零部件和原料的需求也越来越大，这些因素叠加在一起，使得美国制造业对美元汇率变动越来越敏感。例如，1997～1998 年美元的大幅升值使得美国制造业的利润明显下降，一些制造业企业不得不缩小厂房面积、减少设备投资。

美元升值主要是通过两个途径影响美国的制造业：一是美元升值推高了美国商品在国际市场上的价格，对国外消费者的吸引力下降，影响美国的商品出口。二是美元升值能够扰乱国内市场，给已经进入国内的外国企业带来价格上的竞争优势，外国企业可以用更低的价格占领美国的国内消费市场。戈尔德伯格和克罗克科（Linda S. Goldberg and Keith Crockett，1998）对美国 1970 年以来的数据进行经验分析发现，美元升值能够显著降低制造业的利润，并且抑制制造业领域的投资。具体的影响在不同的行业中会有差别，主要取决于行业的外向程度以及利

---

[①] 邹乐雅，曾维华，时京京，王文懿. 美国绿色经济转型的驱动因素及相关环保措施研究 [J]. 生态经济，2013（2）：153 - 157.

润来源结构等因素。不过该研究并没有发现制造业通过减少雇用工人来抵消汇率变动的消极影响。但美元升值确实对制造业工资增长产生了抑制作用,并且扰乱了一些行业的正常发展。美国将继续实施弱势美元政策以便配合制造业复苏,提升全球竞争力。

### (四) 实施出口倍增计划

国际金融危机后,奥巴马政府为提振经济,在国情咨文中提出要大力促进美国产品出口。2010 年美国宣布实施"国家出口倡议"(即"出口倍增计划"),成立"总统出口委员会",设立"出口促进内阁",签署了《美国制造业促进法案》。出口倍增计划的目标是美国的出口规模要在五年后翻一番,即出口额从 2010 年的 1.57 万亿美元增加到 2014 年的 3.14 万亿美元,年平均增长率约为 15%。[①] 2012 年美国又大力推行"金钥匙"计划,积极与各国签订自由贸易协定,使各国开放市场,拓展美国产品的销售市场,把美国的产品和服务带到全球各地。

2009 年受金融危机影响,美国出口额急速下降,2010 年实施"出口倍增计划"后,出口额大幅增加至 1.85 万亿美元,2010 年和 2011 年的出口额增长率分别为 17.10% 和 14.74%。但 2012 年至 2014 年出口总额增长较慢,增长率分别为 4.31%、3.36% 和 3.37%。2014 年,美国出口额为 2.37 万亿美元,对外贸易逆差额达 5 000 亿美元,并没有实现"出口倍增计划"的预期目标。不过总体而言,2010 年实施"出口倍增计划"后的五年时间,美国出口总额年平均增长率为 5.09%,高于该计划实施的前五年(即 2005 年至 2009 年)年均增长率 4.24%。在"出口倍增计划"结束后,美国政府没有提出接续"出口倍增计划"的其他促进出口相关政策,而且美联储结束了量化宽松货币政策,美元略有升值,在一定程度上削弱了美国产品的国际竞争力,2015 年和 2016 年出口额持续下降,增长率为负数,2016 年的出口额又回到了 2011 年的水平,美国出口依然面临严峻挑战。

### (五) 大力改造现有国际机制,创立新的合作机制

**1. 力图改革联合国,使其更加符合美国利益**

近年来,特朗普政府加大力度要求联合国改革,提升与联合国及其附属机构的合作关系,以实现和平、安全,提升国际合作和保障人权。美国以不补交联合国会费为威胁,迫使其加大改革力度,强化与联合国其他常任理事国之间的伙伴

---

① 华迎,张莉. 美国"出口倍增计划"的绩效评估及中国对策 [J]. 国际贸易,2014 (9): 25 - 28.

关系，确保对和平和安全问题采取及时、有效和可信的一致行动。主张对安理会进行改革，提升联合国的整体性能，增加其可靠性和合法性。提升联合国在国际社会服务、维和、人道主义援助、灾后恢复重建、开发援助、人权保障方面的有效性。支持联合国在防止大规模杀伤性武器扩散、传染性疾病传播、毒品走私和反恐领域发挥重要作用。

**2. 将 20 国集团会议作为重要的国际合作机制**

G20 机制的存在，使国际秩序由传统的大国之间的合作，转向大国之间与新兴经济体之间的合作。G20 占据全球 80% 以上的 GDP，成为国际舞台上有影响力的合作平台。

为了避免国内和全球再次发生金融危机，美国将 20 国集团作为首要的国际经济合作论坛，在 G20 体制内，推动全球经济再平衡，以便使美国出口更多产品，新型经济体大幅度提高国内消费。通过 G20 推动全球经济可持续且平衡增长、财政金融改革、全球经济发展和促进能源安全。通过 G20 促使 IMF 管理机制改革，给予新兴经济体更多的代表权，使新兴经济体投入更多的与权利相匹配的资金。①

**（六）积极推行"亚太再平衡战略"，重塑亚太秩序**

奥巴马政府推行的"亚太再平衡战略"事实上沿用了美国长期以来构建安全共同体的形式，通过盟友、伙伴关系以对抗外部威胁，从而扩大地区政治影响力。奥巴马政府自 2010 年以来一直推行的"亚太再平衡战略"，重点关注美国在亚太地区的战略利益，而以印度与巴基斯坦为主的南亚地区却是该战略的盲点。作为对"亚太再平衡战略"的补充或者升级，2010 年希拉里明确提出应将太平洋与印度洋作为一个统一可操作的区域，并扩大美国在该区域的政治军事影响力。自希拉里之后，美国国务卿约翰·克里三次访印，其强化美印双边关系的意图显而易见。"亚太再平衡战略"已经将中国列为美国最具潜力的对手，而印度作为美国牵制中国的重要潜在伙伴，被奥巴马政府逐渐视为"准盟友"。2015 年 2 月奥巴马应邀参加了印度共和国日的庆典，这成为美印关系"里程碑"式的标志。2016 年两国《后勤保障协议》的签署更是达成了双方在军事基地、武器销售、情报共享等方面的共识。

---

① United States. National Security Strategy, the White House, Washington, May 2010: 33.

## 四、特朗普政府的国际秩序观及未来趋势

面对全球化多极化发展,世界各国间的关系的实质正走向"利益共同体"。在时代潮流中,各国关系的内涵和性质已不再是过去的零和博弈模式,而是合作与竞争并存、机遇与挑战共生的"竞合关系"。2012年在中美战略与经济对话期间,中国提出构建中美"新型大国关系",这一相互尊重、互利共赢的理念迅速得到全球广泛认可,成为当今国际关系的典范。从冷战对抗到如今合作共赢理念的出现,国际关系发生了根本性的转变,其原因在于经济全球化大背景下,各经济体之间已经成为你中有我、我中有你、一荣俱荣、一损俱损的"复杂"整体,不再具备孤立性和对抗性的特征。具体看来,这种整体变化由以下5个因素导致:

一是面临挑战的全球性。事实已经证明,应对金融危机、解决气候问题、打击恐怖主义、防范各类疫情等公共安全挑战已经超越了国与国的分界,任何一个国家、一个地区都不可能"独善其身",相互依存、休戚与共、协调应对、同舟共济才是最佳解决路径。可以说,全球性挑战拉近和加深了大国间的合作关系,一定程度上削减了"竞争对抗"的色彩。

二是竞争性增加。随着深入发展和挑战出现,世界各国间的共同利益不断增多并放大,相互依存度随之增加。和平与发展正成为竞争的主旋律,军事竞争和对抗的可能性也在增加。

三是集团对抗不复存在。不同于冷战时期的两大阵营对抗,当今世界主要区域合作组织均以经贸发展为根基,竞争已不再是过去的"敌友"之争。举例来说,发达经济体合作集团的代表G7与新兴经济体合作集团的代表"金砖国家"间关系不是对抗的,而属于"竞合关系",同时两个集团内的部分成员国间也保持着良好的合作关系。

四是军事对抗代价过于沉重。科技的发展和武器装备的精良化,使得各个国家对军事冲突非常敏感,同时核武器的巨大威慑作用更减少了激烈对抗的可能性。

五是历史教训引人深省。人类社会在20世纪经历了多场巨大的动荡。第一次世界大战、第二次世界大战的爆发令全世界陷入战火泥潭,冷战将世界完全割裂,重创了世界的发展和人类的进步。随着第二次世界大战后各种国际规则的日趋完善,对抗产生的代价是各国难以承担的。

历史经验也告诉我们,寻求霸权不会成功,唯有发展和合作才是长久之道,才能造福国家和人民。世界越来越呈现出"人类命运共同体"的特征,国家之间

错综复杂的关系中总存在着共同利益，求同存异、和平发展、和谐共处符合任何一个历史时期不同国家、不同地区、不同文明、不同制度发展的需要。

### （一）特朗普政府的国际经济秩序观

长期以来，美国一直推动并主导着经济全球化，是多边贸易体制的维护者。但在 2008 年国际金融危机爆发后，美国认为全球化背景下的产业分工使得就业机会流失海外，新兴经济体从而迅速崛起，于是美国开始放弃多边贸易体制，转而寻求区域主义，《跨太平洋伙伴关系协定》（TPP）、《跨大西洋贸易与投资协定》（TTIP）等区域贸易协定相继出现。

特朗普上台之后，美国的贸易政策从区域主义转向双边主义、孤立主义，特朗普的经济政策和外交思想受到经济民粹主义影响，一切以美国利益为重。他认为，在区域贸易协定中，美国做出了很大让步，不利于美国减少贸易赤字，实现贸易平衡。特朗普要求对美国有巨大贸易逆差的国家承担平衡贸易的责任，他提倡买美国货，雇美国人，增加美国产品出口以促进美国劳动者就业，坚持贸易保护主义，并曾明确表示不会遵从过去几十年间美国的基本经济政策。特朗普宣布退出 TPP，并对《北美自由贸易协定》和 TTIP 重新谈判，未来也有可能对已经达成的双边自由贸易区协定进行重新谈判。特朗普认为 WTO 是个低效率的国际官僚主义机构，对美国利益抱有偏见，并在与其他国家处理贸易争端时会绕过 WTO 争端解决机制。

此外，2017 年 8 月，美国贸易代表办公室正式对中国展开了主要针对与技术转让、知识产权有关法律政策的调查。自 2018 年特朗普正式签署命令，对美国进口的所有钢铁和铝分别征收 25% 和 10% 的关税起，特朗普政府发起了对中国的贸易战争。中国在面对美方实施加征关税的情况下，也及时采取了必要的反制措施。2019 年 7 月，中美经贸团队按照两国元首大阪会晤共识要求重启经贸磋商，2020 年中美签署了第一阶段贸易协议。由此可以看出，特朗普政府推行的贸易政策极具保护主义色彩且试图遏制新兴国家经济增长势头，企图维护美国经济霸主地位。

### （二）特朗普政府的国际经济秩序观对全球经济一体化的影响

特朗普的经济政策会增加美国财政赤字、扩大投资需求、提高利率水平，引起国际资本流向逆转，提高全球的融资成本，使全球融资成本进入上升周期。2008 年金融危机以后，一些发达国家和地区采取了宽松货币政策，如日本和欧盟的短期利率在零附近。鉴于新兴经济体发展受益于较低的融资成本，融资成本上升对新兴经济体提出了严峻挑战。①

美国实行的贸易保护主义也会对其他国家带来潜在的政治影响，影响其他国家的政策选择。之前美国作为世界上最大的经济体，一直领导着第二次世界大战后自由主义世界秩序，对国际事务抱有极大兴趣，现在却要抛弃之前的做法，背弃全球化，不再支持第二次世界大战后的秩序，转而专注于国内利益，势必会影响现在的世界经济秩序，甚至可能会逆转全球化进程。一些欧洲政治家认为，特朗普在美国总统大选中取得胜利说明美国社会越来越赞同反全球化的经济政策。如果特朗普否定自由贸易，执意实施贸易保护主义政策，不认可WTO、联合国等权威国际机构，那么其他国家很有可能效仿特朗普的做法。美国的政策决定会在全球范围内引发连锁反应。

特朗普反全球化的贸易政策也可能使多边贸易体制陷入瘫痪，预计将来很难在WTO多边贸易舞台上制定新的贸易规则，多边贸易体制可能会形同虚设。目前全球区域经济一体化正处于一个十字路口，美国的立场及其他大国的战略选择将决定全球化走向何方。②

特朗普政府的国际秩序观也给全球治理体系带来了重大挑战。他基于逆全球化的立场，拒绝为全球社会治理提供公共产品，如美国于2017年6月退出应对全球气候变化的《巴黎协定》，不再愿意为保护环境而损失美国经济利益。美国放弃引领全球化的责任后，会极大地提高其他国家引领全球化的成本，有可能使全球治理体系出现混乱。③

## （三）美国能源战略的调整及与绿色经济相关的技术创新政策

特朗普上任后，美国的能源战略又一次发生转变。特朗普推出了《美国优先能源计划》，提出要重振煤炭工业等传统化石能源行业，支持石油、天然气等的开采，尤其是页岩资源，从达到能源自给自足的目标。特朗普签署了《推动能源独立和经济增长的总统行政命令》，削减了很多与气候变化相关的政策和科研项目资金预算。特朗普全盘否定前任总统奥巴马的应对气候变化政策。他坚信全球变暖的主要原因不是温室气体，他重用反气候变化官员，④ 让美国退出联合国公约《巴黎协定》，他反对奥巴马提出的《气候行动计划》和《清洁水法》，这两

---

①③ 李向阳.特朗普经济政策评估［J］.国际经济评论，2017（4）：56-65.
② 张晓通.特朗普经济外交思想与实践：重返经济民族主义［J］.边界与海洋研究，2017（4）：80-90.
④ 张永香，巢清尘，郑秋红，黄磊.美国退出《巴黎协定》对全球气候治理的影响［J］.气候变化研究进展，2017（6）：407-414.

个环保法案及相关政策限制了美国大批的传统能源产业,而这些传统能源产业吸纳劳动力较多。据有关部门估计,废除这些环保法案能在未来7年给工人增加约300亿美元的收入。

2017年4月特朗普签署了《美国第一海上能源战略》的行政命令,要求重新审核几十个环境保护区,废除过去保护区内土地不允许开发油气的禁令,并且指示美国内政部重新审查近5年新的石油租赁许可流程,力图使美国海上钻井工程扩大到大西洋的中部与南部、北极部分海域、墨西哥湾的中部与西部等区域。

与前任总统奥巴马的能源战略和政策相比,特朗普更注重发展传统能源以增加就业,进而促使经济复兴。他追求具有"能源民族主义"特色的新能源战略,不顾气候环保,优先考虑经济与就业的能源战略,力图将本国能源资源变现,着手解决眼前的问题,体现出功利主义和实用主义[①];奥巴马政府优先考虑保护环境和不可再生资源、兼顾经济与就业,实行低碳绿色经济发展模式,体现出包容性和长远性发展理念。

长期以来,美国的工业发展严重依赖石油等化石能源,是原油进口大国,国际能源价格的频繁波动时常冲击美国经济发展。然而在20世纪90年代末,美国的页岩气开采技术取得了重大进展,近年来随着管道铺设日益完善,生产技术不断提高,使得页岩气的开采成本仅略高于天然气,也让美国成为目前世界上唯一对页岩气实现规模化、商业化开采的国家。美国"页岩气革命"的实施有效地增强了其能源消费自给自足的能力,提高了美国经济应对能源价格变动的能力,也为工业经济的顺利发展创造了良好的能源环境,使美国向能源独立迈出了重要一步。

根据美国能源信息协会(EIA)发布的《2018年度能源展望报告》,美国可开采的页岩资源储藏量十分丰富,排名世界前列。其中页岩气储量为665万亿立方英尺,占世界总量的9.10%,排名在中国、阿根廷和阿尔及利亚之后,位居世界第四位;页岩油储量约为580亿桶,占世界总量的16.80%,排名在俄罗斯之后,位居世界第二位。近年来,美国天然气总产量在不断增加,2000年产量约为19万亿立方英尺,2016年产量约为27万亿立方英尺,预计2040年产量将增加到38万亿立方英尺。与此同时,页岩气产量占天然气总产量的比重也在逐渐升高。2000年页岩气所占比重约为1/50,2008年之后页岩气所占比重迅速增加,2016年为1/2,2040年预计将扩大到2/3。[②] 从页岩气产量来看,1995年页岩气产量为0.14万亿立方英尺,2016年已达到14万亿立方英尺,2025年和2035年

---

① 程春华. 特朗普海上能源战略转型挑战重重[N]. 中国石油报,2017 (5):9.
② 丁平. 美国再工业化的动因、成效及对中国的影响[J]. 国际经济合作,2014 (4):21-28.

预计产量分别为 21 万亿立方英尺和 26 万亿立方英尺，年均增长率约为 2.1%。

### （四）美国国内债务危机发展演变及未来趋势和影响

从图 3-4 中可以看到，自 2008 年金融危机爆发后，美国联邦公共债务占国内生产总值的比重就不断攀升，后续五年的比重已接近 100%。联邦政府的财政赤字也迅速上升，2009 年、2010 年的财政赤字分别为 1.40 万亿美元和 1.29 万亿美元。使得美国经济遭受打击。为解决流动性不足问题，弥补巨额的财政赤字，美国政府迫于无奈大量增发货币，使得美国国债总额接连创新高。同时美联储又实施量化宽松政策，更加速了美元的贬值，进而导致全球性的通货膨胀。[①] 2018 年美国政府的财政赤字为 0.8 万亿美元，2019 年超过 1 万亿美元。

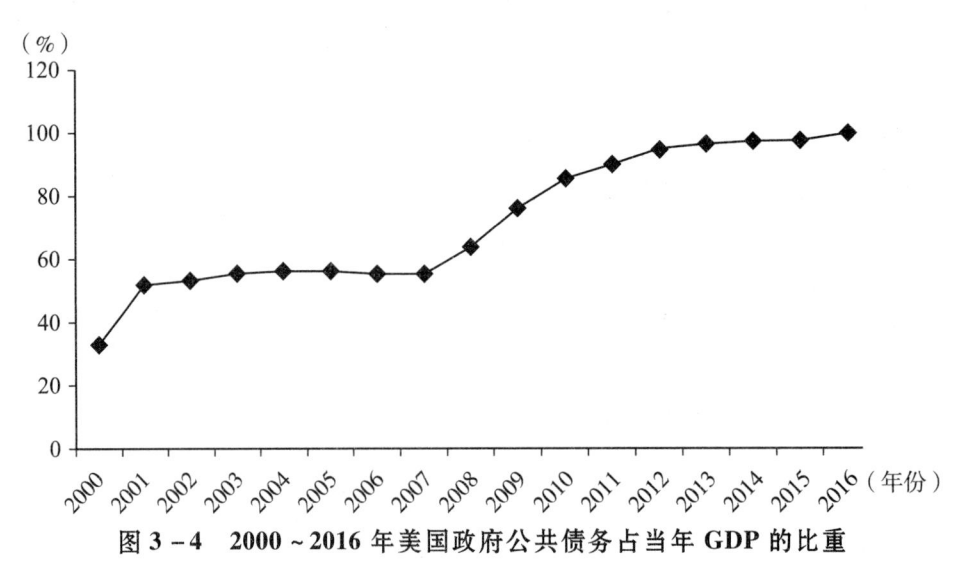

**图 3-4　2000~2016 年美国政府公共债务占当年 GDP 的比重**

资料来源：https://data.worldbank.org。

美国较高的债务规模也影响着经济复苏。2011 年国际信用评级机构标准普尔把美国的政府债务前景展望降低为"负面"，并把美国长期主权信用评级从"AAA"下调至"AA+"。[②] 评级下调推高了美国国债收益率，将使美国每年的财政支出增加约 1 000 亿美元，这会消耗政府每年绝大部分的财政收入增长。2013 年 10 月，由于政府债务危机，美国联邦政府关门停摆，造成了极大的破坏性影响。标准普尔的研究报告显示，联邦政府关门停摆，至少造成了 240 亿美元的经济损失，使得美国原本脆弱的财政体系更是不堪重负。政府关门造成的不确

---

[①] 申剑. 美国主权债务危机原因及其影响分析 [J]. 经济研究导刊，2014 (10)：240-243.
[②] 王艳. 美国债务危机的演进、影响及前景展望 [J]. 国际经济合作，2011 (10)：83-88.

定性也使投资者启动新项目时持观望态度，使消费者增加储蓄减少消费，不利于美国经济的复苏。①

2014~2016年美国政府仍入不敷出，2016年和2017年每季度政府支出都比收入高出约8 500亿美元。特朗普上台后，在2017年上半年公布了庞大的税改方案，推动"属地制"征税原则，试图降低企业所得税和个人所得税。根据美国联邦预算委员会估算，特朗普政府的税改方案会在未来十年减税共5.5万亿美元。减税措施虽然有助于美国经济增长，但会使美国的高赤字和高负债问题更严重，债务危机加剧。目前，美国联邦政府债务规模增至约19.9万亿美元，人均负担债务为6万美元。若执行了新税改方案，2027年美国联邦政府债务占GDP的比重将上升至111%。预计到2035年，联邦债务占GDP的比重将为180%，整个财政体系处于危险边缘。

### （五）美元霸权主导地位及面临的主要挑战

长期以来，美元在国际金融领域一直享有霸主地位，反映了美国强大的经济实力和综合国力。第二次世界大战后的布雷顿森林体系确定了美元的霸主地位。布雷顿森林体系解体后，虽然进入浮动汇率时代，但全球货币仍以美元为中心，美元霸权进一步得到强化。②

美元的霸主地位体现在其国际化程度较高，流通使用范围广泛。通过考察美元在外汇储备总额和外汇交易市场中所拥有的份额，可以分析美元国际化程度的变化。③

一种货币在外汇储备中所占的份额反映了该种货币的价值储备职能。国际货币基金组织公布的数据显示，自2001年至2016年，在全球可辨明币种的外汇储备中，美元所占份额始终居第一位，但2008~2013年，美元所占份额持续下降，2014年后略有上升，2016年为65.3%，又回到了21世纪初的水平。

2008年由次贷危机引起的金融危机打击了美国经济，随着一大批新兴经济体的迅速崛起，全球经济治理秩序进入新阶段。美元的自身运行机制和运行基础发生变化，其霸主地位面临着巨大挑战。

**1. 美元霸权的物质基础被削弱**

美国强大的经济实力是美元霸权的物质基础，而制造业在经济领域内具有举足轻重的作用。如前文所述，随着全球化的不断加深，2008年金融危机爆发前

---

① 徐崇温. 美国联邦和地方政府债务危机[J]. 中国延安干部学院学报, 2015 (1): 109-119.

② 刘建江, 蒋丽霞, 唐志良. 美元霸权基础的动摇与美国应对战略探析[J]. 国际展望, 2016 (3): 107-125.

③ 李巍. 美元的霸权与人民币的未来[J]. 现代国际关系, 2016 (9): 1-11.

美国不断调整产业结构，形成"去工业化"和"产业空心化"的趋势，制造业尤其是高端制造业在国内生产总值中的比重不断下降，服务经济和虚拟经济发展很快。金融危机的爆发使这种债务支撑型的高消费低储蓄增长模式的弊端暴露出来。尽管奥巴马政府实施了"再工业化战略"想扭转制造业外流的趋势，但也没有使实体经济的恢复达到预期效果。这使得美元的经济基础松动，霸主地位不再稳定。

**2. 美元霸权的信用基础弱化**

美国强大的综合国力使美元拥有了强大的信用基础并为全世界认可，美元作为世界货币需要承担国际责任。但是2008年金融危机后为抑制房地产泡沫破灭对经济的负面影响，美国政府采取了损人利己的货币政策，不考虑对其他国家经济造成的冲击，接连实施了四轮量化宽松货币政策。第一轮量化宽松货币政策的目标是稳定美国金融体系，其他国家可以理解，但从第二轮开始至第四轮结束，其目标已变为通过降低长期利率刺激实体经济，推动股票市场繁荣，希望由股市的正财富效应抵消房地产泡沫破灭的负财富效应。由于美元在世界各地的广泛流通，其他国家的经济也受到了美国货币政策的影响。2013年下半年之后美国经济复苏，美联储缩小量化宽松规模，美元开始走强。受量化宽松政策影响，2015年美元与2014年的低点相比升值了26%以上。美元升值引发全球金融市场和大宗商品市场的剧烈动荡，各国的经济都受到了不同程度的负面影响，新兴市场经济国家的货币更是受到了美元强势升值的挑战。2015年底在全球经济依旧疲软的情况下，美联储却让美国经济进入加息周期，提高联邦基准利率，进而造成全球流动性泛滥，给新兴市场经济国家带来输入性通货膨胀，其他国家货币被迫升值，大量热钱流入，产品出口成本上升，对各国经济造成了不利影响。美国政府在应对金融危机时实施的这种损人利己的货币政策，损害了美国的国家信用基础，降低了别国对美元的信任，削弱了美元霸权地位。

此外，著名的国际三大信用评级机构标准普尔、穆迪、惠誉实际上由美国操控，美国通过这些机构操控全球金融资本市场评级，很多国家怀疑这些评级机构并没有尽职尽责，评价流程并不严谨和透明，评估结果也不公正，因此不断呼吁改革国际评级体系。在全球经济越来越注重信用评级的背景下，现有的国际信用评级体系已不能承担国际信用评级的任务，无法满足各国信用经济发展的需求，迫切需要成立新的公正客观的国际化评级机构。2014年底，一个新型国际评级组织世界信用评级集团成立，该集团由中国、美国和俄罗斯的三家独立评级机构发起成立。在目前各国希望建设独立的国际信用评级体系、推进国际评级体系改革的背景下，这类非主权性质的国际信用评级体系的成立，挑战了以传统国际信用评级体系为基础的美元霸权。

**3. 新兴经济体的崛起和 IMF、世界银行集团等全球治理体系的改革**

在全球经济治理秩序中，虽然国际货币基金组织（IMF）和世界银行集团（WB）维持着国际经济秩序的正常运转，但其长期以来被以美国为首的发达国家及相关利益集团所控制，执行着严重不对称的规则标准，确立并维护着美元霸主地位，是不够公平和中立的国际组织。随着金融危机后美国综合实力下降，其他新兴市场经济国家的群体性崛起，改革国际货币体系的呼声越来越强烈。新兴国家希望推进 IMF 份额改革，增加发展中国家的份额，减少美国等发达国家的份额。

近十几年来，新兴经济体群体性崛起，必然会积极主动地参与全球经济治理，希望在国际事务中有更多的话语权，促进世界多极化发展。金砖五国的人口量占全世界人口的 42%，经济总量占全球的 21%，金砖国家内部的经济贸易往来占全球的 17%，金砖国家在世界舞台上发挥着越来越重要的作用。不过金砖国家及其他发展中国家在发展阶段需要大量资金支持，如仅基础设施建设每年就有 1 万亿美元的资金需求，也需要资金应对突发的金融动荡。现有的 IMF 和世界银行在对发展中国家进行援助建设时都附带一些苛刻的附加条件，而且它们也不能满足巨大的资金需求。2015 年 7 月，金砖国家新开发银行（BRICS Development Bank）应运而生，总部设在中国上海，启动资金为 1 000 亿美元。金砖国家新开发银行的成立有利于打破原有的旧经济秩序，促进国际金融体系多元化发展。为配合"一带一路"倡议的实施，2015 年底亚洲基础设施投资银行（Asian Infrastructure Investment Bank）（以下简称"亚投行"）正式成立，旨在促进亚洲及周边区域经济增长。亚投行是首个由中国提议设立的多边金融机构，它资本充足、流动性高、灵活性强，业务运作不受巴塞尔协议监管。随后英国、德国、法国等主权评级较高的国家纷纷加入，提高了亚投行的信用评级和国际认可度，削弱了原有的以美元为核心的国际货币金融体系。①

虽然短期内美元的全球霸主地位不会遭遇明显挑战，世界贸易和金融体系也不会发生较大变化，但随着美国综合实力相对下降，美元霸权的物质基础和信用基础被削弱，再加上新兴经济体的崛起和 IMF、世界银行集团等全球治理体系的改革，美元霸主地位的相对下降是大势所趋。

总之，虽然美国具有得天独厚的自然资源、先进的科学管理技术、高质量的人力资本、良好的投资环境和雄厚的经济底蕴，在未来一段时间会继续领先于其他国家，但随着新兴市场国家的迅速崛起和世界政治经济力量多极化的发展，美国经济总量将会进一步相对下降，国内债务危机逐渐严重，美元在全球的地位将

---

① 刘建江，蒋丽霞，唐志良．美元霸权基础的动摇与美国应对战略探析［J］．国际展望，2016（3）：107 - 125．

不如从前,美国在国际舞台上发挥的作用也会被逐渐削弱。

### (六)"亚太再平衡战略"升级成为"印太战略"

与奥巴马政府的"亚太再平衡战略"不同,特朗普政府认为单单依靠盟友日本的力量已不足以稳定亚太格局,必须拉拢印度这个"搅局者"以稳定南亚。另外,"印太战略"很有可能会让美日印澳四边安全对话重启,以强化美国在"印太"地区的地位。特朗普政府还可以借用"印太战略"挤压中国的"一带一路"倡议。苏联解体后以社会主义意识形态为主体的阵营不复存在,而如今中国特色社会主义在全球发展良好,并从经济等方面向"一带一路"沿线国家辐射,这是美国所担忧及恐惧的。"印太战略"可以将"美式民主"的国家聚集成一个"价值联盟",来破坏中国的"好局"。最后,美国可以借助"印太战略"邀请印度参与到阿富汗重建事务中。这样一来,美国既可以通过"增加利益相关方"来示好印度,也可以利用印度分摊成本,减少军费支出以维护自身主导权。2019年6月,特朗普公开批评《美日安保条约》,实际上是要求日本支付更多美国驻军费用。同时,美国要求韩国支付美驻军费用从70%增长至150%。目前,美国与日本、韩国关于驻军费用问题尚未达成共识,但不可否认,以美国为首的盟国体系将会面临一系列挑战。

# 第四章

# 欧盟参与国际秩序重构与实现地区安全的战略及策略

欧盟现有27个成员国，其中，法国、意大利、德国、荷兰、卢森堡、比利时六国为创始成员国，它们于1958年正式结盟。随后，丹麦、英国和爱尔兰（1973年加入，英国于2020年1月31日正式脱欧）、希腊（1981年），西班牙和葡萄牙（1986年），奥地利、芬兰、瑞典（1995年）先后加入欧盟。2004年欧盟实现了有史以来最大规模的扩盟——匈牙利、波兰、捷克、斯洛伐克、斯洛文尼亚、马耳他、塞浦路斯、拉脱维亚、立陶宛和爱沙尼亚十个国家同时加入。2007年罗马尼亚和保加利亚加入欧盟。2011年，欧盟已经结束了与克罗地亚的入盟司法谈判，克罗地亚于2013年7月成为欧盟成员国；与此同时，欧盟委员会还将土耳其、北马其顿、黑山、阿尔巴尼亚、塞尔维亚五国列为欧盟候选国；与波斯尼亚和黑塞哥维那正式签署了《稳定与联系协议》。

从第二次世界大战后无力主导国际秩序重构到冷战后以欧洲观念积极参与国际秩序构建，半个多世纪以来欧盟战略发生了翻天覆地的变化。作为世界上最大、经济一体化程度最高的区域组织，随着欧盟经济一体化的不断深入，其政治一体化进程也开始慢慢推进——在联合国、G20峰会等多边或双边舞台上越来越多地"用同一个声音说话"，"有效多数制"的扩大同样有利于欧盟在共同防务领域的发展。在历经英国"脱欧"事件后，欧盟内部进一步加强团结——25个成员国（除拥有特殊"不参与立场"的丹麦、马耳他外所有欧盟成员国）签署了"永久结构性合作"（PESCO）联合防务协议（合作项目涵盖军事培训、网络安全、后勤支持、救灾和战略指挥等领域，并同意将欧盟卫勤指挥、军事行动、海洋监视以及网络安全作为首批合作项目),以共同发展欧洲军事能力,使其能够独立运作或与北约机制相协调。可见,随着扩盟和超国家主义趋势在整个决策体制中的强化,欧盟国家在未来的外交与安全政策领域也不可避免地会趋向统一。可以说,欧盟几乎已经在各个领域都实现了自身政策发展和行动能力的提高,而这种政策和行动能力对欧盟的对外国际关系造成了不可估量的影响。

## 第一节 第二次世界大战后期欧洲国际秩序观与安全战略及策略

### 一、欧洲利益的主要目标

这一阶段从 1945 年到 1952 年。第二次世界大战后英国工业一半陷入瘫痪,[①]西欧各国出口额减少至战前的一半。由于欧洲战败国无国际政治地位,而战胜国则元气大伤,无力主导国际秩序重建,因此在该阶段,欧洲只能被动接受美、苏所安排的国际秩序,转而将大部分精力放在战后重建和恢复经济上。

### 二、欧洲的国际经济秩序观及策略

#### (一)"马歇尔计划"与欧洲经济的分裂

由于战后欧洲大部分地区经济陷入困境,1947 年,英、法、意等 16 国在巴黎召开欧洲经济会议,向美国提出 4 年内 224 亿美元的援助要求。美国随后出台"马歇尔计划",16 个欧洲国家旋即宣布接受该计划。"马歇尔计划"推行期间,所有的受援国都同美国签订了多边和双边协定,并在减少贸易限制、降低关税和开放国内市场等方面做出较大让步。[②] "马歇尔计划"实施加速了欧洲经济恢复,欧洲国民生产总值从 1947 年的 1 196 亿美元增加到 1951 年的

---

[①] 高德步. 世界经济通史(下卷)[M]. 北京:高等教育出版社,2005:21 - 35.
[②] 高德步. 世界经济通史(下卷)[M]. 北京:高等教育出版社,2005:56 - 161.

1 590 亿美元，增长了 32%。① 仅西欧在 1949 年的工业产量就已超过战前水平。计划结束时，其国民生产总值增长幅度达到 25%，其中，工业生产上涨 35%，农业生产提升 10%。②

### （二）经济互助委员会与"莫洛托夫计划"

苏联针对"马歇尔计划"提出了"莫洛托夫计划"，并建立了以东方阵营一体化为目标的国际组织——经济互助委员会。该委员会的创始国包括苏联、波兰、捷克斯洛伐克、匈牙利、罗马尼亚和保加利亚，1950 年民主德国加入其中。

### （三）"舒曼计划"与西欧联合趋向

1950 年，法国外交部长舒曼提出了旨在建立欧洲煤钢共同体的"舒曼计划"——将德国煤钢生产置于法国和德国的共管框架下，并对所有国家开放，以使其成为通向欧洲联合的突破口。舒曼计划政治意义重大，该计划为消除法德间的一切争端创造了基石，并为此后的西欧联合开辟了新道路。

### （四）布雷顿森林体系及 IMF 和世界银行的成立

1944 年，在美国新罕布什尔州布雷顿森林召开了由 44 个国家参加的国际货币金融会议，确立了以美元为中心的国际货币体系。在欧洲的支持下，会议通过了《国际货币基金协定》和《国际复兴开发银行协定》，依据这两个协定，1945 年成立了国际货币基金组织（IMF）和国际复兴开发银行（世界银行前身）。

## 三、欧洲的国际政治秩序观及策略

### （一）东西方阵营的建立与欧洲整体的"万马齐喑"

苏联为巩固东方阵营，在 1943 年至 1949 年间共签署了 23 份有关政治、经济和军事方面的条约，于战后第一时间与自己势力范围之内的中东欧国家建立起

---

① ［美］保罗·肯尼迪. 大国的兴衰［M］. 王保存等译. 北京：求实出版社，1988：27-201.
② 刘绪贻，杨生茂. 战后美国史［M］. 北京：人民出版社，1989：137-238.

广泛的双边关系网络。① 整体上看,这一时期美国和苏联所主导的冷战体系得以建立,马歇尔计划对东、西欧的区别对待大大加深了欧洲内部的分裂,东、西欧各国只好选择一边倒的策略,被动接受两个超级大国所构建的战后国际政治秩序。

### (二) 美苏对立与联合国的瘫痪

第二次世界大战后很长一段时间,西欧国家在美国操纵下帮助其将联合国变成了美国的"表决机器",但由于苏联在安理会同样拥有否决权,所以联合国在这一时期发挥的作用并不大,处于半瘫痪状态。据统计,到1963年底,美国从未在联合国行使过否决权,而苏联行使该权利的次数却高达100次。②

## 四、欧洲的安全防务秩序观及策略

### (一)《布鲁塞尔条约》与西欧军事联合

1947年英、法两国为防止德国再次入侵而缔结《敦刻尔克条约》。以此为基础,1948年英、法、荷、比、卢五国签署《布鲁塞尔条约》,在欧洲建立了抵御武装入侵的自动相互援助体系,但条约并没有解决让美国支持并参与欧洲防务建设的问题。为此,欧洲转而开始构想一个面对整个北大西洋地区的互助防务组织。

### (二)《北大西洋公约》与美欧军事联合

1949年,美国、英国、法国、意大利、加拿大、比利时、卢森堡、荷兰、丹麦、冰岛、挪威以及葡萄牙十二国外交部长在华盛顿共同签署《北大西洋公约》,标志北大西洋公约组织(以下简称"北约")正式成立。其中,美国通过在北约掌握领导地位,加强了对西欧政治及军事的控制,并在欧洲大陆形成了遏制苏联的包围圈,这代表着以欧洲为重点的美国全球战略部署基本完成。1951年,西方联盟和北约对军事机构进行合并,再次实现了大西洋集团武装力量一体化。1952年,希腊和土耳其也加入其中。

---

① [法]法布里斯·拉哈. 欧洲一体化史 [M]. 彭姝祎,陈志瑞译. 北京:中国社会科学出版社,2005:26-31.
② 曹胜强. 现代国际关系史——世界体系的视阈 [M]. 北京:人民出版社,2011:22-121.

## 第二节 联合时期欧洲国际秩序观与安全战略及策略

### 一、欧洲利益的主要目标

这一阶段从 1952 年到 1973 年。整个 20 世纪 50 年代西欧政治稳定、经济高速增长。联邦德国人均国民生产力平均增长率为 6.5%，意大利为 5.3%，法国为 3.5%。[①] 1950~1970 年，欧洲在世界商品和服务业产值中所占比重从 37% 增加到 41%，工业产值比例从 39% 增加到 48%。[②] 1950~1973 年，联邦德国人均 GDP 翻了 3 倍多，法国上升了 1.5 倍，荷兰的增速是过去 40 年平均增速的 7 倍。[③] 欧共体与美国、苏联实力对比优势明显：1973 年，欧共体国民生产总值达到 1.065 万亿美元，人均国民生产总值为 4 140 美元，略落后于美国（国民生产总值和人均国民生产总值分别为 1.307 万亿美元、6 210 美元），但远超苏联，同时出口贸易和黄金外汇储备均在三个经济体中排名第一（详见表 4-1）。欧洲在这一时期的主要利益目标是通过联合增强经济、政治实力，同时开始寻求独立于美国的对外政策举措。

表 4-1　　　　　　1973 年欧共体与美国、苏联实力对比

| | 人口（百万） | 国民生产总值（10 亿美元） | 人均国民生产总值（美元） | 出口贸易（亿美元） | 黄金外汇储备（亿美元） |
| --- | --- | --- | --- | --- | --- |
| 欧共体 | 256.59 | 1 065 | 4 140 | 2 100 | 606.2 |
| 美国 | 210.41 | 1 307 | 6 210 | 702 | 116.6 |
| 苏联 | 249.75 | 675 | 2 700 | 215 | — |

资料来源：李世安，刘丽云. 欧洲一体化史 [M]. 石家庄：河北人民出版社，2002：21.

---

[①] 托尼·朱特. 战后欧洲史（上）[M]. 林骧华等译. 北京：新星出版社，2010：23-334.
[②] 萧国亮，隋福民. 世界经济史 [M]. 北京：北京大学出版社，2007：177-246.
[③] 托尼·朱特. 战后欧洲史（上）[M]. 北京：新星出版社，2010：82-321.

## 二、欧洲的国际经济秩序观及策略

### （一）法德和解与欧洲一体化进程开启

1951 年，法国、意大利、联邦德国、荷兰、卢森堡和比利时六国组建了欧洲煤钢共同体，1957 年签署《罗马条约》成立欧洲经济共同体和欧洲原子能共同体，这标志着法德正式和解，欧洲联合发展进入新阶段。1967 年，欧洲经济共同体、欧洲煤钢共同体和欧洲原子能共同体合并为"欧洲共同体"（以下简称"欧共体"），标志着欧洲正式开启一体化进程，这为欧共体发展奠定了坚实基础。

### （二）欧洲一体化的发展及其同美国的矛盾

欧共体成立后，开始实行越来越独立的内部建设和对外关系政策。20 世纪 60 年代后的欧共体稳定发展，与美国经贸摩擦也越来越多。一方面，西欧对美国投资加以限制，另一方面又加快企业集中与合并以利于同美国的竞争。作为还击，美国发动 GATT "狄龙回合"和"肯尼迪回合"，通过高压政策和"贸易战"迫使欧共体开放市场。最终，欧共体六国顶住了压力，终于迫使美国接受关税"削平"原则。欧共体的胜利代表第二次世界大战后欧美不平等关系出现了新转折，西欧盟国不再受制于美国的经济意志。

## 三、欧洲的国际政治秩序观及策略

### （一）"戴高乐主义"对美国霸权的挑战

这一阶段中，法国的"戴高乐主义"显示出较强烈的与美国分离的倾向。1958 年戴高乐上台后，为谋求法国的大国地位而进行了大刀阔斧的外交改革。改革要旨包括：反对美国在西方联盟中的霸权统治，维护法国独立自主；在欧洲和全球范围内组织与美苏抗衡的第三势力，发挥法国大国作用。总体来看，戴高乐制定的方针作为法国对外政策的行为准则，对增强法国大国地位确实起到了积极作用。

## (二) 联邦德国的新东方政策

20 世纪 60 年代,世界局势开始缓和,民主德国得到众多国家承认。尽管联邦德国属于北约和欧共体成员,但其仍然决定与东方和解,推行新东方政策,这展现出联邦德国开始与美国离心的倾向。在该政策引导下,联邦德国通过与苏东等国签订一系列双边条约,推进对外关系实现正常化。从客观上看,这不仅满足了苏联巩固战后欧洲状态的要求,而且为德国统一创造了有利条件。

## (三) 英国"三顾"欧共体

这一时期英国在欧洲的地位显得有些尴尬。英国最初拒绝加入欧共体,20 世纪 50 年代以后,随着经济发展速度放慢,种种压力致使英国最终在 1961 年 8 月申请加入,但法国总统戴高乐拒绝英国加入。[①] 1967 年,英国的申请再次被戴高乐否决。这种尴尬状态一直持续至戴高乐辞职,此后蓬皮杜上任,否定了戴高乐反对英国加入欧共体的做法,出于对联邦德国经济在马歇尔计划助推下飞速发展、势力或卷土重来、动摇法国主导地位的担忧,法国在共同体海牙首脑会议中给英国开了大门。经历了重重阻碍后,英国于 1973 年被批准加入欧共体。英国对欧共体前倨后恭的态度反映了其竞争力的下降和地位的衰落,虽然最终如愿,但英国在战后长期徘徊于欧洲大陆之外,执行紧紧跟随美国的政策,与法、德关系冷淡。

## (四) 英、法在非洲殖民统治的终结

20 世纪 50 年代末至 60 年代初,非洲民族解放运动席卷整个非洲大陆。在该阶段,英、法均调动武力镇压,但最终承认殖民地人民的独立自决权。1960 年成为非洲独立年,这标志着英、法两国在非洲的殖民统治基本终结。

## 四、欧洲的安全防务秩序观及策略

### (一) 联邦德国加入北约

朝鲜战争爆发让美国决定重新武装联邦德国进而反对世界共产主义,1954 年 10 月,联邦德国的被占领状态被解除,德国被允许拥有军队,但必须纳入北

---

① 曹胜强. 现代国际关系史——世界体系的视阈 [M]. 北京:人民出版社,2011:34-38.

约统一部署。随着联邦德国加入北约，欧洲大陆分裂为两大集团的状况进一步成为现实。

### （二）西欧联盟的先天不足

1954年，欧洲重新修订了原本旨在预防德国再次进犯的《布鲁塞尔条约》，并将其组织改为西欧联盟。然而，该军事联盟组织没有一体化机构，从成立之日起就被视为北约防务体系的一部分。此后，它在欧洲舞台上基本上被忽略了。

### （三）《华沙条约》与苏东军事联合

为抗衡北约和西欧联盟，苏联联合经济互助委员会所有成员国和阿尔巴尼亚于1955年签订《华沙条约》，建立起华沙条约组织。华沙条约组织的成立不仅巩固了苏东各国间的军事同盟关系，而且还标志着欧洲正式出现了真正对立的军事集团。

## 五、"三驾马车"在欧洲联合问题上的利益目标冲突与战略选择

英、法、德作为欧洲力量最强大的"三驾马车"，对自身利益的认识与定位的不同，在参与欧洲联合的过程中也各有不同的战略考虑和策略选择。

### （一）英国——"迫不得已"融入欧洲

第二次世界大战使英国国际地位一落千丈，但英国不愿接受没落的现实，自认为与其他欧洲国家不同，在对外政策上也更偏好"大西洋主义"而不是"欧洲主义"。但欧洲统一进程的发展迫使英国面临在欧洲被边缘化的后果，在这种情况下，英国最终选择参与到欧洲联合过程中，但同时也尽最大可能为本国利益讨价还价。

### （二）法国——以"互相捆绑"限制德国

"由于对往日称雄欧洲的怀念和对70年中三次战争（普法战争和两次世界大战）丧权辱国的余悸，法国对民族独立和国家主权问题特别敏感。"[①] 第二次世界大战后戴高乐开始把维护国家主权、民族独立和恢复法国的大国地位确定为国家利益的重点诉求。为实现上述目标，法国需要将其对外政策的着力点放在欧

---

① 陈乐民. 西方外交思想史［M］. 北京：中国社会科学出版社，1995：75 - 153.

洲，其实就是处理好德国问题。"一百多年以来，法国始终有两大忧患：其一是德国的扩张，其二是自己的衰落。"① 法国在欧洲联合问题上的典型主张是坚持"多国家的欧洲"，反对"超国家的欧洲"；坚持"欧洲人的欧洲"，反对受美国控制的"大西洋共同体"；坚持法德轴心和法国的领导地位，并谋求建立"从大西洋到乌拉尔的欧洲"。这样的一种欧洲观，核心是法国在欧洲和世界上的地位，从战略上来讲是为法国实现大国地位服务的。②

### （三）德国——以"出让主权"获得主权

由于四周都有强国，边界易攻难守，因此德国传统对外战略的重要内容之一就是防止其他国家结成反德同盟。③ 从战略选择来看，参与欧洲联合对德国有百利而无一弊。事实上，对于德国这样一个战败国来说，加入任何一个国际组织都等于获得了一种平等地位，而且还得到了影响局势的机会。④ 20世纪80～90年代担任联邦德国总理的科尔关于对外政策目标的表述是："我们的外交及欧洲政策的核心在现在和将来都应该始终如一地推进欧洲的统一大业。欧洲统一的政策对欧洲和德国都是一个生死攸关的问题。"⑤ 基于这样的利益判断，德国外交部一直把完成欧洲一体化进程列为"最重要的政治目标"。

## 第三节 冷战结束前欧共体国际秩序观与安全战略及策略

### 一、欧共体利益的主要目标

这一阶段从1973年到1992年。20世纪80年代前期，在两次世界性危机冲击下，欧共体经济进入"滞胀"阶段。欧共体国民生产总值占世界的比重在

---

① ［美］罗伯特·A.帕斯特.世纪之旅［M］.胡利平，杨韵琴译.上海：上海人民出版社，2001：24-141.
② 张锡昌，周剑卿.战后法国外交史（1944—1992）［M］.北京：世界知识出版社，1993：35-252.
③ ［美］罗伯特·A.帕斯特.世纪之旅［M］.胡利平，杨韵琴译.上海：上海人民出版社，2001：245-274.
④ ［美］罗伯特·A.帕斯特.世纪之旅［M］.胡利平，杨韵琴译.上海：上海人民出版社，2001：35-63.
⑤ 黄永祥，代天宇.不要忘记德国［M］.北京：中国城市出版社，1997：32-69.

1980年时为23.4%，到1986年则降到18.6%。① 在全球化挑战的影响和经济危机冲击下，这一时期欧共体依然致力于内部经济一体化，同时在与美国结盟的前提下注重政治和外交领域政策的协调，谋求"多极"格局，竭力影响美国的政策。欧共体坚持"防务+缓和"方针，继续改善同苏联和东欧的关系，同时积极参与和建立起多边协调作用的国际组织及多边机制，扩大同第三世界的联系。

## 二、欧共体的国际经济秩序观及策略

### （一）欧洲经济一体化的继续深入

这一时期，欧洲经济共同体成员国全力投身于经济建设，把贸易重心转移到欧洲内部。随着关税壁垒和贸易限制的消除，西欧十二国家间的出口在总出口中的占比从37.2%（1958年）跃至58.7%（1987年）。20世纪70年代欧共体的扩张统一了各国的外贸政策，同时创设欧洲货币体系，建立起欧共体"自有财源"制度。20世纪80年代，欧洲一体化进程加快。1986年《欧洲统一文件》使欧共体发展壮大。

### （二）成立"G7"以共同应对经济危机

为协调各方政策，重振西方经济，美国、法国、联邦德国、英国、日本、意大利六国领导人于1975年11月在法国巴黎举行首次经济最高级会议。1976年6月在波多黎各举行第二次会议时增加了加拿大，形成"西方七国首脑会议"，即"G7"。欧共体主要成员国在此框架内与美、日等其他发达国家共同应对全球挑战、解决相互矛盾、维护自身利益和全球秩序。但是，至20世纪80年代初时，成员国间经济矛盾逐渐加剧，经济协议越来越难以取得有效结果，加之国际形势剧烈变化，政治和军事等复杂问题也逐步纳入会议重要议题范围。

## 三、欧共体的国际政治秩序观及策略

### （一）欧共体开始提出"用同一个声音说话"

这一时期的欧共体主要开始定期协调各国对外政策。1973年召开的九国政

---

① 杜厚文，夏庆杰. 世界经济一体化集团化研究及关于欧洲经济一体化的特例分析［M］. 北京：中国大百科全书出版社，1997：34.

府首脑会议指出，西欧国家要联合"用同一个声音说话"，同时肯定了《达维尼翁报告》建立的协商制度，并在此基础上进一步规定：凡涉及欧洲利益的问题，在未磋商之前，成员国不做最后决定。在政治合作方面，《卢森堡报告》及《哥本哈根报告》得以通过，这标志着欧洲的政治合作制度开始建立。而1987年正式实施的《单一欧洲法令》，则将欧洲政治合作机制纳入正式化合法框架，为欧洲政治合作提供了法律依据。①

### （二）对联合国事务参与的不断加强

这一阶段，欧共体在联合国的活动集中在贸易、发展援助和环保领域。1974年联合国大会通过的3208号决议给予欧共体观察员身份，这预示着欧共体将进一步参与联合国事务。随着欧洲一体化程度不断加深，欧共体加强了对联合国事务的参与：在联合国50多个多边协议和条约中，欧共体是唯一非国家签署方；欧共体还陆续获得了可持续发展委员会及政府间森林问题论坛等多个联合国重要会议的"正式成员资格"。

### （三）欧共体"遍交天下友"

欧共体作为一个经济、政治实体开始同世界其他国家和地区发展关系，还同一些地区性组织建立了密切联系。至1988年底，欧共体在欧洲以外87个国家和日内瓦、纽约、巴黎、维也纳4处国际组织所在地派驻了代表团，在13个国家设有新闻处。② 应特别指出，在这一阶段，欧共体不断加强与发展中国家的对话及合作。从1974年起，欧共体就开启了"欧阿对话"，旨在同阿拉伯国家发展经济合作关系，1975年与非洲、加勒比和太平洋地区的46个发展中国家签订了《洛美协定》，其后又先后与中国、东盟、安第斯条约组织等签订了合作协定。③

### （四）大西洋关系的波折

1973年爆发的中东战争导致西欧与美国在中东问题上分道扬镳。这一时期，"用同一个声音讲话"是欧共体在外交领域所追求的目标。针对西欧的上述举动，美国提出《大西洋关系宣言》，企图重新将西欧拉回自己的全球战略轨道。虽然北大西洋集团各国首脑于1974年签署了《大西洋关系宣言》，使美欧表面上看似有了一个新开端，但实际上并未能解决两大利益集团的深层分歧。

---

① 曹胜强．现代国际关系史——世界体系的视阈［M］．北京：人民出版社，2011：34-38．
② 曹胜强．现代国际关系史——世界体系的视阈［M］．北京：人民出版社，2011：23-173．
③ 高德步．世界经济通史（下卷）［M］．北京：高等教育出版社，2005：43-77．

### (五)对待苏联与东欧的"防务加缓和"政策

针对苏联与东欧问题,西欧国家推行了"防务加缓和"政策,该政策重点放在和平演变、加强政治和文化渗透方面。整体来看,这一政策有助于维持欧洲地区稳定,有利于增强西欧独立自主行事的能力,并对东欧和苏联和平演变发挥了重要促进作用。此外,这一政策还从经济方面开拓了苏东市场,使西欧国家获得了大量经济实惠。

## 四、欧共体的安全防务秩序观——西欧联盟的重新恢复

从20世纪80年代开始,欧美在北约未来全球安全战略与地区、国家利益之间的分歧越来越大。欧洲担心美国会撤出其驻欧武装力量,于1984年宣布恢复西欧联盟工作,正式开始承担欧洲安全防御及与之相关的社会职能。西欧联盟成立了一个独立的欧洲项目小组,负责统一规划与发展西欧国家的武器装备生产,在西欧国家内部扩大武器装备的通用性与标准化生产,进一步整合西欧国家的军事力量。[①] 美国对西欧联盟的最终认可缓解了西欧国家长期以来对欧洲防务的不安全感,但西欧联盟并没有从根本上突破北约所设定的欧洲防务安全框架,西欧国家仍无法在防务安全领域中成为与北约平等的战略伙伴。

## 第四节 后冷战时期欧盟国际秩序重构观与安全战略及策略

### 一、欧盟经济发展及在国际经济中的地位

该阶段为1992年至今。20世纪90年代初期,欧盟GDP占全球GDP的比重为33%。2008年金融危机爆发后,欧盟受影响较为明显,GDP同比增速骤降至-4.36%;2018年欧盟GDP达到18.75万亿美元,占全球GDP的比例为22%(见图4-1)。后冷战时期,欧盟GDP年均增长率约为2%(见图4-2)。

---

① 张迎红. 欧盟共同安全与防务政策研究[M]. 北京:时事出版社,2011:63-155.

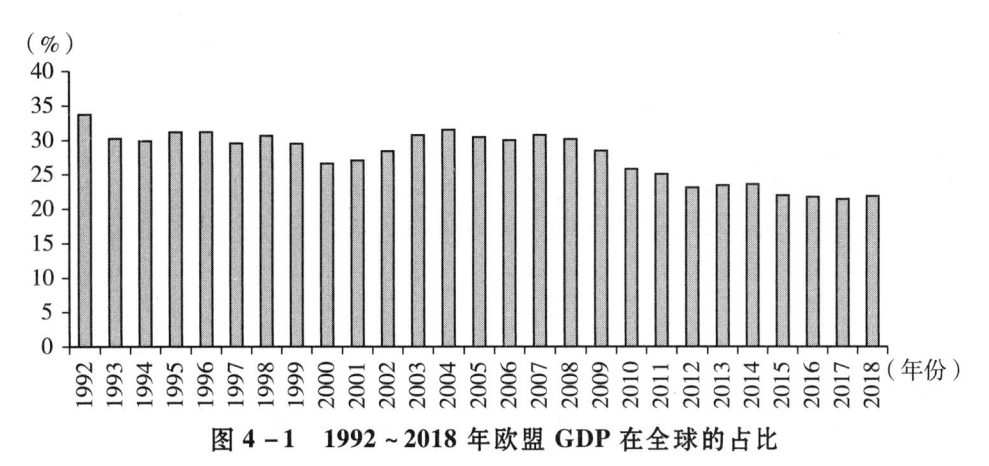

**图 4-1　1992~2018 年欧盟 GDP 在全球的占比**

资料来源：作者根据世界银行 WDI 数据库整理。

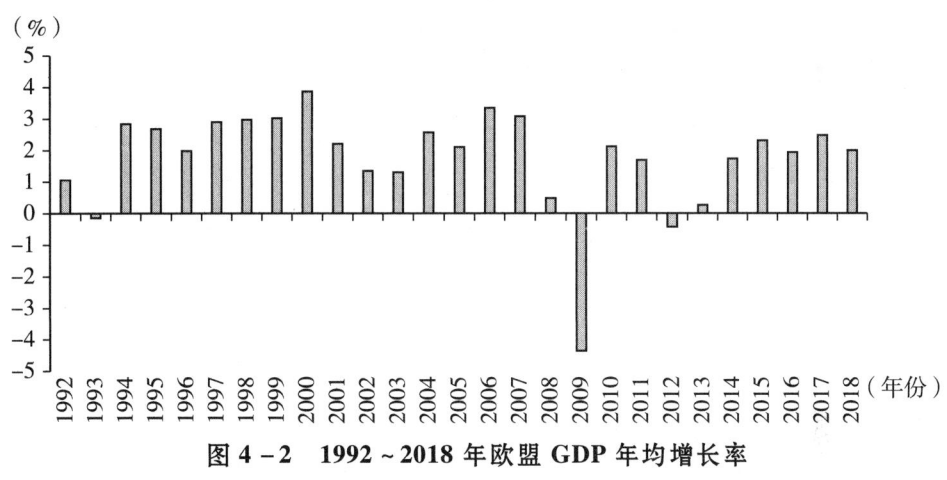

**图 4-2　1992~2018 年欧盟 GDP 年均增长率**

资料来源：作者根据世界银行数据整理。

## 二、欧盟贸易发展及在国际贸易中的地位

这一时期，随着发展中国家的迅速发展，特别是以"金砖国家"为代表的新兴经济体的崛起，欧盟在国际贸易中的占比不断下降。1992~2002 年，欧盟国家出口年均增长率持续攀升，2002 年出口增速创下 30 年来的高峰。2002 年后，欧盟国家出口年均增长率波动明显，排除 2008 年金融危机后低基数导致的高增长，出口年均增速由 10% 收缩至 5%。类似地，进口年均增速同样呈现倒 V 形走势，1992~2002 年，欧盟国家进口年均增长率约 8%，遭受危机重创后，进口年均增长率降低至 5% 左右（详见图 4-3）。

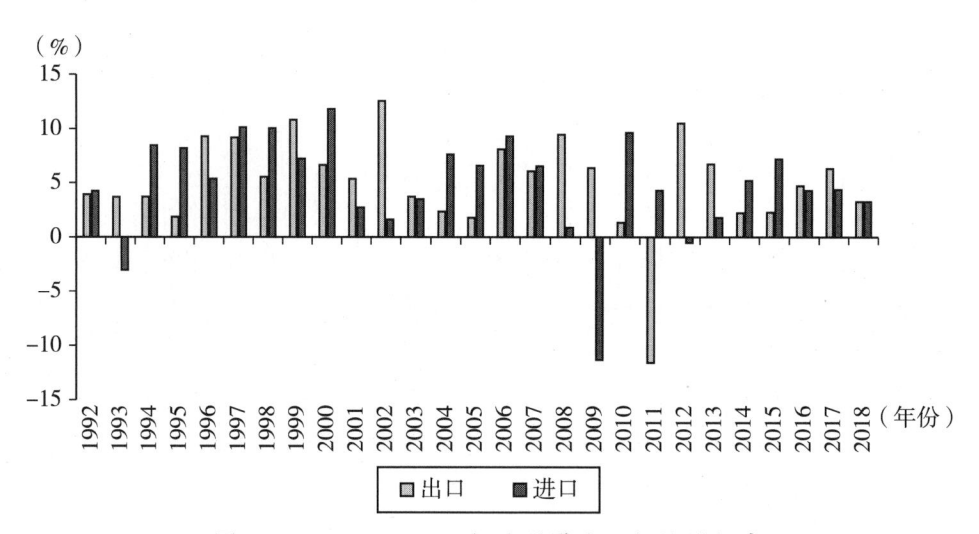

图 4-3　1992~2018 年欧盟进出口年均增长率

资料来源：作者根据世界银行数据整理。

1990 年欧盟国家的出口是 18 942 亿美元，进口为 19 362 亿美元，均占全球的 44%。2000 年时，出口为 30 034 亿美元，占全球 38%，进口为 29 767 亿美元，占全球的 38%。到 2018 年，出口提升至 86 626 亿美元，全球占比降至 34.5%，进口 80 365 亿美元，全球占比为 32.6%，详见图 4-4。

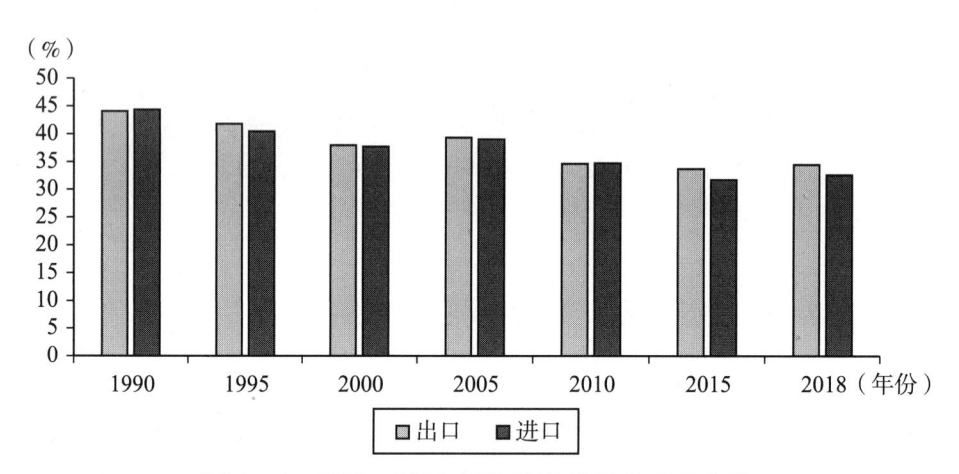

图 4-4　1990~2018 年欧盟进出口的全球占比

资料来源：作者根据世界银行数据整理。

## 三、欧元启动和欧元区形成

冷战结束后的十年间，欧洲经济与货币联盟的建设走完最后一个阶段。1997

年 6 月，欧盟首脑会议正式通过了新的《欧洲联盟条约》草案，批准了《预算稳定和增长公约》《欧元的法律地位》和《新货币汇率机制》条约。1999 年初，欧盟 11 个成员国正式启用单一货币。2002 年 7 月 1 日，欧元开始在市面上流通。欧元启动和欧元区的形成，对欧洲甚至世界都产生了深远而重大的影响。一是大大加快了欧洲一体化进程；二是动摇了美元作为世界货币的主导地位，使世界金融、货币体系开始由单级走向两级；三是加强了欧盟的国际地位，欧元问世以来，其在全球外汇储备中的占比不断提高，由 1999 年的 18% 上升到 2010 年的 26%，美元份额则从 71% 下降到 62%。2008 年全球金融危机后，欧元在全球外汇储备中的占比受到一定影响，澳元和加拿大元取代了约 4% 的欧元全球占比，到 2017 年，欧元在全球外汇储备中的占比在 20% 左右（见图 4 - 5）。

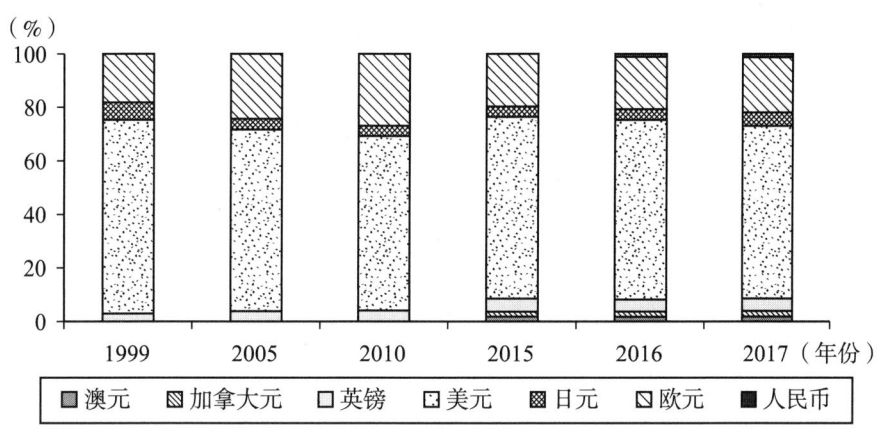

**图 4 - 5　1999 ~ 2017 年世界主要货币在全球外汇储备中的占比变动**

资料来源：作者根据 IMF 数据整理。

## 四、欧盟利益的主要目标及策略

冷战结束后，经济全球化、世界多极化发展趋势明显，欧盟综合实力持续上升，欧盟力量开始由地区性向全球性过渡。为摆脱美国控制，促进自主欧洲的实现，欧盟实施了以多边主义为理念的外交战略。而欧洲一体化也进入经济一体化和政治一体化齐头并进阶段，共同外交与安全政策成为政治一体化的核心内容。[①] 具体而言，欧盟一方面致力于经济一体化，另一方面将部分中东欧国家纳入联盟，同时还开始寻求在政治、外交、防务领域的政策协调。欧盟战略旨在推动实现四项目标：提高欧盟经济在世界的份额，保持持久的经济增长；建立更安全的

---

① 张茂明. 欧洲联盟国际行为能力研究 [M]. 北京：当代世界出版社，2003：74 - 85.

环境；充实欧洲文化内涵；向欧洲边界外提供欧洲的社会样板。

## 五、欧盟的国际经济秩序观及策略

### （一）多边层面的经济外交战略

**1. 以经济外交为先导的多边战略**

冷战结束后，欧盟多边外交战略的经济属性进一步增强。欧盟通过和其他国家及集团签订贸易协定和合作协议等，逐渐发展为最重要的国际行为体之一。通过特殊经贸安排，欧盟对这些国家的政治影响力进一步增强，欧盟在全球政治经济中的地位得到提升。由此可见，经济外交是推进经济合作的有效手段，也对推进政治合作起到了至关重要的作用。

**2. 在WTO中担当基于实用主义的领导者与推动者**

随着欧盟扩容和欧元体制启动，欧盟在贸易问题上已取得与美国完全平等的地位，并有能力在任何全球贸易协议上提出否决。冷战以来的实践表明，欧盟采取更加积极的贸易自由化行动，在多边贸易谈判中逐步成为领导者。多边贸易体制下，欧盟则采取了基于实用主义的政策选择：一是在利益驱动下积极推动多边贸易自由化；二是在需要时不惜违背WTO规则；三是巧妙利用"原则中的例外"条款；四是充分利用争端解决机制。

**3. 在IMF中争夺主导权**

2008年金融危机爆发凸显出IMF改革的紧迫性和重要性。欧盟和美国从自身在IMF既有的话语权和影响力出发进行斗争，结果是美、英、法、德削减一部分投票权配额，共向新兴市场和其他发展中国家让渡超过6%的份额，同时欧洲减少在执行董事会的两个席位。2011年IMF总裁争夺反映了世界经济格局的变化趋势，新兴经济体在迅速发展的同时产生了改变原有国际经济秩序的强烈诉求，而欧盟在这次争夺中审时度势的外交举措则表明其在世界经济格局变迁的冲击下开始考虑并重视发展中国家特别是新兴经济体的影响力。

**4. 在世界银行呼吁改革国际货币体系**

金融危机爆发后，欧盟一致支持"对国际金融体系进行大刀阔斧的改革，并授权欧盟轮值主席国法国向美国施压"。这体现出欧洲在金融危机爆发后试图约束美元地位、加强金融监管、改革国际货币体系、提升欧洲国际金融体系影响力。

### （二）在区域与双边层面推动经济整合

**1. 积极推进自身经济一体化进程**

欧盟经济一体化进程在该阶段已达到货币联盟的高度。欧元启动时，德国、法国、意大利等 11 个欧盟成员国加入欧元区，希腊在 2001 年达标后成为欧元区国家，2007 年欧盟首脑会议同意塞浦路斯、马耳他加入。同时，在六次扩盟中，欧盟坚持新成员国要实施统一的货币市场，即实行单一货币欧元及统一货币政策，以保证欧盟基石的稳固。

**2. "因时制宜"的自由贸易区战略**

乌拉圭回合结束后，欧盟开始积极地与各类国家谈判区域协议。1999～2006年，欧盟在优惠贸易协议方面的策略是完成正在进行的谈判，而不再开启新谈判，欧盟仅感兴趣于那些涵盖所有部门的深入的自由贸易协议（FTA）。值得注意的是，为了遵守 WTO 规则，欧盟宣布将非互惠的优惠协议转化为互惠的自由贸易协议。① 2006 年，欧盟发布全球贸易新战略，宣布将把 FTA 作为主要平台，实际上表明了在区域主义潮流中将与美国和中国竞争市场份额。从 2007 年开始，欧盟先后与韩国、东盟、印度、加拿大、日本等分别启动 FTA 谈判。2013 年欧盟与美国、新西兰正式启动 FTA 谈判。截至 2019 年，欧盟已与新加坡、越南、马来西亚、日本和加拿大签署自由贸易协议。

## 六、欧盟的国际政治秩序观及策略

### （一）苏东剧变令欧盟国际地位"被动"提高

冷战结束后的三大背景深刻影响了欧盟参与国际秩序构建的方向和定位。一是德国统一从内部改变了欧盟政治、经济利益格局。二是东欧剧变和苏联解体使欧盟政治防御目标发生重大变化。三是两极体系的崩塌使欧盟国际地位相对提高，更加需要其在政治、外交和安全领域形成一个整体。正是在这种新国际背景下，欧盟在继续深化经济一体化的同时开始了政治、外交和军事领域的一体化进程。

---

① 李计广. 欧盟贸易政策体系与互利共赢的中欧经贸关系 [M]. 北京：对外经济贸易大学出版社，2009：84-234.

## （二）多边层面积极推动"欧洲化"扩散

**1. 多边外交战略辐射全球**

在全球层面，欧盟主要立足于支持和发展与以联合国为主的全球性政府间国际组织的关系。在地区层面，欧盟主要致力于推动地区一体化和构建区域间集团合作。在睦邻层面，欧盟主要立足于欧洲一体化的扩大与深化。① 欧盟的多边外交战略使其树立了良好的国际形象，并产生扩散作用。一方面，欧盟的发展模式吸引了更多国家加入，促使更多国家和地区效仿其成立区域合作组织；另一方面，欧盟把其成功经验融入对外关系中，推动新型国际关系民主化和机制化。近年来，欧盟通过与世界各地区建立"新型伙伴关系"，在各个国际领域更加积极活跃。

**2. 以联合国为平台发挥全球影响**

随着欧洲一体化不断深入以及欧盟对外战略扩张逐步展开，欧盟不断加大对联合国事务的参与力度。从20世纪90年代起，在联合国大会通过的决议中，欧盟成员国达成一致意见的比例高达95%。在2003年《欧洲安全战略》出台后，欧盟正式提出了以"有效的多边主义"为核心的对外战略，开始与联合国开展制度化、经常性的合作。此外，欧盟在联合国维和行动中也发挥了积极作用，其提供的经费约占全部维和经费的40%。

**3. 借G20峰会宣泄对美不满**

建立20国集团的目的是防止重蹈金融危机的覆辙，帮助有关国家就国际经济和货币政策等问题展开非正式对话，以益于国际金融和全球货币体系稳定。欧盟积极参与和推动G20峰会的目的，一方面是试图占据道义制高点，表达对美国的不满，将危机责任推给美国，并在削减财政赤字和征收金融交易税等问题上与美国针锋相对；另一方面则是打算以受害者姿态主动参与构建新金融体系，借新兴国家之力把握建立国际经济新秩序的先机。

## （三）在区域层面大规模东扩稳定周边

进入21世纪后，欧盟以前所未有的速度扩大。2000年，欧盟15国在法国尼斯召开的首脑会议审议通过《尼斯条约》，为欧盟东扩提供了重要的体制保证。随着2007年罗马尼亚和保加利亚入盟加入欧盟，欧盟将原华约中的所有东欧国家都纳入了欧洲一体化进程，成为世界上经济实力最强、一体化程度最高的国家

---

① 丁银河. 冷战后欧洲联盟多边外交战略研究 [M]. 武汉：武汉大学出版社，2011：73-145.

联合体。"冷战结束显露出来的是联合欧洲的力量,而不是欧洲在被削弱"。①

### (四) 在双边层面以发展援助推行"人权、民主、法治"观念

冷战后,苏东国家纷纷向西方靠拢,发展中国家对欧共体的援助依赖不断加强,导致欧盟具有利用援助去扩大民主和人权对外政策目标的机会。欧盟于2001年宣布"促进与保护人权,遵守民主与法治准则是欧盟外交与安全政策、促进发展合作以及对外关系中的基本组成部分",明确将"人权、民主、法治"作为建立他国关系所追求的目标和重要标尺。欧盟与受援国家或国家集团签署的协定大部分都载入了人权与民主的相关条款,不仅使欧盟能够利用贸易优惠和援助手段去鼓励发展中国家积极改善人权记录,而且也使欧盟借以推行了其扩展民主和人权的政治目标。

### (五) 意大利两次阻击德国入常

联合国关于扩大安理会的讨论已进行了近20年,德国、日本、印度和巴西等国都在试图利用这一契机进入安理会。目前,欧洲发达国家已有英国和法国成为常任理事国,按照惯例,欧洲尚余一个入常名额。德国与日本、印度、巴西等国家"捆绑式作业",组成"四国集团",以希望能够共同入常。然而,四国在2005年和2011年两次争取入常的努力都未获成功,其中,意大利两次都以激烈行动反对德国入常,2011年甚至召集123个国家代表举行"反四国集团大会",坚决反对"四国集团"提出的联合国改革方案。

## 七、欧盟的安全防务秩序观及策略

### (一) 欧盟共同安全与防务政策

1992年《马斯特里赫特条约》希望在外交和安全领域也能像农业、贸易那样实行"共同"政策,特别要"实施一项最终形成可适时走向共同防务政策在内的共同外交与安全政策"。② 1997年《阿姆斯特丹条约》进一步提出欧盟实现共同外交与安全政策的目标和具体措施。1999年欧盟赫尔辛基峰会正式通过《欧洲共同安全与防务政策报告》,并决定在2003年前建立起一支5万~6万人

---

① 戴维·卡莱欧. 欧洲的未来 [M]. 冯绍雷等译. 上海:上海人民出版社,2003:24-63.
② Treaty on European Union Official Journal of European Communities, No. C1991.

的独立于北约的快速反应部队。

### （二）法国全面回归北约的决策

2009年，时任法国总统萨科齐宣布法国将重返北大西洋公约组织军事一体化机构，同时保持其核力量独立性。这意味着法国一直以来在欧洲"独树一帜"的安全和外交政策理念迎来重大转变。事实上，法国1966年宣布退出北约时仍保留了政治领域身份，而自冷战结束以来，法国虽试图重新参与到北约军事体系，但仍置身该核心之外。

## 第五节 欧盟未来发展与国际秩序重构策略展望

### 一、欧盟未来综合实力预测

#### （一）欧盟未来经济实力预测

**1. 欧盟未来经济增长的障碍**

第一，欧债危机问题。2008年金融危机爆发以来，欧盟虽然出台了一些应对措施，如不断通过年度技术调整，以扶持在危机中遭受重创的成员国，进而增强区域凝聚力，[①] 但是，由于欧元区的统一货币联盟与财政联盟存在重大矛盾，导致区内各国经济不平衡难以协调，强国货币与弱国货币一体化的基础并不牢固。所以从整体来看，欧盟经济稳定和持续发展仍然面临一定的考验。

第二，难民危机问题。近年来，叙利亚冲突、中东和北非地区的持续动荡，"伊斯兰国"极端组织猖獗，这些因素共同导致大量难民涌入欧盟成员国，其中还涉及部分伪装成难民的恐怖主义者。欧盟已耗费大量资金，并通过政治协议帮助上述国家处理该问题。但是，该问题的妥善解决和一致行动仍然困难重重，在未出台有力的遏止措施之前，危机的持续发酵不仅拖累欧盟经济，还会造成社会和安全等领域的诸多隐患。

第三，英国脱欧问题。当前，英国原定于2019年3月29日正式脱离欧盟，

---

[①] 以2017～2020年为例，为增强区域凝聚力，欧盟将投资意大利14亿欧元、西班牙18亿欧元、希腊8.36亿欧元。

"脱欧"强硬派约翰逊的当选更加剧了"硬脱欧"风险,并有很大可能脱离单一市场和关税同盟。实际上,欧盟内部存在众多的深层次矛盾,英国脱欧是欧盟成员国家利益与欧盟一体化矛盾激化的代表性集中表现,① 这直接动摇了欧盟成员国内部团结的决心。英国作为欧盟经济自由化的坚定支持者,它的脱离将直接影响欧盟推动进一步自由化。此外,意大利和法国等重商主义色彩浓厚的国家势必推动保护主义崛起,新政治格局的转变令欧盟稳定及发展雪上加霜。

**2. 欧盟未来经济增长的促进措施**

为突破发展约束,欧盟制定了相应的政策甚至变革策略。如欧盟长期预算(也称多年度财政框架)是未来7年欧盟财政方案实施的基础,预算确立了欧盟中长期内政策的优先领域和投资方向,旨在为欧盟长期经济发展提供驱动力,以提振欧盟整体市场竞争力、缩小成员国间发展差距。中长期经济增长还通过"欧洲2020战略"得以保障。② "欧洲2020战略"的主要措施包括:鼓励移民和工作参与,提高就业率;提高教育质量,鼓励私人研发;发展低碳经济与绿色经济;强化单一市场。

**3. 欧盟未来20年经济增长预测**

尽管其他危机国家经济已转好,但希腊问题尚未完全解决。欧盟在未来20年能否突破发展约束的关键在于能否保持良好经济复苏态势,欧元区财政整合能否以此为契机得到顺利实现,以及在"欧洲2020战略"下所提出的诸项配套措施能否在成员国层面顺利实施,如经济复苏保持良好态势,中长期改革措施部分得到实施,欧盟在2021年的经济增长率或转正为2.0%,2025~2030年或将保持在1.5%左右。

### (二) 欧盟未来政治影响力预测——多极世界中日益增强的一极

欧盟在全球政治影响力方面的发展,将取决于其经济、政治一体化的深度,特别是其共同外交与安全政策的推进程度。欧盟共同外交与安全政策正在不同性和趋同性之间前进,但可以预见趋同性的外交与安全政策将越来越广泛。在加强稳定的内在需求和全球化外在压力的推动下,欧盟政治与外交一体化进程必然不可逆转,其共同外交与安全政策也一样,欧盟必然会成为多极化世界中日益增强的一极。

---

① Begg I. Brexit: Why, what next and how? [J]. Lse Research Online Documents on Economics, 2016: 4.
② Monika Paradowska, Joost (Johannes) Platje. European Sustainable Urban Development Policy in the Light of Priorities of the Europe 2020 Strategy [J]. Journal of Economics & Management, 2015, 19 (1): 1168 – 1173.

### （三）欧盟未来安全与防务实力预测——依然稳居全球第三

根据斯德哥尔摩国际和平研究所（SIPRI）公布的数据，2018年几个军费大国的国防支出GDP占比为：法国2.37%、德国1.28%、意大利1.86%。欧盟整体的军费开支总和为全球第四，较前一年略有下降。2020年后欧盟还将增加国防军事研究投资额至5亿欧元；展望未来二十年，英国脱欧会使欧盟减少建设集体防务的阻力，欧洲南、东部严峻的安全形势问题也将推进欧盟进一步加快建设集体防务一体化。从核武器力量对比来看，欧盟无法同美国或俄罗斯匹敌，中国和印度20年内也无法在高新技术武器方面同欧盟整体抗衡。因此，未来欧盟的整体军事实力仍将稳居全球第三的位置。

## 二、未来欧盟国际秩序重构与安全战略及策略

### （一）欧盟未来主要利益目标

欧盟未来主要利益诉求在于消除内外分歧，保持稳定可靠的能源供应，科技竞争力不落于人，睦邻关系安定繁荣，气候与环境领导力先发制人。其重点在于消除两个层面的内外分歧：一是欧盟大国（法国和德国）之间及与英国之间的分歧；二是所谓"老欧洲"（法国和德国）与"新欧洲"（与美国更贴近的中东欧国家）之间的分歧。法、德等国对欧盟内部的分歧有较为清醒的认识，进而反过来推动了欧盟整体对共同外交与防务的需求。未来欧盟能否在国际秩序中占据更有利位置将在一定程度上取决于"法德轴心"的政治、外交甚至军事整合的效率与速度。

### （二）欧盟应对未来挑战的国际秩序理念

**1. 以内部整合支撑外部扩张**

尽管欧盟不断扩大，但是欧洲整体占世界人口的比例已从100年前的25%下降到2016年的13%，欧盟占全球GDP比重也从60年前的28%下降到2018年的22%。在全球化背景下，经济停滞不前、在关键政策问题上四分五裂和向内看的欧盟必然无力重塑国际体系。因此，欧盟必须进一步加强在各个领域的整合，才能有效维护欧洲整体在国际体系中的现有地位。

**2. 以外部扩张应对全球挑战**

欧盟在成立后的50多年时间里，关注的内部整合任务已基本完成，包括建

立强有力的机构、单一市场和欧元区，在一系列问题上制定了共同政策。未来几十年，欧盟的挑战将主要来自外部，包括稳定周边动乱、保证能源安全供应、应对气候变化、打击国际恐怖主义和有组织犯罪、防止大规模杀伤性武器扩散。根据欧盟对国际秩序发展趋势的判断，其未来将通过更综合复杂的政策举措与亚洲地区开展合作与互动，以最大限度地影响国际秩序重构进程向有利于自身的方向发展。总体来看，进入21世纪后，欧盟在国际舞台上扮演了越来越积极的角色，其对外关系整体上是扩张而非收缩。

### （三）未来欧盟的国际经济秩序观与安全战略及策略

**1. 在多边层面改革并强化在WTO、IMF、世界银行的影响力**

（1）在WTO中的策略。未来欧盟将在经济利益驱动下更积极地推动多边贸易自由化。欧盟作为世界第一大经济体、贸易体，服务贸易国际竞争优势凸显，多边自由化程度的提升不仅能帮欧盟打开别国市场，而且还能通过达成多边协议推动各成员实施高水平知识产权保护，从而进一步稳固欧盟的国际竞争力。对于进展迟缓的多哈回合谈判，欧盟仍抱有极大期望，并已做出巨大贡献。

（2）在IMF中的策略。IMF一直由欧洲人出任总裁，而且目前欧洲在IMF中投票权配额总计32%。以话语权和影响力为基础，欧盟必然希望继续强化IMF在全球金融体系中的地位。但这要以获得新兴经济体和美国的支持为前提，获得新兴经济体的支持又必然需要满足这些国家对于提高投票权配额的利益诉求。因此，未来欧盟必然会在继续推动IMF改革和削减自身份额间痛苦地寻求平衡点。

（3）在世界银行中的策略。欧盟认为应该对世界银行进行改革，使其投票权分配更为合理，应该重新界定世界银行使命，使其担当起监测世界经济、货币和社会平衡的角色。欧盟认为，世界政治、经济和环境需要有全球性的治理机制，"少数最发达国家不能独自主宰人类"。欧盟希望通过改革世界银行帮助重塑全球货币体系，削弱美国在其中的影响力。

**2. 在区域层面建立以欧洲为辐射中心的共赢经济体系**

（1）内部建立统一能源市场。2025年后，欧洲很可能在电力和燃气领域建立单一市场。这将减少成员国在价格方面的多样性，降低各国能源供应面临的风险。2025年前，欧盟或保持现状，依赖从非洲或者中亚进口天然气，并建立更多基础设施去进口液化天然气。欧盟对能源利用效率的严格规定和更广泛地使用可再生能源，将有助于减少欧洲对于进口天然气的依赖。

（2）与周边地区深化经济合作。欧洲一体化的成功经验是以多边经济外交起步，进而扩展到政治、军事所有领域的全面合作。未来欧盟将继续深化与周边国家的经济合作，促进多种形式的区域、次区域经济合作机制，奋力营造互利、互惠、共赢的本地区经济环境，建立以欧盟为主导的共赢欧洲经济体系。欧盟希望未加盟的或者即将加盟的周边国家可以以此为依托，将本国资源集中投入各自的社会经济改革当中，以便在未来更好、更迅速地融入欧洲。

（3）务实签订FTA。出于"务实"考量，欧盟在多边贸易谈判遭遇挫折时将致力于与单独国家尤其是亚洲各国商定双边自由贸易协议。从欧盟角度来看，它认为多边贸易体制依然是世界贸易体系中的主流，因而不会放弃对贸易自由化进程的推进。但是为了在一些经济快速增长的区域获得市场准入机会，欧盟会积极与相关各国洽商签署双边自由贸易协议。欧盟未来将继续推动同亚洲地区和拉美地区的FTA谈判，以便在这些地区的经济发展中分得更多利益。[①]

**3. 在双边层面保障自身经济安全**

（1）与美国的关系。欧盟与美国之间的经济关系是全球范围内最重要的经济关系，而这种关系在未来还会持续发展。但是，双方在一些关键政策领域有所不同，如欧盟农业政策、竞争政策冲突及美国对古巴和其他国家的域外经济制裁程序，这些政策不同引起欧美之间包括经贸摩擦在内的一系列分歧和争论。但欧美社会之间有很高的相互依存度和容忍度，这为欧美关系提供了基本的自愈力。

（2）与俄罗斯的关系。欧盟的能源需求不断增长，其天然气和原油的有限储量将制约其经济发展。相比之下，能源蕴藏丰富且生产占优的俄罗斯会成为欧盟能源进口的主要来源，因此，欧盟需要增强与俄罗斯的能源合作，以保证至少在2030年之前的能源供应。但欧盟存在对俄罗斯能源依赖的风险。一是俄罗斯可能将能源作为"地缘政治武器"；二是俄罗斯能源未必能够达到欧盟期望的生产、开采和供应能力；三是欧盟各国至今未能形成统一的对俄能源战略和能源政策。综合来看，欧盟在能源问题上依赖俄罗斯，在未来仍将与其保持"在反复博弈中妥协"的能源关系。

**（四）未来欧盟的国际政治秩序观及策略**

**1. 欧盟国际秩序重构理念**

（1）以"欧洲观念"参与国际秩序构建。欧盟主张以"欧洲观念"构建国际秩序。"欧洲观念"即欧盟在冷战结束后20年来在参与国际秩序构建中独特的价值观和原则，也被广泛地认为是欧盟影响力最重要的来源和特征。其主要内容包括：对全球化进程中产生的国际问题实行综合、全面和多维度治理；以民主、多边思维方式建立国际政治经济安全格局；扩大安全观内涵和范畴；将人权问题

---

① Cheng W. EU's New FTA Strategy: A Response to the Transformation of World Economy and Its Implications [J]. Global Economic Observer, 2017 (5): 16 – 22.

置于优先考虑的范畴，吹捧"人权高于主权"和"人道主义干预"。

（2）塑造"全球价值观"。欧洲人认为在全球化背景下，暂时地解决各种政治、经济甚至安全问题不是自己的最终目的，必须在区域甚至更大范围内实现"欧洲化"，实现长远的制度输出才是实现欧洲持久安全最有力的方式。欧盟试图利用其庞大的外交、经济、法律、地区一体化等资源，塑造"全球价值观"，在新世界秩序形成中发挥独特作用，从而实现其对世界政治进行权利规范的目标。

（3）不断增强欧盟对外代表性。由于《里斯本条约》赋予了欧盟法律人格，因此，欧盟取得了在共同外交与安全政策领域缔结国际协议的能力。《里斯本条约》生效后，欧盟整体对外代表性不断增强。2010年以来，常任欧洲理事会主席范龙佩频频代表欧盟出席各类峰会，阐释欧盟立场，初步显示了欧盟对外代表性不断增强的趋势。未来欧盟还将不断推行对外政策整合，尤其是共同外交与安全政策、共同安全与防务政策和发展政策之间的协调与整合。

**2. 在多边层面推动强化全球性机构**

（1）在联合国中的策略。欧盟强调联合国必须在多边体系中起核心作用，以解决冲突和进行危机管理。2003年9月，欧盟委员会发表与联合国关系政策文件《欧盟与联合国：多边主义的选择》，提出改善欧盟在布鲁塞尔、纽约和维也纳的协调机制，由欧盟委员会向相关联合国机构派出代表，在欧盟机构和联合国机构之间建立先期联络与合作机制，旨在提高联合国制度中欧盟的价值和利益，敦促欧盟成员国在联合国安理会就重大国际问题采取一致立场，而欧盟也将以进取的态度对待多边贸易谈判和推行多边协议。从内容上看，欧盟与联合国的合作涵盖了从发展援助、人权、贸易到人道主义、维和、裁军、防扩散、反恐等多个领域。

（2）在G20中的策略。欧盟越来越重视包含发展中经济体的框架在国际协调中的作用。2010年3月，欧盟外交和安全政策高级代表阿什顿和欧盟27国外长召开非正式会议，讨论欧盟外交新战略。会议认为，G8已经不能单独解决问题，G20的重要性越来越凸显，欧盟希望通过G20这种包括新兴经济体的多边治理平台，削弱美国的主导力度，强化欧盟在全球秩序重构中的声音和影响力。①

**3. 在区域层面实施睦邻政策，稳定周边地区**

欧盟希望通过建立"繁荣和谐的睦邻地区"来保证自身安全。达到这一目标所提出的行动方案是建立公共设施，联合边境治理，连结交通、能源和通信网络，促进跨境文化交流和联合解决安全与环境威胁。欧盟未来将继续用"零关

---

① Hajnal, Peter I. The G8 system and the G20: Evolution, role and documentation [M]. Routledge, London, 2016: 135–189.

税"、欧洲能源组织和安全合作伙伴发展更紧密健康的睦邻政策，以继续对周边国家产生影响，使周边非成员国尽可能地靠近欧盟。

### 4. 在双边层面推行自主务实的对外关系

第一，欧盟与美国的关系。欧盟与美国的政治关系正经历从"主从关系"向"平等关系"过渡的"新型大西洋关系"，在谋求主导地位和追求平等关系之间摸索新框架。过去欧洲与美国虽然是一种伙伴关系，但两方在这种关系中的地位并不平等。未来20年内，跨大西洋关系的战略一致性仍然存在，但会不断缩小，欧美之间的实力差别和比较优势决定了双方今后关系的基本格局。

第二，欧盟与俄罗斯的关系。欧盟与俄罗斯的关系存在几个困扰：一是俄罗斯从未表示愿意加入欧盟，因此不能用常规性文书制约俄罗斯的作为。二是俄罗斯公开反对欧盟的价值观。三是俄罗斯不能与周边国家加速一体化进程。欧盟成员的偏好在实际合作和限制俄罗斯在欧盟及其东部邻域方面的影响力的两个选项上左右摇摆。因此，未来欧盟首先将从内部协调对俄战略考量，以务实的态度重新审视欧俄关系的发展，在双边关系中以统一的立场争夺主动权。

第三，欧盟与中东国家关系。尽管欧盟是以色列最大的贸易伙伴、巴勒斯坦最大的外部援助国，但在中东地区却不受重视。相反，西欧各国要想从中东获得稳定的石油供应，必须采取同情和支持阿拉伯民族利益的立场。未来中东地区的各种区域冲突还会加剧，而欧盟与该地区的伙伴关系在很大程度上取决于它如何推动该地区改善治理以及选择与什么样的行为体对话。其优先选择或许是建立一个可行的巴勒斯坦国，同时也应该更加关注伊拉克。

## （五）未来欧盟的安全防务秩序观及策略

### 1. 注重应对非传统威胁

法、德、英三国一致认为，国际恐怖主义和大规模杀伤性武器所带来的危险比过去更为严重，而且那些已经失败或者正在失败的国家给更广义的安全带来的威胁同样比过去更严重。在德国看来，国际冲突、非对称威胁、恐怖主义和大规模杀伤性武器现在已经成为牵涉德国安全利益的焦点。法国指出，信息技术和其他技术广泛扩散，致使各国社会越来越脆弱。因而，法国在人们所关注的安全问题清单中加入了更多的非军事威胁问题，如决策中心可能瘫痪、网络与通信可能遭受袭击。

### 2. 推动共同安全与防务政策再上新台阶

2009年生效的《里斯本条约》推动了欧盟共同安全与防务政策的发展。在防务领域，虽然条约规定大政方针方面仍需全体一致通过，但"有效多数制"将有望用于具体政策方面，从而推动欧盟在共同防务领域的发展。历经英国"脱欧"冲击后，形势进一步推动欧盟加强内部团结——25个成员国签署了"永久结构性合作"（PESCO）联合防务协议。面对这样的情形，欧盟国家只能接受一体化进程在外交与防务领域对主权的侵蚀。从战略角度讲，欧盟要想在世界舞台上发挥与其经济实力相称的政治作用，就不能改变这样的进程。

**3. 未来欧盟与北约的关系**

欧洲主流认识将欧洲与北约的关系定位为"相互补充和合作"。2003年欧盟首脑会议通过《欧洲安全战略文件》确定了欧洲与北约的关系。没有美国的合作，欧洲安全和国际安全均没有保障。欧盟外交与安全政策高级代表索拉纳提出了对跨大西洋关系的"四项基本原则"：第一，欧美双方是盟国，是合作伙伴；第二，双方都要做出应有贡献；第三，双方要探讨根源而不是表面现象；第四，双方要共同努力维持一个有规则的世界。这表明欧盟在未来会继续依赖其作为保障欧洲甚至世界安全的最重要的军事体系，同时也将在这个体系中继续争取与美国"平起平坐"的地位。

## （六）中欧关系展望及中国策略选择

未来的世界格局将朝多元化方向发展，中国和欧盟作为两支重要力量将相互依存，中国对欧盟的未来策略应该是推动双边实现安全稳定的良性互动。对于中欧意识形态的不同和存在的分歧，中国应该积极发展与欧盟国家相互尊重、公平正义、互利互惠以及合作共赢的战略伙伴关系，从战略高度看待欧盟的国际地位和作用，巩固和发展彼此关系。区别于以往强权政治、均势政治等旧式国际关系的是，在构建战略伙伴关系的过程中，中国要坚持不结盟、不称霸、不树敌的原则，与欧盟就重大国际事务加强沟通协调，加强中欧关系的全球性战略影响，共同维护世界和平发展和公平正义，推动完善全球秩序。

# 第六节 英国国际秩序重构策略与安全战略展望

## 一、英国脱欧对国际秩序重构带来重大影响

在全球化时代，英国已经意识到全球化不仅会产生更强的相互依赖，而且还会带来不可避免的战略风险。结合英国"脱欧"乱局来看，这是英国脱离过去实践和模式束缚的实践，是英国减轻依赖，在全球经济不稳定和跨国安全威胁与日

俱增的环境下更灵活行动的重大选择。对于欧洲地缘政治和世界政治格局而言，英国脱欧这一国际性"黑天鹅事件"也对英国自身和欧盟的国际秩序重构安全战略具有重大影响，[①] 英国内政外交的巨大变化深刻地撼动着西方既定的政治秩序，影响着国际政治秩序加速重构的进程。

## 二、英国未来发展预测

总体来看，英国主要通过提升服务出口和扩大投资拉动未来经济增长。在国内政策方面，英国未来将重点挖掘服务业的比较优势，确保英国仍是跨国银行和金融公司的全球首选目的地。英国政府列出了诸多优先事项，包括鼓励小企业出口、制定更广泛的贸易政策、打造友好的贸易环境等。在发展中国家的集体财富迅速增长的趋势下，英国积极与中国、印度、巴西等国展开经济对话促成经济合作。由于英国已与欧盟达成协议于2020年1月31日正式脱欧，可以为其准确把握下一个十年将带来的变化提供机遇。值得关注的是，在脱欧后为期11个月的过渡期内，若英欧未达成贸易协议，英国将于2021年起回到WTO框架下重新实施边检和关税，由此将导致贸易成本增加、经济增长前景遭遇挑战。

## 三、英国未来主要利益目标

### （一）防范内外部风险扩大

英国面临的挑战主要体现在内部和外部两个层面：一方面，内部面临COVID-19危机导致的裁员和失业问题。2020年4月初，英国新冠肺炎病例达到高峰，虽然5~7月有所下降，但7月以后新增病例又明显增加，部分地区再次实施封锁和其他社会疏离措施。在政府积极的财政政策推动下，2020年第三季度英国经济从低谷快速恢复，但回弹力度并不强劲。由于经济衰退仍在持续，失业率并未降低，经济恢复增长可能只是短暂的。另一方面，外部面临后脱欧时代与欧盟贸易的关联问题。英国与欧盟已就贸易协议展开多轮谈判，但由于双方分歧较大，谈判进展缓慢。英国首相鲍里斯·约翰逊甚至表示将取消贸易谈判，并要求企业加强脱欧过渡期的准备。总体来看，英国不会首先在与欧盟的脱欧贸易谈判中让步，一旦无贸易协议脱欧，英国的对外经贸环境和经济可持续增长将受到重大影响。

---

[①] Jeremy Black. A History of Britain: 1945 to Brexit [M]. Bloomington: Indiana University Press, 2017.

## （二）稳定可持续的能源供应

英国在能源供应方面和欧盟一样，都面临过度依赖进口的问题。鉴于英国政府预计在 2025 年前彻底消除煤炭发电，并且部分大型核电站的核反应堆接近寿命年限，加之对新的可再生能源补贴逐渐削减，可以判断英国未来的发电量仍将紧缺，仅靠自身天然气无法缓解电力资源约束。因此，英国在进口天然气方面的对外依赖可能更强烈。尤其在英国彻底退出欧盟以后，英国与欧盟能源市场的联系减弱，能源贸易效率降低，能源安全问题凸显。可以推断，英国未来的能源问题主要在平衡各种形式的能源供应、价格和安全稳定三者间的关系上。

## （三）维持在全球科技创新中的领先地位

从在世界大学排行榜中的位置、专利申请数量等方面来看，英国的科技创新地位都是举足轻重的。受金融危机、脱欧、竞争环境影响，英国科技创新也面临诸多挑战和压力。在 2017 年 12 月英国商业、能源和工业战略部发布的《英国工业战略》报告中，英国政府明确提出要支持高技术制造业、人工智能、汽车等高新技术产业。然而，新兴产业的快速发展蕴含着挑战和风险：一方面，中国和美国也在加快上述领域的发展；另一方面，人工智能产业涉及数据保护和制定道德准则等问题，新兴技术滥用会带来潜在危害。任何国家在新兴领域的突破性发展，都必须注重风险和创新之间的平衡。

## （四）未来英国的国际经济秩序观与安全战略及策略

### 1. 多边层面的国际经济秩序观与策略

（1）加快推进获取 WTO 合法席位。面临 WTO 合法法律席位的准入，英国将与 WTO 的其他成员就最惠国待遇等大小事宜展开重新谈判，这很可能使英国面临持续数年的艰难"入世"之路。工业产品贸易规则方面，英国可沿用欧盟进口关税制度，服务行业方面，英国已同意并接受劳工自由流动。但在敏感的农业问题方面，关税配额及补贴等问题很可能导致贸易谈判陷入僵持。为避免在冗长的谈判过程中付出丧失贸易优先权的巨大代价，未来几年英国必定会组建谈判团队并寻求在 WTO 的单独成员身份，并加快处理好与欧盟 27 国内部的配额份额分担等问题。

（2）适应基于 IMF 和世界银行规则的国际经济秩序调整。IMF 和世界银行给予新兴经济体管理事务方面更大的发言权，削弱了欧洲老牌资本主义国家的投票权，以英国为代表的欧洲便是受改革影响最深的群体。虽然如今发达国家对多边机构的信任感不断减弱,英国在 IMF 中的基金配额以及投票权占比分别降至 4.24% 和 4.03%,在世界银行的投票权不到 4%,但是,随着英国逐渐清晰地认识到多边机构的局限,它开始对这类机构的改革持鼓励态度,并承认以中国为代表的发展中国家已成为世界经济增量的最大贡献力量。现阶段英国主要实施"向掌权者讲真话"的新策略,并不断调整自身结构以适应以规则为基础的国际经济体系。

**2. 在双边层面积极筹划以升华伙伴关系**

(1) 积极筹划并推动双边层面的自由贸易伙伴关系。英国已开始为后"脱欧"时代筹划自己的自由贸易伙伴关系。总体上英国会减少贸易壁垒,扩大市场准入和创造就业机会,在全世界推动其"伟大英国"活动。[①] 英国优先计划与欧盟达成互惠贸易协定;其次发展历史上与其交好的英联邦成员的深度合作关系;最后主攻与美国、中国、加拿大、澳大利亚和新西兰等国家的自贸谈判。在离开关税同盟以后,英国将有自主能力签署新贸易协定,就算无法重回其贸易黄金时代,英国所做功课也至少能够加速谈判进程,减少脱欧后贸易壁垒提升的危害。

(2) 深化双边层面的伙伴关系和多领域合作。英国主要通过其庞大的外交网络为企业创造更多的商业机会。在货物和服务出口方面,英国强烈依赖美国,在研究及创新、教育改革和发展基础教育制度等多个领域,英国也展现出与中国、日本、印度等大国分享其实践经验的意愿。当前,英国已与中国签署总规模超过 140 亿英镑的投资协议,在石油、天然气和民用核能源方面签署或积极探索合作框架;此外,英国还通过一系列定期的双边经济和金融对话加强与关键伙伴(墨西哥、土耳其、越南和韩国等)的关系。深化双边层面伙伴关系和多领域合作的好处不言自明,可以帮助英国塑造更强大的能力以进入日益深化的全球市场。

**3. 国内政策保障自身经济安全**

英国同时注重经济安全和发展,努力形成经济合作和安全合作良性互动、齐头并进的局面。在全球化和数字化日益加深的时代,作为世界第五大经济体,英国经济发展离不开全球贸易和投资活动,维持这些方面的持续发展则与经济数据安全息息相关。英国政府通信总部(GCHQ)秘密情报局[国防部军情六处(MI6)]等情报机构负责维系国家经济安全,保证国家经济持续发展与不受威胁。英国一直实行稳健的防御政策,在发生金融或经济危机的特殊时刻,倾向于保障国家投资安全。[②] 此外,由于英国过度依赖富人税,国防预算黑洞导致高昂

---

① 这是英国有史以来规模最大的国际宣传活动,英国在向全球 144 个国家进行营商、投资和教育推介,旨在进一步扩大与各国的贸易和投资。

② UK government. National Security Strategy and Strategic Defense and Security Review 2015 [R]. 2015: 1–15.

的财政赤字,英国经济本身已经变得十分"脆弱",加之脱欧影响,经济安全形势会再次显著恶化。为保障自身长期经济安全和繁荣,财政宪章要求其减少赤字并保持预算盈余。英国未来还将致力于打击诈骗、洗钱、贿赂和腐败等经济犯罪,进行经济改革和加强经济治理。

### (五) 未来英国的国际政治秩序观及策略

#### 1. 英国国际秩序重构理念

(1) 摆脱在国际政治舞台上的被动外交地位。在英美未得到联合国授权发动伊拉克战争的十余年后,英国重新认定卷入伊战的错误。这种反思不仅表明英国开始成为更健康和更民主国际秩序的推动力量,更意味着英国在重新审视与美国结成的特殊盟友关系,标志着英国跟随美国推行民主制度的局面将得到根本性逆转。在如今西方发达国家政治碎片化愈加严重的态势下,尤其是特朗普政府奉行"美国第一"单边外交政策的重压下,英美过去的特殊利益互信基石被逐渐瓦解。当前英国对自身的国际地位做出了明确的战略调整,希望能摆脱在国际政治舞台上极为被动的外交地位,在动荡不安的民粹主义政治形势中寻求新的外交发展战略。

(2) 塑造独立的"英国价值观"。英国不但不会退出全球舞台,而且希望主动影响全球化的方向和进程。在新威胁不断浮现的全球社会中,英国在寻求自由和安全的平衡中努力保持独立的"英国价值观"。例如,在全球化时代的脱欧行动就贯彻了英国独立实现国家利益的价值观:过于紧密的联盟已被英国全民公决判定不符合其政治和经济利益。又如,英国推行互惠互利的自由贸易价值观:贸易本身不是目的,而是达到共同繁荣的手段之一,贸易繁荣巩固了社会凝聚力,进而巩固了全球政治稳定,为全球安全提供了基石。英国将利用其全球影响力促进自己的利益和价值观,以支持其经济安全和繁荣发展,推动构建更健康和民主的国际秩序。

#### 2. 在多边层面推动强化全球性机构

(1) 在联合国安全事务上持续扮演中心角色。联合国秩序是现行国际政治秩序双轨制的重要一面,并且会依然具有强大的生命力。自1945年联合国成立,英国就一直在多边自由国际秩序创建中扮演着中心角色。2017年,英国作为联合国安理会常任理事国,对联合国常规预算以及维和预算的贡献均排在第五位,占比超过5%和6%,向联合国日常预算注资9 000万英镑,自愿捐款达20亿英镑。作为向外看的"全球英国",它帮助联合国为可持续发展的全球目标做出了贡献,持续在塑造联合国安理会议程、通过决议案、加强冲突预防和调解等实质性工作方面发挥着重大作用,力图促成一个强大和灵活的联合国以维护国际秩序和价值观。

（2）将 G20 集团视为国际经济合作的首要论坛。G20 的主要目标在于不断增强其全球领导力和行动力，使全球经济实现强劲、可持续增长，协调各国宏观经济政策和应对所面临的挑战。英国在 G20 中的策略是将其视为国际经济合作的首要论坛。同时，英国对 G7 集团的态度依然是密切合作，将其视为西方具有共同价值观、利益观和全球观的国家组成的论坛。

**3. 在双边层面推行开放务实的对外关系**

（1）英国对美国的外交政策。在新型经济体崛起的现实背景下，英国意识到，长期来看，全球经济影响力将逐渐由西方转移到东、南方。尽管美国仍将是全球经济强国，但其要保持全球经济领头羊地位所面临的挑战和竞争会更加激烈。① 在这一背景下，英美曾主导的世界秩序遭到侵蚀，英美的"特殊盟友关系"也会随着脱欧以及对欧盟影响力减小出现变化。虽然旧关系已无法代表两国寻求自身发展的现实，但是并不意味着英美间特殊关系的余温会完全消失。至少在军事领域，由于两国存在共同的价值观，并且在国防、外交、安全和情报领域已经建立起长期严密的合作关系，可以判断英国作为北约成员仍会坚定地追随美国的军事战略。

（2）英国对俄罗斯的外交政策。与德国、法国和意大利等在对俄罗斯关系中的鸽派倾向相比，英国在乌克兰、中东、西非问题上态度更像鹰派。以英国与乌克兰关系为例，英国向乌克兰提供了众多人道主义援助，为乌克兰打击腐败、国防改革和军队训练等提供了许多建议和帮助。在乌克兰与俄罗斯交恶的情况下，因英国明显支持乌克兰，导致英俄关系再次剑拔弩张。2018 年，双重间谍引发两国外交风波，英国首相特蕾莎·梅宣布对俄罗斯外交官下达驱逐令，两国关系一度降至冰点。2019 年，英国国防大臣发表讲话称，俄罗斯试图重回冷战时期的辉煌，将成为英国在全球舞台上的重要对手。

（3）英国对中国的外交政策。随着以中国为代表的新兴经济体在全球舞台上的重要性逐渐增加，英国意识到必须加强与新兴经济体在全方位政府事务方面的联系，② 尤其是通过高水平的经济和金融对话发展其经济关系。自 2015 年起，英国和中国的关系迅速升温，英国政府一度宣称要成为"中国在西方世界最强有力的支持者"，如在扩大人民币作为结算货币、加入亚投行、反对贸易保护主义和

---

① UK government. National Security Strategy and Strategic Defense and Security Review 2015 [R]. 2015: 1-15.

② Scotto T J, Reifler J. Getting tough with the dragon? The comparative correlates of foreign policy attitudes toward China in the United States and UK [J]. International Relations of the Asia – Pacific, 2017, 17 (2): 265-299.

支持中国自动获取"市场经济国家地位"等问题上积极靠拢中国。未来中英双边关系将更加深入,两国有望进入史上最甜蜜的"黄金时代"。

(4) 英国对日本的外交政策。亚太地区对英国而言蕴含着重要机遇。日本是英国在亚洲最亲密的安全伙伴,为深入参与未来国际秩序的调整,英国会继续与日本维持志同道合的伙伴合作关系。英国和日本交往以国防合作为基础,两国在安全、政治和外交领域的联系不断强化。例如,英国对日本成为联合国安理会的常任理事国秉持强烈支持的态度。基于英国对日本的经济认知(日本经济正从全球经济危机中缓慢恢复,但脆弱性依然存在)和经济谈判基础,英国对日本外交政策展现出稳步推进的态势,两国将继续探索更长期的国防合作。

## (六) 未来英国的安全防务秩序观及策略

### 1. 积极参与欧盟防务事务

英国脱离欧盟,但并不会离开欧洲。强大的文化和社会纽带将其与欧洲紧密联系在一起,虽然英国在经济及社会事务方面走上"脱欧"进程,但并不意味着英国放弃参与欧洲安全事务。一是由于俄罗斯与西方国家关系不断恶化,中东和北部非洲国家难民涌入,加上可能随之而来的恐怖主义,使得英国备感安全压力。二是积极参与欧盟防务事务构建,有利于英国重塑其与欧盟成员的关系。事实上,英国一直在以双边或多边形式参与欧盟成员的各项防务举措。基于英国的军事实力确实能够对欧盟防务一体化有所贡献,英国的行为也得到了广泛支持。所以,从内因和外因两方面看,都无法排除英国谋求加入 PESCO 的可能,英国可能继续寻求以"第三方"身份参与欧洲应对外部威胁的行动。

### 2. 未来英国与北约的关系

实际上,不管是英国对欧盟还是对北约的安全和防务政策都是由其外交和联邦事务部(Foreign and Commonwealth Office,FCO)下的欧洲—大西洋安全政策组统一制定。从英国想积极参与欧盟防务事务的态度可以看出,英国继续促进北约密切协调与合作的概率极大,北约成员国提供的集体防御和合作安全确实有助于增强英国的威慑力的可信度。事实上,英国是如今世界上唯一一个既满足北约目标又满足联合国目标的国家。北约是世界上最强大和最有效的军事联盟,尤其英国和美国作为北约集体防御及安全中心,通过其核震慑能力保卫着该联盟。这些特征表明北约的国防基石相对坚固。因此,可以判定英国会继续重点关注威慑力量的增强,扩大由其领导的北约高度戒备联合工作队,由此应对当前和未来面临的威胁。

### （七）中英关系展望及中国的策略选择

英国是中国的重要贸易伙伴和投资目的地，随着中英经贸关系依赖程度加深，构建合作共赢的双边战略伙伴关系将成为中英未来发展的必然选择。中国在参与国际秩序重构和实现国家安全的过程中，应该积极构建与英国的新型大国关系，以建立利益共同体和命运共同体为思路，推动全球治理。作为对英国的积极对华态度和务实全球眼光的回应，中国应该坚持共商、共建、共治和共享原则，结合两国各自发展阶段和合作需求，深度挖掘合作潜力和巩固交往基础。例如，通过两国高层对话机制，加强与英国在投资、安全等政治经济领域的交流合作；在国际热点问题上沟通协调，致力于共同维护国际和地区间的和平稳定，打造更具战略性和包容性的"黄金时代"外交关系，充分发挥中英模式的引领作用和示范效应。

# 第五章

# 日本参与国际秩序重构与实现国家安全的战略及策略

第二次世界大战后，日本参与国际秩序重构大体可以划分为以下 5 个阶段。第一阶段（1945～1951 年）：战后经济恢复与追随美国。日本战败投降后，被以美国为主的盟军占领。盟军最高司令部对日本进行了严厉的制裁与控制，在不能寄希望于通过外部或内部制衡来获得有利自身的权力分配的背景下，日本只好退而求其次，寻求与处于领导地位的国家结盟，这就是"追随美国"战略。① 第二阶段（1952～1971 年）：经济崛起期与日美同盟。吸取了第二次世界大战军国主义发动侵略战争惨败的经验教训，当时的吉田茂政府确定了"吉田茂主义"路线——强调以经济为中心、以军事为辅助的外交方针，同时继续与美国保持盟友关系。该战略旨在让渡部分日本国家主权，换取美国对日本国家安全上的军事保护，从而把日本的核心任务转到经济建设上来②。第三阶段（1972～1991 年）：经济放缓期和自主的多元化外交。20 世纪 70 年代，随着日本国际经济实力的增强、经济大国地位的逐步确立，其外交战略从注重经济建设转变为强化自主外交，并争取参与并主导亚洲乃至国际事务。在国际环境及格局发生重大变化的背景下，日本在维持日美同盟的同时进入自主外交的探索期，这一时期日本的国家发展基调是追求外交的自主性及外交渠道的"多元化"③。第四阶段（1992～

---

① 崔健. 日本国家安全战略选择的政治经济分析——以均势理论为基础 [J]. 日本学刊，2015（2）：44-56.
② 曲静. 近代以来日本外交战略的三次转变及其原因 [J]. 日本学论坛，2008（4）：45-48.
③ 吕耀东. 战后日本外交战略理念及对外关系轨迹 [J]. 日本学刊，2015（5）：61-75.

2012年）：经济迷失期与21世纪寻求大国地位外交。在日本政治"整体保守化"的背景下，追求与日本经济实力相对应的政治大国地位成为这一时期的主题。此时期日本以摆脱"战后体制"、承担"国际责任"为要务，通过实施"价值观外交"，力争实现其国家目标。第五阶段（2013年至今）：新时期（逆全球化）下寻求以日本为中心的双边和多边体系。"入常"失败和全球金融危机使日本在经济和信心上均受到了极为沉重的打击，也深刻认识到了经济衰退的危险性。2019年，安倍晋三再次就任日本首相。安倍政府意识到，如果没有强有力的政策调整，"失去的20年"将变为"失去的30年"。在此迫切的目标下，日本把建立以经济合作为中心的双边、区域和多边合作体系，促进本国经济的迅速恢复和发展作为该时期的国家主题。

## 第一节 战后恢复期日本参与国际秩序重构和国家安全战略及策略

### 一、第二次世界大战后的经济混乱与重建

#### （一）经济从凋敝走向重建

1945年战败投降后，日本旧的经济和社会秩序已经崩溃，物资的短缺带来了严重的通货膨胀。以1934～1936年为基准，日本的零售物价指数1944年增长了1倍，达2.09，1945年为3.08，1946年为18.3，仅一年物价就增长了超过5倍，而到1949年为243.4，较1944年物价增长了120多倍。[①] 日本政府先是推行管制经济政策以控制通胀、恢复生产，又逐步取消管制并推行"产业合理化"政策以恢复市场经济活力。同时，朝鲜战争的爆发为日本提供了战时需求，使日本生产依靠特殊的外需而快速恢复。根据日本经济企划厅《经济白皮书25年》的数据，如以1934～1936年的平均水准为100，则1951年日本的农业生产指数为100，工矿业生产指数为131。

---

① 孙执中. 荣衰论——战后日本经济史 [M]. 北京：人民出版社，2006.

## (二) 国际贸易规模虽小但发展迅速

由于国内经济弱小，1946~1951年日本基本处于贸易逆差状态。这一阶段日本作为一个经济小国，其国际贸易实现了高速增长。6年间日本的出口贸易年增速达到65.8%，经济贸易增速达到32.5%。1951年日本出口贸易额达到13.54亿美元，同年中国的贸易总额仅11.3亿美元。

## 二、日本国际秩序重构观与国家安全策略

### (一) 日本国家利益的主要目标——恢复经济实力，达到政治自治

1945年8月日本首相东久迩在记者招待会上称，国内的首要问题是保障国民生活安定，为此政府将全力以赴。在战败初期的混乱状态下，日本首要的国家经济利益诉求就在于完成经济重建和复兴的艰巨任务。1945年宣布投降后，日本历史进入了被占领期，这种状态下，其首要的国家政治利益诉求就是维护原有政治统治，减少战争赔偿并尽快结束被占领状态。

### (二) 日本的国际经济秩序观与策略——贸易立国战略

日本于1949年9月开始实施《经济复苏五年计划》，该计划明确了日本在战后贸易立国的经济发展战略。该计划指出："将来日本的经济规模、生活水平的高低，最终取决于日本的出口规模。"① 可见日本十分重视出口的发展。1954年日本成立"最高出口委员会"，以更好地规划和管理出口。这一机构对促进出口发挥了核心作用。

### (三) 日本国际政治与安全观与策略——依附美国

这段时期的日本由美国主导的联合国军统治，时任驻日联合国军总司令道格拉斯·麦克阿瑟成为日本实际的最高领导人，不过麦克阿瑟对日本实施的是"间接统治"：既避免了占领军实施"军政"，也保存了天皇，甚至是原有的本土政治思维。这与同样是战败国、经历了"去纳粹"运动的德国有着很大的差别。日本实际上成为美国的附庸国，在国际社会中没有独立自主的影响力。

---

① 周暄明，丁子函，堀江正弘. 日本经济高速增长的政策软实力 [J]. 现代日本经济，2010 (2)：1-8.

## 第二节 经济奇迹时期日本参与国际秩序重构和国家安全战略及策略

### 一、迅速崛起的 20 年

#### (一) 长达 20 年的优异经济增长

日本在 1952~1971 年 20 年间的平均经济增长率达到了 8.77%,[①] 国民生产总值增长 4 倍多。据世界银行统计资料,1961~1970 年十年间日本年均增长速度达到了 9.8%,同期美国仅为 4.2%,不到日本的一半。日本的国际经济地位大幅提高。1955 年日本的 GDP 为 240 亿美元,仅是联邦德国的 56%。其后,日本的 GDP 在 1966~1968 年接连超越了英国、法国和联邦德国,自此日本由一个中等工业国家跃居为一个西方第二、世界第三的世界经济强国。[②]

#### (二) 贸易迅速增长并成为长期贸易顺差国

在贸易立国战略的指导下,日本成为贸易全球化的最大受益者。从 1952 年到 1971 年,日本出口增速平均每年达到 16%,超过了美国、联邦德国、法国、英国等其他传统贸易大国。与战后出口表现出色的联邦德国相比,20 年间日本有 15 年的增速在德国之上。1952 年时日本出口额仅相当于英国的 16%、法国的 31%、联邦德国的 31%、美国的 8%。到 1971 年,日本出口额已经是英国的 1.08 倍、法国的 1.15 倍,达到联邦德国的 61%、美国的 54%。从 1965 年起,日本进入了长期的贸易顺差状态。

### 二、日本的国际秩序重构观与国家安全策略

#### (一) 日本的国家利益的主要目标:发展经济、融入国际、配合美国

日本加入了美国主导的资本主义世界体系,按照吉田茂主义和经济增长主

---

[①] H. Patric and H. Hozovskt (eds.). Asia's New Giant: How the Japan Economy Works [M]. Brookings Institution,1976:9.

[②] 景跃军. 美国、日本经济增长方式转变比较及启示 [J]. 人口学刊,2004 (2):8-12.

义，专心发展经济，从而跻身世界经济大国行列。这个阶段日本的国家利益诉求集中于发展经济，在国际政治上积极融入国际社会，摆脱战败国受歧视的地位，在安全防务上积极配合日美同盟的需要。

### (二) 日本的国际经济秩序观：融入国际、出口导向

**1. 日本融入国际经济组织**

第二次世界大战后，日本通过产业立国和贸易立国发展经济——产业立国谋求利用海外科技资源学习世界最先进的技术，而贸易立国谋求利用自由贸易的国际体系扩大市场。这都需要美国提供的自由开放的国际经济秩序以供日本获得市场、技术和资源。美国主导的世界银行、IMF 和 GATT 为日本经济和贸易发展提供了稳定的制度环境。因此，为享受自由开放的外部条件，日本积极谋求融入国际经济秩序的治理环境中。1952 年日本加入 IMF 和世界银行，1955 年日本加入 GATT，1964 年加入 OECD。

**2. 日本"鼓励出口、限制进口"的贸易导向**

战后日本政府为振兴出口采取了许多政策手段，如财政手段、金融手段、出口保险制度、出口检查制度、出口设计制度以及维持出口秩序等。与此同时，日本政府大力扶植出口产业的发展。根据"动态比较优势"原理，战后日本选择重化工业特别是机电产业作为战略性出口产业加以扶植。为扶植战略性出口产业发展，日本政府在战后相当长时间内采取严格限制进口的政策，这种限制进口政策是"有选择的限制"。首先，优先保证发展经济所需的原材料的进口。其次，对于一般消费品特别是与国内产业有竞争关系的消费品及"奢侈品"的进口严格加以限制。20 世纪 50 年代末以来，在美国强烈要求日本实行贸易和外汇自由化的压力下，日本政府被迫解除了一些贸易进口限制，但日本的进口并没有剧增。如 1960～1965 年，日本进口额年均增长 12.7%，年均增速与 1955～1960 年持平，明显低于 1950～1955 年的增速（年均增长 20.5%）。

### (三) 日本的国际政治秩序观与策略

《日美行政协定》和《日美安全保障条约》在 1952 年 4 月同时生效。除冲绳岛等岛外，日本领土全部独立，这两个文件的出台，既标志着第二次世界大战后联合国对日本长达 7 年的占领从此结束，也标志着日美同盟形成，奠定了日本"脱亚入美"的外交战略。在美、苏冷战对峙的国际环境中，如何恢复其在国际社会中的地位并加入联合国成为日本政府面临的首要课题。

### （四）日本的国家安全与防务秩序观及策略

在第二次世界大战后两极对峙的背景下，时任日本首相吉田茂的执政理念是"重经济、轻军备、乘（美国国家）安全车"。1952 年《日美安全保障条约》和《日美行政协定》的生效也使得日本在安全上完全服从于美国。此后日本的各界内阁基本继承了吉田茂主义的安全防务政策，也对《日美安全保障条约》有所调整，结果是在安全防务上日本虽然继续依靠美国，但取得了更平等的地位和实力。

1951 年吉田内阁为了求得美国军事保护，签订《日美安全保障条约》时在形式和内容上都对美国做出了重大让步，因此日本一直试图改变不平等的局面。1956 年日本与苏联邦交正常化，并在苏联的支持下加入了联合国，使日本要求摆脱《日美安全保障条约》中的不平等关系具备了有利条件。1960 年岸信介内阁与美国就修改《日美安全保障条约》完成谈判，新的《日美安全保障条约》使日本取得了更平等的地位，明确了日本在本国领土上与美军共同作战的义务，明确了美国使用日本的设施和区域执行与防御日本无关的战斗任务时通知日方的义务，把双方关注的范围扩大到"远东"。20 世纪 60 年代后，日本政府开始与美国谈判要求归还冲绳，使日本从提供地理基地转向与美国的全面防务合作。在此背景下，美国开始要求日本同美国分担更多的"国际责任"。为满足美方的条件，尽快收回对冲绳的统治权，日本开始了第三次防务计划，标志着日本国家安全战略从"岸边防卫"走向"海上防卫"。

## 三、日本对外关系的重点是苏联和美国

### （一）恢复与苏联的关系以获得其对日本加入联合国的支持

1952 年日本吉田茂内阁首次申请加入联合国便遭到苏联一票否决，原因是第二次世界大战后初期日本首相吉田茂作为一个亲美派，并不热衷于日苏关系，两国甚至尚未正式结束战争状态。1955 年在联合国大会上鸠山一郎政府再次提出加入联合国的请求，又因苏联反对而落空。为此，日本认为恢复日苏邦交势在必行。日苏双方从 1955 年在伦敦开启首次谈判会议，到 1956 年 3 月双方共举行 23 次会谈，却因日美同盟和领土纠纷一直未能达成一致，直到 1956 年 10 月才完成了与苏联的谈判。《日苏联合声明》使日本在保存日美同盟和《日美安保条约》的基础上，完成了日苏邦交正常化，并在当年 12 月顺利成为联合国第 80 个

成员方。谈判中双方回避了领土争端问题，反映了日本现实主义的外交策略。

### （二）日美同盟是日本最重要的双边关系

从联合国军的占领下独立后，日本便在第三次担任日本首相的吉田茂带领下进入吉田主义和日美同盟时代，无论是对自民党还是民主党或其他政党执政，日美同盟都是日本外交和安保的基础。

在长期的冷战过程中，日本成为美国稳定的合作伙伴，向美国提供政治、外交、军事后勤支持；美国则向日本提供安全保障以及相对开放的市场、技术和资源。日美同盟和吉田茂主义结合的结果是：朝鲜战争阶段，数万美军阵亡，而日本一兵不发，依靠强大的军需拉动生产，经济也借此复兴；在美苏冷战背景之下，美国建立了相对较为自由开放的国际经济秩序，日本乘势在美国的庇护下，全心全意搞经济建设，成功实现了在国际经济秩序中地位的跃升。

## 四、通过对外开发援助树立负责任大国形象

第二次世界大战后初期，日本是世界上对外援助的接受国。1954 年，日本加入为援助南亚、东南亚和太平洋地区各国的国际组织——科伦坡计划（Colombo Plan），以对东南亚国家的战争赔偿为主，开始以受援国和援助国的双重身份对外提供援助。在 20 世纪 70 年代初期以前，由于主要是战争赔款，日本外援的援助地区只限于亚洲，援助的目的主要是经济利益，但随着发展产生了以下几个特点：第一，日本对亚洲的政府开发援助（Official Development Assistance，ODA）政策开始有了政治色彩。自日本内阁总理大臣田中角荣 1974 年对东南亚各国进行访问之后，日本对亚洲的援助政策发生了转变，不再信奉经济利益至上，开始把经济援助作为纽带，借此拉近与亚洲各个国家间的关系，从而尽快脱离日本的战败国身份，树立受国际社会认可的负责任的大国形象。第二，日本以经济援助保障能源安全，例如对中东开展大量 ODA 援助，以获得可靠的能源保障。第三，作为日美同盟的一部分，日本也分担了美国的国际责任而进行对外开发援助[①]。不过，虽然日本已逐渐显露出转向运用对外援助来追求提升国际政治地位的目标，但与美国以外交与安全战略为主导的对外援助模式相比，这并非其对外援助的主导性动机。

---

① 王昕. 关于二战后日本政府开发援助的政策研究 [D]. 上海：华东师范大学，2011.

## 五、加入 GATT 初期主要为争取"完全、平等"的成员资格

日本能够顺利加入 GATT，是美国出于政治考虑对其大力支持的结果。当时，由于以英国为首的英联邦国家的反对，日本还被迫接受了这些国家启动 GATT 第 35 条的决定，即因为缔约方间协议的互不适用，拒绝对日本实施 GATT 的最惠国待遇。日本加入 GATT 时，缔约方仅有 35 个，但包括西欧主要国家在内的 14 个缔约方都对日本援引了此条款。日本与这 14 个国家的贸易额占其贸易总额的 40%，这使其最惠国待遇大打折扣。鉴于此，在与 GATT 的早期交往中，日本把绝大部分精力都放在了与这些国家的双边谈判上，争取在 GATT 中获得"完全、平等"的成员资格。

事实上，从 1955 年日本加入 GATT 到 1986 年乌拉圭回合拉开序幕，GATT 对日本对外贸易政策的影响都微乎其微，日本对 GATT 一直保持着怀疑和戒备的消极态度，除了利用 GATT 框架下的最惠国待遇条款与普惠制外，日本尚未对 GATT 表现出足够的重视。例如，在争端解决方面，日本一直回避对 GATT 下该机制的使用。当遭遇与 GATT 相关的诉讼时，日本政府总会争取在正式判决结果颁布前与起诉方达成双边解决方案，一直在法律框架之外依靠双边谈判协商来解决争端。截至 1986 年，日本在 GATT 中仅受到 11 起起诉，且其中仅"皮革进口措施案"一案以公开审议告终。同时，日本也极少作为起诉方对其他国家采取法律行动，截至 1988 年，日本仅向 GATT 提出了 4 起正式诉讼。[①]

## 第三节 经济放缓期日本参与国际秩序重构和国家安全战略及策略

### 一、逐渐放缓的 20 年

#### （一）经济增速较快，但奇迹不再持续

20 世纪 70 年代初至 90 年代初，是日本经济增长逐渐放缓的 20 年。该时期

---

① 向前. 日本应对 GATT/WTO 体制的策略探析 [J]. 日本学刊，2008 (5)：51－64＋158－159.

日本 GDP 平均增长率仍高于大多数其他发达国家，1980~1990 年日本年均增长率为 4%，高于同时期美国的 3.1%，法国的 2.4%，英国的 3.2%，意大利的 2.4%，加拿大的 3.4%。① 经过这一时期的积累，按照本币计算的日本经济规模已是 20 世纪 70 年代初的 5 倍多，但该阶段日本经济增长率平均值下降到 4.1%，任何年份都未能超过上一阶段增长率的平均值 9.8%。

### （二）出口贸易增速较快但不再突出

日本的贸易量继续不断增长，20 年增长了 12 倍。但这一阶段的进出口增速趋缓，与美国、德国、法国和英国相比，不再像上一个阶段那样有明显的优势，甚至很多时候落后于其他国家的贸易增速。1982~1991 年的十年中日本有六年的货物出口增速低于德国，而在上一阶段 1962~1971 年的十年中，日本只有一年的货物出口增速低于德国。

### （三）对外投资超常增长

1985 年广场协议后日元大幅升值，刺激了日本企业对外投资活动。日本对外直接投资从 1986 年的 150 亿美元增至 1990 年的 480 亿美元，到 1992 年累计为 2 480 亿美元，年均增长率为 25%。日本海外资产在 1987 年超过美国，1990 年达到 9 500 亿美元以上。到 1990 年末，日本净贷款估计为 3 280 亿美元，成为世界上最大的债权国。② 1981 年日本购买的外国证券数额为 150 亿美元，1986 年激增至 2.6 万亿美元，5 年间扩大了 175 倍，显示了日本资本外流的强劲势头。同样的历程，英国需要 100 年，美国需要 50 年，而日本仅用了 5 年③。

## 二、日本的国际秩序重构观与国家安全策略

### （一）日本国家利益的主要目标

这一阶段日本的首要国家利益仍然是经济发展，并且从贸易大国迈向金融大国，从而在国际上树立起开放的大国形象。然而这一目标受到美日频繁的贸易摩擦和同期国际秩序重构带来的双重挤压和冲击。

---

①② Joseph A. Camilleri, States, Markets and Civil Society in Asia Pacific [M]. Mas.: Edward Elgar Publishing Limited, 2000, p.68.
③ 陈文鸿等. 东亚经济何处去——97 东亚金融风暴的回顾与展望 [M]. 北京：经济管理出版社，1998：6.

## （二）日本的国际经济秩序观与策略

### 1. 日本采取宽松的货币政策应对国际金融秩序新变革

20世纪80年代末，面对来自美国的压力，日本未能有效应对国际金融秩序变革中新变革带来的挑战。美国经济80年代末面临着"双赤字"——贸易赤字和财政赤字的困境。面对双重困境，里根政府采取高利率政策以吸引外资大规模流入，一方面维系国际收支平衡，另一方面为国债赤字融资。但高利率加剧了美元升值趋势，引发美国制造业及出口的更大困难。1982~1984年，美国出口额连年出现负增长，其中1984年贸易逆差高达1 090亿美元，而日本占比接近50%。1985年9月西方五国达成了著名的"广场协议"，该协议旨在联合干预外汇市场，其中规定了日元与马克应大幅对美元升值，但此后日本和德国经济却出现了迥然不同的发展趋势。[①] 日本过度宽松的货币金融政策，导致国内股票和房地产资产价格泡沫膨胀，境外热钱同时流入，进一步推高了资产价格。

### 2. 日本参与国际货币秩序重构与提出日元国际化

随着日本经济实力增强，国际货币秩序改革即日元国际化成为日本当期重要的经济目标。1971年尼克松危机和1973年主要国家普遍采取浮动汇率制度后，国际货币体系处于极度不稳定中。20世纪80年代中期，全球围绕建立一个美元、马克和日元构成的三极货币体制进行了讨论，日本政府对日元国际化问题有所考虑。正式启动于1984年的日元国际化的动力有两方面：美国希望压迫日本开放资本项目和国内市场；日本则是因为经济崛起而拥有了挑战美国的经济地位和美元地位的诱惑。但考虑到日元国际化对日本经济外部环境的压力，日本政府对此并不积极，日元国际化更多的是来自美日双边经济关系的推动。这一时期日元国际化只取得了暂时的成功，却因为国内泡沫破灭而严重受挫。

## （三）日本的国际政治秩序观与策略

一系列国际秩序重构对日本经济发展造成的冲击促使日本反思吉田茂主义并调整国际秩序观。日本在美日关系中开始追求更多的自主性和对等地位，争取"脱美入亚"。日本先后提出"日美关系对等化""对美、对亚关系平衡化"以及"美欧日三极论"，开始力争摆脱战败国阴影，寻求政治大国地位，在多边层面上寻求参与国际新规则的制定。

---

[①] 徐奇渊. "广场协议"和中国经济系列之终结篇：日本货币政策的教训[J]. 南风窗，2010（20）：64＋66－67.

### (四) 日本的国际安全防务秩序观与策略

日本认为，世界经济、政治一体化趋势已是主流，日本必须摒弃"一国和平"的构想，打破战后安全防务上的种种禁忌，积极承担国际安全责任，努力做出与自身经济实力相适应的国际安全贡献。中曾根内阁时期，日本参加美国环太平洋联合军事演习的次数不仅明显增加，而且演习也从海空延伸到陆地，美日军事合作更加紧密。此外，中曾根内阁还一度突破了军费开支不高于国民生产总值（GNP）1%的限制，1987年达到1.004%，超过德国的军费开支。值得关注的是，日本这一阶段比以往在安全防务上更加积极的原因不是受到了直接或者间接安全威胁，而是由于日本开始谋求政治大国的战略调整引起的。

## 三、日美同盟的持续与日中建交

### （一）日美同盟是日本"失去20年"的政策根源

20世纪70年代以后，美国主导的国际秩序未能再眷顾日本的发展。在两次石油危机、布雷顿森林体系瓦解、尼克松"越顶外交"、广场协议、卢浮宫协议和日元国际化等一系列国际秩序变革中，日本没有能够很好地予以应对，囿于美日关系的战略而给自身经济带来了极为严重的负面影响，甚至成为一系列国际秩序变革失败的根源。

长期日美同盟中，日本依赖美国应对国际事务，使日本在政治和外交上缺乏足够的战略性、自主性和主动性。但国际秩序不可能永远稳定，美日利益也不可能永远契合。面对国际秩序重构，长期依赖美国解决国际事务问题的日本就缺乏与自身经济实力相对应的维护自身利益的能力。当美日利益分歧越来越大时，长期处于从属地位的日本难以影响和主导国际秩序，更难以对抗美国对日本发展的压制。

### （二）中美关系正常化下的中日建交

日本重新审视并调整对美外交依赖在本阶段中的日本对华关系上得到重要体现。1971年尼克松访华和中美上海联合公报的发表开启了中美两国关系正常化的进程，这使美国的盟友日本举国震动。因此，田中角荣政府下定决心要尽快实现日中邦交正常化，争取走在美国前面。田中内阁在中国问题上有别于前任佐藤内阁的政策，是在国际局势转化的情况下日本外交行为上机会主义的重要体现。

田中角荣上台首先致力于恢复中日邦交受到中美发表联合公报、中国重返联合国等多重因素的推动。值得一提的是，日本的外交政策转向十分迅速，从佐藤内阁在中国恢复联合国合法席位问题上紧跟美国，到田中内阁上台先于美国实现对华邦交正常化的转变中，就不难看出。①

## 四、对国际事务的态度逐渐积极主动

### （一）日本开始在 GATT 中采取积极主动的策略

1973 年，GATT 东京回合谈判拉开了序幕，日本在关税减让、非关税壁垒的磋商以及有关协议的执行上都表现出了与之前不同的主动态度。但日本 GATT/WTO 策略的真正转变发生于乌拉圭回合谈判开始之后，其标志性案件是"欧共体对零部件进口的管制案"与"日本方木进口关税案"。这两个案件让日本认识到，GATT 可以成为其应对他国诉讼的法律工具，同时也感受到了 GATT 的客观、公平和公正。在此后的乌拉圭回合谈判中，日本作为倡导者之一，表现得十分主动，特别是涉及争端解决机制方面的谈判。②

### （二）日本在 G7/G8 中的贡献者和领导者定位

**1. 作为"价格接受者"和美国附庸的日本**

作为世界上综合国力最强大的国家，美国当之无愧地成为 G7/G8 事实上的主导者。战后日美间的特殊关系确保了美国在国际事务中对日本拥有足够的影响力，从而使日本在 G7/G8 中的行动很大程度上受美国制约。G7 成立初期，由于深陷滞涨之中的西方七国急于摆脱危机，G7 峰会始终将经济问题作为讨论重点，G7 峰会也仅作为发达国家的经济协商和合作论坛而存在，日本关注的议题自然以经济为主。这一时期，虽然日本已是全球仅次于美国的第二大经济体，但在国际政治中依然是无足轻重的小角色，美国认为其在 G7 中的作用仅体现在经济议题上，与加拿大和意大利并没有什么不同。也就是说，在 G7 成立的最初几年里，日本在 G7 中更多的是"价格接受者"。③

**2. 冷战时期经济地位提升、话语权增加的日本**

20 世纪 80 年代后，日本经济持续向好与美国经济深陷泥潭形成鲜明对比，

---

① 田庆立，程永明. 日本外交中的机会主义与对华行动选择 [J]. 东北亚论坛，2008（6）：88-92.
② 向前. 日本应对 GATT/WTO 体制的策略探析 [J]. 日本学刊，2008（5）：51-64+158-159.
③ 李杨，高天昊. 从 G7 到 G20：竞争的多边主义与日本的全球经济治理角色 [J]. 外交评论，2016（5）：109-134.

美国经济的衰退不仅缩小了两国间的实力差距，也使以美国为首的西方世界在东西方对抗中越来越借重日本的力量，转而开始支持日本提升政治影响力，日本在 G7 中的政治地位得到空前的提高。[①]

## 第四节 经济迷失期日本参与国际秩序重构和国家安全战略及策略

### 一、失去的 20 年

#### （一）长期低迷的经济增长

20 世纪 90 年代以后，随着泡沫经济的破裂，日本经济出现严重衰退。1991 年日本 GDP 增长率从 1990 年的 5.2% 跌到 3.3%，1993～1994 年三年中增长率不到 1%。虽然 1996 年增长率恢复到 2.6%，但随后爆发的亚洲金融危机对刚刚恢复元气的日本经济造成沉重打击，导致 1997 年经济增长率下降到 1.4%，1998 年更是出现了 -2% 的惊人负增长。2000 年日本经济增长率复苏至 2.3%，但受美国信息技术为特征的新经济泡沫破灭的影响，2002 年增长率又跌至 0.3%。此后五年即 2003～2007 年是 20 世纪 80 年代以来世界经济发展最好的一段时期，日本受益于此，经济逐渐复苏至每年 1.8% 左右的增长轨道。2008 年受全球金融危机影响，日本经济再次出现负增长，2008 年为 -1%，2009 年为 -5.5%，2010 年反弹恢复至 4% 后 2011 又下降到 -0.7%。

#### （二）贸易表现落后于其他竞争对手

20 世纪 80 年代，日本外贸出口年增长率为 5.2%，远远高于世界外贸出口 3.9% 的年增长率，也高于法国的 3.7%、德国的 4.5%、美国的 3.2%、英国的 4.2%。然而，90 年代后的国际秩序重构给日本的国际贸易带来了负面影响。如图 5-1 所示，从 1991 年到 2011 年，日本货物出口总额由 3 147 亿美元增长至 8 226 亿美元，年均增长率 4.9%，低于美国的 6.5%、德国的 6.7%、法国的

---

[①] 李杨，高天昊. 从 G7 到 G20：竞争的多边主义与日本的全球经济治理角色 [J]. 外交评论，2016 (5): 109-134.

5.1%，更远远低于亚洲的10%。

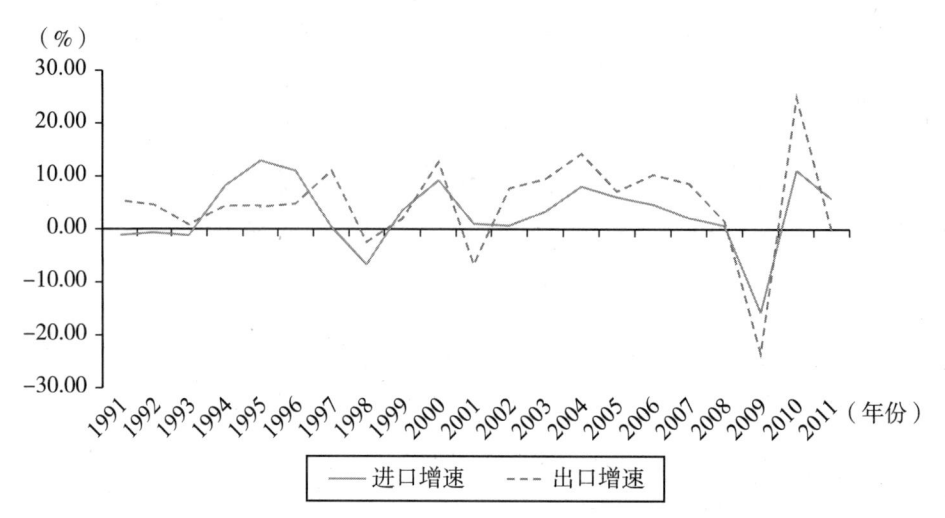

图 5-1　1991~2011 年日本对外进出口增速

资料来源：世界银行数据库。

## 二、日本的国际秩序重构观与国家安全策略

### （一）日本国家利益的主要目标——"正常国家化"

本阶段日本国家利益目标开始多元化，日本政府领导人及其相关官方报告中提出多种国家利益诉求，总体来说可以归为两个层次：基础诉求是国家安全保障和经济稳定，上层诉求是"正常国家化"。安全保障和经济稳定是"正常国家化"的前提，而上层诉求的战略目标就是保障基础需要。

日本以前一直以国家的安全保障和经济稳定为至高利益，在国家政治影响力、军事影响力方面投入相对较少，导致日本成为经济大国、政治小国。1993年小泽一郎在《日本改造计划》中指出，日本不能再像冷战时期那样专心埋头于发展经济，应将世界经济及和平纳入视野，以更敏捷的反应面对变动的事态，作为世界经济超大国应负的国际责任超乎日本国民想象。他认为，日本要成为"正常国家"，需要做到以下两点：第一，对于被国际社会视为理应完成的事情，日本也应该尽其责任去完成；第二，对人类面对的共同课题，如提升国民生活水平、应对环境和资源保护等问题，日本也应该尽其所能进行合作。[①]

---

① 吕耀东. 21 世纪初日本对外目标及外交战略探析[J]. 日本问题研究，2009 (3)：1-9.

## （二）日本的国际经济秩序观与策略

在这一时期，国际经济秩序最突出的特点是多边贸易体系发展逐渐停滞，而区域贸易协定则迅速增长，越来越多的国家寻求利用区域贸易协定来实现自身经济利益和推动区域经济一体化。日本的自由贸易协定/经济合作协定（Free Trade Agreement，FTA；Economic Partnership Agreement，EPA）水平（不论是在签署协定数量，还是在贸易自由化率方面）均与国际先进水平存在较大差距。为改变日本 FTA/EPA 进展相对落后的状况，顺应国际双边贸易自由化发展，日本政府采取了一系列国内外政策进行应对：第一，消除日本货物贸易自由化发展的最大障碍——提高日本农产品的竞争力，这需要推动国内的经济结构调整和农业改革，同时这对日本未来与别国签订 FTA/EPA 具有十分重要的影响；第二，在国际上加强与东亚各国特别是与中国的合作，这不仅关系到中日 FTA 的启动与进展，而且关系到东亚自由贸易区和东亚共同体的稳定与发展。[①]

## （三）日本此阶段的国际政治秩序观

美国为日本提供国土和经济安全是建立在两国利益无冲突的基础上，然而随着日本成为世界第二大经济体、世界第一大债权国、美国第一大贸易逆差来源国，日美之间利益摩擦和冲突越来越多。因此，日本开始寻求正常国家化，在双边上重新定义日美同盟以争取更加对等的地位，并有意识地增强外交自主性，开始阶段性地重视和发展中日关系，在地区事务上谋求区域主导权，在多边上谋求政治和军事大国化。

在区域政治领域，日本努力主导新的双边或多边安全合作框架，先后成立了"日本+美国+印度""日本+美国+澳大利亚""日本+美国+澳大利亚+印度"等安全合作框架，这在很大程度上提升了"日本+印度""日本+澳大利亚""日本+北约"等安全合作或对话机制之间的联系；安倍、福田内阁任内对华关系大幅改善，建立了双边战略互惠关系，鸠山内阁提出了美日中等距离外交构想。日本还提出了"民主与自由繁荣之弧"和"价值观外交"，试图提出自身主导的区域治理安排，扩大日本在东亚乃至亚太地区的区域主导权。

然而，这一时期日本寻求政治大国化、正常国家化新定位的进程并不顺利，根本原因就在于前述的日本国际经济地位下降。这也导致日本相对上一时期很少再提"日美欧三极论"，在对美、对华以及对亚关系上反复摇摆，显示了日本在国际秩序重构背景下缺乏长期战略思路。

---

① 刘昌黎. 日本 FTA/EPA 的新进展、问题及其对策 [J]. 日本学刊，2009（4）：56-68+157.

### (四) 日本的国际安全秩序观与安全策略

"9·11"恐怖袭击事件后,日本在"援美反恐"的背景下,实现了追求多年的向海外派兵的愿望,脱离了"专守防卫"轨道。日美同盟由此从地区性安全同盟逐步扩展为全球性安全同盟,其体制也由日本依赖美国提供公共安全转向日本可以行使集体自卫权的"双向义务体制",成为其迈向"正常国家"、军事大国的重要基础。[①] 摆脱战败国阴影、推行对外援助、防卫费突破国民生产总值1%的限制、向海外派出维和部队、国会通过《联合国维持和平活动合作法案》等行动,都表明日本成为军事和政治大国的强烈愿望。

## 三、日美同盟对接初步形成

日美同盟对接战略始于 2009 年的鸠山政府,至 2014 年安倍政府基本完成,其中在 2012 年野田佳彦政府达到了日美同盟战略对接第一阶段的顶点,此期间日美关系的成果主要体现在以下几个方面:第一,将改革战略的成果反映到同盟政策中,建立包括安保、民生、科学研究和推动经济增长活动的所有合作事项,制定"国际行为规范";第二,加强日美在网络方面的合作;第三,开展日美能源及核能合作,内容涵盖新能源、清洁能源研发等领域;第四,日美还确定了全球供应链方面的安全合作,并将区域经济一体化问题提上了议事日程。

## 四、日本此时期的多边关系

### (一) WTO 成立后日本更为积极、灵活的策略

乌拉圭回合后,根据相关协议,WTO 成立并取代了 GATT。相较后者,WTO 更注重运用协商一致的原则解决各成员之间的事务,同时,争端解决机制的法律效力也随着各成员市场的逐步开放而显著增强。这些正是日本对国际贸易体制需求的体现。因此,日本在 WTO 体制中的策略发生了根本性的转变,两个标志性的案件均发生在 WTO 成立之后不久:一是 1995 年日本酒类税案;二是 1995 年日美汽车案。据 WTO 官方统计数据,截至 2008 年 2 月初,日本以当事方身份直接参与的 GATT/WTO 争端案件数目达 67 个,其中 GATT 时期为 40 个,WTO 时

---

[①] 田庆立,程永明. 日本外交中的机会主义与对华行动选择 [J]. 东北亚论坛,2008 (6):88-92.

期有27个（见表5-1），充分说明了日本应对GATT和WTO体制策略的转变。①

**表 5-1 日本以当事方身份参与 GATT/WTO 争端案件的情况统计**

| 阶段 | 日本作为被告方 | 日本作为被告方+成立专家组 | 所占比例（%） | 日本作为原告方 | 日本作为原告方+成立专家组 | 所占比例（%） |
| --- | --- | --- | --- | --- | --- | --- |
| GATT | 28 | 13 | 46 | 12 | 2 | 17 |
| WTO | 15 | 6 | 40 | 12 | 9 | 75 |

注：统计数据始于1955年日本加入GATT，止于2008年2月16日。
资料来源：WTO官网。

## （二）日本在联合国中的诉求

能够成为联合国安理会常任理事国一直是日本成为政治大国的标志之一。1955年重返国际社会后，日本就开始谋求常任理事国席位。1980年，日本首次提出"加入联合国安理会常任理事国"是其成为"国际大国"的重要战略目标之一。日本政府曾于1995年首次发起"入常"攻势，但以失败告终。2000年，日本与德国、巴西、印度组成"四国联盟"，共同谋求提升国际地位，结果未能如愿。2005年，日本入常努力达到顶峰，国内各界都对日本成为联合国安理会常任理事国表示强烈支持，日本政府也再次动用庞大的外交资源提出"入常"申请，但仍以失败告终。

## （三）俄罗斯加入G7对日本地位的冲击

20世纪90年代苏联解体，持续近半个世纪的冷战落下帷幕。作为西方抱团对抗苏联的机制，G7失去了其存在的意义。但随着90年代后期东西方关系的缓和以及经济全球化的加速，G7峰会议题范围不断扩大，气候、环境、卫生、跨国犯罪、教育和信息技术与人权、反恐等新议题逐渐纳入峰会议程。同时，随着美国经济在90年代的繁荣以及日本经济开始陷入长期衰退，日本在G7中的政治地位与80年代相比有所下滑。另外，俄罗斯加入G7和新兴经济体崛起使得G7在升级为G8后仍有可能进一步扩大，这无疑会对日本在其中的地位造成进一步的冲击。②

---

① 向前. 日本应对GATT/WTO体制的策略探析 [J]. 日本学刊，2008（5）：51-64+158-159.
② 李杨，高天昊. 从G7到G20：竞争的多边主义与日本的全球经济治理角色 [J]. 外交评论 2016（5）：109-134.

21世纪以来，随着中国经济实力的增强和国际影响力的提高，国际上支持中国加入 G8 的呼声越来越高。日本的立场变得更为复杂，它不愿意看到中国像俄罗斯那样获得 G8 成员资格，但将中国完全排除在 G8 机制之外也不符合其现实利益。无论是出于对中日之间历史宿怨的忌惮，还是对两国地缘政治竞争关系的考量，日本都不可能心甘情愿地接受中国的 G8 成员资格。[①]

## 第五节　新时期日本参与国际秩序重构和国家安全战略及策略

### 一、安倍经济学短期效果明显，前景不乐观

2012 年，安倍再次出任首相，启动了以"大胆"的货币政策、"机动"的财政政策、刺激民间投资为中心的经济产业增长战略，旨在提振日本经济，摆脱通货紧缩状态，实现 2% 的通胀目标。日本媒体和学者将其称为"安倍经济学"（Abenomics）。[②]

日本经济在安倍经济学实施的初期呈现高速增长势头，然而随后再次陷入衰退状态。"安倍经济学"并未给日本经济带来真正的复苏，消费、投资、出口"三驾马车"均无很好的表现。日本 2013～2018 年 GDP 年增长率分别为 2.6%、-0.5%、1.3%、1.3%、1.6% 和 0.7%，6 年平均 GDP 增速低于 1.2%，距安倍政府预计的年增长达到 3% 左右还有差距。对外贸易方面，2013 年日元大幅贬值后，出口下滑有所缓解，但进口价格上升，净出口依然维持赤字状态不变。据日本海关统计，2018 年日本货物进出口额为 14 865.7 亿美元，比上年增长 8.5%。其中，出口 7 382.0 亿美元，增长 5.7%；进口 7 483.7 亿美元，增长 11.3%。贸易逆差 101.7 亿美元，下降 138.8%。因此，安倍经济学的确取得了一些明显的短期效果，但在长期中并没有达到预期目标。此外，三大政策还带来了很大的副作用：尽管日元贬值有利于大型制造业企业的出口，但导致了绝大多数日本中小企业进口成本上升，收益状况恶化；此外，不同阶层收入与资产差距进一步扩大，引发了社会不满与动荡。[③]

---

① 李杨，高天昊．从 G7 到 G20：竞争的多边主义与日本的全球经济治理角色 [J]．外交评论 2016 (5)：109-134．
② 陈刚．日本财政政策视角下安倍经济学的逻辑和前景 [J]．现代日本经济，2015 (2)：53-62．
③ 戴二彪．安倍经济学有效吗？[N]．21 世纪经济报道，2017-10-10 (4)．

## 二、日本此阶段的国际秩序以及国家安全战略

### （一）国际秩序——"价值观外交、海洋联盟、主导国际秩序"

自 2012 年底再次就职后，安倍重视利用日本现有的地位，实行积极、主动的对外政策，提出了全方位的"俯瞰地球仪外交"战略。该外交战略具体表现为三个基本点，即高举价值观外交旗帜、创建海洋国家联盟，以及维护由发达国家主导的国际经济秩序。[①]

### （二）国家安全战略

**1. 独立自强、平等同盟、积极贡献的安保战略**

第一，谋求"自立、强大"是日本摆脱"战后体制"的核心目标。安倍在《致新的日本》的书腰上对其政治目标予以明确，即要"再建一个强大的日本"；第二，强化日美同盟、确保日本安全的同时，改变第二次世界大战后美国占据同盟话语主导权、制定同盟议题、决定同盟发展方向和任务的关系模式，使日美关系趋于平等，构筑平等关系基础上的日美同盟；第三，在"积极和平主义"的口号下，为地区及国际社会的安全与稳定做出"积极贡献"，在国际事务中的战略姿态由"被动应对型"转向"积极塑造型"，采用包括军事手段在内的多元化手段谋求地区事务的话语权和主导地位。[②]

**2. 通过软件、硬件改革相结合实现安保战略**

为达成既定战略目标，安倍政府从内外两个方面入手，积极实施日本安保战略：对内注重"软件""硬件"两手抓原则，即在修改、制定相关法律及法律解释，构建相应体制机制的同时，强化自卫队能力建设；对外强化安保外交，推动日本军事安全关系多元化，同时重视自卫队硬实力的软性运用，目的在于强化日本安保能力，改善日本的国家形象，提升国际存在感，为摆脱"战后体制"提供能力保障，并创造适宜的国际舆论氛围。[③]

---

[①] 王金辉，周永生.简析安倍政府国际秩序构想及实质［J］.日本学刊，2017（3）：65 - 82.
[②③] 朱海燕.安倍政府的安保战略：目标、路径及前景［J］.现代国际关系，2016（4）：22 - 30.

## 三、日本的双边外交关系开始多元化

### （一）日本对美国的外交政策——日美同盟"貌合神离"

2016年特朗普当选美国总统之后，安倍曾数次访美，2017年特朗普访日，两国完成互访。日美同盟的根基没有改变，双方达成了一定共识。安保方面，双方在联合声明中表示，美国将致力于使用全部军事实力，包括常规武器和核武器在内，保卫日本国家安全，这一承诺"不会动摇"，但特朗普强调"日本需要增加安保方面的支出"。经济方面，双方同意建立"日美新经济对话"，开展经贸等领域协商。特朗普高度重视美国国内就业问题，安倍早在访美前就宣布日本将在未来10年投资约1 500亿美元，为美国创造70万个就业岗位。

新时代日美关系仍然存在许多分歧。特朗普在2018年3月初宣布同意"特金会""越顶外交"再次令日本深感不安。此外，美国在美朝峰会上的目标是阻止朝鲜开发"可搭载核弹头的中远程弹道导弹"，解决其对美国的安全威胁，没有考虑对日本具有威胁的短程导弹问题；此外，在对待中国问题上，期待获得认同的安倍政府却得到美方的温和回应，这同样触动了日本敏感的神经。经济方面，在美国"保护主义"的背景下日美间的分歧并未缩小，反而有扩大的趋势。在2018年4月的日美峰会上，安倍政府争取美国对日豁免进口钢铝产品加征关税以及"劝说"美国重返TPP的两大目标都未实现，而且特朗普还"希望消除7万亿日元（约合4 088亿元人民币）规模的贸易逆差"。

最后，在"美国优先"法则下，日本难以看到弥补裂痕的希望。除上述日美经贸分歧外，特朗普还指责日本操纵汇率，谋取对美贸易不正当优势，认为美国汽车和农产品在日本受到"不公平"市场待遇，要求增加美汽车和农产品对日出口等。虽然安倍力图与特朗普建立所谓"亲密"的美日首脑关系，但后者一再推出与日本利益相悖的政策举动，让以"亲美"自居的安倍晋三都难以应接。

### （二）日本对中国的外交政策——日中关系出现回暖

随着美国主导的逆全球化浪潮的不断高涨，日本政府意识到：一方面，日本需要借助"一带一路"倡议提振日本国内经济；另一方面，日本需要协调与周边国家特别是与中国的关系，来共同面对美国"美国优先"和"保护主义"带来的冲击。

中日外交关系的缓和。2018年1月5日，安倍在东京召开的内外形势调查会等主办的新年庆贺会上致辞,着眼于 2018 年《中日和平好友条约》签订 40 周年,日本政府为改善中日关系,显示出愿意为"一带一路"倡议提供合作的姿态。2018 年 4 月,第四次中日经济高层对话在日本东京举行,双方就宏观经济政策、中日经济合作与交流、中日第三方合作、东亚经济一体化与维护多边合作 4 个专题进行了深入探讨,达成了多项共识。① 2018 年 5 月,应日本首相安倍晋三邀请,中国国务院总理李克强正式访问日本。2018 年 10 月,安倍晋三在时隔七年之后访问中国。

## 四、更加积极、建设性地参与国际事务

### (一) 不断强化"入常"的努力

2012 年,安倍再次就任首相,力图率领日本摆脱第二次世界大战后体制,从政治、安全、经济乃至社会、文化等多个领域,积极谋求对外战略的全面转型。在此诉求之下,安倍政府视联合国为日本提高国际地位、积极参与国际事务的重要平台,再次展开"入常"攻势。

**1. 重视战略谋划**

首先,争当安理会非常任理事国,争取在安理会中占有一席之地。为了在联合国内争取更多的影响力,日本不仅争取加入非常任理事国,还力争加入常任理事国。其次,确定与德国、巴西、印度三国合作争取"入常",并积极争取拉拢非洲联盟等与己方主张相近的集团。2015 年 9 月 26 日,日本、印度、巴西、德国四国首脑时隔 11 年重启首脑会谈,并发表联合声明,强调将加强团结,携手推动安理会改革进程,争取使改革取得切实成果。此外,与四国改革主张相近的其他国家或地区集团也成为日本积极谋求加强合作和沟通的对象。

**2. 强化应对机制**

首先,设立专门机构,从机制上加强安理会改革的战略应对,推动日本"入常"进程。2016 年 1 月 25 日,日本正式成立由外务大臣岸田文雄担任本部长的"关于联合国安理会的战略本部",并于成立当日召开首次会议,全面讨论日本该如何借此重要平台发挥作用,以及应如何采取措施推动安理会改革。

其次,为"入常"公关提供专用资金。2014 年起,日本外务省为早日实现安理会改革和"入常",加强了战略外交和对外宣传,把培养"知日派"作为外交优先课题。2016 年,日本外务省预算中有 3 195 亿日元用于"基于积极和平主

---

① 中日举行第四次经济高层对话[J]. 中国对外贸易,2018(5):28.

义的全球性课题"。此外,外务省还拨出 541 亿日元预算用于"战略性对外宣传",其目的就是要扩大"亲日派"和"知日派",为提高日本国际形象、争取友好支持做准备。

最后,高度重视长期以来日本与主要地区建立的各种对话机制,强化双边及多边协调,为"入常"谋求支持。2016 年 8 月,安倍借参加第六届非洲开发会议之机,利用短短两天的时间,与非洲 12 个国家的首脑举行会谈,连一日三餐也分别举行三场工作餐会,向非洲各国首脑宣传日本对非洲的经济贡献,力推"高品质基础设施建设",为"入常"争取选票。

**3. 调整战略手段**

首先,力争在联合国维和框架内发挥更加积极的作用。2015 年日本通过新安保法降低了自卫队出兵海外的门槛,也放宽了日本参与联合国维和行动的范围和武器使用权限。日本自卫队不仅可以参加过去的停战监视、救援难民等维和行动,还可以参与安全保障、驰援护卫及司令部业务,并扩大超过自我保护以及武器防护程度的武器使用。[①]

其次,积极参与非传统安全国际合作,力争在防扩散、防灾减灾等议题上的主导地位。2016 年,朝鲜先后两次进行核试验,日本对此反应强烈,采取了极为强硬的对朝制裁态度,并在联合国积极游说,力促联合国安理会尽快达成对朝制裁决议。

此外,日本还在联合国中将防灾减灾作为环境外交的新突破口,加强对发展中国家的灾害援助和经验共享,高调开展"防灾外交"。2015 年 3 月,日本主办第三届联合国世界减灾大会,安倍在会上宣布,将在此后四年向发展中国家提供 40 亿美元防灾资金,并分享防灾经验和提供防灾配套设施,帮助各国培养 4 万名防灾减灾人才。[②]

**4. 加强舆论公关**

首先,安倍本人高度重视首脑外交,意图通过加强双边政治互信和发展领导人之间的友谊,争取更多"入常"支持。安倍成为日本历史上出访国家最多的首相,并且还在不断刷新出访纪录。据日本外务省统计,从 2013 年初至 2016 年底,安倍以开展"俯瞰地球仪"外交为名,举行了 400 多场首脑会谈,足迹遍布 66 个国家和地区。

其次,近年来日本高度重视在世界各地培养"亲日派"和"知日派",通过"走出去"与"请进来"相结合的方式,积极传播日本文化,对外宣传日本大国

---

[①] 常思纯. 安倍政府"入常"公关新动向探析[J]. 东北亚学刊, 2017 (3): 12-18.
[②] 日本国首相官邸官网. 总理演说[EB/OL]. http://www.kantei.go.jp/cn/97_abe/statement/201503/1210312_10261.html.

形象,为"入常"争取支持。日本外务省已正式决定,2017 年在伦敦、洛杉矶和圣保罗三个城市率先建成宣传日本文化的"日本屋"。

### (二) 日本在 G20 中力争贡献者与领导者

21 世纪以来,日本在 G20 中的表现仍然是一个贡献者,甚至是领导者。

首先,日本在 G20 框架下坚定支持经济刺激措施。危机爆发初期,日本就在 G20 首届峰会上宣布了其第一轮经济刺激计划。2009 年 4 月召开的 G20 伦敦峰会上,日本又紧随美国表态,愿为克服危机做出任何进一步的财政刺激。当 IMF 于 2009 年在 G20 匹兹堡峰会上宣布低估了本次危机的强度后,日本随即释放第三轮刺激计划。这些财政刺激计划不仅有利于维持日本经济稳定,也使其他 G20 成员和亚洲国家一同受益。①

其次,日本在遵守 G20 峰会承诺方面做出了表率,尤其是在贸易和投资保护领域,这与包括美国和欧洲国家在内的很多 G20 成员形成了鲜明对比。

最后,日本在提供国际流动性方面表现得十分积极。2009 年 G20 伦敦峰会上,日本主动向 IMF 提供了 1 000 亿美元的贷款;2012 年 4 月,日本又在华盛顿 G20 财长和央行行长会议上决定向 IMF 注资 600 亿美元。此外,日本还积极向 G20 成员分享货币政策、清理银行坏账和金融监管方面的丰富经验。②

## 五、日本在区域外交和经济一体化中的地位和作用

区域外交方面,日本在东亚共同体政治框架的构建上将长期处于摇摆的状态。由于国际秩序进入了一个变迁期,日本在东亚共同体成员选择上会不断变动,而且如何在东亚共同体内处理同美国和中国的关系也会越加复杂。一个不包含美国的区域安排与日美基轴相抵触,而一个包含中美的区域安排又使日本的相对影响力大大下降。

区域经济一体化方面,东亚地区仍然是日本对外经济政策的重点,而政治因素、经济竞争因素仍然是两个重要的考虑。在日本经济陷入长期衰退前,日本将会以超过中国 FTA 步伐为区域经济政策的"下限"。日本很难忽视国内政治影响力强大的农业利益集团,所以完全服从美国在东亚地区 FTA 安排就可视为区域经济政策的"上限"。在"上限"和"下限"之间,日本一方面会积极推动自身 FTA/EPA 战略,另一方面会利用各个 FTA 之间的差异在谈判中为自己争取利益。

---

①② 李杨,高天昊. 从 G7 到 G20:竞争的多边主义与日本的全球经济治理角色[J]. 外交评论,2016 (5):109 - 134.

# 第六节 日本参与国际秩序重构及实现国家安全前景分析

## 一、经济发展前景不乐观，日元国际地位难以提升

日本的三驾马车拉动能力有限，且日本仍面临着人口老龄化严重、政府债务过高、产业海外转移受到挤压、资源能源匮乏、经济一体化进程难以推进等问题，但日本政府也在积极寻求解决方案，尤其重视能源战略。由此，预期在未来十年日本的经济将保持低速增长，其国际影响力也会受到削弱，但其经济大国的地位仍将保持。

## 二、日本的双边外交关系开始多元化

### （一）日本对美国的外交政策

总体而言，日本仍将保持强化日美同盟的政策连续性，但双方之间的离心力会增大。

在安全问题上，无论是应对朝鲜挑衅的风险还是针对中国的安全疑虑，只有美国能为日本提供全方位的安全保障。

在政治议题上，日本要想在该体系中避免政治大国的阻力最大化，显然必须选择对美同盟政策，同时，由于中国的崛起，霸权实力削弱的美国会要求日本分担更多国际责任，这也契合日本实现政治大国的目标。

在经济议题上，中国的崛起会改变国际经济秩序，近来中日关系的回暖表明，未来中日可能积极推动双边合作、实现共同发展。

### （二）中日双边关系存在的问题及应对

#### 1. 中日双边关系存在的问题

第一，在中日建立起危机管理机制之前，中日海上争端仍然存在着很大的安全风险。这些争端错综复杂、相互关联，既涉及最敏感的钓鱼岛领土主权争议，又涉及东海专属经济区及大陆架划界等诸多问题。第二，中日两国已形成的军事

对峙态势对两国关系具有长远的消极影响。第三,两国的政治、经济、外交与安全对话机制仍未全面恢复。第四,处于历史最高点的双方战略互疑将对两国关系的改善与发展形成重重阻力。其主要表现为日本"中国军事威胁论"和中国对日本"走老路""恢复军国主义"的担心。①

**2. 日本对日中双边关系的应对**

第一,外交上,日本强调"价值观外交",巧妙地把澳大利亚、印度及一些周边国家甚至中国台湾地区聚集在所谓共同价值观的旗帜下,对以中国大陆为代表的所谓"非民主政体国家"实施外交和舆论压力,其主要目的是共同联手遏制中国,防范中国的崛起。

第二,军事上,日本以价值观联盟为基础,建构海洋国家联盟,维护海洋利益。尽管拥有亚洲最强大的海上军事力量——装备先进、兵种齐全的自卫队,但日本深悉其国力有限,首先需要依靠日美同盟,同时通过海洋联盟,把控海上运输通道的重要战略支点和网络,进而达到阻遏甚至封锁中国和俄罗斯等国家的目标。②

第三,经济上,维护由欧美日发达市场经济国家主导的国际经济秩序。出于对日本经济疲软的焦虑,以及对中国等新兴经济体崛起的疑惧,安倍政府号召发达国家重新夺回世界经济发展的主导权,只有让发达国家重新主导世界经济规则的发展,才能够对新兴经济体和发展中国家经济的崛起起到一定抑制作用。

另外,日本推动全面与进步跨太平洋伙伴关系协定(CPTPP)和日本—欧盟EPA谈判,意味着日本想要成为新的世界经济规则的主导者,把中国隔离在未来的国际经济秩序之外,借此达到遏制中国崛起的战略目标。对于其他发展中国家,日本主要是通过确立新国际经济和贸易的机制与规则,从而达到影响其经贸活动的目的。③

### (三)对其他周边国家和地区的外交政策

东盟仍将作为一支独特的地区政治和经济力量发挥影响力。从日本自身追求政治大国化的需要看,能争取到东盟的支持显然是其影响力的重要体现,而东盟也将继续是日本保障经济安全的重要合作伙伴。中国的崛起,给日本在地区的影响力和主导性造成了很大冲击,东盟将成为日本的重点争取对象。

"绑架"问题和朝核问题将长期成为日朝矛盾的焦点。"绑架"问题成为日美价值观外交的支撑,而朝核问题则成为日美安保的支撑。历史和领土问题将驱

---

① 张沱生. 走出危机、重启对话与合作——中日关系的现状与前景 [J]. 东北亚论坛, 2015 (5): 3-12.
②③ 王金辉, 周永生. 简析安倍政府国际秩序构想及实质 [J]. 日本学刊, 2017 (3): 65-82.

使日韩之间缺乏战略互信，而经济上的高度竞争性也使双方没有强烈的合作愿望，但美国作为双方的同盟国可能会因为应对中国崛起而促成日韩关系改善。

未来日俄关系的走向取决于双方如何权衡以下几个目标：解决领土问题、扩大经济合作、发展政治安全关系。短期内领土问题会一直成为外交关系向好发展的障碍。长期看日本经济的衰落将促使日本与俄罗斯扩大经济合作，利用俄罗斯的发展推进自己发展。

进入21世纪，印度实施的"东向战略"正好迎合了日本借印度的发展遏制中国崛起的发展战略，日本与印度的经贸合作因此得以快速发展。日印FTA也是日本与发展中大国签署的唯一一个自由贸易协议。未来印度可能会成为为数不多的能在经济增长潜力上与中国抗衡的国家，日本会积极发展日印关系以牵制中国发展。①

## 三、多边关系：日本国际经济地位面临下降压力

IMF成立之初，美国有33%的投票权，英国有16%的投票权，随着国际经济的变迁，到2010年时美国的投票权已经下降到16.75%，英国的投票权已经下降到4.29%。日本在2011年的投票权为6.23%，但随着国际经济地位的下降，相信日本的投票权会进一步下降。未来日元国际地位难以得到提升。从国内看，日本金融市场发展不完善、日元汇率波动频繁、日本贸易结构特殊及日企谈判能力有限等原因制约着日元国际地位的提升。国际上，日本经济地位的相对下降也使得其不可能再致力于以日元挑战美元的国际货币地位。

2008年金融危机后的2010年，世界银行20多年来首次普遍增资，向发展中国家转让投票权。日本的投票权下降至6.84%，而中国的投票权从2.77%上升到4.42%，反映了长期以来日本经济地位的下降。由于日本国际经济地位的持续下滑，预计日本在世界银行的投票权也会下降。

WTO与其他国际机构不同，并不是某国家提供资金越多，该国在机构中的职员就越多、在机构中的影响力就越大。日本虽然是贸易大国，但是在WTO中长期缺乏话语权。随着日本从长期顺差国走向贸易平衡国直到贸易逆差国，未来日本在WTO中会采取积极的姿态参与到贸易规则制定中去，既维护一个开放的贸易体系，又主动参与制定一个有利于自身贸易和投资利益的规则。

---

① 金仁淑. 日本对中印投资战略调整研究——政治经济因素探析[J]. 现代日本经济, 2008 (1): 9-13.

## 四、区域经济一体化：推进双边贸易协定

在 20 世纪较长的一段历史时期，日本政府在区域经济一体化方面持保守态度，世界经济疲软，政治局势复杂，东亚地区政治、领土遗留问题一直得不到有效解决，严重制约了其在区域经济一体化中发挥更大的作用。但是随着美国特朗普政府新经济政策的推行，日本被迫改变过去保守的区域经济一体化政策，采取更为主动的双边区域经济一体化政策。在未来十年中，日本会继续以东亚地区经济一体化为其对外经济政策的重点，推动中日韩三国经济一体化进程，同时努力推进双边贸易协定的发展。

# 第六章

# 俄罗斯参与国际秩序重构与实现国家安全的战略及策略

苏联解体之后,整个国际社会的结构发生了很大变化,存在了40多年的两极世界秩序逐步走向瓦解。整个国际关系体系的深刻变化和俄罗斯社会转轨进程,不仅使俄罗斯对外政策本身面临着巨大的挑战,也使其对外政策思想陷入深刻的危机。1998年爆发的经济危机及其引起的政局动荡,进一步削弱了俄罗斯的国际地位。由于政局动荡、经济萧条、民族矛盾尖锐,叶利钦时期的俄罗斯一直忙于解决内政问题,并且一度以融入西方为自己外交的主导方向,因而冷战后国际秩序重构问题并没有成为俄罗斯彼时对外战略中的核心命题,[①] 俄罗斯的国家安全保障也只能更多地倚重于苏联时期传承下来的核力量。尽管俄罗斯的国际地位有所下降,地缘政治环境不复往日,国家安全也面临着极大威胁,但继承了苏联主权的俄罗斯依然还拥有多种多样的外交战略及军事资源,并没有完全丧失可以利用的参与国际秩序重构的战略空间。俄罗斯拥有独特的地理位置,蕴藏的自然资源丰富而重要,在一些尖端科学技术领域也有着明显的领先优势,再加上作为一个核大国和联合国安理会常任理事国,因而仍然不失为欧亚地区乃至全球的一个势力中心。

2000年3月普京正式当选俄罗斯总统开始了俄罗斯历史的新时期,也开始了俄罗斯重构国际秩序与实现国家安全的新征程。普京第一任期以"强国富民"为国家发展战略,重视经济利益和能源外交,并积极参与国际及区域经济和安全合

---

① 李晓华. 当代俄罗斯国际关系学者世界秩序观管窥 [J]. 西伯利亚研究,2010(6):88-90.

作，极大地提高了俄罗斯的国际影响力。① 梅德韦杰夫作为普京路线忠实的拥护者和执行者，"普京路线"在"梅普组合"时期（2008~2012年）得到了延续。② 2013年爆发的乌克兰危机和克里米亚入俄事件使得俄罗斯同西方关系降至冷战结束以来的冰点，欧美对俄制裁和国际原油价格大幅下降对俄罗斯国民经济造成重大冲击，俄罗斯国内外环境也因此发生重大变化，由此也使得普京第二任期和第三任期在国际秩序观和国家安全战略与策略的选择上较之以往有较大改变，在国家利益导向上主要侧重于重振经济、维护国家主权与安全。

因此，俄罗斯联邦独立后参与国际秩序重构和实现国家安全的战略及策略可分三个时期：叶利钦时期（1991~1999年）、乌克兰危机前（2000~2013年）、乌克兰危机后（2013年至今）。

## 第一节 叶利钦时期俄罗斯参与国际秩序重构和国家安全战略及策略

### 一、叶利钦时期俄罗斯经济贸易及国际地位

#### （一）经济影响力下降

在叶利钦改革期间，俄罗斯工业总产量缩小了一半，机械制造业总产量缩小了60%，轻工业和纺织工业生产下滑了80%多，许多部门企业的产品产量缩小到原来的20%左右，③ 出现了雪崩式生产下滑。农业各部门的总产量下降了35%还多。④ 俄罗斯经济实力不断下降，主要表现为：第一，俄罗斯GDP总量呈下降趋势。虽然1994~1997年由于放弃了"休克疗法"，俄罗斯经济趋于稳定，但随着金融危机的爆发，GDP又开始下降。1991~1999年，俄罗斯GDP下降了3 134.7亿美元。第二，俄罗斯与美国的GDP差距在扩大。1989年，俄罗斯GDP是美国的9.13%，1999年为2.11%。第三，俄罗斯GDP占世界GDP的比重不断下降。1991~1999年下降了近1.6%。

---

① 李兴. 俄罗斯外交20年：比较与展望[J]. 新视野，2012（2）：125-128.
② 赵鸣文. "梅普组合"下的俄罗斯对外战略态势[J]. 国际问题研究，2009（2）：27-32.
③④ [俄] 尼·伊·雷日科夫. 大国悲剧[M]. 徐昌翰等译. 北京：新华出版社，2008：373.

## （二）贸易竞争力急剧下降

俄罗斯贸易竞争力下降主要表现在以下几个方面：第一，商品进出口额呈下降趋势。第二，俄罗斯对独联体国家的经济影响力下降。与独联体贸易额占俄罗斯总贸易额的比重从1994年的25%下降到1999年的19%。第三，俄罗斯贸易对世界的影响力趋于下降。以货物进口为例，俄罗斯占世界进口总额的比重偏低并长期于低位徘徊。1992~1995年均为0.8%左右，1996年和1997年均超过了1.25%，至1999年又下降到0.69%。

## （三）俄罗斯吸引外资规模不大

由于投资环境恶劣，尽管俄罗斯引进外资的数额总的来说逐步增加，但规模并不大。外商投资总额在1997年达到113亿美元，但投资结构不合理，直接投资比重过小，1998年的直接投资比例仅为28.6%。从投资的国家结构看，俄罗斯吸引的外资主要来自美国和德国。[①]

## （四）石油产业竞争力下降

叶利钦时期，俄罗斯石油竞争力大幅下降。第一，俄罗斯石油产量占世界总产量的比重在不断下降，从1991年的12.5%下降到1999年的8.8%。[②] 第二，从区域看，俄罗斯石油出口对欧盟的影响力在不断减弱。1989年，俄罗斯石油产量是欧盟的4.3倍，1985~1989年，大约是1.8倍。第三，从国内看，1991~1999年，俄罗斯的石油产量处于下降趋势，1991年为4.6亿吨，1994~1999年维持在3.1亿吨左右。

俄罗斯经济实力的下降导致其国际政治影响力也相应下降。经济实力下降导致军费开支减少，进而削弱了俄罗斯的军事实力。俄罗斯海军实力大幅衰落：部署在前线的作战兵力逐步收撤，远洋大规模演习逐步停止，放弃了越南金兰湾驻地，印度洋分舰队解体，海军航空兵停止在远洋飞行。

## 二、叶利钦时期俄罗斯参与国际秩序重构及其策略

### （一）叶利钦时期国家利益诉求：谋求维持大国地位

叶利钦对俄罗斯国家利益的基本定位是：在经济利益上，通过市场化改革和

---

[①②] 潘德礼. 俄罗斯十年 [M]. 北京：世界知识出版社，2003：627.

对外开放,迅速实现经济转轨,加强与欧美的经济合作,向西方寻求资金、技术和贸易方面的援助和支持。在政治利益上,俄罗斯要谋求世界大国的地位和影响力。在安全利益上,首先,要维护俄罗斯与美国的战略平衡态势,以确保不丧失全球军事大国的地位;其次,防止外来势力在原华约地区特别是原苏联地区的渗透,有效维护俄罗斯的安全利益。

### (二) 叶利钦时期参与国际经济秩序重构的策略

**1. 积极加入 WTO,未能如愿**

苏联解体之后,俄罗斯从中央计划经济体制转到市场经济体制,融入全球经济体系势在必行。这一趋势推动了俄罗斯外贸体制的自由化改革。逐步对外开放和贸易自由化是俄罗斯经济改革的重要组成部分,改革设计者希望在经济全球化的背景下采取自由贸易战略,通过商业往来和扩大投资加速融入世界经济。① 由于在立法和市场开放等方面尚达不到 WTO 的基本要求,俄罗斯一直徘徊在 WTO 之外。

**2. 为获得资金,在国际货币基金组织和世界银行中委曲求全**

苏联解体后,建立一个"弱而不乱"的俄罗斯成为西方国家追求的主要目标。IMF 和世界银行成为俄罗斯资本主义民主化转变的工具和西方援助的先遣队。俄罗斯外债缠身,为了获得急需的资金,千方百计地使国内各种条件符合 IMF 和世界银行苛刻的贷款要求。俄政府为了获得 IMF 68 亿美元的贷款,在与 IMF 的谈判中被迫接受了其提出的诸如继续推进市场改革、改变财政货币政策、加快私有化和贸易自由化进程、遏制通货膨胀、取消能源出口限额和许可证制度等干涉国家经济主权的一切条件。

**3. 俄罗斯与最重要贸易伙伴德国:经贸发展并不理想**

1992 年俄罗斯全面进入转型性经济危机,当年实现对外贸易总额仅 790 亿美元,较 1991 年减少了近 50%。直到 1994 年底,俄罗斯对外贸易还没有恢复到 1991 年的水平。1992~1999 年的贸易数据显示,俄罗斯与传统上最重要的贸易伙伴德国之间的双边贸易发展并未取得重大成就,虽然 1998 年和 1999 年受亚洲金融危机的影响,双边贸易额大幅下降情有可原,但是 1997 年与 1992 年相比,双边贸易额也并未明显增加。由此看出,俄罗斯与德国之间的经贸发展并不理想,也折射出俄罗斯在经济上融入西方的策略并不成功。

---

① Statement by Mr. Oleg D. Davydov Minister of External Economic Relations (Speaking as an Observer), MTN. TNC/MIN(94)/ST/85, 14 April 1994. The economy, Source: *U. S. Library of Congress*. Official Russian State Customs Committee Statistics, Foreign Trade: Change of Time, Moscow, 1996.

#### 4. "休克疗法式"改革,企图振兴国内经济

叶利钦上台后急于推出私有化改革。年仅35岁的盖达尔投其所好,根据哈佛大学萨克斯的"休克疗法"制定了激进的改革方案。为此,叶利钦破格将盖达尔提拔为政府总理,任命萨克斯为总统首席经济顾问。在这二人的设计和主持下,以一次性全面放开物价、以行政手段强制推行大规模私有化和实行紧缩的财政政策和货币政策为主要内容的激进改革出炉。但是"休克疗法"最终失败,使俄罗斯GDP几乎减少了一半,投资大幅下降,通货膨胀严重,人均收入下降,居民生活水平一落千丈,经济结构遭到破坏,行业趋于寡头垄断。

### (三) 叶利钦时期俄罗斯参与国际政治秩序重构的策略

#### 1. 外交政策从亲西方的"一边倒"到既注视西方又注视东方的"双头鹰"外交政策

叶利钦政府早期希望通过美国的政治支持和经济援助,挽救濒于崩溃的国内经济,以恢复大国地位和保持国际影响力。因此在外交上奉行对西方"一边倒"的政策,即"俄罗斯以全面加入美国为首的西方国际政治经济和安全体系,争取西方的经济援助和政治支持来摆脱国内危机为目的,在国际事务中盲目追随西方,外交交往基本上全部集中在西方大国的外交政策走向"。[①] 然而,俄罗斯很快发现,西方国家并不是可靠的盟友:其承诺的经济援助口惠而实不至;在解决国际热点问题时常排斥俄罗斯的意见,使其难以发挥大国作用;北约东扩步步紧逼。与此同时,民众对政府几年来推行的"弱国外交"极度不满。面对内外困境,俄调整了对外政策,转而采取东西兼顾的"双头鹰"政策。

#### 2. 对独联体由"甩包袱"变为俄罗斯重要的地缘政治依托

从1994年开始,俄罗斯与西方国家围绕北约东扩的矛盾逐渐显现,俄罗斯对独联体的战略倚重随着俄罗斯在全球影响力的下滑而迅速上升。俄罗斯认识到,在冷战后国际力量失衡和北约东扩的背景下,独联体对于俄罗斯来说,不仅具有稳定周边安全和地区的意义,还是俄罗斯最重要的地缘政治依托。加强对独联体的控制是俄罗斯对独联体政策的实质。俄罗斯为此所采取的手段是在几乎所有独联体国家驻扎军队,还利用各种机会和手段迫使一些国家就范。俄罗斯还承揽了在独联体热点地区的维和使命,使冲突各方在安全上更加依附俄罗斯。

#### 3. 活跃于亚太以牵制美国

为了对付以美国为首的北约对周边地区的"蚕食",俄罗斯不断寻求包括中

---

① 潘德礼等.《学习邓小平理论评析叶利钦时代》学术研讨会纪要 [J]. 东欧中亚研究, 2000 (1): 80-87.

国在内的国家在东北亚、中亚等地区在安全问题上的合作。俄中关系取得重大进展，两国边界问题基本解决，并建立了"战略协作伙伴关系"。俄印政治关系和军事合作有了新进展。1997年，日本首相桥本龙太郎访俄，两国首脑推出"叶利钦—桥本计划"及联合开发远东经济项目合作计划，并建立了外长定期磋商机制，两国关系有较大改善。1996年，俄罗斯副总统访问朝鲜，两国关系得到一定程度的修复。俄越政府首脑、部长和议会领导人多次互访，先后就经济合作、建设全面伙伴关系、俄罗斯继续租借金兰湾基地达成多项协议。

#### 4. 扩大在中东地区的影响力

在独立之初，俄罗斯专注于"一边倒"的外交路线，对中东地区外交政策缺乏战略考虑，致使其在中东的影响力不断减弱。随着政治局势的日益稳定，俄罗斯于1993年在对外政策上开始重视中东，一方面利用与中东地区相邻的地缘优势，通过政治、经济、宗教等方面发挥影响力，另一方面积极参与主导阿以和谈。

#### 5. 再度重视印度

随着冷战结束和苏联解体，印度在俄罗斯战略棋盘上的重要性有所降低。俄罗斯大大减少了对印度的援助，两国关系一度降温。为恢复与印度的关系，1993年叶利钦访问印度，双方签署了《印俄友好合作条约》，之前印苏条约中涉及军事同盟的内容被取消，双方的战略关系不复存在。双方还签署了军事、经济、科技、安全、航天等9项合作协定，并解决了两国长期以来的债务纠纷，为两国建立新型伙伴关系奠定了基础。经过几年来的高层互访，双方已建立起了新型的伙伴关系。

#### 6. 俄日关系由于经济、政治利益而解冻

叶利钦执政初期，北方领土问题严重影响了俄日双边关系的全面发展。后来，俄日双方看到了两国改善关系的紧迫性：俄罗斯要在亚太地区发挥更大的作用，需要日本的配合；日本希望从经济大国走向政治大国，倘若不改善与联合国安理会常任理事国之一的俄罗斯的关系，那么日本想成为政治大国的"奢望"就会成为泡影。于是，两国开始不断向对方伸出"橄榄枝"，日本抛弃了以前对俄罗斯"政治与经济不可分开"的战略，叶利钦也表示支持日本成为联合国安理会常任理事国。在经济上，俄日也签署了多项经贸合作项目，俄罗斯希望日本在能源、木材、水产、汽车和家电等领域对俄罗斯进行投资，日本也希望通过投资俄罗斯石油和天然气产业来摆脱对中东石油的过度依赖，俄日经济关系出现了明显升温的迹象。

# 第二节  乌克兰危机前俄罗斯国际秩序重构和国家安全战略及策略

## 一、乌克兰危机前俄罗斯的经贸实力与国际地位

### (一) 经济实力不断恢复

由于对经济进行了一系列的改革,再加上石油价格的上涨,俄罗斯经济飞速发展。这主要表现在:第一,俄罗斯 GDP 总量呈上升趋势。2000~2010 年,俄罗斯 GDP 总量增加了 5.7 倍,其中只有 2009 年 GDP 增速由于金融危机而明显下降。第二,俄罗斯 GDP 比重占世界 GDP 比重不断增加,从 1999 年的 0.63% 上升到 2013 年的 2.86%。2013 年,俄罗斯 GDP 排名位居世界第八。

### (二) 贸易竞争力上升

普京执政以后,采用了一系列新的法规制度、关税措施和非关税措施,加强对对外贸易的管理,改善了对外贸易战略。俄罗斯经济开始恢复性增长,各种经济指标不断上升,特别是对外贸易指标。第一,俄罗斯对外贸易额总体大幅上涨,到 2013 年俄罗斯贸易额排名世界第十二位。第二,俄罗斯对独联体国家的货物出口不断增加,从 1999 年的 11 995 亿美元增加到 2011 年的 83 825 亿美元,增加了 7 倍。第三,货物出口和进口占世界比重增加。货物出口占世界比重从 1999 年的 1.34% 上升到 2010 年的 2.63%,进口比重也从 1999 年的 0.69% 上升到 2010 年的 1.61%。从地区看,2013 年度,欧盟仍是俄罗斯最主要的贸易伙伴,在外贸总额中占比 49.4%,其他依次为:亚太国家占比 24.7%、独联体国家占比 13.6%、欧亚经济共同体国家占比 7.5%。主要贸易伙伴没变,但是贸易伙伴的排名却发生了变化,中国成为俄罗斯最大贸易伙伴,德国从原来的第一名跌到了第三名(见表 6-1)。

表6-1　　　　　2013年俄罗斯与主要贸易伙伴贸易情况

| 国家 | 外贸总额（亿美元） | 同比增长（%） | 出口（亿美元） | 同比增长（%） | 进口（亿美元） | 同比增长（%） |
| --- | --- | --- | --- | --- | --- | --- |
| 中国 | 888 | 1.7 | 356 | -0.4 | 532 | 3.1 |
| 荷兰 | 760 | -8.3 | 701 | -8.8 | 59 | -2.2 |
| 德国 | 749 | 2.2 | 370 | 5.8 | 379 | -1.0 |
| 意大利 | 539 | 17.8 | 393 | 21.7 | 146 | 8.4 |
| 乌克兰 | 396 | -12.3 | 238 | -12.6 | 158 | -12.0 |
| 白俄罗斯 | 336 | -13.5 | 200 | -20.2 | 136 | -1.2 |
| 日本 | 332 | 6.6 | 196 | 26.7 | 136 | -13.3 |
| 土耳其 | 328 | -4.5 | 255 | -7.0 | 73 | 5.8 |
| 波兰 | 279 | 2.0 | 196 | -1.6 | 83 | 11.5 |
| 美国 | 277 | -1.6 | 112 | -13.0 | 165 | 8.0 |

资料来源：根据中华人民共和国商务部国别数据整理。

### （三）石油产业竞争力有所提高

俄罗斯石化工业正在走企业重组改制、实现现代化改造之路，石油产业国际竞争力提高，主要表现在：第一，1999～2005年，俄罗斯石油产量不断增加，随后趋于稳定，2013年石油产量为5.23亿吨。2004～2013年，俄罗斯石油出口量占产量的比重均在70%以上。第二，俄罗斯石油对欧盟的影响力不断增加。欧盟石油产量不断下降，俄罗斯却不断增加，2013年，俄罗斯日产石油桶数是欧盟的7.56倍。第三，俄罗斯石油在世界的影响力不断增加。其石油产量占世界总产量的比重不断上升，2000年仅占9.02%，2013年达到12.7%。

### （四）三次产业结构得到优化

俄罗斯产业结构总体呈现出优化趋势。无论是从产出结构还是从就业情况看，第三产业的比重在不断上升。20世纪90年代初，俄罗斯第二产业占比超高，此后第一产业和第二产业比重回落，第三产业比重迅速上升，呈现高服务化的特点，2013年三大产业结构为4∶35.9∶60.1。①

---

① 张其仔．中国产业竞争力报告："一带一路"战略与国际产能合作［M］．北京：社会科学文献出版社，2015.

### （五）政治影响力提高，军事实力仍居世界第二

随着俄罗斯经济实力的提升，其政治影响力也随之提高，俄罗斯几乎参与了世界上所有的国际组织，曾经是 G8 的唯一发展中国家（2014 年被事实上踢出），是独联体的主导国，是上海合作组织的发起国之一等。俄罗斯的军事实力居美国之后位列世界第二。

## 二、乌克兰危机前俄罗斯主要的国家利益诉求：强国

俄罗斯的发展目标是"强国"，国家利益诉求主要体现在以下几个方面：第一，将国家的经济利益放在首位，巩固经济增长，实现经济现代化，推动经济创新转型，提高经济竞争力。第二，建设强大的俄罗斯。普京曾提出，俄罗斯唯一现实的选择是做强大而自信的国家。《2020 年前俄罗斯联邦国家安全战略》更加明确地指出，"我们国家还将巩固自己作为世界领导者之一的地位"。[①] 第三，引领推动世界多极化，强化平等的战略伙伴关系并巩固国家战略的稳定。第四，增强俄罗斯在国际秩序重构中的话语权。第五，保证国家安全，保持主权及领土完整，维护国际地缘政治利益。

## 三、俄罗斯积极参与国际经济秩序重构维护经济安全的战略和策略

### （一）加入 WTO 融入国际分工体系

经过 18 年的艰苦谈判，2011 年 12 月 16 日，WTO 第八次部长级会议正式批准俄罗斯加入 WTO，这标志着俄罗斯在融入国际分工体系之路上迈出了重要的一步。对于是否加入 WTO，俄罗斯国内存在争议，但主流观点是加入 WTO 对俄罗斯利大于弊。

### （二）增强在国际货币基金组织和世界银行中的话语权

普京执政后，调整了俄罗斯与国际货币基金组织（IMF）和世界银行的关系，逐步由被动走向主动：第一，努力摆脱对美国主导的两大国际金融机构的过

---

① 普京. 普京文集：文章和讲话选集［M］. 徐葵等译. 北京：中国社会科学出版社，2002.

度依赖。叶利钦执政时期，IMF 和世界银行对俄罗斯政府贷款附加严苛的政治经济条件，普京就任总统伊始便着手推动制定独立经济计划，冷静地对待与两大国际金融机构的关系，尽力摆脱对它们的依赖。① 第二，逐步从债务国变成债权国。俄罗斯通过提前偿还 IMF 和世界银行的贷款，并积极参与对这些组织成员的财政援助项目、捐款项目和债务免减项目，逐步从债务国变为债权国。第三，通过推进 IMF 和世界银行的改革，提升俄罗斯的影响力。2010 年 10 月在韩国首尔召开的 G20 财政部长和中央银行行长会议上，IMF 份额改革达成历史性协议，确认向新兴经济体转移超过 6% 的投票权，全体新兴经济体持有份额升至 42.29%，"金砖四国"总持有份额将升至 14.18%。其中，俄罗斯持有份额进入成员国份额前十名，占比 2.7%，位列第九。2010 年 4 月 25 日，世界银行通过新一阶段投票权改革方案，发达国家向发展中国家共转移 3.13 个百分点的投票权，使发展中国家整体投票权从 44.06% 提高到 47.19%，俄罗斯投票权比例依然保持在 2.77%，排名第八位。

### （三）借助 G20 加速其经济现代化进程

通过 G20 峰会这一舞台，俄罗斯表现出参与并主导国际金融管理和国际金融新秩序的强烈愿望，率先提出了建立新的世界货币——超国家主权储备货币等一系列主张，② 以减少对美元的依赖（见表 6-2）。

表 6-1    2008~2013 年俄罗斯在 G20 历次峰会中的主要主张

| 峰会 | 主要主张 |
| --- | --- |
| 2008 年<br>第一次华盛顿峰会 | 在国际协议的框架下确定改革国际调节机制的原则，G20 应当成为世界金融体系改革和发展的主要调节者 |
| | 建立补偿性的国际仲裁机构非常重要 |
| | 负责制度制定的国家应当在宏观经济的范畴内兼顾大家的要求，包括预算与货币信贷政策，应当迅速就此达成协议 |
| | 在最大限度透明化、报告制和与之相应的现代金融技术的基础上，对风险加以控制 |
| 2009 年<br>第二次伦敦峰会 | 提议设立一种超主权储备货币，认为（国际货币基金组织的）特别提款权是一个现成的、可利用的选择 |

---

① 李刚军，薛莉. IMF 与俄罗斯 [J]. 俄罗斯东欧中亚研究，2002（6）：41-44.
② 王晓薇. G20 峰会之前的 G2 较量：点燃超主权货币战争 [EB/OL]. https://finance.sina.com.cn/roll/20090327/22246035854.shtml.

续表

| 峰会 | 主要主张 |
| --- | --- |
| 2009年<br>第三次匹兹堡峰会 | 敦促各国落实伦敦峰会各项决议 |
| 2010年<br>第四次多伦多峰会 | 将推动卢布成为全球储备货币之一 |
| 2010年<br>第五次汉城峰会 | 提出国际金融改革问题 |
| 2011年<br>第六次戛纳峰会 | 提出参与对欧盟的金融支持计划,至少将通过IMF提供援助 |
| 2012年<br>第七次洛斯卡沃斯峰会 | 向IMF提供100亿美元注资 |
| 2013年<br>第八次圣彼得堡峰会 | 强调国际金融改革、推进多边贸易 |

资料来源:根据俄罗斯官方文件整理。

## (四) 强化俄罗斯在亚太经济合作组织 (APEC) 中的影响力

俄罗斯希望利用2012年俄罗斯担任亚太经济合作组织主席的机会确立俄罗斯在这一多方组织中今后的地位,促进集团领导的团结统一,在区域经贸与投资合作中依据公正平等的"游戏规则"工作。[①]

## (五) 主导独联体内的区域经济一体化进程

俄罗斯不断致力于推动区域经济一体化进程,特别是金融危机以来,俄罗斯更是希望借此加强对独联体地区的经济影响力,主要表现在:第一,组建俄白哈关税同盟。2010年1月1日,俄白哈三国关税同盟正式开始运行。第二,积极推动独联体自由贸易区。第三,建立"统一经济空间"。俄主张通过"统一经济空间"的建立和发展,最终建成类似欧盟性质的超越国界的经济和政治共同体,以扩大其在苏联空间的影响。第四,推动欧亚经济共同体的一体化进程。

## (六) 推动俄欧"统一空间"协议签署

俄罗斯希望"融入西方",积极推动俄欧"统一空间","统一空间"具体包

---

① 王晓薇. G20峰会之前的G2较量:点燃超主权货币战争 [EB/OL]. https://finance.sina.com.cn/roll/20090327/22246035854.shtml.

括：统一经济空间，统一自由、安全和司法空间，统一外部安全空间，统一科学教育文化空间。其中统一经济空间是四大统一空间的核心，主要涉及电信、交通、能源、宇航和环保等领域。"统一空间"协议签订后，俄欧之间的经济关系迅猛发展。

### （七）广泛开展能源外交维护俄罗斯国家利益

俄罗斯充分利用在国际能源市场上的影响力，积极开展同世界主要国家和地区的能源外交。俄罗斯在全球能源外交的布局上进行了适当调整，将原先主要发展同欧洲能源外交向亚太地区转移。这不仅有利于本国工业布局的优化，还能逐步实现本国能源出口的多元化。

### （八）积极实施部门经济安全战略

为确保农业安全，俄罗斯主要采取了以下措施：首先，在加入WTO谈判中，俄罗斯坚持在三个方面拥有更大的自主权：制定较高的农产品进口关税税率，保留对农产品补贴的权力，将国内支持保持在较高水平。其次，对大部分进口农产品征收关税，包括按数量、重量和质量征收的关税，税率从5%到20%不等。且进口农产品须具备相应证书。[①] 最后，政府对农业实行补贴。2007年，俄罗斯通过了一项决议，2008~2012年，政府陆续投入410亿美元资金，促进农业部门发展、提高粮食自给自足的能力。

为确保能源安全，俄罗斯主要采取了以下措施：首先，制定《2020年前俄罗斯能源战略》。这一战略明确了俄罗斯能源领域的对外经济合作与能源外交的基本原则、结构政策、区域政策、投资政策、价格和税收政策等主要内容，形成了较为完整的国家综合性能源战略。其次，积极与石油输出国组织（OPEC）合作，试图将国际石油价格维持在较高水平。最后，对能源部门的外国直接投资采取限制政策，保证政府对大型石油和天然气企业的绝对控制。

为保证产业安全，俄罗斯采取了多种措施：首先，设立专项财政支持基金，以帮助提升其主要出口产品抵御国际市场价格风险的能力。[②] 其次，鼓励创新，提高竞争力。俄罗斯政府鼓励创新的战略主要表现在两个方面：改革国家科研部门和强化知识产权制度。再次，积极参与分工，融入全球产业链。最后，对外资进入实行不同政策。除能源部门等关键性领域以外，俄罗斯积极鼓励外资进入严重缺乏资金的部门，如零售商业等。

---

① 由俄罗斯Federal Agency on Technical Regulating and Metrology公布。
② Policy Brief, Economic Survey of the Russian Federation 2004, OECD 2004.

金融安全受到重点关注。对商业银行和非银行金融机构的监管，主要由俄罗斯的中央银行——俄罗斯银行负责。根据《俄罗斯联邦中央银行法》第四条和第四十六条，俄罗斯银行为调整金融部门资产的流动性，有权办理信用机构存款业务。存款业务按照 2002 年 11 月 5 日发布的俄罗斯银行第 203 – P 号令《俄罗斯联邦中央银行接受信用机构的俄罗斯货币存款的业务流程》办理，该法令有相应的实施条例。① 对于存款利率、存款准备金率等，俄罗斯银行也有详细的规定。

## 四、俄罗斯积极建立多极国际政治秩序的战略及策略

### （一）巩固和加强俄罗斯在联合国的影响力

俄罗斯依旧认为联合国及其安理会是稳定国际关系体系的核心。在联合国框架下，俄罗斯的长远宏观目标是致力于建立多极化的国际政治经济新秩序；其现实具体目标是通过对联合国各方面议程的参与，为国内的政治经济发展争取更多的外交资源，维护、增进俄罗斯各领域具体的国家利益。如表 6 – 3 所示，俄罗斯利用其常任理事国地位，通过投票权对国际重大问题施加影响力。俄罗斯数次的对外政策和国情咨文，均将联合国的活动置于俄罗斯多边外交的首位，高度重视联合国这个重要的国际机制，充分发挥联合国外交在俄罗斯整体外交战略中的主导性作用。

表 6 – 2　2001~2012 年常任理事国在若干重大问题上投反对票简表

| 日期 | 议程项目 | 投反对票的常任理事国 |
| --- | --- | --- |
| 2012 年 2 月 4 日 | 中东局势（叙利亚） | 俄罗斯、中国 |
| 2011 年 10 月 4 日 | 中东局势（叙利亚） | 俄罗斯、中国 |
| 2009 年 6 月 15 日 | 格鲁吉亚局势 | 俄罗斯 |
| 2008 年 7 月 11 日 | 非洲和平安全（津巴布韦） | 俄罗斯、中国 |
| 2007 年 1 月 12 日 | 缅甸局势 | 俄罗斯、中国 |
| 2006 年 11 月 11 日 | 中东局势，包括巴基斯坦问题 | 美国 |
| 2006 年 7 月 13 日 | 中东局势，包括巴基斯坦问题 | 美国 |

---

① Bank of Russia Regulation No. 203 – P, dated November 5, 2002, "On the Procedure for Conducting Deposit Operations by the Central Bank of the Russian Federation with Credit Institutions in the Currency of the Russian Federation" (with amendments).

续表

| 日期 | 议程项目 | 投反对票的常任理事国 |
|---|---|---|
| 2004年10月5日 | 中东局势,包括巴基斯坦问题 | 美国 |
| 2004年4月21日 | 塞浦路斯局势 | 俄罗斯 |
| 2004年3月25日 | 中东局势,包括巴基斯坦问题 | 美国 |
| 2003年10月14日 | 中东局势,包括巴基斯坦问题 | 美国 |
| 2003年9月16日 | 中东局势,包括巴基斯坦问题 | 美国 |
| 2002年12月20日 | 中东局势,包括巴基斯坦问题 | 美国 |
| 2002年6月30日 | 波斯尼亚和黑塞哥维那局势 | 美国 |
| 2001年12月14~15日 | 中东局势,包括巴基斯坦问题 | 美国 |
| 2001年3月27~28日 | 中东局势,包括巴基斯坦问题 | 美国 |

资料来源：根据联合国安理会否决票相关文件整理。

## （二）巩固俄罗斯在上海合作组织中的领袖地位、抵御美国在中亚的扩张

俄罗斯希望在其担任上海合作组织主席期间继续努力巩固俄罗斯作为政治领袖的趋势，努力扩展上海合作组织的国际关系。俄罗斯对上海合作组织非常感兴趣，主要原因在于："9·11"恐怖袭击事件后，美俄进一步加剧了在中亚地区的争夺，加入上海合作组织有助于俄罗斯借助该组织抵制美国在中亚地区进一步扩大影响力，维护其地区主导地位；[①] 有助于俄罗斯应对安全、经济等方面的复杂问题；有助于俄罗斯稳住中亚国家以遏制其日益强烈的独立自主倾向。

## （三）通过金砖国家平台对国际经济政治秩序重构发挥重要影响力

俄罗斯对金砖国家峰会也非常积极，主要原因如下：第一，打破与美国和西方关系僵局的需要。第二，提供了构建突出自身地位的国际平台的新机会。长期以来，俄罗斯囿于经济实力的疲弱，在国际事务中彰显世界大国影响力方面显得力不从心，在G8中只能看发达国家脸色行事。但俄罗斯从未放弃重新成为世界大国的努力，金砖国家峰会正好为俄罗斯提供了与国际影响力不断上升的新兴大国进行沟通合作的机会和平台，使其可以平等地提出自己的倡议。第三，加强同新兴经济体的经贸合作，有益于俄罗斯经济增长以及强化反危机效果。借助金砖国家平台，俄罗斯参与未来国际经济政治秩序重构的积极性和影响力也在逐步上

---

① 何忠，刘东岳.上海合作组织对俄罗斯的战略意义 [J].西伯利亚研究，2007 (2)：46-48.

升。在"金砖四国"首次峰会上，俄罗斯对美元的独大地位感到不满，力促货币体系多样化。

### （四）主导并加强独联体的团结、区别对待独联体国家，抵制美国在独联体的影响

俄罗斯认为独联体国家的团结非常重要，欧亚经济共同体是核心，同时要关注俄罗斯、哈萨克斯坦与白俄罗斯的关税同盟以及统一经济区的前景。在独联体区域内寻求灵活的同美国相互影响的对话和合作方式，以防止分裂势力分裂独联体，使俄罗斯丧失地缘政治地位。为了抵制欧美在独联体国家军事政治影响力的进一步扩大，俄罗斯根据独联体各国对俄政策取向的差异，对独联体国家采取了"分而治之"的策略。

第一，全面加强与奉行亲俄政策的白俄罗斯、亚美尼亚、哈萨克斯坦、吉尔吉斯斯坦、塔吉克斯坦等国家的战略合作关系。政治上，通过高频率的高层互访和政治对话来强化政治互信，巩固双边联盟或战略伙伴关系；经济上，进一步扩大与各方在能源、经贸等领域的深层次合作；军事上，进一步增强军事互动以及在军事技术和安全领域的交流与合作。

第二，对于奉行反俄立场的乌克兰、格鲁吉亚、摩尔多瓦、阿塞拜疆和乌兹别克斯坦等国家采取拉拢为主、施压为辅的政策，力图滞缓它们投奔西方、疏离俄罗斯的步伐。

第三，对于奉行中立政策的土库曼斯坦，俄罗斯主要利用两国在能源领域的深入合作对其施加影响以抵制美国对土库曼斯坦的渗透。

### （五）运用经济、军事、安全手段，继续使中亚成为自己的"后院"

由于中亚各国历史上和地缘上同俄罗斯的密切关联，特别是为了控制中亚的能源及运输通道，俄罗斯历来视中亚为自己的"后院"，对于他国染指中亚事务极为敏感。俄罗斯也通过一系列的努力来强化中亚对其依附关系：第一，动用一切资源保证对俄友好势力在中亚各国执政，把稳定中亚作为稳定国内局势的延伸。第二，在深化同中亚诸国传统经济联系的同时，通过扩大投资和推进经济一体化来增强在该地区的经济影响力。第三，进一步巩固和加强在中亚的军事存在。第四，充分运用本国主导的安全组织推进安全合作，打击恐怖主义与跨国犯罪，维护区域安全与稳定。

### （六）积极参与亚太地区多边机制

普京就任总统以来，俄罗斯就将远东地区作为参加亚太地区一体化进程的重

要前沿,努力通过改善远东地区的投资环境,吸引亚太地区国家的资金和技术,深化区域经贸合作。梅德韦杰夫接替普京出任总统后,普京的亚太政策得到了延续和发展,俄罗斯更加积极地参与亚太地区各类多边机制。俄罗斯不仅参加APEC会议,还参加上海合作组织、东亚峰会、"东盟10+1"、朝鲜半岛"六方会谈"、东盟安全论坛等该地区几乎所有机制活动。

### (七) 俄欧关系是俄外交战略的重点

**1. 俄罗斯与欧洲具有广泛共同利益**

对欧盟来说,俄罗斯不仅是参与构筑欧洲安全体系的重要力量,而且还是欧盟的能源库。欧盟还想借助俄罗斯来制约美国的霸权,推动世界多极化。俄罗斯几百年来一直想"融入欧洲",目前又急需得到欧盟的经济援助和技术,而且欧盟还是俄罗斯最大的贸易伙伴。另外,欧盟不像北约那样会对俄罗斯的领土安全构成威胁,相反,欧盟还是俄罗斯制约美国的单边主义甚至分化北约的有效助力。正因为双方拥有广泛的共同利益,俄欧虽然不时发生纠纷,但双方始终没有脱离合作的主线。

**2. 俄欧也存在着尖锐的现实利益与价值观念的冲突**

首先,俄欧的战略目标不同。欧盟要圆大欧洲之梦,要主导欧洲事务,并认为俄罗斯有帝国扩张传统,因而对俄怀有戒心。俄罗斯则要圆强国之梦,力求成为世界强国,并参与主导欧洲事务。其次,俄欧在国家利益上时有碰撞。欧盟要把中东欧国家纳入西方体系,并力图侵入独联体地区,这就必然挤压俄罗斯的战略空间。最后,俄欧在价值观念上存在差异。欧盟推崇欧洲价值观,为此经常批评俄罗斯的内政举措。俄罗斯则强调自己自古以来就是高度集权国家,目前更应实行"可控民主"。

**3. 俄罗斯对欧洲外交政策**

第一,俄欧关系一直是俄外交战略全局中的重点。普京上台后,谋取经济利益、介入欧洲事务、借欧制美、防止俄在欧洲的孤立是其对欧外交的重点。① 第二,英国和德国是俄罗斯对欧洲外交的重点对象。英国是美国最密切的盟友,可能充当俄罗斯与美国改善关系的"调解人",英国作为北约的重要成员国,也能促进俄罗斯与北约关系的发展。德国是俄罗斯最大的债权国,对俄罗斯经济发展至关重要。

---

① 孙庆国. 普京时期俄罗斯外交政策的调整及其对独联体的影响 [D]. 哈尔滨:黑龙江大学, 2008.

## (八) 俄美关系：竞争多于合作

**1. 俄罗斯与美国的主要矛盾**

第一，战略利益上存在冲突。美国坚持谋求全球范围内"一超独大"的单极世界，而俄罗斯希望重塑大国地位，谋求建立世界多极秩序。第二，北约东扩。冷战后，防止俄罗斯东山再起是美全球战略的一个重点，北约东扩的最终目的是把北约变成保证欧洲安全的机构，尽可能削弱俄罗斯在欧洲的作用和影响。原属"苏东"地缘范围的匈牙利、波兰、捷克等国纷纷加入北约，同时，美国还加紧策划建立围堵俄罗斯的乌克兰—高加索—里海弧形地带，企图从俄罗斯西、南面挤压它的地缘战略空间。① 第三，"颜色革命"。第四，在中亚的军事渗透。"9·11"事件后美国使中亚从俄罗斯安全战略的"后院"变成了"前线"。第五，导弹防御系统。美国希望保持核武器的绝对优势，坚持实行国家导弹防御计划，这对俄罗斯赖以保障自身安全的战略和力量构成了致命威胁。第六，核裁军问题。美国等西方国家不仅在经济上压制俄罗斯，在军事上也采取挤压策略。

**2. 俄罗斯采取的主要措施**

第一，对美关系仍是俄罗斯外交政策中的重中之重，俄罗斯尽量避免与美发生严重冲突，但不轻易让步。第二，保持并加强对独联体国家的控制，确保俄罗斯在该地区的主导地位。第三，重视发展与欧洲的关系。第四，改善和发展同东方国家关系，加强在亚洲事务中的影响和作用，争取外交平衡。第五，缓和与北约的关系，坚持"先欧后美"，利用美欧在构筑欧洲新安全结构中的分歧，拓宽俄罗斯的外交空间。② 第六，极力维持独联体国家政权稳定，遏止"颜色革命"。第七，修改军事安全战略，突出核武器的作用，加重自己在欧洲安全体系中的作用。③ 第八，继续发展进攻和防御性武器装备，加速发展高科技反导弹技术。第九，继续在导弹预警系统数据交换问题上与美国展开合作。

## (九) 俄印关系：相互需要

普京执政以后，俄印关系重新升温。俄罗斯和印度在防务、航空和原子能领域的合作进一步扩大和深化。俄罗斯明确表示印度应该在国际事务中发挥更加重要的作用，对于印度申请成为安理会常任理事国和加入核供应国集团，俄罗斯均表现出了开放的态度，俄罗斯还希望加强同印度在"金砖四国"和中俄印三国经

---

① 丛鹏，张钰函. 近年美俄关系析论 [J]. 俄罗斯东欧中亚研究，2008 (2)：67 – 71.
②③ 张晓通，解楠楠. 冷战后中东欧地缘政治博弈：过程、规律及未来走势 [J]. 领导科学论坛，2017 (1)：77 – 87.

济发展年会等组织中的合作。俄印关系不断升温的原因如下：一是由于双方有共同的地缘政治；二是印度是俄罗斯最大的军火买家，俄罗斯还是唯一愿意与印度分享国防技术的国家，特别是在航母和核潜艇方面；三是印度石油市场潜力大，同时印度也希望通过加强同俄罗斯的能源合作逐步摆脱对中东石油的依赖。

## 第三节 乌克兰危机后俄罗斯国际秩序重构和国家安全战略及策略

### 一、乌克兰危机后俄罗斯的经贸实力与国际地位

#### （一）经济走势低迷

2013年以来，俄罗斯囿于乌克兰危机、欧美制裁、国际能源价格大幅下跌等内外压力，经济受到巨大冲击，总体表现低迷。乌克兰危机恶化了俄罗斯同西方国家的关系，欧美持续发起的数轮制裁使俄罗斯的能源、金融、军工及航运业等几大核心产业遭受直接冲击，外部经济环境严重恶化。2014年国际原油价格创六年来最大的年度跌幅，累计下跌了50%，这使得以出口原油为主要外汇收入来源的俄罗斯更是雪上加霜。①

从2012年开始，俄罗斯经济增长速度不断下降，乌克兰危机爆发后，2014~2016年的实际GDP增长率为负值，2015年中期实际GDP增长率仅为-2.5%左右，创自2008年金融危机以来最大跌幅。2016年后下滑趋势得到遏制，经济状况出现好转。根据俄联邦统计局公布的数据，2018年俄罗斯GDP总额约合1.66万亿美元，实际增长率为2.3%，人均国民收入达1.12万美元。2019年GDP实际增长率为1.3%，GDP总量近1.7万亿美元，同2018年相比变化不大，宏观经济总体上呈现出企稳的态势。

#### （二）俄罗斯对外贸易

2013~2018年，由于乌克兰危机等因素的冲击导致俄罗斯对外贸易下降。

---

① 徐坡岭，肖影，刘来会. 乌克兰危机以来俄罗斯经济危机的性质及展望 [J]. 俄罗斯研究，2015 (1): 115-148.

2013 年俄罗斯出口总额为 5 272.66 亿美元，2016 年出口总额急速下滑，仅为 2 854.91 亿美元，降幅达 45.85%。与此同时，俄罗斯的进口额也由 2013 年的 3 149.45 亿美元降为 2016 年的 1 822.57 亿美元。由于进出口双双下滑，其贸易顺差得以保持。

俄罗斯虽然一直以来能够保持对外贸易顺差，但出口商品主要以能源为主，结构过于单一。根据商务部发布的 2018 年国别贸易报告，分商品看，矿产品是俄罗斯的主要出口商品，2018 年出口额为 2 419.6 亿美元，增长 36.3%，占俄罗斯出口总额的 62.7%。其中，出口的矿产品主要是矿物燃料、矿物油及其产品和沥青等，出口 2 371.6 亿美元，占俄罗斯出口总额的 52.7%。机电产品、化工产品和运输设备是俄罗斯的前三大类进口商品，2018 年进口 734.2 亿美元、298.1 亿美元和 256.3 亿美元，分别增长 31.9%、12.9% 和 11.1%，三类商品合计占俄罗斯进口总额的 55.9%。俄罗斯国内产业结构的失衡也导致了其出口结构的单一化，这使其对外贸易应对国际政治经济风险的能力不足。

### （三）FDI 的流入与流出

2017 年外国对俄直接投资减少 14.3%，总额达 279 亿美元，而俄罗斯对外投资增长 73.1%，达 386 亿美元。资本净流出量达 107 亿美元，与之相比，2016 年的资本净流入量为 102 亿美元。俄罗斯对外投资的收入增长了 34%，该增长主要依靠资本投资和债券投资，外国对俄直接投资收入增长了 16.9%，俄罗斯的外资主要来自巴哈马、塞浦路斯和瑞士。①

### （四）乌克兰危机后俄罗斯战略空间被进一步挤压，国际影响力下降

乌克兰危机使俄罗斯同西方关系全面恶化，双方博弈由暗斗转向明争，俄罗斯被迫陷入与多个西方大国全面对抗的境地，这使其战略空间进一步受到挤压，国际影响力也有所下降。乌克兰位于欧洲东部地区，其地缘政治地位十分特殊，使得俄罗斯历来将其视为核心利益区和势力范围，欧美也将其视为同俄罗斯之间的重要战略缓冲带和重大利益区。因此，这里成为俄罗斯必保之地、北约和欧盟必争之地。② 欧美利用克里米亚入俄的影响，也加快了对独联体国家"挖角"的步伐，以达到进一步孤立俄罗斯的战略目的。2014 年 6 月 27 日，乌克兰、格鲁

---

① 俄央行. 2017 年外国对俄直接投资［EB/OL］. http://ru.people.com.cn/n1/2018/0409/c408039 - 29915344.html.
② 王海运. 乌克兰危机、俄罗斯战略调整与国际格局演变［J］. 国际石油经济，2014（10）：1-6.

吉亚、摩尔多瓦三国与欧盟签署联系国协定，迈出西向重要一步。欧洲理事会主席范龙佩将这一天形容为"对欧洲有着重大意义的一天"。① 然而，从俄罗斯国内来看，尽管饱受欧美轮番制裁且经济形势不断恶化，但乌克兰危机，尤其是克里米亚入俄事件强化了俄罗斯民众的民族自豪感，普京及其政权支持率也不断攀升，国内社会高度团结。

## 二、乌克兰危机后俄罗斯主要的国际利益诉求：重振经济、维护国家主权与安全

无论是叶利钦时期还是普京时期，重塑大国身份一直以来都是俄罗斯在国际舞台上的主要利益诉求。在乌克兰危机爆发之前，俄罗斯在政治强人普京的带领下，综合国力得到极大增强。然而一个强大的俄罗斯是西方大国不愿意看到的，在西方国家看来，俄罗斯块头太大、潜力太大、野心太大，并且与以美国为首的西方又格格不入，无论如何也不能放弃对俄的遏制。为防范俄罗斯东山再起，美欧把德国统一时对苏联所作"北约不向东欧扩大"的承诺完全抛到脑后，从北约东扩到欧盟东扩，向中东欧步步进逼。② 美国更将俄罗斯试图恢复独联体统一空间的行为视作倒行逆施并予以极力遏阻，把反导系统和军事力量也部署到了俄罗斯的传统势力地带，美欧直接策动的乌克兰亲西方反对派政变更是将俄罗斯逼至墙角，这直接威胁到了俄罗斯的国家安全。正如国际战略思想家基辛格2015年8月所言："西方对俄罗斯的长远目标已变，从接纳俄罗斯进入西方社会，变成摧毁俄罗斯。"③

2015年12月31日，普京签署了新版《2020年前俄罗斯国家安全战略》，与时俱进地更新了2009年版本中俄罗斯关于对外政策优先方向、经济能源安全以及军事发展等方面的战略指导，明确指出俄罗斯国家战略的优先次序为：国防、国家和社会安全、提高生活质量、经济增长、科技教育、保健、文化、生态和合理利用自然、战略稳定和平等的战略伙伴关系。④ 俄罗斯《独立报》在评述这份文件时，强调"俄罗斯自认是受敌人包围的国家"，"莫斯科完成了最近20年来最反西方的转折"。由此可见，在当时的形势下，强调维护国家主权与安全是俄罗斯国家战略的优先选项。

---

① 陈宇，韩奕琛. 浅析乌克兰危机对俄罗斯的影响 [J]. 国际研究参考，2014（12）：44 – 47.
② 王海运. 乌克兰危机、俄罗斯战略调整与国际格局演变 [J]. 国际石油经济，2014（10）：1 – 6.
③④ 盛世良. 俄罗斯国家安全战略亮点丰富 [EB/OL]. http: //www.banyuetan.org/chcontent/sz/hqkd/201625/181910.shtml.

## 三、俄罗斯参与国际经济秩序重构以维护国家经济安全的战略与策略

### （一）创建欧亚经济联盟，破解西方经济制裁

2014年5月29日，俄罗斯、白俄罗斯和哈萨克斯坦三国总统在哈萨克斯坦首都阿斯塔纳（现称努尔苏丹）签署《欧亚经济联盟条约》，宣布欧亚经济联盟将于2015年1月1日正式启动。其后，亚美尼亚和吉尔吉斯斯坦也相继加入欧亚经济联盟。该条约列出了自由贸易商品清单，并明确联盟发展的终极目标是建立类似于欧盟的经济联盟，在2025年前实现商品、服务、资本和劳动力的自由流动，共同推进能源、交通、工业、农业、关税、贸易、税收和政府采购等诸多领域的深层次合作，最终形成一个拥有1.7亿人口的统一市场。① 面对西方在地缘政治战略上的步步紧逼，以欧亚经济联盟为依托加速推进地区一体化进程是俄罗斯与欧美进行地缘政治博弈和摆脱当前经济困局的重要策略。②

### （二）积极推进进口替代战略

俄罗斯政府在应对1998年、2008年和2014年三次经济危机时，都将进口替代战略视为有效的反危机战略。③ 乌克兰危机使得美欧诸国对俄罗斯实施了严厉的经济制裁，虽然俄罗斯也针锋相对地出台了反制裁举措，但其国内经济依然遭受重创。④ 为了应对这一因欧美制裁引致的经济危机，2015年1月27日俄罗斯政府颁布了《保障经济可持续发展和社会稳定的优先措施》。该措施将支持进口替代、鼓励实体经济投资和扩大非原料部门的出口作为应对经济危机的重要策略。为了进一步强化进口替代战略的作用，俄罗斯政府于2015年8月5日专门批准成立了进口替代委员会。该委员会由俄罗斯总理梅德韦杰夫担任主席，委员会每3个月至少召开1次会议，下设民用经济问题分委会和国防工业问题分委会，其主要职责是协调联邦权力机构、联邦主体权力机构、地方自治机构以及相关进口替代政策执行机构之间的相互关系。⑤ 为贯彻通过进口替代实现老工业基

---

① 王佳宁. 背景资料：欧亚经济联盟 [EB/OL]. http：//www. xinhuanet. com/world/2014 - 05/29/c_1110926236. htm.
② 黄锐. 国际观察：欧亚经济联盟有何意义 [EB/OL]. http：//www. xinhuanet. com/world/2015 - 01/04/c_1113870072. htm.
③ 高晓慧. 俄罗斯进口替代与经济危机 [J]. 俄罗斯学刊, 2018（1）：14 - 26.
④ 欧阳向英. 俄罗斯经济社会形势分析 [J]. 俄罗斯学刊, 2017（2）：71 - 78.
⑤ 孟光. 俄成立联邦政府进口替代委员会 [EB/OL]. http：//roll. sohu. com/20150806/n418269609. shtml.

地再工业化的战略构想,2016年3月1日俄罗斯政府颁布了《2016年俄罗斯联邦保障社会经济稳定发展计划》。这一发展计划的出台标志着作为反2014年经济危机的进口替代战略由自发过程、局部的产业政策上升为系统的国家再工业化战略。2017年7月俄罗斯通过《关于在实施保障国家和地方需求的采购中禁止购买部分种类外国生产的机械制造商品》的决议,该决议规定将关税同盟国家纳入进口替代战略保护范畴,禁止名单中的商品必须在俄罗斯、白俄罗斯、哈萨克斯坦和亚美尼亚购买,如果这些国家不能提供这些类别的商品,优先选择的替代方案是设法在这些国家组织生产。保证国内商品和服务需求的30%由自己供给是2017年俄罗斯政府进一步扩大进口替代政策覆盖范围的主要目标。①

俄罗斯推行进口替代战略对本国农业、食品工业、机械设备制造业的发展带来了积极的作用,比如食品工业自2015年以来保持了3%的增长率,谷物自给率达到了95%。但进口替代对经济结构的影响却不甚明显,被列入替代商品目录的机械设备、运输工具和农产品的进口额占比并没有下降,化工产品的进口更是不降反升,这说明进口替代产品还无法填补市场需求的缺口。因此,进口替代战略能否真正改善俄罗斯经济结构使其摆脱能源经济发展模式的路径仍需拭目以待。②

### (三) 以"一带一盟"对接促中俄经贸发展

2015年5月8日,中国国家主席习近平和俄罗斯总统普京在莫斯科共同签署并发表了《关于丝绸之路经济带建设与欧亚经济联盟建设对接合作的联合声明》。"一带一盟"的成功对接是丝绸之路经济带与欧亚经济联盟发展目标高度契合的必然结果,作为驱动欧亚地区经济发展的双引擎对于中俄双方均有着相当重要的战略意义。这一对接对于彼时正遭受欧美联合制裁和经济危机冲击的俄罗斯来说无疑更有雪中送炭的意义。由于彼此间资源禀赋的较大差异,中国与欧亚经济联盟各成员国有着很强的贸易互补性,欧亚经济联盟五国主要对中国出口油气资源、电力热力以及金属矿产制品,而中国主要向欧亚经济联盟五国出口轻工业品。③ 俄罗斯总统普京在金砖国家领导人第七次会晤期间公开表示:"欧亚经济联盟"和"丝绸之路经济带"是彼此兼容的,相互并不对立。④

---

①② 徐向梅. 结构性难题与进口替代——俄罗斯经济发展前景分析 [J]. 国外理论动态, 2018 (1): 100 – 110.

③ 李杨, 贾瑞哲. 以"一带一盟"对接促中俄经贸有效合作 [J]. 东北亚论坛, 2017 (4): 53 – 65.

④ 李锡奎, 严功军. 俄罗斯媒体视角下"一带一盟"研究 [J]. 东北亚论坛, 2016 (1): 115 – 125.

### (四) 推进能源出口多元化策略

自 2014 年 3 月克里米亚宣布独立并加入俄罗斯联邦以来,欧美对俄罗斯共发起了七轮制裁,除了第一轮以外,其余六轮均涉及能源行业。能源制裁的范围不仅包括能源先进技术和服务出口限制、能源企业融资限制,还对俄罗斯能源企业高官实施签证禁令和资产冻结等限制。油气资源出口历来是俄罗斯联邦财政预算收入和出口收入的重要来源,欧美将俄罗斯能源行业列为制裁重点目标,不仅对俄罗斯能源产业带来直接冲击,也使得俄罗斯整个国民经济体系承受重压。对于能源产业来说,欧美制裁大幅度增加了俄罗斯能源企业的融资难度,本就拥有高额外债的俄罗斯能源公司面临更加严峻的资金紧张窘境,比如俄罗斯石油公司和俄罗斯天然气公司 2015~2022 年间就需要分别偿还 160 亿美元和 45 亿美元左右的债券;由于俄罗斯油气设备和技术的对外依存度较高,欧美对于油气开采设备和技术的出口禁令严重制约了俄罗斯油气开采的规模,削弱了俄罗斯油气的长期产出能力。对于俄罗斯整体经济来说,油气资源出口收入的大幅锐减导致俄罗斯财政收入大幅度下滑,经济结构失衡的负面效应会进一步放大。如果乌拉尔油价按照每桶 100 美元进行核算,2013~2017 年俄罗斯联邦预算收入的 50% 左右来自油气收入。①

为应对能源制裁对俄罗斯经济的冲击,俄罗斯意识到油气出口不能过分依赖于欧洲与独联体国家,推进能源出口多元化战略势在必行。2014 年,俄罗斯能源部发布的《2035 年前能源战略》认为,亚太地区将是全球未来能源消费增长的主要区域,而欧洲能源消费增长空间不大。因此,扩大对亚太市场的出口规模是大势所趋。该报告估计,俄罗斯对亚太地区天然气出口比重将从当前的 6% 增加到 2035 年的 31%,液化天然气出口量到 2020 年增加至 3 000 万吨,2035 年达到 1 亿吨;2035 年,石油与石油产品出口比重从当前的 12% 增到 23%,其中原油增加到 32%。②

### (五) 大力发展中小企业

2015 年 4 月,普京在参加国务会议时强调,"俄罗斯中小型企业的发展依旧缓慢。以个体经营者及微型企业为主要代表的中小企业在 GDP 中的比重不超过

---

① 徐洪峰,王海燕. 乌克兰危机背景下美欧对俄罗斯的能源制裁 [J]. 美国研究,2015 (3): 73-83.
② 陈鑫. 2035 年前俄罗斯能源战略草案解析 [EB/OL]. http://www.cnmn.com.cn/ShowNews1.aspx?id=320990.

21%"。而该比重在经济发达国家甚至超过50%。① 俄罗斯中小企业发展一直缓慢，中小企业行业分布失衡。为了改变这种现状，俄罗斯在法律上积极支持中小企业的发展，相继出台了《反垄断法》《俄罗斯联邦行政法》《租赁协议法》《自由经济区法》等，俄罗斯政府还采取经济自由化政策，比如在一些地区推广试行给予小企业一段免税期。这对推进俄罗斯经济结构改革、增强经济活力有巨大的促进作用。

## 四、俄罗斯参与国际政治秩序重构以维护国家经济安全的战略与策略

### （一）向东战略和联合新兴国家

乌克兰危机使得俄罗斯与欧美关系降至历史冰点，为了有效应对来自美欧的外交孤立和经济制裁，加强与亚太国家的合作成为普京政府的最佳选择。大力发展同亚太国家在政治、经济以及安全方面的合作既体现了俄罗斯的外交向东战略意图，也完全契合近年来俄罗斯强化亚太外交的理念。在对"东方国家"的合作中，中国势必成为俄罗斯的首选合作对象。近年来，无论是在能源、金融、高科技、军事技术合作问题上，还是在重大国际和地区安全问题上，俄罗斯的姿态较之以往明显趋于主动。俄罗斯自我定位为新兴大国，一向高度重视同新兴国家的合作，其积极的姿态对金砖国家、中俄印合作机制的形成起到了重要作用。因此，可以预见的是，俄罗斯会进一步加大对金砖国家与中俄印合作机制建设的投入，也会更加积极地参与到上海合作组织各领域的合作当中。

### （二）稳定与欧洲关系和重点对抗美国

俄罗斯与欧洲国家文化联系广泛，其一直以来都存在着深厚的欧洲情结，俄欧关系依然是俄罗斯非常重视的对外关系。俄罗斯的发展需要欧洲国家的资金和技术，俄欧之间在能源领域更是唇齿相依，欧洲各大国也期望地区稳定，这都决定了俄欧之间对立合作的关系。乌克兰危机虽然导致俄欧关系降至历史上的冰点，但因为双方在地缘政治经济以及文化上的必然联系，缓和紧张关系并继续合作的余地依然很大。从俄美之间的博弈策略来讲，俄罗斯为了反制美国不留余地的遏制战略，争取同俄罗斯有共同利益的欧洲大国的合作也是不可或缺的。因

---

① 张尼. 普京称俄中小企业发展缓慢　行政障碍仍是经济负担［EB/OL］. http：//www.chinanews.com/gj/2015/04-08/7192293.shtml.

此，面对乌克兰危机后美欧制裁下的国际格局，积极争取欧洲大国、集中力量应对来自美国的挑战成为俄罗斯的必然选择。

### （三）强化与中国的防务合作

俄罗斯作为苏联军事力量的主要继承者，因综合国力的严重衰退，根本无法再像以往那样能够同美国主导的西方分庭抗礼。普京就任总统后，虽然高度重视俄罗斯的军事改革与发展，俄罗斯的军事力量也有所改善，但除了核武器勉强能与欧美抗衡外，常规军事武器之间的差距也不断扩大。乌克兰危机引发的美欧制裁使得俄罗斯经济遭受重创，普京政府对加强同中国的合作意愿强烈且积极主动，中国对此也做出了积极回应，在经贸合作、军事交流等方面的对接进一步深入。为密切同中国之间的全面战略合作伙伴关系，在2017年6月7日举行的上海合作组织防长峰会上，俄罗斯国防部长谢尔盖·绍伊古向时任中国国防部部长常万全提议签署两国2017~2020年军事合作路线图。俄罗斯地缘政治问题研究院院长列昂尼德·伊瓦绍夫上将认为，"路线图"有助于两国联手遏制美国的侵略政策，特别是在美国航母定期值班的亚太地区。"萨德"反导系统在韩国的部署引起了莫斯科和北京的强烈不满，这也成为推动中俄加强双方防务合作的重要因素。①

### （四）支持乌克兰东部势力

乌克兰一直被俄罗斯视为传统势力范围，其地缘战略价值重大，一旦乌克兰脱离俄罗斯的掌控而加入北约，俄罗斯将不得不直接面对来自北约的军事威胁。乌克兰主要有两大民族，分别是俄罗斯族和乌克兰族。俄罗斯族大多数集居在乌克兰东部，经济政治与俄罗斯联系密切，与此相反，主要集居在乌克兰西部的乌克兰族与西方国家过往甚密，两大区域民族势力在政治立场上对立严重。因此，为了不失去对乌克兰的影响力，俄罗斯政府势必会支持亲俄的乌克兰东部势力。

### （五）加快军事装备的升级换代应对北约威胁

苏联解体后，俄罗斯继承的是一支配置失衡、过度强调核打击和地面进攻的武装力量，虽然俄罗斯曾花费巨资以改变这种现状，但时至今日依然未有改观。面对乌克兰危机后美欧国家的经济制裁和军事威胁，中长期内俄罗斯势必通过加速推进军事装备的升级换代来强化和彰显其保护国家核心利益的军事能力。早在

---

① 董蕾. 俄罗斯防长提议中俄签署2017至2020年军事合作路线图［EB/OL］. http：//www.guancha.cn/global-news/2017_06_14_413306.shtml.

乌克兰危机爆发前,俄罗斯总理梅德韦杰夫就曾在第二次世界大战退伍老兵座谈会议上强调,为确保俄罗斯具有足够的国防能力,俄罗斯军队目前在役的新型武器装备的比例在2020年前必须要达到75%以上。2016年11月俄罗斯总统普京在索契召开的一个会议上进一步强调,尽管当前俄罗斯经济低迷,但此前所确定的武器现代化项目和军事技术装备供应计划仍会得到不遗余力的推进实施。

## 第四节 俄罗斯未来参与国际秩序重构和实现国家安全的战略及策略

### 一、俄罗斯经济发展趋势

#### (一)国际原油价格回升助推俄罗斯经济逐渐恢复增长

2008年以来,俄罗斯的经济走势同国际原油价格波动密切相关。因受国际油价腰斩和西方大国对俄制裁的双重打击,从2014年第四季度开始俄罗斯经济进入负增长通道,一直到两年之后才逐渐恢复到正增长的水平。① 而恢复到正增长的时机恰好和国际原油价格进一步上涨相对应,② 这也充分说明俄罗斯短期内经济状况的改善主要得益于国际原油价格的复苏。根据俄罗斯联邦统计局发布的数据,2019年俄罗斯GDP增长率可达1.3%,GDP总量近1.7万亿美元,同2018年俄罗斯经济发展部预测的标准基本相当。

#### (二)经济结构的调整程度将决定俄罗斯的经济发展前景

俄罗斯独立以来,其经济发展之所以会呈现"过山车"式的波动,一个非常重要的原因是其失衡的经济结构。经济发展进程中的"三化"现象明显:一是投资原材料化,即俄罗斯投资相当部分用于采掘工业;二是经济原材料化,即经济

---

① 米军,刘彦君,程亦军等.国际石油价格波动与俄罗斯经济增长[J].欧亚经济,2015(5):1-50.
② 王乃水.国际油价30日上涨[EB/OL]. http://news.sina.com.cn/o/2018-05-01/doc-ifzvpatr7204195.shtm.

发展依赖能源等原材料部门;三是出口原材料化。① 普京在 2013 年国情咨文中就曾如此判断:俄罗斯经济放缓的主要原因是在内部,而不在外部。据俄罗斯储蓄银行的分析报告估计,如果俄罗斯经济结构改革顺利推进,其经济增速将提高到 3.5%,比不进行结构性改革的经济增速提高 3 倍左右,GDP 只需要 20 年左右的时间就能实现翻番的目标。

### (三) 国家资本主义模式制约了俄罗斯的创新与发展

以 2003 年末的"尤科斯事件"为标志,俄罗斯政府推行了一种"国家资本主义"的发展模式,力图将大型国有企业作为"经济引擎",实现国家"赶超式发展"。然而这一模式发展至今,其实际效果却不容乐观。俄罗斯著名经济学家伊纳泽姆采夫曾直指"国家资本主义"的失败,他认为以俄罗斯天然气工业股份公司、俄罗斯石油公司和被寄予厚望的对外经济银行等为代表的国家资本主义的产物并未实现预期发展目标,而俄罗斯政府却需要承担其经营不善的风险和成本。普京自执政以来,俄罗斯经济中发展最快的主要是以私营银行、通信、批发零售贸易为代表的非国有行业,而国有企业不仅效率低下,甚至成为腐败的温床,在某种程度上,对于俄罗斯来说,"国家成为经济发展的障碍"。②

## 二、俄罗斯参与未来国际秩序重构所面临的挑战

### (一) 三面受敌,国家安全面临巨大挑战

当前,俄罗斯深陷乌克兰危机和叙利亚危机当中,再加上日本一直以来对北方四岛(俄罗斯称"南千岛群岛")也虎视眈眈,使其面临三面受敌之势,国家安全面临巨大挑战。③ 这一态势目前来看不可能在短期内结束,仍会持续较长时间。2018 年 2 月,美国国防部通过加大对乌克兰援助法案,大幅增加对乌克兰的军事援助,不仅在军售上提供半价优惠,更是向乌克兰直接派出高级军事顾问,标志着美国对乌克兰的军事支持从幕后走向台前。无论是苏联还是俄罗斯,都非常重视叙利亚的重要战略价值,俄罗斯至今还在叙利亚拥有两个海军基地和一个

---

① 陆南泉. 从经济结构分析俄罗斯经济发展前景 [J]. 中国浦东干部学院学报,2017 (5):115 - 124.

② 凤凰网. 俄罗斯卧嵌四大伤口,各个令普金痛彻心扉 [EB/OL]. http://pit.ifeng.com/dacankao/sidashangkou/1.shtml.

③ 俄罗斯三面受敌,普京面临前所未有的挑战 [EB/OL]. http://mil.chinaiiss.com/html/20182/28/a90a94.html.

空军基地。叙利亚内战从 2011 年开始以来，俄罗斯一直是巴沙尔政权的坚定支持者，然而就在俄军帮助下叙利亚局势即将平息的时候，美国伙同英法于 2018 年 4 月发起对叙利亚政府军的战争，这使得俄罗斯又进一步陷入叙利亚危机的漩涡当中。北方四岛问题一直以来是俄日之间的最大争端，长期影响着两国邦交正常化，日本无论是在外交舆论上还是在军事上，都没有放弃收复北方四岛的努力，这也是俄罗斯不可回避的地缘政治压力之一。

### （二）俄罗斯与美国的关系短期内难以改善

2014 年乌克兰危机以来，俄罗斯与美国的关系持续恶化，叙利亚危机的持续发酵更是使得本已恶化的俄美两国关系雪上加霜。两国的这些摩擦在短期内很难达成共识，因此俄美之间的紧张关系短期内也很难得到改善。特朗普政府 2019 年版《美国国家安全战略》和《美国国防战略报告》都把俄罗斯列为美国战略竞争的"主要对手"，俄美之间的关系并未因为特朗普就任总统而有所改善，反而有进一步恶化的趋势。在美国国内，所谓俄罗斯"干涉"美国总统选举和"通俄门"的舆论甚嚣尘上，对特朗普极度不满的美国"建制派"把压抑许久的愤怒转向了俄罗斯，通过调查"俄罗斯干预美国大选"和"通俄门"制约特朗普的对俄外交。2017 年 8 月 2 日，特朗普签署了此前国会参众两院先后通过的加大对俄罗斯、伊朗和朝鲜制裁的一揽子法案。该法案的生效进一步恶化了本已紧张的双边关系：一是把对俄制裁纳入了美国的国内司法体系，将成为长期横亘在美俄间的一道障碍；二是永不承认任何以武力改变领土的行为，其中包括乌克兰东部和德涅斯特河沿岸地区、克里米亚、南奥塞梯、阿布哈兹；三是进一步压缩了俄罗斯受制裁企业的国际融资空间，严禁美国企业参与任何有俄受制裁企业占股超过 33% 的能源开发项目，即便这些项目在俄罗斯境外。①

### （三）独联体国家分化加剧

基于历史渊源以及地缘政治的需要，独联体国家一直都是俄罗斯对外政策的重点方向。从普京时期俄罗斯对外战略的轨迹来看，加快整合后苏联空间是其对外战略的主要方向。② 然而，普京第二任期期间，独联体国家格鲁吉亚、乌克兰、吉尔吉斯斯坦等相继发生"颜色革命"。普京第三任期以来，俄罗斯与独联体国家乌克兰和格鲁吉亚的关系使俄罗斯同美国为首的西方七国集团交恶，外交陷入

---

① 左凤荣. 普京开启第四任期与俄罗斯面临的挑战 [EB/OL]. http://www.sohu.com/a/228644915_100116571.

② 宋志芹. 俄罗斯的独联体外交：现状与前景 [J]. 学理论，2015（8）：1-3.

相对孤立。在独联体国家与俄罗斯的关系问题上,以乌克兰为代表的独联体国家"脱俄入欧"的步伐进一步加快,独联体内部分化愈发剧烈。① 独联体国家分化的加剧使得俄罗斯参与未来国际秩序重构的话语权有一定程度的弱化。

## 三、俄罗斯参与未来国际经济秩序重构的安全战略及策略

### (一) 欧盟依然是俄罗斯重要的经贸伙伴

虽然乌克兰危机后俄罗斯备受欧美制裁,俄欧之间的关系进一步恶化,但在普京签署的俄罗斯 2016 年新版《俄罗斯联邦外交政策构想》中,依然将欧盟定位为俄罗斯重要的经贸和外交伙伴,并强调未来俄欧关系需要在法律基础和合作机制上不断完善,从而最终实现"打造从大西洋到太平洋的共同人文经济空间"这一双边关系战略目标。② 乌克兰危机下欧盟同俄罗斯的经贸往来大幅度下降:2014 年俄罗斯欧盟双边贸易额为 3 800 亿美元,2015 年双边贸易额为 2 300 亿美元,同比下降了 40%;2015 年俄罗斯自欧盟进口同比下降了 41.5%,对欧盟出口同比下降了 37.7%。③ 这直观地说明俄欧之间难以割舍的贸易互补性。

### (二) 进一步加强同亚太地区的经济联系,特别是同中国和日本的经济联系

2016 年版《俄罗斯联邦外交政策构想》强调俄中两国在世界重大问题上的立场是否一致是影响地区和全球稳定的关键因素,将继续积极同中国发展各领域合作。④ 中国近年来虽然面临经济上的结构性调整,但在对外投资和能源需求方面仍然潜力巨大,这对于目前经济上处于困境的俄罗斯来讲具有重大吸引力。日本作为亚太地区的代表性发达国家,在资金和技术方面对俄罗斯同样存在着很大的吸引力。因此,可以预见的是,俄罗斯必然会进一步加强同亚太地区各国特别是同中国和日本的经贸关系。

---

① 李兴,王心怡. 俄罗斯独联体政策论析 [J]. 俄罗斯学刊,2016 (4):47 – 53.
②④ 中国社会科学网. 俄罗斯总统普京签署新版《俄罗斯联邦外交政策构想》 [EB/OL]. http://ex.cssn.cn/gj/gj_gjzl/gj_sdgc/201612/t20161203_3300369.shtml.
③ 2015 年俄罗斯与欧盟进出口贸易额同比下降 40% [EB/OL]. http://www.mofcom.gov.cn/article/i/jyjl/e/201601/20160101235331.shtml.

### (三) 积极推进丝绸之路经济带与欧亚经济联盟的对接

俄罗斯主导推进的欧亚经济联盟和中国倡导共建的丝绸之路经济带的顺利对接，无论是对中亚地缘政治经济格局，还是对全球经济治理，都具有异乎寻常的战略意义。"一带一盟"的对接合作是参与各方共性和个性的交融，在很大程度上能够实现资源禀赋的互补效应，为各成员和全球经济增长注入新的动力。

## 四、俄罗斯参与未来国际政治秩序重构的安全战略及策略

### (一) 进一步巩固和强化俄罗斯在联合国的影响力

俄罗斯一贯重视联合国的地位和作用，积极参与联合国的各项工作，力图通过联合国维护和增进国家利益。

第一，跟踪观察联合国所有与俄罗斯发展优先权相关的活动，利用俄罗斯作为联合国安理会常任理事国的地位，消除已有的紧张局势。

第二，促进国际社会预防和解决地区冲突与危机的力量的发展，其中包括扩大俄罗斯参与符合条件的国家和地区的经济活动，以有利于俄罗斯与合作者双方在各领域的友好合作。

第三，基于联合国框架巩固和实施多元化国际外交，与走出国内冲突的国家进行经济合作，获得特惠。利用联合国安理会常任理事国的影响力，争取与局势动荡国家之间经贸利益的最大化，加强同它们在对外投资与能源领域的合作。

第四，研究在联合国维和行动中扩大俄罗斯参与的可能。运用俄罗斯作为调解人的机会巩固和加强俄罗斯的国家威信，获得具体区域的相关信息，展示俄罗斯的军事实力，为俄罗斯公司开展技术安全业务创造良好条件，巩固在维和行动中俄罗斯供货商的地位。

第五，进一步发挥联合国在为国际社会共同利益寻求解决全球社会经济问题方案时的积极作用。俄罗斯要继续积极参与联合国有关部门协调的政府间谈判，讨论国际货币金融体系改革问题。与关键合作伙伴探讨成立联合国全球经济协调委员会的可能，以期保证俄罗斯的利益。

### (二) 加强金砖国家间的政治合作

加强金砖国家间的经济合作和军事、政治合作。全力促进更公正、平衡、有效的全球控制系统的形成，对待所有国家运用一致的游戏规则，维护各国的合法

利益。保证金砖国家与上海合作组织发展进程中俄罗斯的利益，集中力量巩固并使其中各方的立场协调一致。与其他金砖国家共同研究并巩固 G20 的规则与程序，以保证其所有成员在决议时的平等。

### （三）巩固在上海合作组织中的政治领袖地位

在上海合作组织成立初期，俄罗斯一直谨慎行事。但"颜色革命"发生后，俄罗斯加强了对上海合作组织的倚重。在担任上海合作组织主席期间，俄罗斯呈现出担当上海合作组织政治领袖的苗头，努力扩展上海合作组织的国际关系。在行动上，俄罗斯主张提高上海合作组织区域反恐机构的有效性，推动构建上海合作组织在反贩毒、外交及公共安全方面的协作机制，并确保上海合作组织与独联体集体安全条约组织的紧密配合。

第七章

# 印度参与国际秩序重构与实现国家安全的战略及策略

印度位于南亚次大陆，是南亚地区最大的国家。印度曾经为英国殖民地，1947年独立，建立了印度共和国。当前印度为世界第二人口大国、七大新兴市场国家之一，金砖国家之一。21世纪以来，印度经济高速发展，近十年GDP年均增长率高达7%，引起世界各国瞩目。世界银行公布的数据显示，印度2018年的GDP约为2.7万亿美元，全球排名第七位；GDP增长率7.0%，在七大新兴市场国家中排名第一位。作为快速崛起的新兴经济体，印度也在寻求机会成为国际治理的核心力量，在世界政治经济舞台上发挥重要作用。

## 第一节 印度参与国际秩序重构与实现国家安全策略的演进

### 一、以国内利益诉求为基础谋求地区大国地位

自冷战时期开始，印度在参与国际事务时所关心的问题与诉求包含了两个层面：一是其根本诉求，关注维护本国利益，维护本国政治经济安全，优先自身发展；二是印度对外层面上的核心诉求，聚焦成为地区大国，从全球治理秩序的边

缘地位向中心移动。① 在国际竞争转向以经济实力为基础的综合国力比拼的形势下，印度政府选择保持经济持续增长与谋求在地区和国际事务中发挥更大作用作为政策制定最重要的两大支柱。在印度政府看来，前者是印度维持国际影响力的根本保证，后者是获取大国地位最直接的目标和手段。② 就目前而言，印度在全球治理秩序中的现实地位与其理想中的核心地位仍有差距。印度尚未被国际核不扩散机制接纳，在联合国安理会等国际多边机制中的地位与所占份额也被认为与其国家体量、所做贡献等不相符。在积极开展大国外交和不断改进周边外交的同时，努力开拓国际组织外交也是其实现世界大国目标的重要战略举措。③ 莫迪政府更是提出要确保21世纪是印度的世纪，力图从外交层面"再造印度"。④

## 二、主张多极世界多边治理的国际秩序观

冷战时期，印度的国际秩序观主要涵盖了主张民族国家的独立自主性、赞同国家间和平共处、反对帝国主义和殖民统治、抵制外部力量干预亚洲事务等内容。冷战结束后，随着国际格局的变化和自身经济实力的提升，印度的国际秩序观在继承原有理念的基础上进行了相应的调整。⑤

### （一）主张建立包容、平衡的多极化世界，加强多边全球治理

印度1992～1993年外交部年度报告指出："尽管冷战后世界被认为是单极世界，美国成为最有影响力的政治—军事大国，但是印度认为国际形势不能用一维概念来界定。过去有，现在也正在出现多个力量中心，它们对国际关系有着长期的影响和作用。"⑥ 2004年，时任总理辛格在印度议会两院关于外交政策的讲话中也表明不同意美国的单极世界秩序观和单边主义，主张多边主义。印度称"理想中的多极世界是相互建立伙伴关系，而不是相互对抗"。⑦

2014年莫迪就任总理后，不断推行和强化印度应该成为世界大国的意愿，

---

① 江天骄，王蕾. 诉求变动与策略调整：印度参与全球治理的现实路径及前景［J］. 当代亚太，2017（2）：114 - 131 + 159 - 160.
② 李杨. 印度对G20的定位、立场与参与策略［J］. 社会科学战线，2016（9）：191 - 197.
③ 张贵洪. 印度的国际组织外交［J］. 国际观察，2010（2）：44 - 51.
④ 蓝建学. 新时期印度外交与中印关系［J］. 国际问题研究，2015（3）：51 - 63.
⑤ 杜幼康，葛静静. 试论冷战后印度的国际秩序观［J］. 南亚研究季刊，2013（4）：8 - 14 + 4.
⑥ Ministry of External Affairs. Annual Report 1992 - 1993［R］. New Delhi：Government of India，1993，P2.
⑦ Shri Yashwant Sinha. Speech at The Ninth Field Marshall K. M. Cariappa Memorial Lecture on "India and the Emer-going World Order"，Ministry of External Affairs，Government of India，New Delhi，October 18，2003.

将印度国际身份定义为"领导力量"。在 2015 年 2 月的演讲中莫迪指出,"当前的国际环境给印度带来了千载难逢的机遇,世界都在积极拥抱印度",他呼吁"抓住这一难得的机遇帮助印度成为全球范围内的领导力量,而不仅仅是平衡力量"。① 2015 年 7 月在上海合作组织乌法峰会上,印度总理莫迪还表示要建立一个连接欧亚大陆到南亚地区的数字通信网络——国际南北交通走廊(International North South Transportation Corridor,INSTC)。② 2018 年 6 月印度正式成为上海合作组织成员。

### (二)视"逆全球化"为挑战,坚定维护发展的权力

莫迪的新政改革,恰逢国际贸易中"逆全球化"思潮的兴起。这对于"印度制造"计划将印度打造为制造中心的目标是不利的。在 2018 年冬季达沃斯论坛中,莫迪表示:气候变化、恐怖主义和反全球化是当今人类文明面临的三项最为重大的挑战,"在这个满是分化与断层的世界中,这迫使我们必须构建一个能够共享的未来"。③ 从印度的角度来说,逆全球化将会重新高筑贸易壁垒,切断全球价值链,使得发展中国家蒙受损失,失去一定的发展机会。此外,逆全球化也会使未来的贸易谈判有更大的陷入僵局的可能。这些都是印度作为一个改革开放不久、以国内利益为根本诉求、以世界制造中心为定位、以开放促改革的新兴国家所不能够接受的。

## 第二节 制定现实导向的经济改革和外交政策

### 一、积极务实的国内经济改革

1947 年独立后,印度采用的是"尼赫鲁经济模式",资本主义和社会主义并

---

① India's Press Information Bureau, Prime Minister's Office. PM to Heads of India Missions [EB/OL]. http://pib. nic. in/newsite/PrintRelease. aspx? relid = 115241, Feb. 7, 2015. Raja Mohan: Modi's World - Expanding India's Sphere of Influence, Harper Collins India, 2015: 58.

② Bandana Upadhyay. India's SCO Membership: Prospects & Constraints [EB/OL]. http://www.icwa.in/pdfs/VP/2014/IndiasSCOMembershipVP12082016.pdf.

③ Ross Chainey. 印度总理莫迪:人类文明面临的三大威胁 [EB/OL]. http://davos. blog. caixin. com/archives/174579.

行，公私混合、公营经济为主的经济发展模式，但发展情况并不理想。20 世纪 90 年代，苏联解体和中国改革开放的成功对印度形成了强烈的冲击，印度各党及社会达成共识——进行经济改革。拉奥政府在当时的财政部长辛格（2004～2014 年任印度总理）的主持下开启了以"自由化""市场化""全球化"和"私有化"为目标的全面经济改革，并取得巨大的成功。

### （一）印度经济改革的三个阶段

第一阶段是 1991～2004 年，为改革的初期，主要是在"自由化""市场化"和"私有化"方向的改革和探索。印度政府减少了在国营企业中的份额，减少了对企业的实际控制；放宽了对私人资本和国外资本的限制；放开了价格管制，提高了劳动市场自由度；开放了金融市场。尽管在此期间印度政府经历了频繁的变动，尤其是从 1991 年到 1998 年经历了国大党拉奥、人民党瓦杰帕伊、联合阵线高达和古杰拉尔四任总理，但是改革的方向和政策保持了较好的连续性。在这一时期，印度经济迅速崛起，保持较高增长速度。印度 GDP 在 1991 年只有 2 665 多亿美元，到 1998 年已经达到了 4 157 多亿美元，2004 年达到了 6 996 多亿美元。2003 年和 2004 年的 GDP 增速高达 7.9%。印度改革初期成绩亮眼，但是也带来了问题——红利分配不均，国内矛盾激化。这导致瓦杰帕伊领导的印度人民党在 2004 年大选中出人意料地失败。

第二阶段是 2004～2014 年，国大党辛格政府吸取了改革初期的经验，在兼顾公平与效率的基础上继续深化市场化、私有化改革和对外开放，同时加快基础设施建设，增加农民收入，缓解社会矛盾。在这一时期，印度的经济领跑全球经济增长，其中 2007 年和 2010 年 GDP 增速达到了 10%。2014 年，印度 GDP 高达 2 万亿美元，成为世界第十经济大国；按照购买力评价来计算，印度成为仅次于美国和中国的世界第三经济大国。2008 年，全球金融危机爆发，印度当年经济增速下滑到 3.9%。尽管如此，该速度仍高于当年 1.8% 的全球 GDP 增速，印度成为危机中支持全球经济复苏的主要力量之一。

第三阶段是 2014 年至今，印度人民党莫迪以绝对优势赢得大选，成为新一任总理，开启了印度改革的新进程。莫迪在当选印度总理之前曾担任十多年的古吉拉特邦首席部长。期间，莫迪在古吉拉特邦实践"莫迪经济学"，大力发展工业、推进基础设施建设、推动行政审批制度改革。2002～2012 年，古吉拉特邦年均经济增速高达 10%，创各邦之最，被誉为"印度的广东"。莫迪在大选时打出口号"印度将和古吉拉特邦一样"，在当时全球金融危机的背景下深得民心。选民对于莫迪充满期待，国际上也给予印度的经济发展以高度的关注。战略上，莫迪政府基本延续了辛格的改革路线，且显得更为活跃，积极融入全球化。

## （二）莫迪政府优先经济发展，打造印度经济增长发动机

莫迪是担负着印度人民对于"莫迪经济学"的殷殷期待当选的。印度人民希望莫迪政府可以将古吉拉特邦的繁荣故事复制和扩大到全国。上任后，莫迪即开始一系列的改革措施，围绕"印度制造"开启"莫迪新政"，为提高印度的国际影响力提供根本保证。

### 1. "印度制造"战略是"莫迪新政"的核心

2015年9月25日，莫迪在独立日庆典演讲中首次提出"印度创造"战略。该战略的重点是在经济发展的25个产业领域提升技能并创造就业，覆盖了汽车制造、汽车配件、航空、生物技术、建筑、国防制造、电力机械、媒体及娱乐业、采矿、石油开采、医药保健、港口和航运、铁路、可再生能源、高速公路、太空、纺织服装、旅游服务等行业。

"印度制造"战略的目标有二：一是对印度经济进行结构性调整。印度希望在2025年将制造业的比重由2015年的16%提升到25%，改变印度以服务业为经济驱动力的现状，深度融入全球价值链。二是解决就业。"印度制造"希望能够每年增加1 200万个就业机会，[1] 以解决印度面临的大规模低技术水平劳动力失业的状况。调整服务业导向的经济结构，推动制造业发展。

### 2. 在外资管理方面进一步扩大开放

在辛格政府改革的基础之上，莫迪政府进一步扩大了投资范围，并且放松了外资比率。莫迪政府大胆地将包括国防、民用航空、制药等领域包含在开放行业中，而且允许这些行业有条件地对外商投资全额开放。例如在国防方面，外资超过49%以上的，能给印度带来现代科技的投资可经政府批准后实施；在制药方面，74%及以下的外资可以通过自动通道投资现有药品企业，超过74%的外资投资需要经过批准。[2]

### 3. 进行劳工制度、税收和政府管理改革，优化经济环境

莫迪政府改革了过去倾向于过度保护员工的条款，向保护雇主的方向进行调整，以刺激市场活力，吸引外商投资。但是由于工人的罢工抗议，该计划屡屡受挫。改革税收制度方面，莫迪政府实现了邦内和邦际消费税的统一，避免了重复征税，降低了税负；[3] 在政府管理方面，废除了1951年建立的印度计划委员会，取而代之的新的"全国改革印度协会"（National Institution for Transforming India，

---

[1] 陈金英. 莫迪执政以来印度的政治经济改革[J]. 国际观察, 2016 (2): 113-126.
[2] 中华人民共和国商务部. 印度再次放宽对外商直接投资限制[EB/OL]. http://www.mofcom.gov.cn/article/i/jyjl/j/201606/20160601343187.shtml.
[3] 梅冠群. 莫迪主要经济发展战略研究[J]. 中国经贸导刊, 2016 (35): 40-43.

NITI),以"自下而上"的"亲民、积极、参与性强的发展规划"政策形成模式取代计划委员会"自上而下"的传统决策模式,① 减少了政府对市场的干预。

尽管改革遭受一定挫折,但是莫迪的改革仍是务实的、全面的和坚定的。从经济数据来看,"莫迪新政"的效果良好。印度 GDP 增速在全球领先,维持在 8% 之上的高位,2018 年印度的 GDP 总值达到了 2.7 万亿美元,居世界第七位。

## 二、立足南亚的外交政策

莫迪政府继承了印度近年经济导向、现实主义、大国关系修复的特征。② 其核心的外交目的即恢复和加强印度在南亚地区的影响力。在该区域,印度拥有人口、面积、经济和军事实力等方面的绝对优势。对印度来说,南亚次大陆更多的是地缘政治方面的意义。印度经济快速发展的动力主要来自国内市场和欧美等发达经济体市场,与南亚各国的经济联系并不紧密,南亚各国也无法为印度的国内经济增长提供更多的资源。在南亚地区发挥独特的领导作用是印度对外战略的基点。南亚地区始终是印度外交的立足点,也是印度对外资源倾斜的优先地区。在南亚次大陆区域,印度外交不但非常活跃,而且决心坚定,投入果断,必要时甚至敢于突破国际法和国际规则的限制,具有明显的排他性心态。③ 尽管如此,由于印度的力量与南亚各国对比悬殊,印巴冲突历史长久,而且印度有进行"硬实力外交"的历史,南亚各国与印度似乎缺乏深度互信。2018 年南亚各国概况见表 7-1。

表 7-1　　　　　　　　　2018 年南亚七国概况

| 国家 | 国土面积（万平方公里） | 总人口（百万） | GDP 总量（百万美元） | GDP 增速（%） | 军费支出（百万美元） | 军事力量 |
| --- | --- | --- | --- | --- | --- | --- |
| 印度 | 298.0 | 1 352.62 | 2 726 322.60 | 7.0 | 66 510 | 拥有核武器,陆海空力量较强 |
| 巴基斯坦 | 79.6 | 212.15 | 312 570.06 | 5.4 | 11 376 | 拥有核武器,陆海空力量较强 |
| 不丹 | 3.8 | 0.80 | 2 534.97 | 2.3 | — | 有极少量陆军 |

---

① 陈金英. 莫迪执政以来印度的政治经济改革 [J]. 国际观察, 2016 (2): 113 - 126.
② 马孆. 当代印度外交 [M]. 上海: 上海人民出版社, 2007: 26 - 31.
③ 叶海林. 印度南亚政策及对中国推进"一带一路"的影响 [J]. 印度洋经济体研究, 2016 (2): 4 - 15 + 157.

续表

| 国家 | 国土面积（万平方公里） | 总人口（百万） | GDP 总量（百万美元） | GDP 增速（%） | 军费支出（百万美元） | 军事力量 |
|---|---|---|---|---|---|---|
| 马尔代夫 | 9.0 | 0.50 | 5 272.29 | 6.1 | — | 有极少量国防部队 |
| 孟加拉国 | 14.7 | 161.40 | 274 024.96 | 7.9 | 3 895 | 有少量海陆军 |
| 尼泊尔 | 14.7 | 28.10 | 28 812.49 | 6.3 | 399 | 有少量陆军 |
| 斯里兰卡 | 6.6 | 21.70 | 88 900.77 | 3.2 | 1 681 | 有少量海陆军 |

资料来源：经济数据来源于世界银行，https：//data.worldbank.org/indicator/NY.GDP.MKTP.CD? locations = IN - BT - LK - BD - PK - NP - MV。军费支出来源于斯德哥尔摩国际和平研究所国别军费开支数据库，https：//www.sipri.org/databases/milex。

## （一）"邻国优先"政策缓和邻国关系，恢复和增强在南亚的影响力

莫迪就任印度总理即提出在南亚大陆实施"邻国优先"外交政策，并发誓要"结束对邻国的忽视"。① 同时，印度展开了对南亚诸国的"魅力攻势"。如莫迪邀请所有南亚国家领导人出席其就职仪式。之后，莫迪对不丹进行首次访问，也对尼泊尔、斯里兰卡、孟加拉国等南亚邻国进行了访问。②

印度努力促进与邻国的合作。例如，与孟加拉国的双边合作方面。2015 年，莫迪访问孟加拉国，两国签署了 22 项协议和谅解备忘录。同时，印度还与孟加拉国签署了交换边境飞地的《陆地边界协议》，解决了两国长达 4 000 多公里边界的历史问题。2017 年，孟加拉国总理哈西娜访问新德里，两国签署了 35 项协议和谅解备忘录，印度给予孟加拉国 50 亿美元贷款，其中 5 亿美元的信用额度主要集中在军事合作领域。③ 在与斯里兰卡的关系上，莫迪于 2015 年 1 月和 2017 年 5 月两次出访斯里兰卡，试图重新对这个印度洋岛国施加更大影响。④ 2019 年 6 月莫迪连任后首先访问了马尔代夫，在两国联合声明中，马尔代夫总统萨利赫重申了本国政府的"印度优先政策"，并承诺全力支持深化"印度和马尔

---

① 吕鹏飞，候涛. 莫迪首访不丹展"魅力攻势"被指平衡中国影响力 [N]. 环球时报，2014 - 06 - 16.
②④ 徐菲，文富德. 印度"新邻国外交"战略及其对华影响 [J]. 国际展望，2018（2）：52 - 69 + 155.
③ "India Offers $10 Billion Investment, $5 Billion Loan to Bangladesh", News India Times April 11, 2017, http：//www.newsindiatimes.com/india - offers - 10 - billion - investment - 5 - billion - loan - to - bangladesh/26049.

代夫之间多方面的互利伙伴关系"。①

### (二) 印度称雄南亚的雄心屡屡受挫

**1. 印巴关系并没有缓和,成为地区和平与稳定的持续性挑战**

印巴关系似乎一直没有缓和的趋势。印巴两国之间的双方会谈由于种种原因总是无法实现。2015年12月,莫迪"突访"巴基斯坦,与巴基斯坦总理谢里夫会谈。莫迪承认,阿富汗问题的解决,离不开包括巴基斯坦、伊朗在内的邻国相助。但这一回暖并没有持续下去,印巴关系的僵持令莫迪推行"邻国优先"战略的成效大打折扣。

**2. 印度"硬实力"外交影响催生邻国不满情绪**

在与邻国相处的过程中,尽管印度的主线是"软实力"外交,但依然会出现"硬实力"影响和干涉邻国事务的情况,例如借尼泊尔新宪法干涉其内政、借泰米尔问题干涉斯里兰卡新政等,使得这些较小的邻国也对印度产生了一定的不满。印度也深刻地意识到,在南亚地区施行强权政治已经无法奏效。

**3. 在推进区域一体化方面,印度借助地区平台,通过基础设施建设构建以印度为核心的互通体**

印度主要通过南亚区域合作联盟(South Asian Association for Regional Cooperation, SAARC)(以下简称"南盟")和孟不印尼次区域合作组织(Subregional Cooperation between Bangladesh, Bhutan, India and Nepal, BBIN)推动南亚区域合作,建立机制化平台。南盟是1985年建立,由阿富汗、孟加拉国、不丹、印度、马尔代夫、尼泊尔、斯里兰卡及巴基斯坦8国组成的旨在促进南亚区域经济增长、提升人民福利和加深南亚各国凝聚力的国际组织,集中于经济、文化和环境等领域。② 但是由于南盟成员之间的争端与矛盾不断,且各成员经济依存度较低,南盟的实质性进展缓慢,发展困难。孟不印尼次区域合作组织是一个小型次区域组织,成员包括孟加拉国、不丹、印度和尼泊尔。次区域合作组织中成员之间的冲突较少,合作的意愿相对较强,相较于南盟更具活力。目前印度努力推动《BBIN机动车协议》和《BBIN铁路协议》的签订。如果协议达成,成员间将可以实现交通软环境和硬设施的互联互通,形成以印度为核心的互通体。③ 尽管不丹出于环境考虑尚未签字,但是印度对此似乎并不担心,除了认为不丹可能改变

---

① 莫迪连任后首访选择马尔代夫,强调"邻国优先"意在中国 [EB/OL]. https://news.china.com/international/1000/20190611/36370231.html.
② 南亚区域合作联盟. 南亚区域合作联盟宪章 [EB/OL]. http://saarc-sec.org/saarc-charter.
③ Selflearnadmin. Modi's Neighbourhood First Policy – India's Eastern Neighbourhood [EB/OL]. http://selflearn.co/pick-of-week-post/modis-neighbourhood-first-policy-indias-eastern-neighbourhood/.

主意之外,排除不丹签订"孟印尼"(BIN)协议,也依然可以实现印度的目标。①

## 第三节 以维护在南亚地区利益为基调平衡与主要大国的关系

### 一、印度与美国——以平衡中国崛起为共同利益的"合作"关系

#### (一)美国日益重视发展包括印度在内的地区性大国的关系

从辛格和奥巴马时期开始至今,美印关系的主旋律都是"合作"为主,双边关系逐渐升温。奥巴马将美印双方关系定义为"21世纪全球战略伙伴关系"。2015年美印发表《关于亚太和印度洋地区联合战略愿景声明》,明确提出:美印两国建立更密切的伙伴关系对亚太和印度洋地区的和平、繁荣与稳定必不可少;美印将共同通过连接南亚、东南亚和中亚,促进基础设施互联互通和经济发展,包括增强能源运输、鼓励自由贸易、增加人员相互交往。② 2016年,美印签署《后勤交流备忘录协定》,并且美国允许印度在技术转让上享受美盟国待遇。这标志着美印的军事和安全合作提升至新水平,美印关系也从印度所构建的"诸多伙伴关系之一"上升为"最重要的伙伴关系"。③ 特朗普就任后,美印关系平稳过渡,双方强调"紧密的美印关系"是维护印太地区和平与稳定的"核心"。④

在区域共识基础上,印度还加入了美国在亚太印度洋地区构建的、将中国排除在外的力量集团。例如,2017年7月美、印、日三国"马拉巴尔"海上联合军演规模扩大,传达出"共同塑造亚洲安全环境"的信号。2017年11月,印度、澳大利亚、日本和美国四国声明达成共识,认为"一个自由、开放、繁荣和

---

① Selflearnadmin. Modi's Neighbourhood First Policy – India's Eastern Neighbourhood [EB/OL]. http://selflearn.co/pick-of-week-post/modis-neighbourhood-first-policy-indias-eastern-neighbourhood/.
② 张力. 美印新一轮战略互动:观察与评估 [J]. 南亚研究季刊, 2015 (2): 1-9.
③ 李莉. 印度大国崛起战略新动向 [J]. 现代国际关系, 2017 (12): 19-21.
④ United States and India. Prosperity Through Partnership [EB/OL]. https://www.whitehouse.gov/briefings-statements/united-states-india-prosperity-partnership/.

包容的印度洋—太平洋地区方可符合本地区和世界各国的长远利益"。印度方面还强调，印度的东进政策是其与印度洋—太平洋地区接触的基石。2018 年，美、日、印、澳四方的"准同盟"机制也在正式形成。① 2018 年 5 月 30 日，美国国防部将"太平洋司令部"更名为"印度—太平洋（Indo-pacific）司令部"。

### （二）中、美、印三方关系微妙

尽管美印双方在中国问题上共识大于分歧，但是美印都不希望对方和中国的关系太好或者太差。对方与中国的关系太好就会威胁自己的利益；对方与中国的关系太差，自己就可能需要被迫做出选择，选边站队，并且引起地区混乱。

印度在三方关系中的理想情况是复制冷战时期"不结盟"政策的效果，也就是成为中美竞相拉拢的对象。因此，印度不希望中美建立和谐友好的关系，这样印度才能获得大国博弈的好处，并不想从中做出选择来破坏这种平衡。

特别地，美国和印度都选择了民主制度作为本国的政治体制，这样的天然纽带造成美印与中国这样的社会主义国家有天然隔阂。在 2008 年金融危机之后，世界对于美国价值体系的信心产生了动摇，美国也希望通过印度的发展来证明民主和发展可以兼得。

## 二、印度与中国——"竞争"大于"合作"

### （一）印度认为中国想要成为南亚地区的外部平衡者

印度认为，自己已经主导了这一地区几十年之久。中国和巴基斯坦的密切关系，以及中国与其他南亚国家逐渐深化的联系都给印度在这一地区的地位形成了重要的挑战。中国具备平衡印度的能力，这可能会刺激印度周边小国利用这一点促成中印大国博弈，破坏印度的地区领导力。②

在亚太地区，印度虽然在东南亚和东亚地区也在有机会的情况下进行力量的渗透，但是印度认为该地区是中国的主场，自身的力量还没有强大到可以对中国产生威胁的地步。从全球层面来看，尽管印度和中国有共同的建立多边治理的利益诉求，在诸如 WTO 改革、IMF 改革等议题中合作为发展中国家发声，并共同

---

① 林民旺. 日印关系进入"蜜月期"？[J]. 当代世界，2017（10）：26-28.
② Rajesh Rajagopalan. INDIA'S STRATEGIC CHOICES China and the Balance of Power in Asia. [EB/OL]. https://carnegieindia.org/2017/09/14/india-s-strategic-choices-china-and-balance-of-power-in-asia-pub-73108.

参与金砖合作机制、上海合作组织等。但是印度认为中国在既有的国际组织（如联合国）和中国主导新建立的组织（如亚洲基础设施投资银行）中的影响力，都为中国限制印度的利益和国际影响力提供了机会。

### （二）中印双边经贸关系紧密，印度对中印经贸的依赖度更高

2018年中印双边贸易额达到902.7亿美元，比2017年增长了6.5%，创历史新高，中国继续保持印度最大贸易伙伴地位。截至2017年底，中方累计对印投资超过80亿美元，基础设施建设合作取得长足进展，印度成为中国企业海外最为重要的投资对象国之一。① 同时中国对印度的贸易顺差不断扩大，2018年达到572.7亿美元。

### （三）缺乏深度互信制约中印进一步深化战略合作

中国2013年提出的"一带一路"倡议，以基础设施建设为主推进中国与沿线国家的互联互通。在对"一带一路"倡议的态度上，印度的竞争观念占主导。从印度方面来看，印度忧虑中国借机扩大在南亚地区的影响力，担心中国打破印度在印度洋的优势，害怕印度经济发展受到中国冲击，担忧"一带一路"可能改变印度的地缘政治优势。② 因此，印度对于"一带一路"倡议并没有表态，并且加快建设"季风计划"，希望起到反制中国的效果。

中印的双边关系由于"同侪压力"较大而产生了较强的"竞争"态势，但是双方作为发展中国家有实力的成员，在"多极世界，多边治理"的国际秩序观上是一致大于分歧的。中印的相似性和差异性以及复杂的国际治理结构不是短期之内可以调整的，因此预计中印"竞争"大于"合作"的关系在将来还会持续，需要持续关注。

### （四）推进中印对话，增进双边政治互信

2018年4月，中国国家主席习近平和印度总理莫迪在武汉举行非正式会晤，缓和了中印双边关系。2018年中印双方领导人先后在6月上海合作组织青岛峰会、7月南非金砖国家领导人峰会以及11月G20峰会期间举行会晤和深入交流，为加强双边合作注入了强大动力。莫迪在2018年6月十七届香格里拉对话会主

---

① 张璐晶. 商务部部长钟山出席中印经贸联合小组第11次会议侧记 中印要"龙象共舞、合作共赢"[J]. 中国经济周刊, 2018 (14): 26-28.

② 杨思灵. "一带一路"：中印战略互疑、挑战与对策 [J]. 印度洋经济体研究, 2016 (5): 1-15+138.

旨演讲中称，中国是印度的"关键伙伴"，双方有足够的智慧管控分歧。2018年11月11日，印度国防部长西塔拉曼在视察中印边境地区发表讲话时强调，中印间的"竞争是正常的，但竞争不能转化成冲突。分歧也不能演变成争端"。①

### 三、印度与日本——政治和安全为主线的全面合作伙伴关系

20世纪90年代以来，随着冷战结束，印度"东向"战略的推行和日本力图从经济大国向政治大国转变重合，印日关系逐渐增强。进入21世纪，随着印度经济加速发展和"东向"战略的深入，日本经济恢复发展并积极拉拢印度牵制中国，印度与日本的经济关系超常发展。双方于2000年宣布建立全球性伙伴关系，标志着印日关系进入了一个新的时期。2010年10月，印度总理辛格对日本进行了访问，印日两国签署了《日印全面经济合作协定》，标志着双边关系迈入更深更广的阶段。

#### （一）印日关系逐渐加强，其主导因素是政治和安全考虑

在区域层面，印日同为亚洲大国，也都同为美国的伙伴，深度关注亚洲和印度洋发展。在全球层面，两国在诸如能源和联合国安理会"入常"等问题上有共同利益。不得不提的是，双方都面对中美力量在亚洲角逐的不确定性，在中国问题上也有着共同的利益。在印度洋安全方面，印日都参与了排除中国的力量集团：安倍在执政时期积极推动了日本、美国、澳大利亚和印度四国对话。2015年，日、印、澳启动三边对话，迄今已进行四轮，最新一轮对话强调三国加强在印太地区合作，包括海上安全、反恐和地区互联互通等。② 2018年正式形成美日印澳四方的"准同盟"机制。③

#### （二）经济因素是印日两国关系的黏合剂

日本是世界第三大经济体和世界第一大债权国，技术先进，印度广阔的市场和发展需求将为日本的商品、资金和技术输出提供广阔的空间。目前，日本是印度的第三大投资国，2018年日本对印度投资27.9亿美元，比2017年的22.4亿

---

① 关培凤，胡翊. 当前莫迪政府对华政策及中印关系发展前景 [J]. 现代国际关系，2019 (2): 57–63.
② 李莉. 印度大国崛起战略新动向 [J]. 现代国际关系，2017 (12): 19–21.
③ 林民旺. 日印关系进入"蜜月期"？[J]. 当代世界，2017 (10): 26–28.

美元增加 24.6%。2015 年日本承诺日本政府和民间将在未来 5 年间向印度投资 3.5 万亿日元（约合 332 亿美元），以促进印度基础设施领域的发展。此外，日本已经成为对印援助第一大国。印度在日本对发展中国家的项目援助中的比重增长迅速，到 2016 年已经高达约 17%。①

## 第四节 坚持围绕自身利益选择性地向亚洲地区渗透

### 一、"东进"战略主要围绕东盟地区，积极向东南亚地区延伸力量

印度与东盟十国关系的建立和深化是伴随着"东向"战略的演进进行的。与南亚不同，东盟之于印度更多的是出于经济方面的考虑。东盟各国在全球生产网络中占据重要地位，与东盟的合作将促进"印度制造"融入全球价值链，而印度可以利用东南亚作为自己销售产品的市场。莫迪上任后，将"东向"战略明确为"东进"战略，在经济、政治和防务安全领域与东盟展开合作，力图建立印度在亚太地区的大国地位。

#### （一）"东进"战略的基础为两阶段的"东向"战略

第一个阶段是冷战结束后到 2003 年。此阶段的时代背景是苏联解体，俄罗斯调整外交政策。印度在自身发展困顿的情况下，也面临着外交上的新挑战，"印度对外政策失去了主要靠山"②。印度的"不结盟"策略在这一特定阶段的大国关系中失去了发挥作用的空间。1991 年拉奥政府第一次提出"转向注重东方"。在当时的财政部长辛格（2004~2014 年任印度总理）的主持下，印度在 1994 年正式提出"东向"战略，面向东南亚。这一时期，"东向"战略的内涵主要集中在与东南亚国家开展经济合作，并没有明确展现出在其他扩展领域的合作。

---

① OECD. International Development Statistics (IDS) on line databases [EB/OL]. http://stats.oecd.org/Index.aspx? datasetcode = TABLE1#.

② G. P. Ramachandra. India's Foreign Policy in the Post – Cold War Era [J]. in K. Raman Pillai, ed., India Foreign Policy in the 1990s, New Delhi: Radiant Publishers, 1997, P. 26.

第二阶段是 2004~2014 年，也可以称为"东向"战略 2.0 阶段。进入 21 世纪以来，随着全球治理结构的改变，以及自身经济的崛起，印度试图全方位融入亚太地区：通过发展与亚太地区相关国家的全方位联系，拓展印度在亚太地区的战略利益与战略空间。① 2004 年 12 月召开的第三次印度—东盟峰会产生了《和平、进步与共同繁荣伙伴关系协定》，印度开启了以地域范围的扩展为主要特征的"东向"政策第二阶段。把"东向"的范围延伸到东亚（中日韩）以及南太平洋（澳新），② 在主题上进一步包含了经济、贸易、安全、文化与非传统安全等领域。这一时期，印度与东南亚国家建立起多方面的往来：参加东盟条约，同东盟国家建立自由贸易区（"10+1"），参加"10+3""10+6"等东亚合作机制和东盟安全论坛等。印度的"东向"战略成为印度外交战略的一个十分重要的组成部分。

### （二）莫迪倡导"东进"战略，以积极主动的姿态扩大与东盟的合作

第三个阶段的开端是莫迪政府推行的"东向行动政策"战略，2014 年印度外长指出印度不仅要"向东看"，更要"向东干"，表示莫迪政府将奉行"东向行动政策"。同年 11 月，莫迪明确表示"东向"战略转为"东进"战略，"东进"战略充分体现了印度在外交关系中经济导向和现实主义的特点，展现了印度迈向世界大国的抱负。地域范围在先前的基础之上进一步扩大，西至孟加拉国，并将蒙古国定位为"东向行动"必不可少的部分。在联通领域上，莫迪提出了更为明确具体的方案，明确提出了政策的层次：将新加坡和越南定为政策的关键支柱，将韩国、泰国定为重要支柱，东盟为核心。美国、日本以及部分东盟国家明确支持印度实施该政策。③ "东进"战略的宗旨是要服务于印度的国内议程，特别着重于印度与东盟国家在基础设施、制造业、贸易、就业技能、城市改造、智慧城市、印度制造及其他倡议上的合作。印度通过"10+1"、东亚峰会和东盟地区论坛等一系列的合作机制获得了与东盟合作、参与亚太地区治理的平台。

**1. 为国内经济发展打造外部驱动力**

"东进"战略主动将太平洋经济圈整合起来，将东盟、中国、日本和美国构建为印度的消费品市场，将中国、美国和日本视为主要的资金来源。④ 印度通过"东进"战略将充分整合的太平洋经济圈，打造拉动印度经济增长的外部力量。

---

①③ 吴兆礼. 印度亚太战略发展、目标与实施路径 [J]. 南亚研究，2015（4）：98-121+156-157.
② 侯松岭. 印度"东向政策"与印度—东盟关系的发展 [J]. 当代亚太，2006（5）：37-42.
④ 李晓. "一带一路"战略实施中的"印度困局" [J]. 国际经济评论，2015（5）：19-42.

**2. 签订全方位的区域贸易和投资协定**

印度和东盟利用更加稳定的合作机制来增强经济往来和经贸发展，提高各国的经济竞争力和安全。同时，双方在改善基础设施方面的合作也陆续展开，包括印度—缅甸—泰国三边公路与印度—缅甸—老挝—越南—柬埔寨高速交通网络建设，鼓励私营部门参与铁路及物流网络构建和发展海运物流网络与海事服务。① 2017年"印度—东盟对话伙伴关系25周年纪念峰会"发布的《新德里宣言》进一步将双方合作的领域拓展到了信息通信技术、农业与能源、科技、太空等领域。

**3. 安全是印度"东进"战略中的亮点**

印度与东盟安全合作的主要领域包括反恐和打击海盗。2003年双方签署《联合反恐宣言》，形成了机制化的反恐演习，提高了信息共享程度。同时，印度与东盟十国计划"深耕海洋"。莫迪在2017年"印度—东盟对话伙伴关系25周年纪念峰会"上再次承诺与东盟国家一起，共同致力于海洋方面的协作。同时，印度总理莫迪与东盟十国领导人共同出席了印度独立日的阅兵式，这在印度尚属首次，在全球背景下也是不寻常之举，可见印度对东盟的重视程度，对"东进"战略执行的决心。

## 二、"季风计划"主要围绕环印度洋地区

为了深化印度洋地区的互利合作，莫迪政府于2014年6月推出"季风计划"，尝试通过文化纽带连接印度洋地区国家。通过"季风计划"的实施，印度希望能够巩固并保持在这一地区的领导地位。

"季风计划"最初是印度文化部设计的项目，是复兴环印度洋古代海上航路和环印度洋地区国家间的文化联系、推动沿岸国家集体申报世界文化遗产等、塑造环印度洋国家的文化共识的项目。② 2014年，"季风计划"内容扩大到文化之外的经济活动范畴，"生产性劳动、天文学、航海学、船舶制造、港口建设、沿岸文化景观、移民和移民社区都将成为'季风计划'的内容"。此时的"季风计划"已经不是纯粹的文化项目。

---

① 曾泳心. 新阶段"东向政策"下印度—东盟关系对中国的挑战及其对策 [J]. 浙江理工大学学报（社会科学版），2018（1）：53-59.

② 陈菲. "一带一路"与印度"季风计划"的战略对接研究 [J]. 国际展望，2015（6）：15-32+152.

### 三、通过上海合作组织突出在中亚地区的存在感

中亚地区之于印度最主要的是安全方面的考虑,包括压缩巴基斯坦空间和平衡中国力量;其次是经济方面的考量。此外,印度在该地区丧失了核心地位,也促使印度提升在该地区的活跃度,希望重获地区治理话语权。

直接借助上海合作组织平台来融入中亚以实现印度在该地区的利益诉求成为印度的一个可选项。2001年8月,在上海合作组织成立仅两个月后,印度便向到访的哈萨克斯坦总统纳扎尔巴耶夫表达了对上海合作组织的兴趣。从那时开始到2014年前,印度一致保持这种"逐国击破"的策略,不断向上海合作组织成员释放希望加入上海合作组织的信号,而没有直接与上海合作组织秘书处对话。2014年,上海合作组织杜尚别峰会通过《给予上海合作组织成员国地位程序》和《关于申请国加入上海合作组织义务的备忘录范本》修订案,完成了扩员的所有法律准备。印度当年正式向上海合作组织正式提交"转正"申请,并立刻获得批准。2017年上海合作组织阿斯塔纳峰会完成所有程序,印度与巴基斯坦成为正式成员国。

印度认为,加入上海合作组织对于印度来说具有重要的积极意义。第一,加入上海合作组织后,印度在制约巴基斯坦方面脱离了被动位置,甚至可以寻求机会对巴基斯坦进行战略包围。第二,印度得以在与俄罗斯建立亲密关系的基础之上防止中国在中亚地区"一枝独秀"。第三,上海合作组织为印度深度融入中亚治理提供了渠道和资源,为印度参与结构复杂的中亚政治提供了一条通路。第四,上海合作组织解决了印度"北望"战略受挫的主要因素——资金问题,中国也有能力为上海合作组织的项目提供相应的资金支持。第五,上海合作组织为印度协商中亚的安全问题提供了制度保证。加入上海合作组织是一种"低成本的、加大印度在中亚影响力的办法"。①

## 第五节 积极参与全球事务,提升在国际治理中的地位

印度是 IMF、WTO 等多个国际经济组织的创始成员,但印度对这些组织历

---

① Manu Balachandran. Could India and Pakistan's Armies Come Together with a Little Help from China [EB/OL]. https://qz.com/1001317/india-and-pakistanjoinsco-couldtheirtwo-armies-cometogether-with-alittle-helpfrom-china/.

来缺乏信任,认为这些西方主导的国际经济组织同联合国一样亏欠印度,这种情绪也影响了印度政府参与国际经济合作的积极性。[1]

## 一、印度与联合国的关系

在联合国框架下,印度外交战略思想经历了从理想主义到实用主义的变化。早在1994年联合国大会期间,印度就已经正式向大会提出成为安理会常任理事国的请求,要求讨论发展中国家成为常任理事国和扩大安理会的方案。同时,印度还积极参与联合国活动,希望通过参与联合国事务来体现自身的实力,吸引联合国对自身的关注度。

印度与日本、德国和巴西在2005年组成"四国联盟",一直在寻求各国的支持,以实现"入常"的夙愿。"四国联盟"集体向联合国强烈要求增加6个常任理事国和4个非常任理事国的席位,但是都遭到大多数国家的反对。在这个漫长的过程中,尽管印度曾经获得过支持,如在2010年和2015年,时任美国总统奥巴马都公开表达过对印度"入常"愿望的支持,但是从未真正得到联合国以及联合国安理会五个常任理事国的认可。

印度态度的转变发生在2016年3月。在有关安理会改革的政府间谈判上,代表四国集团发言的印度常驻联合国代表赛义德·阿克巴尔丁表示如果还存在否决权,那么新的常任理事国也应该具备否决权;但他也指出,"作为灵活性的体现和妥协的诚意,对否决权的使用可以延迟到审议大会"。但印度这一态度转变似乎并没有挽回错判形势的损失。2018年,印度竞选联合国安理会非常任理事国失败。联合国最终确认秘鲁、波兰、科威特、科特迪瓦、赤道几内亚正式成为联合国安理会的非常任理事国。印度在争取常任理事国的征途中,不但没有实现目标,反而被排除在安理会之外。

## 二、印度与WTO的关系

早在1947年《关税与贸易总协定》(GATT)签署时,印度就是协定的发起国之一。因此,当WTO正式建立后,印度也跻身其创始成员及25个"主要成员"之列。作为GATT的创始缔约方,印度是多边贸易体系的"元老"。乌拉圭回合前,印度参与GATT的积极性并不高,且多作为贸易自由化的反对者出现。相对于地区性贸易协定而言,印度更倾向于多边自由化。随着印度国内改革开放

---

[1] 李杨. 印度对G20的定位、立场与参与策略[J]. 社会科学战线, 2016 (9): 191–197.

加深,以及"印度制造"战略的部署和实施,印度对于多边贸易自由化的态度有所转变,成为多边贸易体系的积极参与者和宣传者。毋庸置疑,印度态度的转变服从于其维护本国利益的核心诉求。

## (一)支持贸易自由化

WTO 对印度在贸易自由化方面所做的工作给予了一定的肯定。在 2015 年的印度贸易政策审议中,WTO 肯定了印度的相关举措,如在海关流程中引入自评估和在一些农产品方面消除国营贸易需求等。印度的结构性改革也进一步深化,包括放松对柴油的价格管控、在一些部门放松对外国直接投资的限制、放宽外资在一些领域(如保险和铁路运输)的外国所有权限制。

## (二)认同自己的发展中国家身份,倡导多边主义

印度在 WTO 中和其他成员一起努力使国际贸易规则中的不平衡得到修正,使发展中国家可以更好地融入国际贸易中。印度认为,2013 年 11 月的 WTO 巴厘部长级会议成果对于印度发现农业贸易规则的不平衡有重要意义。印度认为,在食品安全领域留有政策空间是发展中国家的特殊需求,"粮食储备"问题应率先解决。就印度这一主张,WTO 已经表示留出一定时间来寻找这一问题的永久性解决方案。

## (三)在 WTO 中尝试引导谈判议题方向,提升话语权

印度认为其在农业方面所做的努力是为了维护穷人的利益。这样的努力可以通过降低某些发达国家的高额补贴和使 WTO 在农业方面的特殊条款为发展中国家提供保护和选择空间,以提供公平的竞争环境。此外,印度还认为在多哈发展议程中应该建立和农业问题相似的合作,以将其他的问题包含到多哈发展议程中。在其递交的 2015 年贸易政策审议报告中,印度认为"需要尊重发展中国家的特殊需求,鼓励和保护发展中国家新生和脆弱的行业,包括小微企业和中性企业、就业密集型行业、雇佣社会和经济弱势群体(如女性、传统工匠和渔民)的行业,以及在郊区、近郊地区、经济落后和交通不便地区的行业"。

此外,印度国内有不少专家学者和政府官员在 WTO 各职能机构任职,其中不乏担任要职者,如 WTO 副总干事和上诉机构主席。印度籍专家的任职,充分显示出印度对 WTO 争端解决机制的重视,同时也表明印度多边协调能力的日臻成熟和参与 WTO 决策能力的显著增强。

## 三、印度与国际多边金融机构的关系

第二次世界大战后,发达国家主导建立了的布雷顿森林体系,成立了 IMF 和世界银行,对国际金融进行治理。随着发展中国家经济的崛起,当前世界秩序呈现多极化发展态势。印度一直呼吁和敦促对 IMF 和世界银行进行改革,要求体现多边治理,给予发展中国家与其经济实力相匹配的话语权。

从印度的视角看,在过去的几十年中,新兴经济体贸易规模迅速扩大,在该机制之下,发展中国家面临着美元霸权、外汇储备和外债发行币种单一、弱势的货币国际地位和大宗商品定价权与消费量不匹配等挑战。这些挑战给发展中国家带来了潜在贸易弱势、资产冲击等风险,是国家金融和经济安全的威胁。

全球经济治理改革的里程碑是 2008 年由全球金融危机带来的全球经济衰退。在这次危机中,传统国际经济和金融治理机制的弊端暴露了出来。发达国家在全球经济金融治理中的力量受到质疑。危机后,原有的 G7/G8 集团被 G20 集团代替,发展中国家进入了全球治理的核心队伍。相应地,发展中国家通过 G20 平台,将多边治理的诉求拓展到了金融治理领域。在这其中,印度获得了建立多边金融治理机制的机会。

2010 年世界银行和 IMF 都通过了革命性的改革方案。世界银行改革中,2010 年 4 月发达国家向发展中国家共转移 3.13% 的投票权,使发展中国家整体投票权从 44.06% 提高到 47.19%,同时印度也成为国际金融公司投票权调整的最大赢家之一,投票权提升了 0.43%。① 2010 年 11 月 IMF 通过改革方案,将 6% 的份额从美国和欧洲国家转移给新兴经济体和发展中国家,使印度成为世界银行十大股东之一,占 IMF 份额的 2.76%。② 在投票权方面,印度获得 0.3% 的增长,目前投票权为 2.6%。③

## 四、印度在 G20 中的地位与诉求

印度作为多极世界、多边治理的倡导者,不断寻求全球合作与对话平台。

---

① World Bank. World Bank Reforms Voting Power, Gets \$86 Billion Boost [EB/OL]. http：//www.worldbank.org/en/news/press-release/2010/04/25/world-bank-reforms-voting-power-gets-86-billion-boost.

② IMF. IMF Board Approves Far-Reaching Governance Reforms [EB/OL]. http：//www.imf.org/en/News/Articles/2015/09/28/04/53/sonew110510b.

③ Varghese K George. India Gets More Voting Power in IMF [EB/OL]. http：//www.thehindu.com/business/India-gets-more-voting-rights-in-IMF-reforms/article14024758.ece.

2008 年金融危机爆发后，G20 代替了原有的 G7/G8 集团，逐渐成为全球经济治理的核心机制，其重要性迅速上升。同时，G20 对于促进和拉动印度的国内经济增长、扩大印度在国际多边治理中的音量和影响力有重要战略意义。

印度参与 G20、加入南北对话和全球治理的利益诉求可以大致分为三个层面：首先，印度的基本利益诉求是利用 G20 机制为其经济外交利益服务；其次，印度认可自身的发展中国家地位，积极为发展中国家谋求利益，巩固印度在发展中国家中的领导地位；最后，印度在保障其经济外交利益的基础之上，努力为处理全球金融危机做出贡献，提高印度在地区和全球治理中的影响力。

然而在现实中，印度在 G20 中发挥的作用有限，原因是印度对内面临着收入较低、财政赤字、通货膨胀等问题，对外面临着国际援助的接受者而非提供者的身份，在全球金融危机治理中，印度的地位也有些尴尬。

## 五、印度在金砖国家合作机制中的定位

金砖国家合作机制是"南北对话"G20 之外的"南南对话"机制。2009 年 6 月，"金砖四国"领导人在俄罗斯举行首次正式会晤，拉开了金砖国家正式合作的序幕。金砖合作银行和应急储备机制两大合作金融机构更是为成员提供了金融保障，弥补了各国在金融发展上的不足。在该机制中，印度的诉求与其他金砖国家的诉求基本一致：推动新兴经济体的发展，提升发展中国家在世界格局中的地位，推动国际格局的多极化调整。金砖国家合作机制在印度参与全球事务的过程中起到了加速器的作用。

### （一）金砖国家合作机制为印度经济发展提供了资源

金砖国家之间贸易结构互补性明显，如印度在服务业和软件业方面具有优势，中国在制造业方面具有优势，俄罗斯在自然资源和能源方面具有优势等。金砖国家合作机制为印度的优势输出和制造业经验输入创造了良好的平台，有助于实现共享式增长。[①] 从制度上看，《金砖国家经济伙伴战略》以及金砖国家合作机制在金融方面的实质性合作和进步都为"打造贸易投资大市场，促进基础设施联通、货币金融流通，实现联动发展"打下了基础，也将为印度的发展提供强大助力。此外，金砖国家基本上保持了较好的经济增长势头，具备成为"印度制造"目标市场的潜力；能源等议题也为印度应对国内能源短缺提供了学习和讨论的平台。

---

① 欧阳峣，张亚斌，易先忠. 中国与金砖国家外贸的"共享式"增长 [J]. 中国社会科学，2012 (10): 67 – 86 + 206.

## （二）金砖国家合作机制为印度实现"多极世界，多边治理"的国际秩序观提供了支持

金砖国家合作机构决心构建一个更加高效、反映当前世界经济版图的全球经济治理架构，增加新兴市场和发展中国家的发言权和代表性，① 这使得印度"多极世界，多边治理"的国际秩序观和提升国际影响力的利益诉求在发展中国家集体中得以体现。通过5个国家的集合发力，印度在关心的议题上能够获得更多的支持，例如在联合国改革问题上，《金砖国家领导人厦门宣言》明确将"对联合国包括其安理会进行全面改革，使之更具代表性、效力和效率"列入其中。

总体来看，金砖合作机制是印度获得发展中国家集体力量的平台，是印度经济和外交的重要组成部分。通过金砖合作，印度能够在发展中国家的队伍中保持曝光率和影响力，为印度在未来可能实现的"多边治理"中提升话语权奠定了基础。

# 第六节　印度参与国际秩序重构与实现国家安全策略的展望

## 一、印度综合实力展望

### （一）印度对外贸易持续扩大

印度货物贸易总额从2001年的934.6亿美元增长到2018年的8 367.1亿美元。其中出口额从433.1亿美元增长到3 246.3亿美元，年均增长率为12.58%；进口额从501.4亿美元增长到5 120.8亿美元，年均增长率为14.65%。2001~2018年全球货物贸易出口额平均增长率为7%，货物贸易进口额年均增长率为6.85%，② 印度货物贸易进出口额增长率均高于世界平均水平。此外，印度货物贸易出口额占全球出口贸易额的比重从2007年的1.22%提高到2018年的1.7%，

---

① 金砖国家领导人厦门宣言［EB/OL］. http://www.mod.gov.cn/topnews/2017-09/04/content_4790820_3.htm.

② 中华人民共和国商务部国别报告［EB/OL］. https://countryreport.mofcom.gov.cn/record/view110209.asp?news_id=63402.

货物贸易进口额占全球进口贸易额的比重从 1.38% 提高到 2.6%。但值得注意的是，从 2004 年开始，印度货物贸易逆差不断扩大，2018 年达到 1 874.5 亿美元。

2018 年印度服务贸易出口额为 2 041.06 亿美元，较 2017 年的 1 846.91 亿美元增长 10.51%；服务贸易进口额为 1 223.23 亿美元，较 2017 年的 1 084.42 亿美元增长 12.8%。印度服务长期保持顺差，体现了其服务产业具有一定的优势。

### （二）印度外商直接投资发展空间大

印度外商直接投资迅速增加，但是整体水平仍然较低。2000 年以前，印度的外商直接投资非常少。随着促进外商投资政策的实施，从 2006 年开始印度的外商投资飞速发展，2008 年达到历史最高值。近几年，印度外资流入有放缓的趋势，但外商在印度的直接投资从 2012 年开始总体保持上升趋势，仅在 2017 年略有下降，2018 年出现回升并且流入量和流出量总和达到 496 亿美元（见图 7-1）。

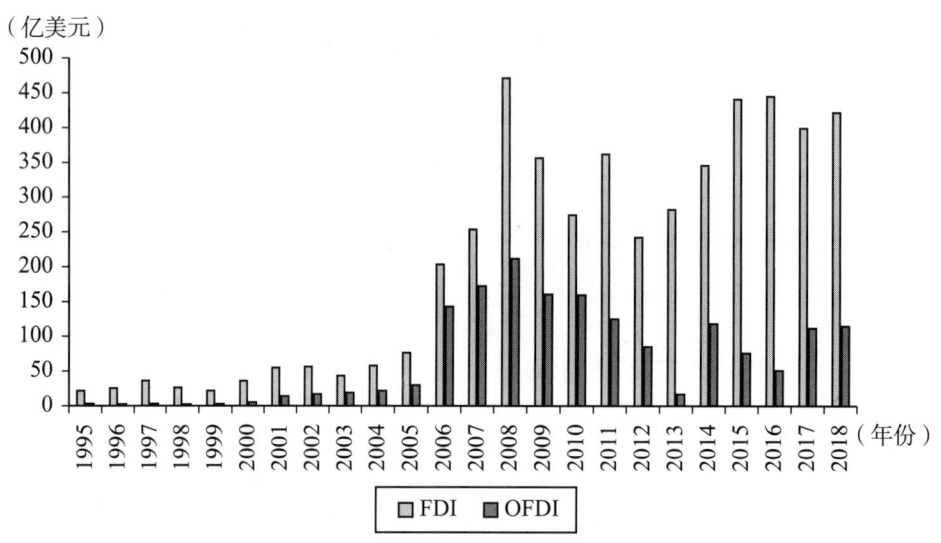

**图 7-1 1995~2018 年印度双边投资流量情况**

资料来源：UNCTAD，https：//unctadstat.unctad.org/wds/TableViewer/tableView.aspx?ReportId=96740。

考虑到印度目前的战略定位为世界制造中心，因此预判印度在一段时间之内会处于出口驱动型的增长模式，对外投资增速不会有迅猛增加。

## 二、未来印度的利益诉求

从 20 世纪 90 年代改革开放开始,印度获得了丰硕的改革成果,经济迅猛发展。同时,印度也已经深深地领悟到,只有经济力量强大才能在国际上获得话语权。如果想要实现印度执着追求的"大国梦",经济实力是硬条件。

因此,判断未来印度利益诉求依然是以国内利益为基础,谋求地区大国地位,在此基础之上提高国际影响力。

印度 2018 年的经济成就十分突出,但印度并不满足做一个经济总量大国,更希望在国际上追求更高的政治地位。莫迪政府的周边外交以印度为中心,呈现三个同心圆态势:首先是南亚次区域层面,旨在严防中国势力的"渗透";其次是整个亚洲层面,从"隔岸观火"的"东向"战略,向"赤膊上阵"的"东进"战略转换;最后是全球层面,在美国、中国、日本等大国间纵横捭阖。[①] 可见,印度在保护国内利益、提升区域影响力以及追求可得的国际影响力方面十分坚定。

在对内政策上,预判印度将会继续保持务实的发展路线,坚持以开放促改革,加强能力建设,为提高在国际组织和经济活动中的影响力做后方准备。

## 三、未来印度的国际秩序观与策略

基于对印度利益诉求的基本判断,可以推断印度将依然坚持"多极世界,多边治理"的国际秩序观,并且坚持沿着自身利益的经济导向和现实导向的路线,扎实稳重逐步实现利益诉求。

### (一)大国关系策略中总体采取平衡的外交艺术

印度支持"多极世界,多边治理",但因为自身实力薄弱,在发展中国家队伍里无法成为领导,也没有实力与其他国家形成集团来与发展中国家或者发达国家团体博弈。从地缘政治角度和文化背景考虑,印度亦无法完全成为发达国家的追随者。综合来看,印度会保持在大国之间的"不结盟"状态,或者采取分时期与优势力量建立"选择性的松散的合作伙伴"模式,为国内经济发展获得时间和空间。在印度完成国内经济改革,且形成强大国际影响力之前,预判印度不会与

---

① 杜晓军. 印度莫迪政府周边外交政策评析 [J]. 东南亚南亚研究,2015 (2):12 – 17 + 108.

其他国家形成紧密合作关系从而为自己在国际上树敌。

印度与美国、中国的关系将会是印度最重要的双边关系，与日本和俄罗斯的双边关系作为有力补充。除在经贸关系上紧密联系外，在亚洲地缘政治利益方面和国际影响力提升方面，与这4个国家的关系都是对印度影响最大的外交关系。

局部和战术上，具体事务中印度将会以国内经济利益为终极参考指标、以南亚利益为重要参考指标来指导决策。当前，印度已经深刻意识到"经济实力决定话语权"，因此国内经济利益将会是印度坚守的领域，而南亚作为印度的"后方"，也将会是印度在处理具体事务时的底线。结合印度"世界制造中心"的定位，印度将基于与大国之间的平衡关系，将中、美、日三国打造为资金与技术来源和销售市场，借助大国力量为本国的经济发展加力。

### （二）以南亚为重点，拓展和深化"东进"战略，构建以印度为核心的区域治理秩序

周边邻国关系中，印度将会加大投入在南亚地区重建其领导地位，推进区域经济一体化，将南亚打造为自己的"主场"。在过去的几年中，印度在南亚区域治理中已经感受到了压力。要实现自己在南亚的角色定位，印度将会从经济和政治两方面进行努力：尝试恢复"季风行动"，经济上推进一体化，努力将南亚各国打造为以印度为中心的互通体；政治上持续提升"软实力"，向周边各国释放资源，换取信任和支持。

在与东南亚的关系中，印度的角色定位预判为"友好的合作伙伴"，这一伙伴关系更多的是在经济意义上。印度希望通过与东南亚的联系，深度融入全球价值链，提升"世界制造中心"的专业能力；在深化经济往来的同时，不排除印度扩展"东进"战略，与东盟开展和深化海洋安全领域的合作，在地区海洋上扮演更加突出的角色。但是因为印度的精力和财力有限，因此在南亚事务之外，能够贡献给东盟的资源较少；而面对不确定性，东盟各国对于与印度进一步在安全方面的联系也会有所顾虑。因此预判印度与东盟之间在今后较长一段时间之内将会聚焦在经济领域合作，但是印度将在合适的时机寻求与个别国家在安全方面的合作。

在中亚方面，目前印度和俄罗斯是较为亲密的伙伴。印度加入上海合作组织的目的是直接进入中亚事务治理的核心。但是考虑到印度仍然对自身的"北望"策略抱有希望，因此预判印度加入上海合作组织，将会在稳定与中俄关系之余，努力提升自身的影响力，包括限制和压缩巴基斯坦的战略空间。2018年6月，上海合作组织迎来扩容后的首次峰会，如果未来印度在上海合作组织中长期受挫，那么不排除印度将会利用上海合作组织来建立以自己为中心的中亚治理力量，为

"北望"政策的复兴做准备。

### (三) 在参与全球事务中,要求多边治理结构最优化

印度认可自己的发展中大国身份,在一些国际场合"默认"自己为发展中国家的"代表",将谋求自身的国际影响力与为发展中国家谋福利相挂钩。在未来,印度将会保持对自己定位的认可,在国际组织之中追求话语权:立足于扩大国际影响力,并尝试引领国际议题。

因此,对于印度在联合国、IMF 和 WTO 等国际组织中的行为模式的基本判断是:坚持国际组织改革,要求建立多边治理结构。具体来说,印度在联合国入常、WTO 粮食问题等内容上将会持续努力。考虑到印度过去在这些议题上的努力成效并不显著,也有较多的教训,因此判断印度将会采取"小步前进"的策略:不预期一步到位,但是要求进步。从近期印度在联合国安理会入常的否决权问题上采取让步的行为可见印度的战术调整。

在 G20 中,印度凭借当前的实力尚未获得较大的话语权;而 G20 汇集了印度最重要的双边关系大国,关系错综复杂。因此预判印度在 G20 中将会以新兴经济体为定位,依托该平台与发达国家对话,为促进世界经济的复苏做出贡献,以实现提高国际地位的目的。

# 第八章

# 巴西参与国际秩序重构与实现
# 国家安全的战略及策略

巴西是金砖国家中最年轻的国家，但却是金砖国家中最早步入现代资本主义体系的国家。立国至今，巴西的经济政治几度更迭，形成了独特的钟摆发展模式。虽然巴西的政治制度不断更迭，但是制度变换都是和平的演变，因此，巴西公共财政中用于军费支出及军队建设的费用一直以来相对比较稳定，其有可靠的军备实力，但并不是国家安全的主要发展方面。巴西的安全战略主要表现为其经济安全战略。

经济发展方面，自20世纪50年代以来，巴西先后推行进口替代和出口导向发展战略，逐步实现了国内生产总值的稳定增长。其中，60～70年代更是迎来了经济增长的"巴西奇迹"，快速迈入了中等收入国家行列，但却于80年代跌入了"中等收入陷阱"，2008年全球金融危机后直到今天，巴西仍在经济复苏的道路上蹒跚前行。政治制度方面，巴西每隔二三十年就会出现一次政治制度的更迭，其孱弱的政治制度及不健全的政党制度成为牵制巴西实现大国崛起的重要原因。外交关系方面，20世纪50年代前，巴西作为一个葡属殖民地国家与欧洲国家关系亲近，通过来自意大利、葡萄牙等国的移民发展本国经济，但由于巴西的地理位置及美国超级大国的崛起，巴西与美国逐渐形成了传统、密切的政治和经贸关系。目前，巴西同192个国家建立了外交关系，是联合国、WTO、美洲国家组织、拉美和加勒比国家共同体、南美国家联盟、南方共同市场等国际和地区组织以及金砖国家、G20、G77等多边机制成员，是不结盟运动观察员。

# 第一节  20世纪50年代前巴西参与国际秩序重构和国家安全战略及策略

## 一、政治制度更迭下的经济发展

### （一）移民经济发展模式

20世纪50年代前，巴西国内产业主要为农业和工业，其服务业占国内生产总值的比例较低，且服务业主要为家庭劳工服务等基础的城市劳作活动。20世纪以来，巴西用于供应国内市场的农业生产实现了突破性的增长，占国内生产总值的比例由之前的30%逐渐增长至50%[①]；工业实现了更为迅猛的增长，冶金、机械、纺织、化学与制药工业等实现了成倍的增长，国内工业产品逐渐取代进口产品。同时，依托来自意大利、德国等欧洲国家的移民，巴西解决了咖啡种植业及橡胶制造业中的劳工缺乏问题。

### （二）初级产品出口为主导

20世纪50年代之前较长一段时间内，美国虽是巴西主要的咖啡进口国，但英国一直是巴西第一大贸易国，且其贸易量显著高于排名第二位的法国。巴西借助移民潮大力发展其咖啡、棉花、橡胶等作物种植业，而汽车的普及又刺激了橡胶经济的发展，这一度令巴西陷入财富黄金梦。但一战后橡胶价格的急剧下降及移民潮流的中断，对巴西的贸易发展造成了沉重的打击。

### （三）金融监管制度萌芽

20世纪初，由于大量发行货币及获得信贷，巴西经历过一次较为严重的通货膨胀，国内交易投机十分活跃，物价上涨严重，而后军政府通过禁止贷款、焚烧流通货币等通货紧缩计划，使巴西勉强度过了这一次经济劫难，但接下来巴西的金融发展并不顺利。虽然巴西大部分的国外贷款和投资仍旧来自英国，但经过多年动

---

① [巴西] 博勒斯·福斯托. 巴西简明史 [M]. 刘焕卿译. 北京：社会科学文献出版社，2006.

荡式的金融发展，巴西在20世纪20年代明显表现出了一种更倾向于美国的金融发展模式，并依据当时的美国金融监管模式逐步建立起本国的金融监管体系。

## 二、南美洲第一强国政治制度的确立

每隔20~30年，巴西的国内政治制度便会发生一次更迭，不断更迭的政治制度导致国家宏观经济政策的动态不一致性，从而使得巴西经济在波动中艰难发展。其中，在20世纪最初30年的第一共和国时期，受美国宪法及政治制度的影响，巴西的政治制度转为政府总统制制度，参议员和众议员通过选举产生，但是巴西帝国向共和国的转化并没有得到英国等欧洲国家的完全支持，反而在阿根廷及美国受到了欢迎，这也使得巴西更加明确了现阶段国家利益的主要目标，即在学习美国政治经济发展模式的基础上，逐步稳定本国政治制度，维护巴西国内产业的增长和国内经济的稳定发展，从而取得南美洲第一强国的地位。

## 三、国际秩序重构观

在同南美洲国家的关系方面，这一阶段巴西与阿根廷的关系呈现出共同发展却又相互抗衡的特点。在20世纪的最初10年，巴西的独立、政治的开明及国内产业政策鼓舞了阿根廷等南美洲国家的信心，为南美洲国家提供了一条可能的国家发展道路，南美洲国家试图通过共同的发展提升南美洲国家在世界舞台的地位。然而，随着巴西政治制度的逐步稳定及国内产业的崛起，阿根廷与巴西关系惬意的时代逐渐逝去，两国在军事领域进行了公开的对抗。

在同世界大国的关系方面，世界经济危机加重了英国霸权的衰落及美国的兴起。自1933年起，国际舞台出现了另一个竞争者——德国，在这种情况下，巴西政府采取了一种实用主义道路：同向它提供优越条件的国家积极开展谈判，并设法从大国的对立之间获取利益。第二次世界大战爆发后，英国的封锁使得德国与南美洲国家之间的贸易减少，但英国却没有力量抓住这一大国地位变换的空档期，而此时美国以更加强大的力量登上了国际舞台。巴西通过加入反法西斯战线、外交倒向美国并公开反对英国等一系列措施，保障了接下来较长一段时间内美国对于其国内经济发展的支持及南美洲国家地位的维护。

在国际组织中的表现方面，巴西于1944年参加了在美国新罕布什尔州布雷顿森林镇召开的布雷顿森林会议，并在会议中宣示了国家利益及南美洲国家对于国际秩序的理解。1947年，美洲国家组织在里约热内卢举行了泛美洲维持本洲和平与安全会议，签订了《泛美互助条约》（又称《里约条约》），即美洲国家的集体安全条约，巴西通过美洲国家组织积极保护本国及地区安全。1945年政府更迭后，巴西取消了所有贸易和外汇交易的壁垒，并于1948年加入GATT，成为创始缔约方。①

### 四、国家安全策略

1882年，巴西颁布了其第一部帝国宪法，但其中并没有涉及国家安全部分。1934年7月14日，经过数月的讨论几经变更最终形成了新的国家宪法。② 在这部新的宪法中，增加了以往没有的关于社会经济秩序、家庭教育文化及国家安全的内容，设立了对保卫国家经济和军事具有基本或根本意义的资源逐步实现国有化的条款。这也是在巴西宪法历史上首次出现国家安全的内容，有关国家安全的所有问题都要经过国家高级安全委员会审判决定。同时，自第一共和国时期（1889~1930年）就规定的公民服兵役的义务，第一次得到了落实。此外，巴西自1947年起参加联合国维和行动，是十大维和人员派遣国之一。

### 五、国家安全战略实施的经验教训

20世纪50年代前，不彻底的共和国制度、国家集体分裂下的自由民主及政党之间的政治斗争，成为了巴西大国崛起的绊脚石，延缓了巴西的经济增长速度。经济安全方面，第一次世界大战导致的移民潮中断、不成熟的产业发展策略及缺乏计划性的进口替代制度都导致了巴西经济的不稳定性及不可持续性，这也成为其"巴西奇迹"之后陷入"中等收入陷阱"无法自拔的重要原因。国家防务安全方面，对于其国家安全的规定在宪法中出现较晚，且之前与军事安全相关的规定都没有得到真正落实，不利于其军事力量的早期积累。

## 第二节 "巴西奇迹"下巴西参与国际秩序重构和国家安全战略及策略

20世纪50~70年代，巴西国内生产总值平均增长率达7.2%，其中1968~

---

① ［美］维尔纳·贝尔. 巴西经济增长与发展［M］. 罗飞飞译. 北京：石油工业出版社，2014.
② ［巴］博勒斯·福斯托. 巴西简明史［M］. 刘焕卿译. 北京：社会科学文献出版社，2006.

1973 年更是实现了 10% 以上的高速增长,成就了令全球为之震惊的"巴西奇迹"①。"巴西奇迹"的取得并非偶然,其中有国际形势的变化,也有巴西内部的发展。同时,通过限制贸易及外汇管制,巴西促进了其国内的工业化进程。但高速发展的经济无法掩盖巴西发展过程中存在的种种弊病,最终成为了一段"没有发展的经济增长"。

## 一、巴西经济实现奇迹增长

### (一) 国内经济飞速增长

20 世纪 50 年代前,巴西实施的对外开放政策较少,国内资金不足以支撑其技术进步与产业升级,新兴工业无法发展,经济一度停滞不前。1964 年,巴西的军事政变成为其现代化进程中的一个重要转折点。军政府执政时期,巴西改变了其经济发展策略,采取多种措施积极引进外资,经济获得了高速发展。1968~1973 年,巴西国内生产总值平均增长率高达 11.5%,正是这一时期经济的迅速增长,使得巴西国内生产总值规模从世界经济第十五位跃居第八位。同时,在这一期间,巴西通货膨胀率大幅度下降,通货膨胀率由 1964 年的 91.9% 下降为 1968 年的 25.4% 和 1973 年的 15.5%。到 1979 年,巴西国内生产总值达 2 000 多亿美元,居拉美各国之首,成为发展中国家的佼佼者。如表 8-1 所示,尤其是 1967~1973 年,巴西 GDP 年均增长率达到 11.3%,创造了"巴西奇迹"。正是这一时期经济快速崛起,使得巴西不再满足于南美洲强国的地位,开始憧憬成为一个世界大国。

表 8-1　　　　1963~1981 年巴西主要经济指标增长率一览　　　单位: %

| 时期 | GDP | 工业 | 农业 | 服务业 |
| --- | --- | --- | --- | --- |
| 1963~1967 年 | 3.2 | 2.6 | 4.2 | 3.7 |
| 1967~1973 年 | 11.3 | 12.7 | 4.6 | 9.8 |
| 1973~1981 年 | 5.4 | 5.4 | 4.9 | 6.6 |

资料来源: Luiz Bresser Pereira. Development and Crisis in Brazil, 1930 - 1983 [M]. Westview Press, 1984: 163.

---

① 曾伟, 舒洁. "中国奇迹"、"巴西奇迹"交相辉映, 相似点众多 [EB/OL]. http: //politics. people. com. cn/n/2014/0715/c1026 - 25285079. html.

## （二）对外贸易增长显著

20 世纪 50 年代后，巴西政府逐步转变经济发展战略，通过进口替代政策降低工业制成品进口量，工业化不再是政府抵御外部冲击的防御性措施，而是实现巴西现代化和加快经济发展的基本战略。

在巴西现代化进程快速推进的同时，其对外贸易也实现了巨大的发展。1968～1973 年间，巴西进出口额成倍增长，巴西的进口额由 1968 年的 18.55 亿美元增长到 1973 年的 61.92 亿美元，增长率高达 223%；同期，巴西的出口额由 18.11 亿美元增长到 61.99 亿美元，增长率高达 242%。① 一方面，巴西通过发放优惠条件贷款鼓励工业产品出口、减免税收和对出口进行补贴等措施，实行出口导向型政策，促进出口多样化发展；另一方面，巴西通过扩大某些商品的进口满足经济增长的需要，从而减少国内对单一产品进口的过度依赖，以实现进口产品的多样化。由于对外贸易的增长特别是出口的增加，巴西净外债与出口总额之比由 1968 年的 1.87 下降为 1973 年的 0.99。②

## （三）金融体系合规化发展

1964 年政变后，巴西军政府通过控制通胀、消除价格扭曲、幼稚产业保护等一系列政策实现了经济复苏。在金融领域，首先，巴西政府颁布法令对旧的金融体系进行全面改革。建立巴西中央银行和国家货币委员会，取代了原货币总署及其执行机构，确定了专业化银行制度，对各类银行业务分工做出规定，从而形成了国家货币委员会、中央银行、商业银行、投资银行、储蓄银行和开发银行等组成的现代金融体系。其次，大力推行金融工具指数化。建立一种根据通胀率重新调整债务工具的本金和利率系统，使得政府更多地依靠非通胀融资成为可能。最后，巴西政府于 1965 年颁布资本市场法，为加强和促进对股市的利用奠定了市场基础，为发行新股的投资银行兴起起到了积极作用。③ 综上所述，巴西政府通过重点推动金融市场稳定及结构改革，促进了巴西实现资本市场现代化。

纵观巴西在 20 世纪 50 年代至 70 年代的发展路径，不难发现，无论政治制度如何不稳定、国家领导人更迭多么频繁，巴西历届政府的主要精力都集中于如何实现稳定的经济增长，通过配置国内外资源致力于巴西国内产业结构升级以及国内生产总值的提高。20 世纪 50 年代至 60 年代，巴西政策制定者通过实行进口替代政策、外汇管制政策、国内产业激励政策等一系列经济发展政策，循序渐进

---

①② 吕银春. 1968～1973 年巴西经济奇迹剖析 [J]. 拉丁美洲研究，1987（4）：42-47+56.
③ [美] 维尔纳·贝尔. 巴西经济增长与发展 [M]. 罗飞飞译. 北京：石油工业出版社，2014.

地改变了巴西国内的产业结构。巴西的经济发展除了受到国内政策的支持外，还有一个更为重要的因素即来自发达国家的外国直接投资。来自发达国家的外国直接投资或是国外贷款为巴西实现其进口替代战略提供了保障，巴西再利用贸易盈余支付债务利息和偿还外债。然而，巴西的贸易发展速度尤其是出口增长速度远不及其惊人的国内生产总值的增长速度，高速发展的经济需要成熟的产业进行支撑，而巴西产业结构转型又离不开举借外债，因此形成了一个恶性循环，导致巴西在 20 世纪 60 年代至 70 年代债台高筑，使其经济增长缺乏动力。同时，在 20 世纪 60 年代至 70 年代这一期间，巴西政府领导人频繁更迭，政府出台的经济政策不具有连续性、长期性及稳定性，从而难以把控巴西经济向一个长期稳定的方向发展。因此，巴西在经历了"巴西奇迹"后，迅速跌入了"失去的十年"，而这一时期试图维持国家经济稳定发展的目标自然也没能实现，最终以一种"没有发展的经济增长"收场。

## 二、国际秩序重构观

第一，在双边层面，巴西注重外交关系中的实用主义，由于其地理位置及资金来源，巴西与美国的关系越来越紧密，但作为传统的葡属殖民地，巴西依旧保有大量来自欧洲国家的资本流入。

第二，在区域层面，由于美洲大部分发展中国家经济增长模式相似，各国纷纷迎来本国发展史上的奇迹阶段，巴西在保证本国经济引领南美洲经济发展的同时，力争南美洲领导者的地位，并通过提升巴西在国际市场的信心，保障其南美洲霸主的地位。

第三，在多边层面，相较于 1945 年新政府上台后实行的贸易自由化政策，20 世纪 50 年代至 70 年代期间，由于国际贸易自由化和外汇交易零壁垒导致的进口激增，巴西在第二次世界大战期间积累的大量外汇储备消耗殆尽，从而被迫重新实施外汇管制和贸易限制措施，由此引起了美国及欧洲国家的强烈不满，因此巴西在 1966 年实行关税改革，其平均名义关税从 1964～1966 年的 54% 降至 1967 年的 39%。[①] 虽然巴西对于贸易及外汇施加了一系列限制措施，但是对于外国资本的政策却相当优惠，吸引了众多发达国家在巴西国内投资建厂。同时，巴西还期望通过国际组织及外国政府的直接贷款获得外汇，但实际上其众多项目并不符合国际组织的贷款要求。

---

① [美] 维尔纳·贝尔. 巴西经济增长与发展 [M]. 罗飞飞译. 北京：石油工业出版社，2014.

## 三、国家安全策略

### (一) 经济安全

20世纪50~70年代,伴随着巴西综合国力的逐步提升及不断增长的经济发展需要,巴西的国家安全策略逐渐变得多元化起来。在经济安全方面,巴西政府以进口替代战略为核心战略,采取了一系列特殊的产业保护政策,以激励国内生产进口替代产品的产业发展,促进产业结构升级。另外,在这一时期内,巴西实施了外汇管制措施。1957年8月,第3244号法令实施并对外汇制度进行了一次根本性的变革:引入从价税提高为150%[①]。汇率体系的本质因此发生了根本性的变化,它不再是监管者平衡国际收支的工具,而成为国家保护其成长中的本国产业的手段。

### (二) 政治安全

20世纪50~70年代,巴西政权几度更迭,军政府与民选政府的轮番执政导致国家各项政策波动性较大,关系国家发展的宏观经济政策不具有动态一致性。即使在"巴西奇迹"出现的时期,国家的政治制度依旧动荡。1979年3月,巴西最后一位军人总统——若昂·菲格雷多将军上台,这位总统的主要政治目标是完全恢复巴西的民主政治制度,并延续巴西在经济增长领域实现的"巴西奇迹",但是石油危机导致的贸易条件恶化、国内严重的通货膨胀以及背负的巨额外债,都对巴西的民主政治稳定造成了威胁。

### (三) 国家安全与防务

20世纪50~70年代,巴西主要精力集中于如何稳定地发展经济,以及提升巴西在南美洲国家中的地位,因此,军事及防务并非巴西在这一时期的主要精力集中点。但巴西在军人政府时期对于军队建设依旧重视,良好的军队基础保障了巴西国内政治的和平演进。

---

① [美] 维尔纳·贝尔. 巴西经济增长与发展 [M]. 罗飞飞译. 北京:石油工业出版社,2014.

### 四、国家安全战略实施的经验教训

这一时期,巴西的国际利益主要是保持稳定的经济增长,其主要成就即经济增长领域的"巴西奇迹"。这一阶段巴西的经济增长主要有以下几点经验:第一,强大的政府执行力。在对世界形势及国家情况的正确认识下,巴西军政府凝聚国内外优势资源,提高对各产业部门的控制力,推进巴西经济增长,从而实现了"巴西奇迹"。第二,扩大对外开放,合理利用外资促进国内产业发展。巴西通过积极引进外资、向国际组织和外国政府进行贷款支持其特殊产业保护计划的实施,推进其国内工业的现代化进程。

但同时,巴西不符合一般经济发展规律的奇迹式增长的背后也存在诸多问题,给予了其他发展中国家一些启示:第一,增长迅速的经济需要有稳定的政策基础,经济发展速度与质量应兼备。"巴西奇迹"的出现虽不是偶然现象,但因宏观经济政策的动态不一致性,导致这一现象没有在巴西的长期发展中成为必然,巴西经济只是昙花一现后便跌入了"失去的十年"。同时,由于巴西经济增长只是片面地追求速度而不注重经济质量的提升,从而导致巴西经济长期增长缺乏有效动能。第二,保持稳定的政治制度,注重政府政策的可持续性。在这一时期内,巴西政治制度几度更迭,政策制定者对于国家宏观经济政策的制定不具有连续性,从而导致巴西经济增长沦为"没有发展的经济增长"。第三,保持国际收支平衡,合理利用外债。贸易所带来的盈余无法补齐外债产生的巨大资本缺口,导致巴西陷入了债务危机而无法继续其国内经济的发展。另外,巴西对于低效率的幼稚产业的保护阻碍了产业的国际竞争,严重影响了国内产业的技术进步和转型升级。

## 第三节 前"中等收入陷阱"时期巴西参与国际秩序重构和国家安全战略及策略

在20世纪80年代至全球危机前,巴西政府采取了多项政策希望能够解决国内政治经济发展过程中存在的问题,导致了巴西这一时期波动性的发展,因此这一时期主要划分为三个阶段:"失去的十年"(1981~1992年)、短暂的改革(1993~2002年)以及正统经济与社会发展(2003~2007年)。

## 一、跌宕起伏的经济增长

### （一）剧烈波动的经济发展

由于 20 世纪 60~70 年代的"巴西奇迹"并非是一种具备长期增长动力、质量与速度兼备的经济增长，因此，20 世纪 80 年代巴西的国内生产总值增长率迅速下跌，由 1980 年的 9.2% 下跌至 1990 年的 -4.4%（见图 8-1）。此外，巴西国内还面临严重的通货膨胀问题，通货膨胀在 1980 年上升为 90%，1984 年突破 200%，1986 年达到 300% 左右。面对如此严峻的国内经济形势，外加第二次石油危机导致的贸易条件恶化，在内忧外患的情况下巴西政府推行了一次又一次的改革，但无论是特殊的经济稳定计划还是一劳永逸的财政货币计划，都没能从根本上解决巴西的超级通货膨胀问题，直到 1994 年"雷亚尔计划"的开展。"雷亚尔计划"的成效于 1995 年便有所显现，1995 年后，巴西的通胀率一路下跌，终于降至正常水平，最终彻底终结了这一时期巴西的通胀危机。经过 20 世纪 90 年代的多次改革，巴西经济社会发展逐渐步入正轨，在 2002 年卢拉政府上台后，巴西的经济发展方向更趋稳定，巴西也作为新兴国家不断融入世界格局，参与国际新秩序的构建，在世界面前重新树立巴西的大国形象。

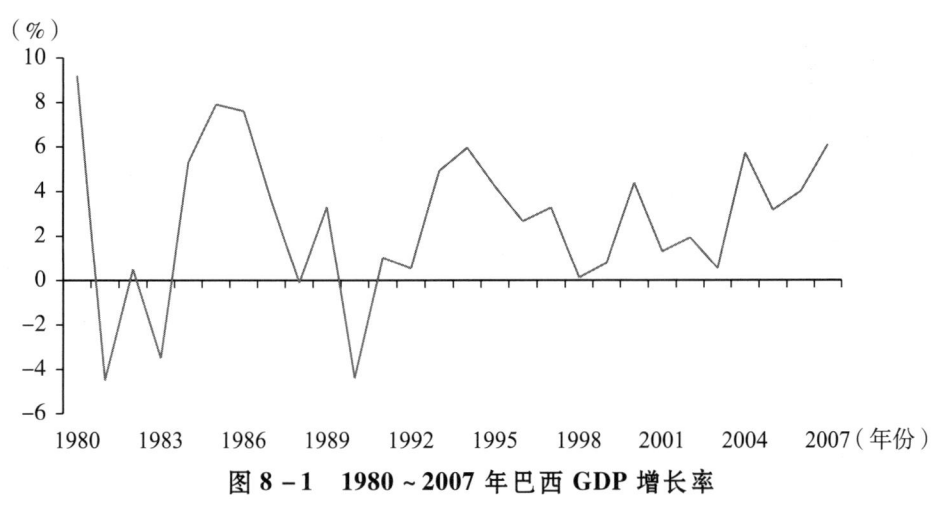

图 8-1　1980~2007 年巴西 GDP 增长率

资料来源：巴西地理统计局。

## （二）对外收支实现艰难增长

在这一时期的第一个阶段，即"失去的十年"（1981～1992年）中，1980～1985年期间的出口导向政策与进口替代政策以及"第二个国家发展计划"的余温使得巴西在这一阶段的前五年依旧保持了一定程度的贸易盈余增长[①]；1985～1992年期间，经过数任财政部长的更换，最终就任的财政部长费尔南多·恩里克·卡多佐在国内多名经济学家的辅佐下，提出了"雷亚尔计划"，该计划不仅彻底终结了巴西的通货膨胀危机，而且对于贸易收支也起到了一定的改善作用。但是由于国际利率较大的波动、1994年墨西哥金融危机、1997年亚洲金融危机以及1998年俄罗斯金融危机的影响，在这一时期的第二个阶段，即短暂的改革（1993～2002年）期间，国际市场贸易条件进一步恶化，巴西的股市及外汇市场也受到了较大冲击，贸易收支一度下降。直到这一时期的第三个阶段，即正统经济与社会发展阶段（2003～2007年），工党领袖卢拉上台，其对于国内社会经济、贫困及不公平问题大刀阔斧的整治，提升了国内产业的国际竞争力以及国际社会对巴西的信心，从而促进了巴西汇率和贸易品价格的稳定，并通过继续实行紧缩性的财政政策与货币政策，进一步平衡了国际收支（如图8-2所示）。

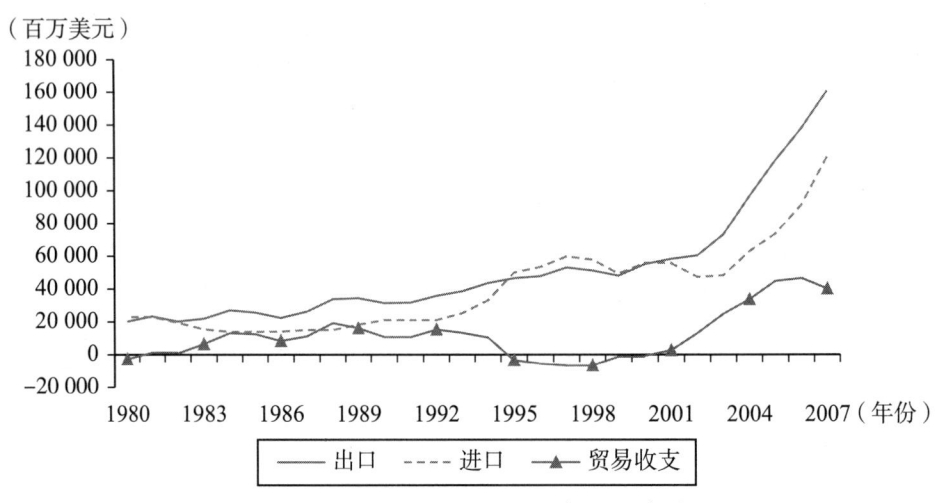

图8-2 1980～2007年巴西贸易收支情况

资料来源：巴西地理统计局，巴西中央银行。

---

[①] 巴西总统内斯托·盖泽尔于1975年提出巴西的"第二个国家发展计划"，该计划实行至1979年，在巴西历史中具有重要意义。

## (三) 不稳定的金融发展

如表 8-2 所示,在这一时期,巴西金融业的发展在不同阶段表现出异质性特征。在第一阶段 (1981~1992 年),与巴西严重的通货膨胀问题相对应的是巴西金融业产值的提高;在第二阶段 (1993~2002 年),巴西国内通货膨胀有所抑制,国际金融危机频繁出现,导致企业信心下降、多家银行倒闭、金融业遭到重创,金融中介业产值大幅下降;在第三阶段 (2003~2007 年),在卢拉政府对国内金融业发展的重新规划下,萧条的金融行业逐渐复苏,金融中介产值逐渐递增,国内通货膨胀率也趋于稳定。

表 8-2　　　　　巴西金融中介业产值年均增长情况　　　　　单位:%

| 阶段 | 1981~1985 年 | 1986~1990 年 | 1991~1995 年 | 1996~2000 年 | 2001~2005 年 |
| --- | --- | --- | --- | --- | --- |
| 增长率 | 13.7 | 3.0 | -11.6 | -5.3 | 8.9 |

资料来源:巴西应用经济研究所 (The Instituto de Pesquisa Econômica Aplicada, IPEA)。

## 二、解决外债危机与通货膨胀,改革促进经济发展

巴西政府为消除通货膨胀确实做出了非常多的努力,但其中能够持续有效的计划项目较少。在 1986 年的克鲁扎多计划,以及数目繁多的后续计划中,当局采用了各种各样的非正统计划来应对恶性通货膨胀,却全因财政调整的缺失,未从本质上解决通胀问题。直到 1994 年实施"雷亚尔计划"后,金融行业信心有所提升,商业融资得以填补政府的财政赤字,通货膨胀问题才从根本上得到了解决。1980~2007 年巴西通货膨胀率见图 8-3。

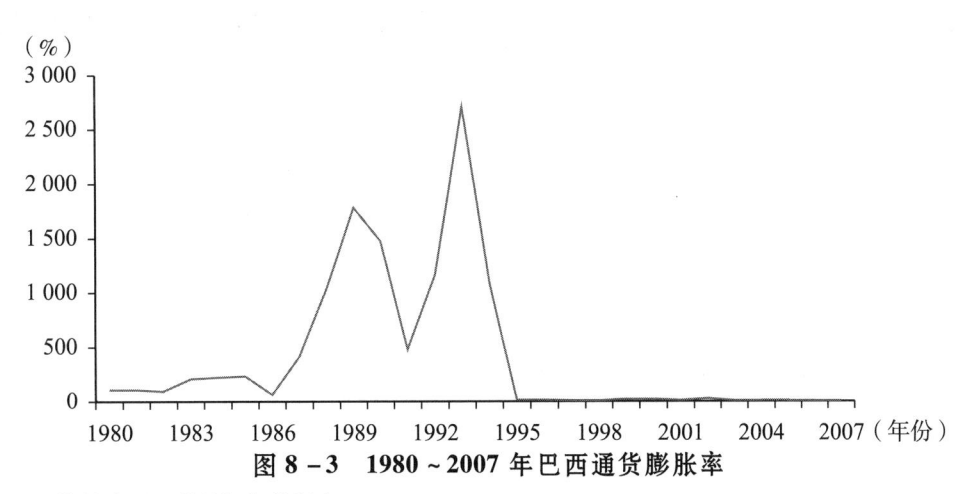

图 8-3　1980~2007 年巴西通货膨胀率

资料来源:世界银行数据库。

20世纪末，在"雷亚尔计划"实施后，巴西通货膨胀率趋于平稳，巴西的国家利益目标逐渐转变为如何实现经济的再次增长。卢拉总统就任后采取了以下措施：灵活果断地运用利率等工具、增强央行的独立性、注重引导通胀预期三管齐下，成功实现了经济稳定；更加灵活多元地使用货币和财政政策工具，突出相机抉择；实施更为稳健的财政政策，强化财政责任和纪律，使巴西债务"枷锁"沉重问题得到较大改变；实行浮动汇率制，以改善巴西经常项目赤字、吸收外资、有效应对国际金融动荡冲击，保持国内经济政策的相对独立性。①

## 三、国际秩序重构观

冷战结束后，世界经济政治格局发生重大转变，"一超多强"的局面对巴西产生了极大的压力，巴西在其实用主义外交政策的指导下，不得不倾向于美国。在双边层面，巴西接受美国提出的"华盛顿共识"，并不断吸引美国的外国直接投资，依靠美国的产业资本和金融资本推进其现代化进程。巴西在经济领域的开放主义也导致了巴美摩擦的上升，加之两国对于国家利益定位不同，巴美之间在贸易、人权、核能与安全领域的摩擦也日趋增多。除了与美国的联系外，巴西非常重视本国的多元外交。2003年，卢拉总统不仅多次出访南美国家，还积极参与国际活动：7月，卢拉访问西班牙，以推动欧盟同南方共同市场之间的合作；11月，卢拉访问非洲5国，与它们签署合作协议，并表示愿与非洲国家及俄罗斯、中国、印度和墨西哥等国发展战略关系，加强发展中国家在WTO中的力量；12月，卢拉访问中东5国，吸引中东国家向巴西投资。②

在区域层面，1991年3月26日，阿根廷、巴西、乌拉圭和巴拉圭4国总统在巴拉圭首都亚松森签署《亚松森条约》（条约于同年11月29日生效），宣布建立南方共同市场。1998年4月，第二届美洲国家首脑会议在智利首都圣地亚哥举行，巴西同其他与会国家就美洲地区的教育改革、巩固民主进程、经济一体化和自由贸易以及消除贫困四大主题进行了广泛讨论。2000年，在巴西总统卡多佐的倡议下，首届南美国家首脑会议在巴西举行。2004年12月，南美国家在秘鲁举行第三届首脑会议，会议通过了《库斯科声明》，宣布成立南美国家共同体。2006年9月，巴西、俄罗斯、印度、中国四国在联合国大会期间举行了首次金砖国家外长会晤，此后每年依例举行，巴西通过新兴国家的金砖机制，谋求建立新

---

① 聂泉. 卢拉政府时期（2003～2010）的巴西经济和社会政策初析［J］. 拉丁美洲研究，2013（35）：24-30.

② 张育媛. 2003年拉美对外关系综述［EB/OL］. http：//ilas. cass. cn/xkjs/kycg/gjgx/200402/t20040213_2246424. shtml，2018-05-21.

型伙伴关系，参与构建全球经济新秩序。

在多边层面，巴西的出口导向战略决定了其贸易利益的重要地位。因此，巴西重视自身在 WTO 中的利益，致力于推动贸易自由化。在 WTO 框架下，巴西一方面积极寻求规则制定权，另一方面利用现有规则维护自身的权利。因此，巴西认为 WTO 规则应该改革，要更与时俱进，更公平合理，能维护发展中国家的利益。

## 四、国家安全策略

### （一）经济安全

在国内经济安全方面，巴西通过实施出口导向型策略、运用利率等工具、增强央行的独立性、实行浮动汇率制等措施解决了国内的恶性通货膨胀问题，并成功复苏了巴西经济，为后续巴西的大国崛起提供了资本积累与经济基础。在维护国际经济秩序、保障国家外部经济安全方面，2003 年 8 月，在一系列预备会议以及其后的坎昆会议上，巴西为维护发展中国家的利益，倡导形成 G20 贸易机制。巴西通过 WTO 争端解决机制，先后在巴西航空工业与加拿大庞巴迪公司关于飞机制造补贴、巴西政府与美国大制药公司有关治疗艾滋病药物的专利权、巴西和美国在棉花补贴等问题上，获得了有利于巴西的裁决。

### （二）政治安全

在国内政治安全方面，巴西最后一任军人总统良好地维护了巴西国内的民主政治，使得民选总统制度落到实处，国内政治制度的稳定为巴西经济的发展提供了基本制度保障。在国际政治安全方面，巴西积极推动拉美国家一体化，通过经贸关系和地缘政治的途径，与其他拉美及南美国家增强互信，加强交流，发展紧密的合作关系。同时，巴西认为发展与主要大国的良好互动关系是保障国家政治安全的重要手段，因此与世界主要大国美、俄、中等国都保持着总体良好的互动关系，虽然在局部有冲突，但是多元外交的相互制衡，使这种关系在总体上保持稳定。

### （三）国家安全与防务

巴西认为，现阶段，经济发展和多元外交是保证国家的重要支点，而且巴西没有来自外部或内部的军事威胁，因此军事不需要大规模扩张。目前，巴西的军事力量是拉丁美洲最强大的，增强其军事工业实力是巴西寻求全球大国地位最重要的战略之一。

### 五、国家安全策略实施的经验教训

这一时期,巴西国家发展的主要利益目标是消除通货膨胀、促进经济发展。其发展模式及改革过程给予发展中国家许多可借鉴的经验:第一,结合本国国情,从根本上解决通货膨胀。所有不触及此根本的改革政策,均无法彻底消除通货膨胀问题。第二,指明了发展中国家如何逐步融入世界格局。巴西依托自身地理位置,清晰地定位外交关系,并通过一系列改革不断向国际市场释放利好信号,通过经济的强大争夺区域话语权,构建区域新秩序,成为南美洲第一强国,逐步融入世界经济政治体系。第三,维护稳定的政治制度具有重要意义。民选总统制得到不断完善,卢拉通过了解产业的本质问题,从根本出发,为巴西的经济发展开辟了道路。

## 第四节 金融危机后巴西参与国际秩序重构和国家安全战略及策略

### 一、不平衡的经济发展

#### (一)经济发展中的繁荣与衰退

21世纪早期,大宗商品繁荣周期带动拉美地区经济发展,巴西、阿根廷和智利等国仿佛看到了走出"中等收入陷阱"的曙光。但是,随着此轮大宗商品周期的结束,这些国家重新出现经济衰退,人均国民生产总值下降,继续停留在"中等收入陷阱"之中。

2008年全球金融危机后,巴西得益于卢拉第一任期对通货膨胀的根治,在这一时期通货膨胀率相对稳定,但是仍旧高于政府预期的水平。这一时期,巴西的经济增长经历了下滑、繁荣、减速、停滞及衰退的阶段,从2017年起又呈现出复苏迹向,经济发展缺乏稳定性(见图8-4)。同时,巴西陷入了产业结构困境,产业间发展不平衡。据拉丁美洲和加勒比经济委员会统计,2015年,巴西所有经济部门都存在程度不一的减速,其中第二产业出现连续两年的萎缩,尤其是制造业下滑明显。①

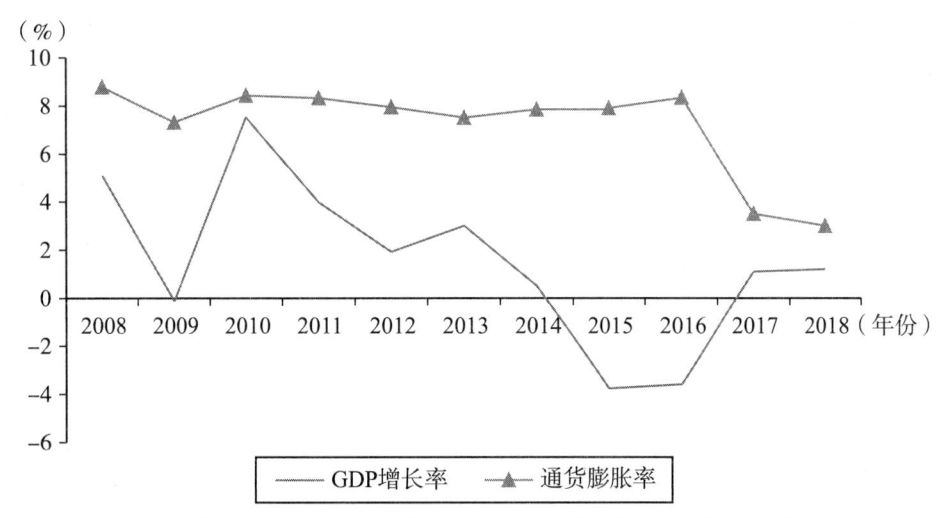

图 8-4 2008~2018 年巴西 GDP 增长率及通货膨胀率

资料来源:世界银行数据库。

## (二) 相对稳定的贸易收支

虽然巴西国内经济发展跌宕起伏,但在贸易收支方面的表现相对稳定。2011 年是巴西国家发展中一个重要的"分水岭"。这一年,巴西超过英国成为全球第六大经济体。同年,巴西外汇储备有史以来首次超过 3 500 亿美元;巴西的国际贸易收支得到改善,出口额达到 2 560.4 亿美元(见表 8-3)。②

表 8-3　　　　　　　2010~2018 年巴西经贸情况　　　　　　单位:亿美元

| | 2010 年 | 2011 年 | 2012 年 | 2013 年 | 2014 年 | 2015 年 | 2016 年 | 2017 年 | 2018 年 |
| --- | --- | --- | --- | --- | --- | --- | --- | --- | --- |
| 进口 | 1 816 | 2 262.5 | 2 231.42 | 2 396 | 2 290 | 1 714.53 | 1 375.52 | 1 507 | 1 812.30 |
| 出口 | 2 019 | 2 560.4 | 2 425.80 | 2 422 | 2 251 | 1 911.34 | 1 852.35 | 2 177 | 2 398.87 |
| 差额 | 203 | 297.9 | 194.38 | 26 | -39 | 196.81 | 476.83 | 670 | 586.57 |

资料来源:巴西工业、外贸和服务部。

---

① 岳云霞. 巴西经济启动萧条模式 [J]. 人民论坛(人民日报),2016(6):38-39.
② 杨志敏. 对近年巴西经济增长态势的分析 [EB/OL]. http://ilas.cass.cn/xkjs/kycg/lmjj/201603/t20160317_2927687.shtml.

### (三) 稳健的金融发展

20 世纪 90 年代以后，巴西整顿金融秩序，货币逐渐稳定，经济发展步入良性循环，期货市场发展迅速并处于世界前列，以中央银行深度参与为基础的金融市场健康发展。巴西稳健的金融体系经受住了 2008 年国际金融危机的考验，并且在金融危机后迎来了新的发展机遇。2011 年 5 月 9 日，哥伦比亚与智利研究与情报机构联合发布的调研报告表明，巴西圣保罗是拉美地区最吸引投资的城市。同时，由于其经济实力的提升，在国际货币基金组织改革时，巴西在其中的份额从原来的 0.533% 提高到 2.316%。

## 二、作为新兴国家的大国崛起

卢拉政府在金融危机来临之际，将财政重心置于恢复经济信心，给予工人最低工资保障，继续推进消灭贫困与不平等，这些措施在一定程度上给予了国内和国际市场极大的信心，从而在金融危机发生后，巴西经济能够较快复苏。

20 世纪 90 年代国际体系中两极格局消失后，世界政治格局向多极化发展，国家间关系重塑，经济全球化趋势明显，在这样的背景下，巴西政府抓住机遇，寻求更好地参与全球市场和经济整合，在全球层面开始积极关注全球问题，并通过多边舞台来弥补过去偏狭于大国关系的不足。

## 三、国际秩序重构观

第一，双边层面。在 2008 年全球金融危机冲击后，由于外部国际市场信心下降，国内产业竞争力不足，巴西经济呈现短时间的下滑；但是巴西政府清楚地认识到，在注意恢复经济发展的同时，应改变原有大国依附战略，继续推进多元外交。这一时期，在双边层面，巴西与美国依旧保持了密切的伙伴关系。2011 年 3 月，美国总统奥巴马访问巴西，两国建立了"全球伙伴关系"。2012 年 4 月，罗塞芙总统访问美国，双方提出建设 21 世纪伙伴关系，建立了外长和国防部长定期磋商机制。2016 年 12 月和 2017 年 5 月，特梅尔总统应约与美国总统特朗普通电话。2019 年 1 月 1 日，巴西新总统博索纳罗就任，上任后首次出访的国家即为美国。同时，巴西还利用外部经济环境，积极发展与新兴经济体尤其是金砖国家之间的经贸关系，不断扩大其优势产品的出口市场份额。巴西积极参与"东亚—拉美合作论坛"，2011 年，与东盟签署《东南亚友好合作条约》，成为拉美第一个东盟对话伙伴国。

第二,区域层面。一是 2011 年 12 月,拉美和加勒比地区 33 国元首、政府首脑或代表在委内瑞拉首都加拉加斯举行会议,宣布正式成立拉共体。二是巴西致力于推动金砖国家宽领域合作,在金砖国家机制内表现活跃,不断提出新议题,扩展合作领域。三是巴西总统卢拉于 2003 年倡议创办了"伊巴斯"论坛,旨在加强巴西、印度和南非的交流合作。四是巴西主导的南方共同市场与其他国家和区域的双边经济合作以及积极拓宽与金砖国家之间的贸易往来,充分体现了巴西寻求国际市场、确保外部需求的对外贸易战略。①

第三,多边层面。一是巴西认为应推动联合国改革,积极"入常"。在联合国的改革问题上,巴西的认识非常明确。联合国安理会中还没有一个拉美国家,因此巴西认为自己作为拉美以及南美洲的领导者,有资格成为安理会的常任理事国。因此,巴西积极致力于"入常"。二是巴西致力于推进 WTO 框架下的贸易自由化进程,向 WTO 提交投资便利化建议文本。三是发挥金砖国家机制,共同迎接"逆全球化"挑战。巴西借助金砖国家机制,立足本国重点领域发挥优势,扩大基础设施建设,提高与新兴经济体的贸易往来和货币金融合作,共同抵御"逆全球化"产生的不利影响②。

## 四、国家安全策略

### (一)经济安全

**1. 推动 WTO 改革,促进贸易自由化**

巴西在 1995 年 1 月 1 日成为 WTO 创始成员以来,在 WTO 中的活动十分活跃。巴西倡导贸易自由化,它的生产能力虽然在全球体系占据较高地位,但它在国际贸易中的地位较低,因此巴西外交试图在两者之间实现平衡。巴西利用多边论坛和谈判机制,传播巴西的发展理念,推动世界多极化,维护发展中国家的利益。与此同时,巴西积极利用现有国际体系规则,捍卫巴西的发展利益。

**2. 推动 IMF 和世界银行改革,呼吁优惠贷款支持**

巴西国内的社会发展事业滞后,因此对 IMF 和世界银行的主要利益诉求之一是希望它们能够提供尽可能多的优惠贷款,来解决国内的问题。由于巴西国

---

① 吴国平,王飞. 浅析巴西崛起及其国际战略选择 [J]. 拉丁美洲研究,2015 (37):23-31.
② 徐秀军. 逆全球化挑战下金砖国家经济合作的增长点 [J]. 亚太经济,2017 (3):88-93+196.

内资本短缺，IMF 的支持对巴西改善国内社会问题、发展经济非常重要。同样，巴西积极呼吁世界银行给予贷款支持，以解决巴西国内的贫困问题，因为这是巴西实现经济快速增长的障碍之一。同时，巴西希望在 IMF 和世界银行改革等全球问题领域发挥领导协调作用，增加自己在这些国际机构中的话语权。

## （二）政治安全

### 1. 积极参与全球治理，努力争取"入常"

巴西的对外政策有一个非常明确的终极目标，就是成为联合国安理会常任理事国。巴西的外交工作，甚至包括积极协调中东和平问题、伊朗核问题、朝鲜问题等，实际上都是为了提升自己的影响力，而服务于它"入常"的目标。卡多佐总统曾多次表示，巴西属于多极世界的一极，重视联合国在国际政治秩序中的核心作用，希望成为联合国安理会常任理事国，并与德国、日本和印度组成共同谋求联合国安理会常任理事国席位的"四国集团"。

### 2. 团结其他金砖国家，提升国际事务话语权

2009 年 6 月中旬在俄罗斯叶卡捷琳堡举行的金砖四国第一次峰会上，巴西与其他金砖国家一道提出：新兴和发展中经济体在国际金融体系中必须拥有更大话语权和更多表现机会，新兴和发展中经济体领袖和代表应当通过一个公开、透明和以才能为基础的挑选程序产生。巴西认为一个稳定的、可预测的、更多样的国际货币体制是十分必要的。包括巴西在内的金砖四国领导人发表联合声明，强调 G20 峰会在应对金融危机中的核心作用，号召所有国家和有关国际组织积极行动起来，共同应对危机。

### 3. 促进拉美地区一体化

巴西促进拉美地区一体化的主要依托是南方共同市场和南美洲国家联盟。南方共同市场是世界上第一个完全由发展中国家组成的共同市场，是拉美重要的地区性一体化经济组织。该组织的宗旨是通过有效利用资源、保护环境、协调宏观经济政策、加强经济互补，促进成员国科技进步，最终实现经济政治一体化。《南美洲国家联盟宪章》的签署，标志着南美洲一体化进程取得了一个里程碑式的胜利，也标志着南美国家从此将以一个共同的身份出现在国际舞台上。

## （三）国家安全与防务

2008 年，巴西发布《国家防御战略》计划，旨在建立强大的军事工业，并

同伙伴国家建立战略关系以期发展军事技术。同时，巴西加大了军事采购的力度，增加了预算，以加速实现其军事力量的现代化建设。另外，巴西积极参与联合国体系的维和与重建行动，自1947年起参加联合国维和行动，是十大维和人员派遣国之一，约有1.2万名士兵在海外执行维和任务，在非洲讲葡萄牙语国家和海地的维和与重建行动中取得的成绩为它赢得了良好的声誉。

### 五、国家安全策略实施的经验教训

在2008年金融危机发生后，巴西在经贸领域、政治安全领域及外交领域的表现，为广大发展中国家提供了许多经验与教训。第一，提升国内国际信心，充分应对金融危机。面对国际贸易增速低迷、保护主义抬头、国际关系走向新格局，发展中国家应该发现国内经济发展的根本问题，关注民生，为经济发展与参与国际事务提供坚实的基础保障。第二，巴西在大国崛起之路上的动力不足，根本原因仍旧是国内经济发展动力不足。一直以来，巴西工业现代化进程依靠通货膨胀和外国贷款的推动，且巴西的产业结构仍过于单一化，产业科技水平较低，国际竞争力不足。第三，应注重多元外交而非对于发达国家势力的依附。巴西历来奉行实用主义的外交策略，这也使其在21世纪前多依附于欧盟和美国等发达国家的势力，没有清楚定位本国的外交战略。

## 第五节　巴西未来参与国际秩序重构和实现国家安全的战略及策略

### 一、经济安全策略展望

当前，全球经济复苏乏力，各个国家增长速度差异导致收入差距扩大，全球化进程波折导致保护主义抬头。在21世纪初，巴西想借助大宗商品复苏跨越"中等收入陷阱"的计划失败，近几年来其"消费经济"解体，未来经济形势走向迷茫。但根据世界银行发布的《世界经济展望》报告，巴西将在2020~2021年保持GDP增长率小幅上升，在2020年后有望逐渐恢复国内经济增长，实现其谋求世界大国的目标。

2019年后的5~10年，巴西的国家经济利益目标为实现经济稳定可持续增长。回顾巴西20世纪以来的经济发展，不稳定的经济增长揭示了巴西本身经济发展模式中存在的弊端，巴西政府也逐渐意识到这些弊端已经成为限制巴西参与国际秩序构建、争夺话语权的绊脚石。接下来需大力推行对内改革，将国内改革与国际市场开拓联动发展，灵活运用宏观经济政策，合理规划公共财政支出，扩大合理引进外资，推进贸易自由化建设。

这样的国家利益目标也就决定了巴西在国际经济秩序构建领域的态度。巴西将在WTO框架下，致力于推进贸易自由化建设；主导南方共同市场及南美洲国家联盟的发展，致力于解决拉美地区"中等收入陷阱"、贫困及不平等问题；运用金砖国家对话机制及G20全球治理新平台，为拉美发展中国家及新兴国家发声，促进构建良好的外部环境保障国内经济发展；继续开展多元外交，通力合作发挥本国比较优势，聚力本国核心产业发展，促进产业结构升级，提升巴西企业的国际竞争力。

## 二、政治安全策略展望

2019年后的5~10年，巴西国内政治仍将保持民主政治制度、民选总统制不变，将继续完善本国政治制度，整治国家发展过程中的腐败现象，以积极透明的国内政治制度促进巴西大国崛起，推进拉美一体化进程。

巴西政治安全的主要利益目标为争当拉美第三世界之首，而非第一世界之尾，终极目标为"入常"。基于巴西目前的国内政治状况及经济发展状况，虽然美国总统特朗普许诺巴西加入"北约"，但其在发达国家中仍不具备充足的话语权。因此，巴西总统博索纳罗仍将不可避免地重视同新兴国家及发展中国家多边领域的合作。

## 三、国家安全与防务策略展望

一直以来，巴西在本国国家防务及军事上的投入都十分稳定，军费开支占政府公共支出的比例较为稳定（见图8-5）。未来5~10年，巴西将通过多元外交促进本国与新兴国家在先进武器技术领域的交流与合作，继续完善本国军队制度，参与联合国维和行动。

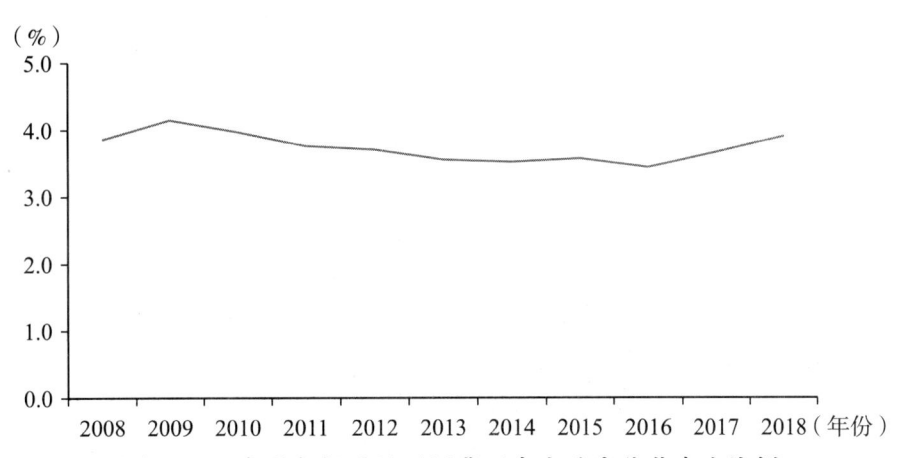

图 8-5　金融危机后巴西军费开支占政府公共支出比例

资料来源：斯德哥尔摩军费开支数据库，斯德哥尔摩国际和平研究所。

# 第九章

# 新时代中国参与国际秩序重构的理念、目标、定位与实现途径

## 第一节 新时代中国面临的国际政治经济形势

### 一、逆全球化背景下全球治理格局正在重塑

（一）世界经济格局处于大发展大变革大调整时期，多边贸易体制难以实现实质性突破

2008年的金融危机带来了深远影响，不仅全球经济结构有所变化，世界经济格局也出现了明显的变化。从经济增长的角度看，寻找新的劳动生产率增长点成为全球经济的首要命题，各国乃至全球都将面对经济政策的重大拐点，也将面临更多挑战。同时，全球经济治理格局出现新的变化，长期以美国为"一超""规则制定者"的格局濒临被打破的边缘，"逆全球化"和贸易保护主义逐渐变成贸易自由化的威胁。

纵观全球多边贸易体制的发展现状，国际经贸规则碎片化、全球经济治理体系滞后，都成为对WTO地位和作用的威胁因素。特别地，多哈回合以来，WTO

谈判一再被搁置。多哈回合谈判历时十余年，却并未实现突破性进展。即便《贸易便利化协议》已经生效，WTO 也难以达成实质性共识，从而进一步消除贸易壁垒、实现贸易自由化。

### （二）发达国家更倾向于双边合作与内部发展

传统发达经济体逐渐意识到多边贸易规则、多边贸易体制内部利益的冲突，全球范围内巨型自贸协定难以达成，大国之间也很难达成有效的自由贸易协定，故而转向推动聚焦范围更小但更容易成功的双边自由贸易安排和双边投资协定。

自特朗普执政以来，美国更加注重维护自身利益，奉行逆全球化理念，采取了一系列有悖于贸易和投资自由化的对外经济政策。这些政策体现为特朗普上台后退出 TPP 及《美墨加协定》"毒丸条款"的设定等。欧债危机和金融危机在一定程度上激发了欧盟内部的利益冲突和矛盾。英国"脱欧"事件更加印证了欧盟内部的离心倾向，也反映出欧盟"以区域化促进全球化"样板地位的消失，呈现出一种区域一体化的倒退。

### （三）新兴经济体在全球经济治理中的地位越来越凸显

自 2008 年金融危机以来，金砖国家对世界经济增长的贡献率不断提高，国际经济影响力日益提升。新兴经济体金砖国家发展迅速，追赶发达国家的势头相当明显，表现为经济增长速度较快、经济规模世界排位提升、对发达国家赶超效果明显，在全球贸易治理方面发挥着重要作用。

## 二、2008 年金融危机后全球经济复苏加强

从全球经济形势来看，继 2017 年和 2018 年初的强劲增长之后，全球经济活动在 2018 年下半年显著放缓，预计 2020 年全球增长率为 -4.9%，新冠肺炎疫情对全球经济的影响较大，经济复苏将比之前预测得更为缓慢①。2021 年全球增长率预计为 5.4%，主要是因为中国、印度的增长及其在全球收入中权重的增加。随着美国财政刺激影响的消退，发达经济体增长将继续逐步放缓，考虑到老龄化趋势和低生产率，其增长将趋向于适中的潜在水平。新兴市场和发展中经济体增速将稳定在约 5% 的水平，原因是大宗商品价格承压，且部分经济体的内乱拖累了增长前景，但各国之间会存在较大差异。②

---

①② IMF. World Economic Outlook 2020 [EB/OL]. https：//www.imf.org/zh/Publications/WEO.

## 三、全球贸易水平有了较大提高

WTO 的统计数据显示，2018 年世界货物贸易出口总额为 19.475 万亿美元，相较 2017 年增长了 8.95%。分地区来看，亚洲地区国际贸易表现出强劲的增长动力，2017 年货物贸易出口总量较上年增长 14%，其次是南美洲、中美洲及加勒比地区，2017 年货物贸易出口总量较上年增长 12%。

国际贸易不仅在量上实现增长，更在贸易额上有所增长。全球贸易的提高是 2017 年世界经济的主要拉动力之一，成为世界经济中一个很重要的亮点，也是主要国家经济复苏带动全球经济恢复的重要动力。

## 四、国际投资持续低迷

2008 年国际金融危机以来，尤其是欧洲次贷危机以来，全球贸易和投资呈现相对低迷的发展趋势，对世界经济的拉动作用降低。根据联合国贸易与发展会议发布的《2019 年世界投资报告》，2018 年，全球 FDI 总额为 1.3 万亿美元，较 2017 年减少 13%，这也是全球 FDI 总额连续第三年出现下滑。

从外商直接投资流入量看，2018 年，发达经济体 FDI 流入量减少了 27%，降至 2004 年来最低水平。发展中经济体的 FDI 流入量呈现小幅增长态势，增幅为 2%。从外商直接投资流出量看，2018 年，发达经济体对外投资大幅下降 40%，发展中经济体对外投资下降了 10%。

## 第二节　新时代中国参与国际秩序重构的理念

推动全球经济发展已经成为中国在全球经济治理中最重要的目标之一。自加入 WTO 以来，中国都秉持着"发展、合作"的态度和理念参与国际秩序重构，如今，随着中国的日益发展，这一理念之外，国际经济又赋予中国新的角色和定位，中国也肩负着越来越多的国际责任，在承担起责任的同时也对参与全球经济提出了均衡和共赢的诉求。

### 一、综合国力增强使中国具备参与国际秩序重构的经济实力、政治影响力和意愿

改革开放以来，中国对世界经济的贡献日益凸显，成为世界经济稳定的增

长极。① 2010 年，中国已成为世界第二大经济体，2013 年中国以 4.16 万亿美元的货物进口总额超过美国成为全球第一货物贸易大国。近年来，尽管全球经济复苏乏力，但中国对世界经济增长的贡献率仍保持在 30% 左右。2009 年，中国出口超越德国成为世界第一大出口国，2013 年进出口超过美国成为第一大货物贸易国，2018 年是第一大出口国和第二大进口国。

中国不断融入经济全球化、区域一体化的进程中，逐渐由全球化的局外者、关注者变为最重要的参与者、维护者。中国发展模式为世界经济发展提供了重要的经验，中国经济增长在一定程度上带动了世界经济发展，主要经济指标占世界的比重持续提高，在世界的位次迅速提升。中国具备了参与国际秩序重构所需要的经济实力、政治影响力及意愿。通过积极参与国际秩序重构，从多边、区域及双边层面践行国家安全战略，实现国际秩序重构与国家安全战略实施的良性互动（见图 9-1）。

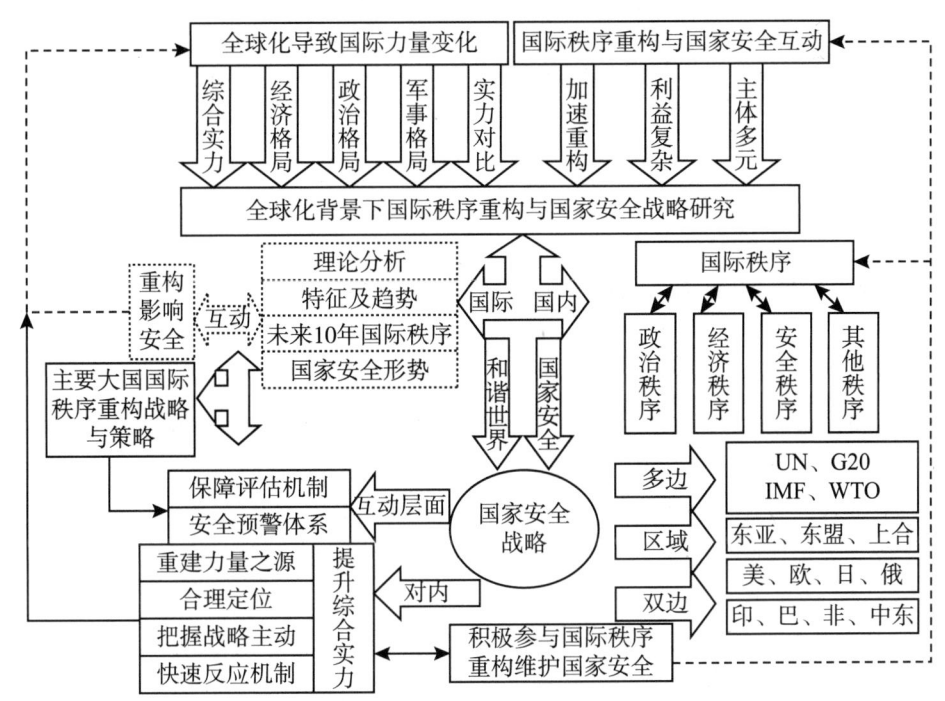

图 9-1 中国参与国际秩序重构和国家安全战略互动

---

① 金中夏. 全球化向何处去：重建中的世界贸易投资规则与格局 [M]. 北京：中国金融出版社，2015：37.

## 二、中国在全球范围内谋求对外开放和包容增长

2001年,中国以全球经济参与者的身份正式加入WTO,开始了参与全球治理的进程。以当时中国的国际地位和经济实力,发展和合作是中国最大的诉求,这一诉求在参与全球贸易的过程中得到了实现,中国的经济得到了快速的发展,同时也加强了与WTO各成员的合作交流,逐渐在国际舞台上取得了令各国瞩目的成就。

随着中国跻身于世界经济前列,获得的收益日益增大,世界各国纷纷要求中国承担起更大的责任,为世界经济发展做出相应的贡献,这也是中国参与全球经济合作的新理念之一。践行责任理念,中国积极参与了世界经济新格局、新秩序的构建,积极推动在新兴经济体建立"金砖国家"机制,在"一带一路"沿线国家积极开展国际经济合作,为全球经济治理提供中国方案,同时努力在全球经济低迷的环境下持续推进经济的全球化。在此过程中,中国也要求实现均衡与共赢,"一带一路"倡议即提倡加强与沿线国家的合作交流,通过互帮互助、公平合理、互惠互利的经济合作新方式,共同构建国际经济合作的新秩序。

## 三、合作共赢、互惠互利、平衡发展已成为国际关系新准则

经济全球化深入发展、各国之间的经济联系越来越紧密,相互依赖促进相互合作,为互利共赢提供了可能。合作共赢集中体现了联合国宪章的宗旨和原则,应当成为各国遵循的普遍原则。[①] 在全球化迅速发展的大背景下,"合作共赢"已经成为处理国际关系的新准则。改革开放为中国发展经济贸易提供了更多竞争与合作的机会,为实施互利共赢的开放战略提供了现实基础。

从国际政治秩序方面来看,各国都应遵守主权平等的原则,无论国家大小、贫富、强弱,都应当互相尊重国家的主权和领土完整,互不干涉内政,为维护世界和平不断努力。经济全球化与合作共赢相辅相成,互利互惠、合作发展有利于全球经济开放,实现更深层次、更广领域的全球化;而经济全球化的互惠互利有助于各国福利的提高,实现世界经济普惠增长,从而使各国共享发

---

① 刘清才,周金宁. 国际新秩序与全球治理体系建设——中国智慧与方案 [J]. 吉林大学社会科学学报,2017(3):122-130.

展成果。

## 第三节 新时代中国参与国际秩序重构的目标

积极参与国际秩序重构是中国的现实选择,其具体实施可概括为"一个核心、二个内涵、三个目标"。

### 一、一个核心:国家利益是永恒的核心

国家利益是指一切满足民族国家全体人民物质与精神需要的东西。国家利益是一国外经贸发展所追求的永恒的、核心的目标,是一个综合性的、不断发展的概念。以国家利益为核心标志着在参与国际秩序重构的过程中,不再仅仅局限于产业和部门利益,而要综合考量包括政治、经济、军事、科技等多方面的利益,进而实现中国的主权、安全和发展利益。

### 二、二个内涵:确保经济安全和政治安全,而非无限制、最大化的国家利益

国家利益的内涵是确保经济安全和政治安全,而不是国家利益无限制的最大化。当然,经济安全和政治安全也不是消极、保守的概念,而是积极的、发展的、动态的。经济安全是基础,政治安全是保障,经济安全和政治安全是相互协调、不可分割的。

经济安全主要包括就业安全、资源安全(能源安全、水资源安全、资本安全、人力资本安全)、科技安全、市场安全(国内市场需求安全、国外市场需求安全)、产业安全(粮食安全、金融安全)等。政治安全包括稳定的国内政治环境以及稳定的国际政治环境。

### 三、三个目标:实现经济社会协调发展,积极倡导新型国际关系,努力构建人类命运共同体

中国在"入世"的第一个十年内,已经融入全球化的浪潮,成为经济全球化的主要参与者和受益者。在对国际秩序重构的理念方面,中国主张以实现贸易平

衡发展、经济稳定和持续增长、全面实现经济社会高质量发展为目标。改革开放40年来，中国已经形成全方位、深层次的开放格局，为全球经济的发展做出了重要贡献，积极参与全球治理，在世界秩序重构中提出"中国方案"。新时代背景下，为应对国际秩序重构，中国提出了"推动构建新型国际关系，构建人类命运共同体"的大国外交总目标。

### （一）兼顾贸易平衡发展和经济平稳增长，全面实现经济社会高质量发展

贸易平衡是贸易发展的根本目标，涵盖了总量平衡、结构平衡及地区流向平衡等问题。贸易总量的平衡是指贸易进出口与国际收支的平衡，涉及贸易顺差、逆差和国际收支的平衡性问题。贸易结构的平衡既包括各流向的结构平衡，也包括不同产业之间的平衡。贸易发展要求贸易伙伴国家应在平等和相互尊重的基础上，通过磋商解决贸易摩擦问题，而非一味地升级摩擦，损害贸易伙伴国利益，对世界经济产生消极影响。

随着全球经济进入深度调整时期，中国经济发展也进入新常态，经济结构不断实现优化升级。在以往的经济发展时期，要素积累是主要驱动力量。投资增加、劳动力增多、利用自然资源共同促使中国经济快速增长。在新常态下，创新成为新的经济推动力量，技术进步将会逐渐代替资本、劳动和资源的大量投入，经济结构优化和产业结构升级也将会成为带动经济平稳、高质量发展的重要特点。

改革开放以来，中国在实现贸易平衡发展和经济平稳增长的过程中也出现了一些社会问题，如东中西部发展不协调、城乡发展不平衡、收入差距扩大等经济发展问题，就业难、就医难、上学难、买房难等民生问题，以及环境污染、气候变化等全球性挑战。只有在贸易平衡、经济平稳的前提下，才能逐渐调节差异性、缓解社会矛盾，共同解决全球性问题，才能实现经济社会高质量发展。

### （二）倡导新型国际关系、构建人类命运共同体

党的十九大报告指出，中国特色大国外交要推动构建新型国际关系，推动构建人类命运共同体。新型关系的概念涵盖了政治、安全、经济等多方面内容。政治上，各国应互相尊重对方，坚持共商、共建、共赢的理念，和平相处。安全上，反对战争和军事制裁，反对霸权主义和强权政治，树立合作持续的新安全观，维护世界和平与安全。经济上，要坚持开放、包容、普惠、平衡、共赢的新理念。

## 第四节　新时代中国参与国际秩序重构的定位

### 一、做国际秩序重构重要的建设者

#### （一）积极参与和引导国际制度建设

改革开放以来，中国的外交思维"范式"不断变化，从安全、贸易、环境到反恐等各个领域，国际合作均取得了重大进展，国际制度在规范、管理和控制国际体系中的作用日益凸显，在这种背景下，中国开始积极参与和引导国际制度建设。

#### （二）中国应成为国际经济秩序重要的积极建设者

此前已经论述过，未来十多年中，全球政治军事格局不会出现太大的变动，而随着中国经济实力的不断增强，应该以国际经济秩序变革与重构为突破口，积极利用 WTO、IMF 和世界银行来扩大全球经济规则主导权和制定能力与参与能力，积极利用 G20 的平台更多地代表发展中国家发出自身的声音，实现中国自身国家利益，保障自身安全。为实现以经济建设为中心的目标，中国始终坚持融入世界经济。作为国际贸易最重要进出口市场和全球价值链的重要一环，中国也不可避免地被卷入世界经济浪潮之中，成为经济全球化的重要推动者和利益实现者。自 1978 年正式开始改革开放后，中国一直坚持"走出去"和"引进来"，得到的收益不断增加，随着对外开放和吸收外资的规模不断扩大，中国参与世界经济的程度也不断加深，而正是由于这种程度的加深，中国对全球资源、技术和市场的依赖性也逐渐加强，世界各国也越来越依赖中国的市场，未来中国将与世界经济更加密不可分，仍将是世界经济和全球化最重要的参与者和最重要的受益者之一。

### 二、做国际秩序重构的重要贡献者和引领者

#### （一）中国对经济合作深化的贡献

中国已经成为多边主义的积极倡导者和身体力行者。加入 WTO 以来，中国

摆脱了贫困、落后的局面,一跃成为世界经济大国,成为发展中国家中的佼佼者,但是随着中国在世界经济中获利的增加,世界各国也开始要求中国承担起更多的大国责任。虽然中国的确获得了较大的收益,但这些收益也来源于中国为世界经济所做的贡献,中国在参与世界经济的过程中早已不是单纯的参与者,而是在参与的同时扮演了"贡献者"的角色。未来中国将会在现有贡献的基础上,进一步发挥对世界经济格局的建设作用,持续推进"一带一路"倡议、积极参与金砖国家机制化建设等,作为备受世界瞩目的发展中大国,中国参与构建世界经济新格局责无旁贷。

中国在国际经贸事务中的话语权得以提升。随着经济实力增强,中国参与国际经济决策与治理的话语权也得到提升。无论是在世界银行的投票权、IMF 的投票权,还是在 G20 峰会、APEC 会议、国际气候谈判以及所有与世界经济发展和稳定的合作对话机制中,中国的地位日益突显,没有中国的参与就是不完整的,有时也是不可能有成效的。这不仅仅反映了中国国际地位的提升,也是以中国为代表的"新兴经济体"的影响力和国际话语权的提高,不仅仅是中国的利益需要,也是发展中国家的利益诉求。

### (二) 中国应承担国际秩序重构重要贡献者和引领者的作用

"贡献者"和"引领者"的定位来源于中国在全球经济、多边贸易体制中做出的重要贡献。2001 年,中国成为 WTO 的成员之一,开始进入多边贸易体制。在世界经济缺乏增长动力的今天,贸易保护主义、逆全球化思潮抬头,中国需要 WTO 这一多边贸易体制来实现公平,维护国际贸易体系。同时,WTO 也需要中国,中国是最大的发展中经济体,应在多边贸易体制内代表广大发展中国家发声、在南北对话中发声。在应对金融危机、实现贸易自由化的过程中,中国做出了巨大努力,也对多边贸易体制做出了承诺,并且也不断为新时代背景下全球经济治理提出"中国方案"。

## 三、做国际秩序重构中的"平衡者"与"协调者"

"平衡者"和"协调者"定位的原因在于中国在 WTO 中对内外部利益的平衡与协调。无论是发达经济体,抑或是发展中经济体,都希望推动贸易自由化。一些发达经济体拒不承认中国的市场经济地位,甚至不想明确中国仍是发展中国家的事实,然而,中国在入世时便全面考虑国家经济发展情况,在农业微量补贴承诺及《农业协议》实施中,主动放弃本应属于发展中国家的特殊与差别待遇等。在多哈回合谈判中,中国充当了发达经济体和发展中经济体利益协调者的角色，努力平衡多边贸易体制中的不同利益诉求。

随着新兴经济体崛起而西方发达国家经济持续低迷，发达国家出现了反全球化的声音，并且有愈演愈烈的趋势。在 WTO 框架下多边贸易谈判停滞不前、发达国家寻求区域自由贸易成效甚微的形势下，反全球化成了发达国家抑制新兴经济体发展的一种手段。在这种趋势下，受益于经济全球化的中国自然而然充当起了平衡者和协调者的角色。在诸多国家纷纷放弃 WTO 转而寻求更高效的区域贸易安排时，中国仍然坚持 WTO 的地位不可动摇，积极推动 WTO 框架下的谈判，同时与主要发展中国家建立密切的政治和经贸关系，兼顾与发达国家的双边投资谈判，积极开展与世界各国的经济合作，在反全球化和全球化之间的平衡作用和协调作用不可或缺。

## 第五节 新时代中国参与国际秩序重构的途径

积极运筹大国经济关系，携手共促世界经济不断发展，将成为中国未来主要的对外经济战略。中国也将围绕未来十年经济外交工作议程，继续从多边合作、区域合作和双边合作方面推动世界经济关系全方位、全领域、多层次的发展。

### 一、高举多边主义大旗，在多边合作中有所作为

中国将高举多边主义大旗，积极维护 WTO 多边贸易协定现有成果，并推动新议题的谈判；积极主动地参与国际金融与货币体系改革，推进人民币国际化进程。中国将继续坚定不移地推动多边国际秩序重构，为全球经济治理贡献中国智慧，在多边合作中有所作为。

#### （一）维护多边贸易谈判现有成果

虽然 WTO 多哈回合已经难以实现突破性发展，但当前，争端解决机制仍在发挥作用。中国自 2001 年开始成为 WTO 争端解决的深度参与者。2001～2018 年，WTO 成员提起争端解决案件共 354 起，其中，中国作为申诉方和作为被诉方参与的案件数占比 17.8%，排名世界第三位，排在前两位的国家（地区）分别是美国和欧盟：美国涉案 157 起，欧盟涉案 102 起。自入世起，中国便参与到争端解决机制中，从一开始的"谨慎"态度转变为目前的"积极"利用状态。在反倾销"替代国"措施到期的第二天，中国提起 WTO 争端解决下的磋商，直

指美国、欧盟，这反映了中国对 WTO 争端解决机制的积极有效利用。

近年来，多边贸易谈判停滞不前、逆全球化思潮暗潮涌动，WTO 成员间贸易摩擦增多，争端解决机制受理的贸易救济相关的案件也不断增加。贸易救济是对产业的救济而非对其他成员的惩罚。就目前来看，贸易救济的作用正在被人为地扩大，反倾销、反补贴和保障措施越来越多地被用于惩罚对方、保护本国失去竞争力的产业而非真正意义上的幼稚产业。在 WTO 框架下，各成员都应当遵守公平贸易的原则，避免滥用贸易救济措施。一方面，发达国家对 WTO 争端解决机制的干预不容忽视。2016 年，在美国的干预下，上诉机构韩国籍法官张胜和无法连任，这无疑是对 WTO 争端解决机制的一个重大冲击。另一方面，发展中国家在多边贸易体制中的话语权、主动权不足。中国作为 WTO 中最大的发展中成员，要在全球经济治理中争取更多话语权，提高发展中国家的声量，紧跟贸易规则变化趋势来建言献策，维护广大发展中国家的利益，维护多边贸易体制的公平性。

### （二）推动原有协定不断更新，同时为多哈谈判纳入新时代议题

一方面，多边贸易体制的许多协定达成时间较早、议题较少，难以适应如今深度经济全球化所带来的变化和问题。另一方面，世界范围内较高水平的 CPTPP、TTIP 等巨型区域贸易协定都囊括了与时俱进、与人类发展息息相关的新时代议题。作为全球最大的多边贸易体制，WTO 也应当吸收区域贸易协定的优点和长处，将新规则、新议题适当地纳入多边贸易谈判当中。因此，在未来，中国应当继续高举多边贸易体制的大旗，推动多边贸易谈判，促使各国在全球经济治理中达成普遍共识，继续发挥 WTO 贸易自由化的作用，使多边贸易体制与时代接轨。

### （三）推动 G20 机制化建设，提高在全球经济治理中的话语权

从性质看，G20 不是一般的国际经济合作论坛，而是国际经济合作论坛的论坛，即"全球经济的指导委员会"（Global Steering Committee），因而地位超出其他的国际经济合作论坛，目前已成为全球国际经济合作最重要的论坛之一。

G20 的内在特点阻碍了其发挥更大的作用。G20 的最大目标是能够达成有效的全球经济治理共识，但其却过多地强调国际经济合作而非全球经济治理。这是由于目前的全球经济治理仍依赖于现行国际规则、国际规范和制度的约束。只有将 G20 打造成合法的国际经济合作机制，才能充分发挥其对全球经济治理的推动作用。然而，G20 先天性的"民主赤字"问题，成为阻碍其合规化、合法化发展的主要因素。尽管非盟、东盟等地区或其他非成员方都能受邀参加每年的峰会，但对弥补其先天不足仍是杯水车薪。

中国及其他发展中国家过在 G20 中的作用有助于改善其国际合法性。中国作为

G20 重要成员之一，一直在其中发挥着自身的作用。2016 年是中国担任 G20 主席国的重要年份，对 G20 转型经济治理具有重大、深远的意义。中国应当在全球经济治理中坚持中国自信、贡献中国力量，不仅要提供物质上的公共产品，还要提供理论和观念上的公共产品，适时提出 G20 的改革方案和措施，以规范全球经济规则，在 G20 内部推动现有成果落到实处。G20 以联合国贸易和发展会议（UNCTAD）的《可持续发展投资政策框架》为基础通过了《G20 全球投资指导原则》，成为国际投资规则的非约束性的共同准则。确立全球投资规则不能抛弃多边体系，在落实该指导原则的过程中，必须坚持多边主义，由多边经济组织协调各国利益，平衡各国权利与义务，使其成为建立全球统一投资规则体系的指针。

### （四）积极参与国际金融与货币体系变革，实现国家金融安全

2016 年 10 月 1 日，人民币正式加入 IMF 特别提款权（SDR）货币篮子，迈出了人民币国际化的重要一步。随着人民币国际化程度的加深，人民币已成为全球第六大支付货币、第三大贸易融资货币和第五大外汇交易货币。中国在全球经济中地位凸显、作用明显。未来中国将成为金融制度更加市场化、国际化、规制化的重要国家，人民币将逐步成为国际贸易结算、国际资本市场、国际储备中重要的国际货币之一。

中国不仅将成为影响全球经济治理的主要力量，也正在逐步成为全球金融治理全新变革的重要参与方和重要影响者。未来中国要在全球金融治理的战略和策略上做好充分准备和调整，努力提升统筹国内和国际两个大局的能力，在更高层次、更加主动地参与全球金融治理改革。

第一，加快推进中国金融体制的改革开放进程，逐步推进中国金融市场对国内和国外的双向开放和金融市场对接，改变自身在国际金融市场中的地位，实现金融强国的发展目标。第二，推进人民币国际化进程，在未来十年，中国应当继续推进人民币国际化进程，逐步地、有管理地实现人民币资本项目可兑换。第三，积极参与国际货币基金组织、世界银行等国际金融组织改革。第四，积极倡议并推进区域金融合作协调机制建设，通过亚洲基础设施投资银行、金砖银行等区域融资机构承担起新兴经济体的带头作用和引领之责。

## 二、推进区域合作进入实质性发展阶段

### （一）加强"金砖国家"有效合作，提高发展中国家政经话语权

2007~2016 年，金砖五国经济总量增长 179%，贸易总额增长 94%，城镇化

人口增长28%。① 整体来看，金砖国家对世界经济增长贡献超过50%，中国、印度也保持了较快的经济增长水平，甚至成为全球增长的主引擎。② 金砖国家应该倡导面向发展的区域合作，不仅仅是签署优惠贸易安排、自由贸易协议等，还应该将区域合作焦点集中在促进整体经济增长、改善经济结构的宏观经济政策领域，包括货币与金融安排、大型基础设施建设以及产业政策等。整合原有的区域经济合作资源，创新区域合作形式，面向发展，凡是有利于经济发展的合作形式都可以采取，可以灵活地整合与拆分，不固守原有的推进模式，同时要建立应对世界经济波动尤其是金融波动的区域经济合作机制，建立相应的区域金融稳定机制、区域基础设施建设基金、区域内发展中国家援助机制等。

## （二）推进"一带一路"沿线合作，促进区域协同发展

与"一带一路"沿线国家相比，中国在货物贸易方面的传统优势是劳动密集型产业，尤其是加工制造业；而大部分沿线国家的优势是资源密集型产品，对矿产、油气、森林等自然资源依赖性强，如俄罗斯、中东地区国家；还有一些国家农产品贸易优势明显，如东南亚、南亚的农业大国以及中亚国家。虽然中国与沿线国家具有较强的产业和贸易互补性，但传统的比较优势对贸易增长的带动效应不足。因此，各国应当联合进行科技研发，将技术成果转化为实际的产品竞争优势，发展资本密集型、技术密集型产业，向高技术商品贸易推进，提升产品在全球价值链中的地位。同时，各国也应当结合自身的实际情况，结合中国跨境电子商务企业的成功经验，充分利用"互联网+"，将各国传统的比较优势与电子商务相结合，发展跨境贸易新方式，降低贸易成本。

首先，要尽快达成成熟稳定的经贸规则。首届"一带一路"国际合作高峰论坛形成的5大类、76大项、279项具体成果均已得到落实，成果涉及经贸（自由贸易协定、边境合作、投资与产能合作）、农业、技术、中小企业、海关、检验检疫、运输及贸易融资等多方面多角度的合作。2019年第二届"一带一路"国际合作高峰论坛的丰硕成果及其落实，必将会更进一步地增强沿线国家和地区的合作信心，为更好地开展务实合作奠定坚实的经济基础。

其次，推进与"一带一路"沿线国家的自贸区建设和多边合作，稳步推进准自贸协定谈判。中国应当制定好多边贸易谈判规划，与沿线国家共建"一带一路"的经贸合作政策，实行"一国一策"或"一区一策"的总战略，增强有关

---

① 习近平. 共同开创金砖合作第二个"金色十年"——在金砖国家工商论坛开幕式上的讲话［EB/OL］. 人民网. http://paper.people.com.cn/rmrb/html/2017-09/04/nw.D110000renmrb_20170904_1-02.htm.
② 罗来军. 人民日报新论：全球治理凸显"金砖"力量［EB/OL］. 人民网. http://opinion.people.com.cn/n1/2017/0711/c1003-29395712.html.

举措的针对性和实效性,先通过不同的合作平台与各个地区和国家建立规则机制,再选择成熟的时机启动全面谈判。

最后,要建立完善的风险评估机制,联合预警,规避风险。"一带一路"沿线地区文化呈多元化、地区冲突不断、地缘政治不稳定等问题不容忽视。沿线各国政府应对本国及周边区域的风险进行全面、客观的评估,及时防范,减少冲突,规避风险。这都需要中国在未来进行全面的顶层设计。

### (三) 推动区域平台建立完善区域合作机制

中国在上海合作组织、亚太经济合作组织和区域全面经济伙伴关系协定(RCEP)等区域合作中具有一定的影响力,并且主导"一带一路"建议。中国应当推动区域合作平台的建立,完善区域合作机制和体系,推动区域一体化建设。

第一,中国应当努力扩大上海合作组织成员合作空间,实现地区政治的稳定与区域的安全;推动区域国际话语权的扩大,积极参与全球治理;加强能源和经贸合作。上海合作组织的正式成员国有中国、俄罗斯、哈萨克斯坦、吉尔吉斯斯坦、塔吉克斯坦、乌兹别克斯坦、印度和巴基斯坦等 8 个正式成员国,肩负地缘政治、能源合作、区域经济一体化等重要责任。第二,中国要积极推进亚太自贸区建设,打造亚太命运共同体。一是要借助亚太经济合作组织有效合作,促进亚太自由贸易区发展。二是要打造"中日韩+X"合作模式,加快推进中日韩 FTA 的落地。三是要努力推动 RCEP 谈判,推进 16 国自由贸易协定签订。第三,金砖国家合作机制将在全球经济治理与规则制定中发挥重要作用,要加强"金砖国家"有效合作,提高发展中国家政经话语权。

## 三、重视双边关系,加速自贸协定和投资协定谈判

加快实施自由贸易区战略,是中国新一轮对外开放的重要内容,因而实施新的自由贸易区战略、形成高标准自由贸易区网络显得尤为重要。加快实施自由贸易区战略,是适应经济全球化新趋势的客观要求,是全面深化改革、构建开放型经济新体制的必然选择,也是中国积极运筹对外关系、实现对外战略目标的重要手段。加快实施自由贸易区战略,是中国积极参与国际经贸规则制定、争取全球经济治理制度性权力的重要平台,我们不能当旁观者、跟随者,而是要做参与者、引领者,善于通过自由贸易区建设增强中国国际竞争力,在国际规则制定中发出更多的中国声音、注入更多的中国元素,维护和拓展中国发展利益。

截至 2019 年 7 月,中国已签署的自贸协定共 16 个,包涵 24 个国家和地区:

马尔代夫、格鲁吉亚、澳大利亚、韩国、瑞士、冰岛、哥斯达黎加、秘鲁、新加坡、新西兰、智利、巴基斯坦、东盟、港澳及中国—东盟（"10+1"）升级和中国—智利升级。正在谈判的自贸协定有13个：RCEP、海合会、中日韩、斯里兰卡、以色列、挪威、毛里求斯、摩尔多瓦、巴拿马、巴勒斯坦，还有与韩国的第二阶段谈判以及与新西兰、秘鲁的自贸协定升级谈判。中国正在与8个国家或地区进行可行性研究：哥伦比亚、斐济、尼泊尔、巴新、加拿大、孟加拉国、蒙古国、瑞士（自由贸易协定升级联合研究）。还有1个优惠贸易安排，即亚太贸易协定。

双边合作应遵循以下原则：一是基于平等和相互尊重的基础，明确中美经贸磋商的立场，追求谈判和磋商的互利共赢，坚决捍卫国家核心利益和人民根本利益，在重大原则问题上绝不退让。二是共同建设中欧和平、增长、改革、文明四大伙伴关系。三是推动中俄全面战略协作伙伴关系，推动丝绸之路经济带与欧亚经济联盟对接合作，尽快开启"中国—欧亚联盟自贸区"谈判。四是秉持亲、诚、惠、容的新时期周边外交理念，不断推动与周边国家的经贸关系进一步发展。一方面重启中日韩合作，推动自贸区谈判，另一方面将中国与东盟国家关系向更高点处推进，同时实现与南亚国家合作显著增强，并且同中亚国家实现战略伙伴关系全覆盖。五是与发展中国家守望相助、共同进步。提出"真实亲诚"的对非工作方针和中非合作计划，确立中非全面战略合作伙伴关系新定位。六是与拉丁美洲、阿拉伯国家、太平洋岛国加强经济合作，实现同发展中国家整体合作的全覆盖。

# 第十章

# 中国在多边层面参与国际秩序重构和实现国家安全的战略及策略

## 第一节 积极参与联合国改革，促进国际政治秩序重构

### 一、中国在联合国改革中秉持的态度与原则

中国在联合国改革中秉持的态度一如既往。中国是联合国安理会常任理事国之一，也就有责任积极参与安理会的完善与改革。安理会必要的、合理的改革，能够有效提高其工作效率，增强其管理权威性，进而提高应对全球性威胁和挑战的能力，更好地履行《联合国宪章》赋予它的职责。

中国参与了有关联合国安理会改革的会议和谈判，已与日本、印度、巴西和德国等国家就改革问题进行过密切的接触和磋商。中国希望非安理会常任理事国的一些主要国家能够积极参与改革，使联合国改革能被绝大多数会员接受。同时，中国在稳步实现联合国千年发展目标①上颇有建树，提前五年实现了减贫目标。

---

① 联合国千年发展目标是联合国全体 191 个成员一致通过的一项旨在将全球贫困水平在 2015 年之前降低一半（以 1990 年的水平为标准）的行动计划。

中国认为联合国改革应秉持五个原则：第一，改革应支持和维护多边主义，提高其工作效率，增强其管理权威性以及快速应对威胁和挑战。第二，改革应坚决履行《联合国宪章》宗旨和原则，尤其应坚决维护主权平等、不干涉国家内政、提倡和平解决争端、加强国际间合作等。第三，改革应涉及多领域，尤其在安全与发展方面应两头并重，不可"重安全、轻发展"。第四，改革应尽可能满足全体成员尤其是发展中国家群体的要求和关切。第五，改革应遵循磋商规律，并尽量维护和保障联合国成员间的团结。对已协商一致的提议，要尽快实施与落实。对待尚存分歧的重大问题，需要努力争取广泛一致，不可因设定的强制时间而草草做出决定。①

## 二、中国在促进联合国改革方面发挥关键作用

未来联合国改革应侧重于三方面：联合国功能转型、联合国决策权转型、加强联合国和国际组织的互动关系。

### （一）推动联合国功能转型

中国自恢复联合国合法席位后，一直在努力积极推动联合国维护世界和平、促进发展、推进人权这三大核心功能的深化和拓展。

第一，在维护世界和平方面，中国一直支持联合国扩大维和行动在全球安全领域的核心地位，发挥了作为安理会常任理事国的作用。第二，在经济发展方面，中国积极参与国际经济新秩序的建立、联合国可持续发展、气候变化及温室问题、减灾备灾、人道救援等事项。第三，在国际人权方面，中国积极参与人权理事会、人权委员会等多边人权机构的工作，推动国际人权建设性合作协商。

### （二）推动联合国决策权转型

第二次世界大战以来，国际经济、贸易以及金融领域的规则由西方发达国家主导。但随着发展中国家经济实力不断提升，其国际话语权有所上升。2008年金融危机后，中国等发展中国家在国际金融、气候治理等领域不断获得更高的参与权。例如，在国际金融治理方面，新兴市场国家在IMF的投票权增加了6%，在世界银行的投票权增加了3%。在气候治理方面，中国、巴西、印度和南非等发展中大国对哥本哈根协议的出台发挥了关键的作用。

---

① 外交部. 中国关于联合国改革问题的立场文件［EB/OL］. 外交部网站，http://www.fmprc.gov.cn/web/ziliao_674904/tytj_674911/zcwj_674915/t199083.shtml.

## （三）推动联合国与国际组织互动

中国积极支持联合国与各区域和次区域组织的合作。在维和问题方面，中国推动政治方式与"混合维和行动"双轨战略。在非洲达尔富尔问题上，中国推动联合国、苏丹政府、非洲联盟采用三方磋商机制解决问题，为维护地区稳定与和平提供了更多协商机制与方案。

## 三、中国积极参与联合国维和行动，成为维和中坚力量

参与联合国维和行动，是中国支持联合国和平建设活动的重要途径。自1990年参加维和行动以来，中国在联合国维和行动中的排名不断提升，从1995年的第47位提升至2017年的第5位，见图10-1。与此同时，中国在联合国维和行动的理念、经费、人员、制度、行动等方面都发挥了重要作用。从经费来看，中国是联合国维和摊款第二大出资国。从力量贡献来看，自1990年4月首度参加联合国维和行动以来（中国参与联合国维和行动的历史见表10-1），中国一直是联合国安理会常任理事国中派兵最多的国家。此外，中国还与联合国建立了总额10亿美元的中国—联合国和平与发展基金，为非盟提供1亿美元的无偿军事援助。此外，中国还提出负责任的保护理念，要求联合国的干预要慎重，并且以维护被干预国家的社会秩序稳定为主要目标。中国的这些实践和理念，展现了负责任大国的使命担当，增强了世界爱好和平阵营的力量。

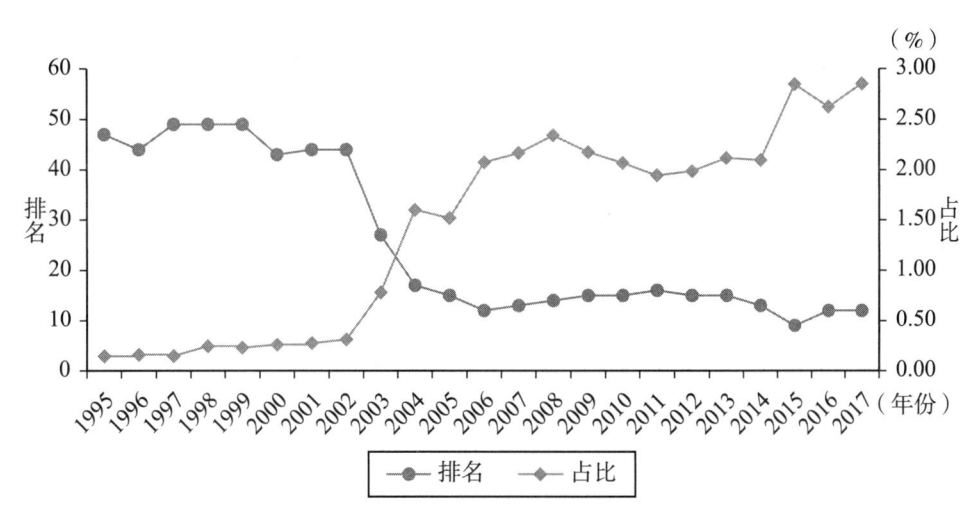

图 10-1　1995~2017 中国参与联合国维和行动派遣人员情况

资料来源：根据联合国维和部队统计数据整理绘制。

表 10-1　　　　　　　　中国参与联合国维和行动的历史

| 时间 | 事件 | 时间 | 事件 |
| --- | --- | --- | --- |
| 1988年12月 | 中国加入联合国维持和平行动特别委员会 | 2007年11月 | 派出首批赴达尔富尔维和工兵分队 |
| 1990年4月 | 中国军队首次向联合国停战监督组织派出5名军事观察员 | 2009年6月 | 国防部维和中心在北京成立,是中国军队首个维和专业培训和国际交流的机构 |
| 1992年4月 | 中国首次派遣成建制部队参与联合国柬埔寨维和行动 | 2013年12月 | 首批赴马里维和部队抵达马里首都巴马科。其中,警卫分队是中国军队派出的首支安全部队 |
| 2000年1月 | 中国首次派遣维和警察参与维和行动 | 2015年5月 | 首支维和步兵营在联南苏团总部中国营区举行开营仪式 |
| 2001年12月 | 中国国防部维和事务办公室成立 | 2016年6月 | 中国首个联合国维和特派团高级官员培训班开班,由中国国防部维和事务办公室和联合国维和部共同举办 |
| 2002年2月 | 正式加入联合国一级维和待命安排机制 | 2016年6月 | 联合国女性维和军官国际培训班在京举办 |
| 2003年4月 | 派出首批赴刚果民主共和国维和部队 | 2016年11月 | 中国国防部维和事务办公室首次举办联合国维和参谋军官国际培训班 |
| 2004年3月 | 派出首批赴利比亚维和部队 | 2016年12月 | 中国王小军少将受命担任联合国西撒哈拉全民投票特派团部队司令 |
| 2006年3月 | 派出首批赴黎巴嫩维和部队 | 2017年6月 | 中国军队结束在利比亚历时14年的维和任务 |
| 2006年5月 | 派出首批赴苏丹维和部队 | 2017年6月 | 中国首支维和直升机分队部署至苏丹达尔富尔地区 |

资料来源:根据联合国维和部队统计数据整理。

## 第二节 积极推动 G20 机制化建设，把握规则制定主导权

### 一、中国在 G20 中的主张与表现

2016 年，中国首次举办 G20 峰会。在中国杭州召开的第十一次 G20 峰会达成 29 项具体成果，包括《深化结构性改革议程》《全球贸易增长战略》《全球投资指导原则》《杭州行动计划》等一系列重要文件。在此后的历次 G20 峰会上，习近平主席深入浅出地阐释中方立场，为世界经济发展贡献"中国方案"。随着 G20 领导人第十四次峰会于 2019 年 6 月 28 日至 29 日在日本大阪举行，习近平主席已经连续第七次出席或主持 G20 峰会，充分体现出中国对 G20 合作和全球经济治理的高度重视。

进入 21 世纪后，随着中国经贸的不断发展，中国加快融入全球化，并且更加积极主动地承担与自身实力相称的国际责任，在国际社会中扮演负责任大国的角色。中国举办的 G20 杭州峰会充分展示了中国关于全球经济治理的政策主张，峰会主题"构建创新、活力、联动、包容的世界经济"体现了中国发展理念。中国希望通过创新增长方式和结构性改革，为各国经济注入动力，使世界经济焕发活力，达到既治标以求眼下稳增长，又治本以谋长远添动力；通过开放联动，树立人类利益共同体和命运共同体意识，加强国际经济合作，构建互联互通的世界经济，共享全球发展机遇，在良性互动中形成合力；通过包容发展，缩小各国发展鸿沟，让全球发展成果更好地惠及所有人群，使世界经济增长红利为各国人民所共享。[①] 中国举办 G20 峰会，是中国进一步融入国际社会的结果与表现，也是中国从国际社会的被动参与者到主动塑造者的转变。在 2019 年的 G20 大阪峰会上，中国再次传递出坚定走开放合作之路的决心，彰显了中国作为负责任大国的胸襟气度和政治智慧，为高度不确定的世界带来了新的确定性。

### 二、中国参与 G20 机制化建设的主要战略目标、定位

实现国家利益、积极理性参与是中国参与全球经济治理的原则。从角色定位

---

① 陈凤英. G20 杭州峰会呈现中国方案为世界经济增长添动力 [J]. 紫光阁, 2016 (9)：19-20.

上来看，中国在 G20 中是参与者、建设者、贡献者，同时也要做受益者。

长期以来，中国遵循互利共赢的国际经济合作理念，既保障了经济合作的持续性，也逐步实现了国家间共同富裕的目标。G20 不仅成为推广中国经济治理理念的最佳平台，也为未来中国经济持续发展提供了机制化保障。

### （一）加快 G20 机制化建设，提高在全球经济治理中的话语权

一方面，G20 作为首要的全球经济治理论坛，符合中国自身的战略需要。中国是 G20 的创始成员之一，不仅见证了 G20 的发展历程，而且积极参与了其各项议题的讨论。在 G20 机制的框架内，中国积极参与对话与合作，提升在全球经济治理中的话语权和影响力。另一方面，中国一直扮演着 G20 机制创新和转变的推动者角色。G20 发挥主要作用的时期在于 2008 年金融危机期间，随着金融危机影响的不断减弱，特别是美欧国家在金融危机前后对于 G20 的态度差异，导致 G20 论坛的内容和讨论缺乏针对性和成效性。因此，中国旨在推动 G20 机制化建设，提出将机制方式从"危机应对"转变为"常态化"的可持续方案。

### （二）明确 G20 的功能定位：全球经济治理的"发动机"

G20 在全球经济危机期间的表现证明，该平台能够处理好公平与效率问题，能够承担"发动机"角色。而且，从 GATT/WTO 发展历程来看，"绿屋会议"[①]（10 多个主要成员）提高了决策效率，规避了集体决策的困境，推动了多边贸易体制的不断发展。G20 首脑峰会作为"发动机"的核心，其高政治级别决定了为 G20 的发展提供动力，有利于调配更多的资源和政策注意力，并引起大范围的关注。[②]

要使 G20 发挥"发动机"的功能，中国应主要处理好如下关系：一是 G20 与 G8 的关系。由于不能体现全球经济和政治格局的新变化，G8 必将走下核心舞台。因此，全球应该避免 G8 成为 G20 的"发动机"。二是 G20 与多边经济治理机制的关系。对于中国而言，接受"G20 制定决策，IMF、世界银行、WTO 等执行"的模式，这可以打破多边决策的僵局和困境，提高决策效率。三是 G20 与 WTO 的关系。应该说，多哈回合的结束符合主要大国的利益。多哈回合符合欧盟、日本、巴西、韩国等的出口利益，中国经济发展也需要良好的国际经贸环境。对此，中国力主 G20 做出结束多哈回合谈判的承诺，同时不断推进贸易自由

---

① 根据《WTO 法律大辞典》的解释，WTO 总干事在日内瓦的会议室是绿色的，通常称之为"绿屋"。由于 WTO 总干事和部长级会议主席经常把一些多边谈判会议的主要利益集团集中在这个会议室开会，协调各方矛盾，然后再将达成的意见提交 WTO 部长级会议，因此，此类具有协调性质、往往会以实质性影响甚至决定多边谈判走向的会议被称为"绿屋会议"。

② 王颖，李计广. G20 与中国 [J]. 现代国际关系，2012（6）：47 - 52.

化，抵制贸易保护主义。

### （三）通过参与 G20 推动国内改革

中国参与 G20 机制、在全球经济治理中发挥更大的作用是以坚实的国内经济基础为保障的。外部冲击和压力倒逼中国加快了国内改革开放的步伐，为了维持市场稳定和经济强劲的增长，保持稳定的国家金融和财政状况，中国应在 G20 的机制化趋势下，重点解决产业结构调整、内需和贸易构成比例调整、经济增长模式调整、金融改革与自由化等迫切问题。

### （四）掌握好参与的"两个"平衡

中国参与 G20 需把握好两个平衡：一个是在发达国家与发展中国家之间的平衡；另一个是积极参与同温和低调引领者之间的平衡。

中国的经济发展水平在发展中国家中遥遥领先，但同其他发达国家还存在一定的差距。因此，中国作为在经济、贸易地位大幅上升的发展中大国，在发达国家与发展中国家间有较为微妙的地位，不仅与发展中国家具有相同的利益，与发达国家也有相同的利益。

对此，中国应在坚持发展中国家身份的同时，需要处理好与发展中国家及与发达国家的关系。在某种程度上，中国实际扮演了发达国家与发展中国家纽带的角色。一方面，在当前国际经济金融秩序改革中，即在多边金融组织下，不断加强发展中国家和新兴国家的发言权，建立符合现代国际经济地位的新型经济金融秩序。中国还加强了同发展中国家尤其是金砖国家的合作，为发展中国家争取了更多话语权，也为发展中国家争取了实质性利益。但另一方面，中国也保持了同发达国家之间的紧密联系，尤其是同美国与欧盟之间的交流与合作。目前，美国仍旧是 G20 机制的主导国，美国升级 G20 合作机制的主要目的就是为了凝聚共识，让主要经济体为美国金融危机救助政策提供支持。中国在加深参与程度的同时并没有必要挑战美国的霸主地位，过度激进地争取所谓的领导权，而是应当加强中美之间的合作与信任。

## 第三节 积极支持 WTO 多边贸易体制，引领国际贸易规则重构

2019 年为中国入世后第 18 年，中国是 WTO 的获利者，同时也是多边贸易体

制的坚持拥护者。中国在履行《加入议定书》的同时，逐渐加入 WTO 框架下的多边贸易谈判。在此过程中，中国在 WTO 成员中的角色定位逐渐发生了改变，所面临的贸易摩擦形势也在发生变化。当前，WTO 多哈回合停滞不前，虽有早期收获，但仍面临来自全球贸易保护主义的威胁。随着贸易自由化的发展，国际贸易规则也进入了新规则形成的战略关键期。因此，中国应当积极支持多边贸易体制，参与并尝试主导国际贸易规则重构，从而保障贸易安全。

## 一、中国在 WTO 中的地位变迁

中国于 2001 年成为 WTO 成员，并在 2002~2018 年间经历了 7 次贸易政策审议。第七次贸易审议时间为 2018 年 7 月 13 日，参与审议的各方普遍认为，中国的经济发展和贸易政策方向给全球经济发展带来了机会，各方给予中国高度评价。

### （一）WTO 规则的学习者

中国经历 15 年谈判于 2001 年成为 WTO 的第 143 个成员，在入世谈判过程当中，中国做出了许多开放市场的承诺。在关税削减领域，中国将入世前 15.3% 的平均关税降至 9.8%，农产品平均税率由 23.2% 降至 15.2%，同时还开放了 100 多个服务贸易领域的部门。在贸易制度方面，中国更是经历了史上最大的清理法律法规工作。[①] 总体而言，中国已建立起统一、可预见、符合 WTO 规则的贸易体制。回顾入世之初，中国主要扮演规则接受者和学习者的角色，在对外开放过程中不断完善现代市场经济制度，学习国际贸易经验和规则，增强市场意识和法制观念。

### （二）WTO 规则的获益者

加入 WTO 以来，中国进出口贸易和经济均实现了超高速增长，表现出全球以及中国经济发展史上最好的成绩。借助加入多边贸易体制，中国快速参与贸易全球化过程，并顺利成为全球第一大贸易国和第二大经济体（2012 年，中国超过美国成为世界第一货物贸易大国。当年中国进出口总额 3.87 万亿美元，美国为 3.82 万亿美元）。2018 年，中国进出口总值高达 4.62 万亿美元，再创历史新高，在世界经济温和复苏的背景下，中国进出口值仍保持提升。

---

① 涉及 3 000 多个中央一级法律法规和部门规章、19 万件地方性法规规章，对贸易体制和政策进行了全面的调整，中国的贸易体制和环境更加稳定。

### (三) WTO 规则的贡献者

中国的加入使得 WTO 体制更加多元化。中国加入 WTO 提高了多边贸易体制的全球贸易覆盖率,在获得广阔市场与贸易自由化发展空间、机会的同时,也为其他成员以及多边贸易体制带来了好处。

中国加入 WTO 之后,积极参与多哈回合贸易谈判,作为 WTO 新成员和一个发展中大国,中国始终积极推动多哈回合谈判,努力打破停滞不前的僵局。2009年,中国提出的三项谈判原则,即"尊重授权、锁定成果、多边贸易谈判为基础",得到大多数成员认可和支持,并体现在 G20 峰会宣言中[①]。此外,中国积极助推多边以及诸边协定谈判。例如,中国积极参与《信息技术协议》扩围谈判,最终于 2015 年 12 月 16 日在肯尼亚内罗毕举行的部长级会议上就 WTO《信息技术协议》扩围谈判达成全面协议。

## 二、中国在 WTO 的利益与诉求

### (一) 反对贸易保护主义

加入 WTO 以来,各成员针对中国的贸易救济措施立案数和终裁数均迅速增加,其中包括反倾销、反补贴、特别保障措施等。2016 年中国共遭遇来自 27 个国家(地区)发起的 119 起贸易救济调查案件,其中反倾销 91 起,反补贴 19 起,保障措施 9 起。2017 年中国遭遇 21 个国家和地区发起的贸易救济调查 75 起,涉案金额 110 亿美元,相较于 2016 年有所下降。[②] 2018 年,在全球发起的 202 起反倾销调查中,以中国为被诉国的案件为 60 起,占比 29.7%;以中国为被诉国的反补贴案件 30 起,全球占比 54.55%,保障措施 17 起,占比 16.04%。

2008 年金融危机后,全球经济进入温和复苏期。世界经济不景气以及以美国为代表的发达国家的贸易保护主义不断升温,中国成为其贸易壁垒措施的主要对象国,出口遭受贸易壁垒,进口尤其是高技术进口仍旧处处受到制约。美国特朗普总统就任后,为了履行其选举期间的扩大就业承诺,不惜与中国展开贸易战,使得中美贸易关系进一步恶化,严重影响双边经贸发展。此外,中国与某些发展中国家(如印度和巴西)也因为出口产品与结构的相似性,导致较多的贸易摩擦。土耳其、巴西、阿根廷等国家也频繁针对中国商品进行贸易救济调查与制裁。

---

① 汤碧. 中国在 WTO 的地位变迁趋势及未来作用研究 [J]. 国际贸易,2012 (10):22 - 26.
② 商务部贸易救济调查局网站. http://gpj.mofcom.gov.cn/article/rd/201801/20180102704403.shtml.

在贸易政策的态度方面，中国坚决反对贸易保护主义。一方面，中国通过努力推动国际贸易新规则的形成，降低贸易保护主义对贸易全球化带来的阻力和负面影响。另一方面，中国正主动、有效地熟悉和运用 WTO 各项规则，提升谈判以及应对贸易救济措施的能力，减少反倾销、反补贴措施与政策针对中国的应用。

### （二）市场经济地位的诉求

2016 年是中国加入 WTO 15 周年。然而，一个本该在这年瓜熟蒂落的问题却突然浮现出来，并成为各方争议的焦点。这便是中国的市场经济地位问题。①

一直以来，中国高度看重市场经济地位问题，甚至采用外交的方式来获得市场经济国家的认可。② 实际上，根据《中国加入议定书》第 15 条，"替代国"的做法将在 15 年后自动取消。该款并未明确指出此类国家就是非市场经济国家，也未给出明确的判断标准。这使 WTO 成员有很大的自由裁量权来决定什么样的国家可以采用替代国做法，并在美国、欧盟的国内反倾销法律实践中产生出"市场经济地位国家"的概念，加拿大、澳大利亚、印度等一些国家随之效仿。③④ 根据商务部测算，在采用"替代国"做法的反倾销案件中，中国企业的平均反倾销税率比正常企业高 20% 以上，直接损害了中国企业的正当贸易利益。然而，以美国与欧盟为首的西方国家违背了契约精神，或公开拒绝、或推出新规，不取消采用"替代国"的办法。虽然中国已提交上诉至 WTO 争端解决机构，但恰逢 WTO 上诉机构成员改选，美国多方阻挠为中国市场经济地位诉求蒙上了一层阴影。

市场经济地位的诉求是中国在多边贸易体制框架下诉求的一个缩影，中国必定坚定地支持多边贸易体制，利用规则合法维护自己的权益，此间任重而道远。

## 三、WTO 的未来与中国的战略定位

### （一）坚定不移地支持多边贸易体制

虽然多哈回合谈判经历十多年的曲折以及多次谈判中止，但在成员的共同努

---

① 屠新泉. 中国市场经济地位问题的由来与应对［J］. 中国发展观察, 2016 (11): 9 – 10.
② 龙永图: "当时的谈判，根本不是讨论中国是不是'市场经济国家'，而是中国的企业是否享有'市场经济地位'，二者的主体是不同的。"实际上，是因为中国迫切希望在全球范围尽快获得"市场经济"的认定，从而通过外交途径获得其他国家"市场经济国家"的认可。两者不可混淆。
③ 李思奇, 姚远, 屠新泉. 2016 年中国获得"市场经济地位"的前景: 美国因素与中国策略［J］. 国际贸易问题, 2016 (3): 151 – 160.
④ 屠新泉, 苏骁. 中美关系与中国"市场经济地位"问题［J］. 美国研究, 2016 (3): 85 – 100.

力下，已经达成《巴黎一揽子协定》和《贸易便利化协议》等早期成果。多边贸易体制仍然具有生命力，争端解决机制依旧是对 WTO 多边贸易体制最大的贡献。虽然 WTO 的机制体制还需要进一步完善，但对于发展中国家来说，它是获取公平的贸易自由化最合适也是最友好的平台。正是由于发展中国家的坚持，多哈回合议程将发展问题作为谈判核心，这也是多哈回合被称为"发展回合"的原因，作为发展回合，在争取发展中国家利益方面必然应该有所收获。

习近平主席在会见 WTO 总干事阿泽维多时曾强调，以 WTO 为核心的多边贸易体制是贸易自由化便利化的基础，是任何区域贸易安排都无法替代的。一个开放、公正、透明的多边贸易体制，符合世界各国共同利益，中国是多边贸易体制坚定的支持者，将一如既往做负责任的 WTO 成员，积极参与多边贸易体制建设。①

### （二）协调好多边贸易体制与区域贸易协议之间的关系

自多哈回合陷入停滞不前的泥沼，以美国为首的发达国家将贸易政策中心转向区域贸易的势头就未能停止，从而引发了关于多边贸易体制与区域贸易协议之间选择的新争论。中国一直秉持的主张是正确处理二者之间的关系，寻求多边贸易体制与区域贸易协议之间的平衡，两者协调发展。正如习近平主席在会见 WTO 总干事阿泽维多时指出的，"区域贸易安排也都应该秉持透明和包容原则，对多边贸易规则起到补充和促进作用"②。

### （三）实现与发展中国家的共同发展

随着越来越多发展中国家成为 WTO 的成员，WTO 未来的发展需要给予发展中国家成员和发展问题更多的关注。虽然 WTO 框架下给予发展中国家特殊与差别待遇，也为最不发达国家设定了特别条款，但在涉及具体的行业或领域谈判时，特殊与差别待遇的实施相对难度较大。因此，特殊与差别待遇仍旧是未来发展中国家的努力方向。同时，大多数发展中国家成员缺乏对于规则的理解以及参与谈判的技巧和能力，需要更多实际的技术援助来获得相应的权力并履行承诺。

中国作为发展中大国，在努力实现发展目标的同时，一直致力于与其他发展中国家分享成果，从而达到共同发展的目标。尽管面临各种挑战，中国仍积

---

①② 习近平．习近平会见世贸组织总干事阿泽维［EB/OL］．http：//www.xinhuanet.com/politics/2013-09/05/c_117246633.htm.

极参与和推动多边贸易体制在基础设施、社会福利、公共建设、农业、医疗卫生等部门的援助计划。中国也是唯一一个捐助 WTO 设立最不发达国家计划的发展中国家。

值得注意的是，作为发展中大国，中国应当致力于与发展中国家实现共享与合作。但从经济发展阶段的角度来看，现有的贸易结构使得中国在多边框架下的开放要求反而更接近发达国家。

## 第四节 积极参与 IMF 治理改革，促进国际金融秩序重构

### 一、中国参与国际金融秩序改革现状

#### （一）中国参与推动 IMF 份额和治理改革

2010 年，IMF 批准了一项份额和治理改革方案，但由于美国反对，一直未能付诸实施，直至 2015 年底获得足够的赞成票，2016 年初才正式宣布获得通过。① 该方案决定 IMF 份额增加一倍，并相应增加印度、巴西、中国等新兴经济的份额，份额将实现向新兴经济体和发展中国家整体转移 6 个百分点。② 法案提出酌减发达国家的份额，但美国的投票权仅从 16.7% 降至 16.5%，仍享有一票否决权；中国的投票权从 3.8% 提高到 6%，对美元霸权毫无影响。

IMF 的投票机制由份额、投票权及投票规则三部分构成。作为 IMF 创始成员国，中国的份额曾一度居于第三位。恢复联合国合法席位后，中国逐渐参与到 IMF 的增资中，并成为 IMF 份额与投票权改革的推动者。③ 黄薇（2016）通过绝对 Banzhaf 指数和 Coleman 指数的测算发现，对于中国等新兴经济体而言，着力

---

① IMF Press Center. Press Release: Historic Quota and Governance Reforms Become Effective [EB/OL]. https://www.imf.org/en/News/Articles/2015/09/14/01/49/pr1625a.

② IMF. 基金组织执董会批准对份额和治理进行全面改革 [EB/OL]. http://www.imf.org/external/chinese/np/sec/pr/2010/pr10418c.pdf.

③ Furstenberg G M V. Silent Revolution: The International Monetary Fund 1979 – 1989 by J. M. Boughton [J]. Open Economies Review, 2001 (124): 435 – 441.

推动 IMF 采用 70% 多数票获胜规则将有助于维护自身的决策权。在 70% 多数票获胜规则下，中国的决策权将与投票权比重保持同步上升，其综合决策权力、阻止行动的权力以及倡议行动的权力均有显著上升。①

中国努力缩小 IMF 成员国决策权间的差距。正如习近平主席指出的："世界上的事情越来越需要各国共同商量着办，建立国际机制、遵守国际规则、追求国际正义成为多数国家的共识。""推进全球治理体制变革并不是推倒重来，也不是另起炉灶，而是创新完善，使全球治理体制更好地反映国际格局的变化，更加平衡地反映大多数国家特别是新兴市场国家和发展中国家的意愿和利益。"②

### （二）人民币加入特别提款权货币篮子

2015 年 12 月 1 日，IMF 决定接纳人民币加入特别提款权（SDR）货币篮子，成为继美元、欧元、日元、英镑之后的第 5 种货币。人民币纳入 SDR 后，获得的货币份额为 10.92%，位列第三位，超过了第四、五位的日元（8.33%）和英镑（8.09%）。IMF 决定接受人民币加入特别提款权货币篮子可被视为国际货币金融体系改革迈出的关键的第一步。

人民币加入特别提款权货币篮子，不仅有助于人民币成为未来大宗商品主要定价货币之一，同时有利于加快中国建立完善的国际化大宗商品交易市场，提升中国在全球大宗商品中的定价权。

当然，这只代表中国参与国际金融秩序改革的第一步，中国的金融国际化程度离《金融市场和世界经济峰会宣言》要求的目标仍有较大差距。

## 二、中国参与国际金融机构改革的自我定位与原则

中国参与国际金融机构改革首先需要明确定位：第一，中国是一个大国，中国经济总量世界第二，贸易总量世界第一，人口世界第一，且是联合国安理会常任理事国之一。第二，中国是发展中国家。虽然从经济总体实力看，中国的 GDP 已经赶超德国、日本成为世界第二，但人均 GDP 与发达国家还相去甚远，人均收入还远不够高中等收入国家水平。③ 此外，中国经济已经进入"新常态"，国

---

① 黄薇. 国际组织中的权力计算——以 IMF 份额与投票权改革为例的分析 [J]. 中国社会科学，2016（12）：181-198.
② 中共中央宣传部. 习近平总书记系列重要讲话读本 [M]. 北京：学习出版社、人民出版社，2016：274-275.
③ 根据世界银行 2016 公布的世界收入标准判断。

内经济仍面临产能过剩等问题。

因此,中国参与国际金融体系改革应坚持以下三个原则:第一,承担与自己国力相称的责任;第二,不主动挑战美国在国际金融体系中的霸权地位;第三,做区域金融合作的参与者和领导者。

## 三、中国参与国际金融机构改革的方案

### (一)投票份额分配改革

改革 IMF 和世界银行份额分配是中国参与国际金融机构改革的持久努力方向和未来目标。在经济全球化深入发展、世界经济格局不断变化的背景下,东亚国家以及发展中国家对世界经济、贸易、金融发展的贡献逐步提高。但在参与国际金融治理方面,IMF 与世界银行投票权份额所反映出来的比例与发展中国家应当拥有的比例并不对等。因此,中国的选择是:一方面,努力推动增加中国的投票权和份额。另一方面,在保证公平性、有效性的基础上,提升发展中国家的地位和发言权,使之与发展中国家已经实现的国际贡献相匹配。因此,在现阶段,必须协调好发展中国家的诉求和发达国家主导地位之间的关系,以免适得其反。

### (二)监督机制改革

国际金融组织主要采用磋商、合作等机制来进行谈判,且不对外公开,容易导致暗箱操作,缺乏透明度,从而影响公信力。例如,IMF 在进行借贷项目发放过程中,"后约束条件"导致的逆向选择和道德风险一直广受诟病。因此,完善机制运行的监督机制对于全球金融治理至关重要。

### (三)多边治理改革

中国正积极推动 G20 等全球性、区域性的多边论坛、金融组织的改革,如世界银行、国际清算银行、OECD、国际证券业协会、巴塞尔委员会等通过多边沟通与谈判,加强发展中国家与发达国家的对话,在利用多边贸易谈判的优势保障和提升发展中国家参与度和话语权的同时,努力削减发展中国家与发达国家之间的分歧,构建符合新世界经济格局特征的国际金融体系。

## 四、积极参与国际金融秩序的变革,实现国家金融安全

### (一) 稳步推进人民币汇率制度改革,保持人民币汇率平稳变化

作为一个崛起大国,人民币汇率也对世界产生了影响。美国贸易保护主义一直将美中贸易逆差归因于中国单方面干预甚至操控人民币汇率。但是,人民币汇率显然不能完全解释中国对美国的贸易顺差。①

后金融危机时代,人民币汇率制度需要进行改革,但也不能操之过急。2008年金融危机之后,国际金融治理中的诸多问题仍没有得到实质性的改善。在中国国内金融体制还不够坚固的基础上,实行完全的浮动汇率制度会使经济完全暴露在国际金融体系的系统风险之下。中国可以选择逐步放宽人民币汇率波动幅度,经过一个较长的时期,逐步过渡到独立浮动汇率制度,取消绝大部分资本控制。这样既可以保持货币政策的独立性,又不会扭曲市场供求决定的汇率水平。

汇率对经济发展水平的反映是一个长期过程,其变化过程应该是渐进的。发达国家对人民币汇率被低估的判断是缺乏根据的,希望依靠人民币汇率升值来实现全球经济发展的平衡也是不现实的。中国是后金融危机时代世界经济增长的发动机之一,也是目前全球最大的消费市场,中国经济的减速会严重打击世界经济增长的信心,在很大程度上延缓世界经济复苏的步伐。因此,对发达国家的经济提振计划也会产生相当大的负面影响。

### (二) 加快推进人民币国际化进程

随着中国经济实力提升和国际话语权增加,人民币国际化已具备实现的基础,人民币国际化对经济增长具有重要意义,还能为国际货币体系改革带来贡献。

2016年10月1日,人民币正式纳入IMF特别提款权(SDR)货币篮子,这是人民币国际化的重要里程碑。据环球银行金融电信协会(SWIFT)② 统计,人民币已成为全球第五大支付货币,2018年跨境收付为15.85万亿元,全球支付的占比在1.6%至2.1%之间。这说明人民币国际化正稳步推进,人民币在全球货币体系中的地位稳定(见图10-2)。

---

① 实际上,从全球价值链增加值的视角来看,中美贸易之间的顺差额度显然没有总值上看起来的那么多,中国也并没有从中美贸易中获得巨额的不正当利益。

② SWIFT. RMB Internationalization: Where we are and what we expect in 2018 [EB/OL]. 2018.01.

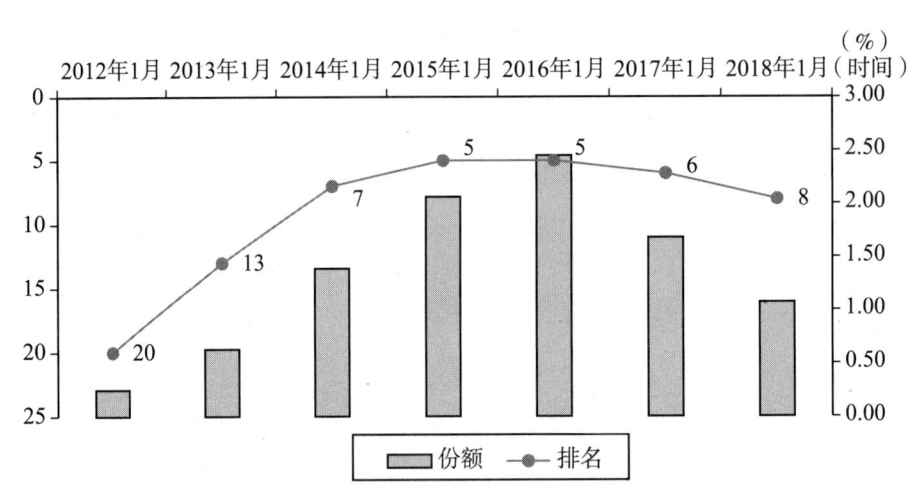

图 10-2  2012~2018 年人民币在国际支付货币中的份额与排名

资料来源：根据 SWIFT 报告数据整理。

2018 年中国人民银行工作会议指出，保持"人民币国际使用稳步扩大。持续优化政策框架，推进人民币在贸易结算、直接投资、金融市场交易层面上的跨境循环使用，进一步提高人民币接受程度。人民币连续 7 年成为我国第二大跨境收支货币，在全球货币体系中的地位保持稳定"①。截至 2019 年 6 月，境外人民币外汇交易经济体排名见图 10-3。

与联合国机制和 G20 合作相比，国际金融治理更具有等级性，美国的金融霸权是这一秩序的核心特征。从历史来看，第二次世界大战以后国际金融秩序经历了 20 世纪 70 年代布雷顿森林体系解体的冲击，形成了石油美元体制和美元本位体制。20 世纪 90 年代，德国马克通过欧元实现了地区化，欧元成为唯一能与美元对抗的国际货币，德国在欧洲联盟中的贡献和领导力及战略值得我们学习。1997 年亚洲金融危机，日本试图推动日元的国际化，结果遭到美国的猛烈回击。2008 年金融危机后，美国扩张性货币政策再次激起很多国家不满，IMF 虽然保证了美国 15% 的投票权，但是执行董事会的改革也增加了新兴市场国家对决策的影响力。

总体而言，中国既需要通过 IMF 改革提升人民币的影响力，也需要通过其他渠道推动人民币国际化。作为世界第一大货物出口国和第二大进口国，贸易优势为人民币国际化提供了有利条件，中国应该继续利用该优势积极与东南亚国家签订双边互换协议，建立离岸交易中心，通过人民币原油期货交易等方式有力推动

---

① 新华社. 央行提出 2018 年九大工作任务，再提推进人民币国际化 [EB/OL]. http：//rmb. xinhua08. com/a/20180206/1748221. shtml.

人民币国际化。

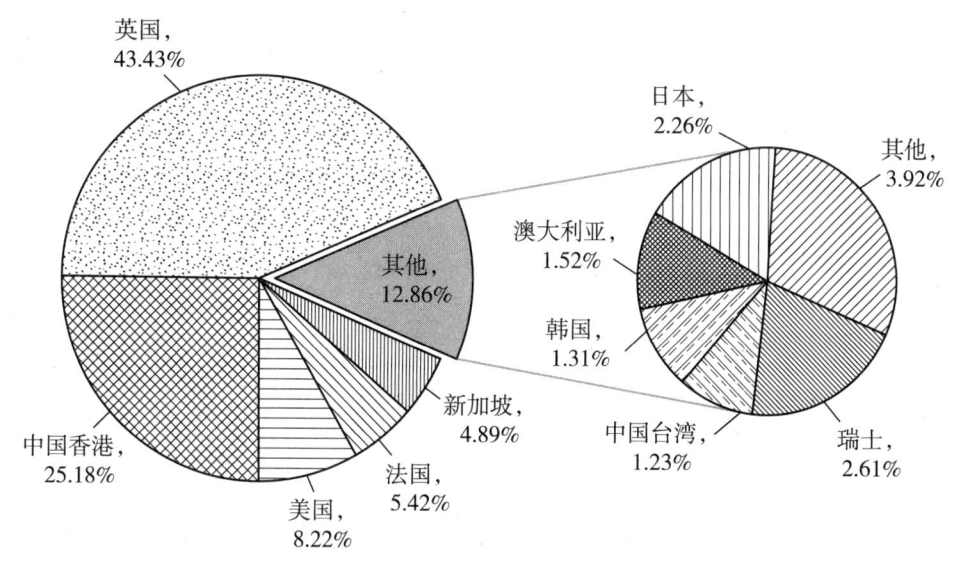

图 10－3　2019 年 6 月境外人民币外汇交易经济体排名

资料来源：根据 SWIFT 报告数据整理。

## 第五节　中国以多边路径改革国际秩序与大国战略关系的新发展

2016 年美国大选，共和党的特朗普挟民粹主义之势赢得总统选举，他激进的保护主义和单边主义政策，与美国长期标榜的自由国际主义秩序显得格格不入。一时之间，特朗普成为美国自由派眼中国际秩序的最大威胁，特朗普现象引起了欧美政策和研究界对国际秩序的新思考。

### 一、中国在多边层面参与国际秩序重构面临的形势

2008 年后，快速崛起的中国被美国视为它所主导的国际秩序的主要威胁，奥巴马政府编织了各种地区贸易协定，试图借助经济手段和新的规则，提升美国塑造国际秩序的主动权，并制约中国经济的崛起。但 2017 年特朗普政府改弦更张的举动，使得奥巴马政府借助规则重构秩序的努力被中断。此后，特朗普政府与加拿大和墨西哥达成《美墨加协定》，挑起与欧盟和日本等主要贸易伙伴的摩

擦，与中国展开直接的贸易冲突。贸易保护主义取代了国际规则制定权竞争，成为国际秩序的焦点话题。2018年至今，中美双方代表在WTO屡次展开较量，美国认为中国应该按照它的理念进行经济模式改革，中国则坚决抵制美国的单边主义。

特朗普现象和中美双方围绕国际秩序的冲突，引起了诸多理论思考。约翰·伊肯伯里是美国自由国际主义流派的代表人物，他认为特朗普的确破坏了美国在国际秩序中的主导地位，使得自由国际主义秩序的正当性衰减，这说明美国内部经济和社会结构的变化，使得美国支持该秩序的动力降低。但是，他认为，虽然主要国际经济制度面临治理无力和发展停滞等难题，自由国际主义秩序的根基并未削弱，一方面美国的军事优势和联盟体系仍比较稳固，另一方面新兴大国并没有可替代的方案。2018年兰德公司发布了《中国与国际秩序》的研究报告并引起广泛的关注和讨论，该报告认为，中国是既有国际秩序的有条件支持者，并且对国际秩序的影响力会随着经济崛起而不断增强。对于美国而言，它仍然可以利用多边制度和规则来影响和制约中国的崛起，在一定限度内修改既有秩序以满足中国的利益需要更符合美国的利益，而刺激中国采取激进手段改革既有国际秩序或者建立新的秩序则会加剧中美对抗。

总体来看，伊肯伯里和兰德公司的报告都对中国与国际秩序的关系持一种比较温和的观点，这一观点比较符合中国参与多边国际治理的实践。但是，特朗普政府的认识与此并不相同。特朗普政府2019年的国家安全报告将中国作为"战略竞争者"，并指出需要采取包括军事和经济等手段，来抑制中国对美国国际地位的挑战。冷战之后，美国长期将中国视为一个可以接触并能够按照它的意图进行改变的伙伴。2001年中国加入WTO，美国有着进入中国市场的经济利益考虑，也试图以此来改变中国。2011年APEC夏威夷峰会以后，美国开始将利益诱惑的接触战略改为以压力促变化。特朗普认为这些政策都没有效果，因此转向了激进和对抗的单边主义路径，中美关系成为一些国际秩序变革走向的核心因素，中美的诉求之争，以及中国参与国际秩序变革的策略选择，也成为影响中美经济关系和中国安全环境的重要因素。

从特朗普上台后的系列举措可以看出，美国的政策目标并没有实质的变化，只是策略发生了变化。第二次世界大战以后，美国标榜自由贸易，但目标并不是自由贸易，而是经济发展和国内就业，为此需要不断扩大国际市场，进行多边关税减让谈判。1961年美国一边迫使欧共体大幅度削减工业品关税，一边对发展中国家的纺织品实施配额，以保护国内已经不具备比较优势的产业。20世纪80年代，为打击日本经济发展，美国全面采用包括反倾销、反补贴和配额等手段，并迫使日元对美元升值，以削弱日本商品的出口竞争力。1994年乌拉圭回合谈判以后，美国的主要政策目标由扩大国际市场转变为保护美国对外直接投资的利益，推动跨国公司的全球扩张。总结起来看，美国维护国际经济秩序的核心目的就是促进自身的国际经济优势、国内经济发展和国内就业，为了实现这些目的，它需要维护美元的国际地位，扩大美国商品和服务的市场，保护美国的对外直接投资，同时也需要借助 G20 和 IMF 等多边合作平台，将它的偏好转化为国际规则。2018 年中美双边经济对话中，美国方面提出的条件也正是这三点：中国应该增加进口美国的商品，减少对美国的贸易逆差；中国应该进一步向美国开放服务业特别是金融业；中国应该全方位保护美国资本的利益。

中国本来就在进一步扩大对外开放的力度，构建开放型经济新体制，维护国际秩序的稳定。对于美国从贸易关系切入而挑起的冲突，中美彼此妥协的空间比较有限。增加进口和扩大开放，都可以根据经济发展的要求有序推动，美国要求的实质并不在此，而是要求中国按照它的偏好改革国内经济政策。这种霸权思维长期存在，也是伊肯伯里所称道的自由国际主义秩序的内在逻辑。从 20 世纪 90 年代美国借助 IMF 和世界银行大规模推动新自由主义，到 2008 年以后美国借助自由贸易协议和双边投资协定推动新的国际经济规则，到 2017 年美国利用单边主义挑起与中国的贸易摩擦，美国的政策目标并没有明显的变化。对于美国的精英来说，这些政策是扩散自由国际主义的理念，对于发展中国家来说，这就是美国凭借市场和资本优势，压缩它们的经济政策自主性，使它们的发展服务于美国的利益。

## 二、中国参与国际秩序重构的多边策略

对于美国这种以维护国际秩序为借口而挑起的冲突，中国需要采取恰当的策略进行化解。2018 年兰德公司发布的《中国与国际秩序》报告认为，美国应该以国际秩序牵制和改变不断崛起的中国，但实际上按照特朗普的单边主义政策，美国已经失去了这一优势。中国如果采取单边策略与美国对抗，则会进一步加剧双方的战略竞争，采取多边渠道则是一个能迫使美国做出让步的策略。

### （一）联合发展中国家

2004 年以后美国对 WTO 多哈回合的消极态度，2008 年以后滥用美元作为国际货币的特权，以及美国在多边合作机制中霸道的作风，引起了大部分发展中国家的不满，中国可以借此联合发展中国家与美国在多边平台展开较量。2010 年 IMF 份额和治理改革，2017 年 12 月中国与发展中成员支持多边主义和反对单边主义的宣言，都充分说明中国能够以此获得话语权。此外，中国还积极运用金砖

国家领导人会晤平台，通过"金砖+"领导人对话会等一系列活动形式，同有关国家领导人举行双边会谈，就国际发展合作和南南合作大计达成广泛共识。

### （二）争取美国的主要盟友

欧盟和日本是美国多边经济治理的主要支持者，也是美国维护它在国际经济秩序中主导地位的重要支柱。欧盟和日本在安全上依赖美国，需要美国提供安全保护，在大国战略关系紧张之时，它们会在经济利益上对美国让步，配合美国的全球经济战略。但是，大国战略关系缓和之时，它们与美国的经济利益冲突就会加剧。欧盟与美国的冲突主要集中在国际金融治理领域，日本与美国的冲突集中在东亚经济合作方面。此外，在面临关乎一国发展大计的重点问题时，大部分美国盟友的立场都出现转变。例如，2017年特朗普政府转向保护主义以及对它们增加关税，激起了美国主要盟友的不满和担忧；2019年美国游说封禁华为的5G设备，新西兰首脑、德国经济部长和加拿大政府官员都纷纷表态，会做出独立判断和决定。鉴于此，中国应利用机会扩大与欧盟等国的合作，积极缓和对外关系，提升与美国较量的主动权。

### （三）推动多边制度变革

2008年后，中国一方面参与G20机制，为维护国际经济秩序稳定做贡献，一方面开始推动IMF改革，建立金砖银行和亚洲基础设施投资银行等。尤其是针对WTO改革，中国先后发布了《中国关于WTO改革的立场文件》和《中国关于WTO改革的建议文件》，一再重申对多边贸易体制的支持。中国的改革倡议和建立新合作机制的倡议，虽然加剧了美国对中国战略意图的疑虑，但是也为中国赢得了国际支持。

改革既有国际制度以增强发展中国家的影响力，建立新制度以服务发展中国家的发展，不仅可以提升中国的国际地位，还有助于增强规则制定权。中国提出要引领经济全球化的发展，从而稳定日益动荡的国际经济秩序。实际上，国际秩序动荡的根源不在于中国的崛起，而在于美国肆意挥霍它的霸权，只关注自身的利益和发展，从而导致国际经济发展严重失衡。对此，中国推动的上述体制改革可以为修复国际经济秩序提供新的动力，中国秉持的共商共建共享理念是一种新的经济全球化治理模式，不仅可以促进大部分亚非拉落后地区的发展，增加中国崛起的国际支持，也有助于改善中国的战略环境。

## 第十一章

# 中国在区域层面参与国际秩序重构与实现国家安全的战略及策略

逆全球化背景下,全球治理格局正在重塑。面对当前世界经济格局大发展大变革大调整的百年未有之大变局,多边贸易体制正面临诸多挑战,想要在多边层面实现实质性突破较为困难。中国作为世界和平的建设者、全球发展的贡献者、国际秩序的维护者,应当尽快采取相应措施,积极探索主导力量缺失的多边化区域主义发展路径,推进区域合作进入实质性发展阶段。[①] 自新中国成立以来,中国在区域合作层面的探索和发展便从未停止。作为"金砖国家"一员,中国应当加强"金砖国家"的有效合作,提高发展中国家政治经济话语权;与此同时,中国在上海合作组织、亚太经济合作组织(APEC)和区域全面经济伙伴关系协定(RCEP)等区域合作中也在不断推进国际经贸合作,发挥自身领导力和影响力;"一带一路"倡议的适时提出,更是为中国开放型经济与开放型世界经济的内外联动提供了中国方案。中国应继续努力推动区域合作平台的建立和完善,构建和谐的区域合作机制和体系,推进区域一体化建设。

---

① 张彬、李畅、杨勇.多边化区域主义的新发展与中国的对策选择[J].亚太经济,2017(5):5-13.

## 第一节 深化上海合作组织区域经济合作

### 一、上海合作组织的成立与发展

#### （一）上海合作组织的成立

上海合作组织（Shanghai Cooperation Organization，SCO），简称上合组织，包含中国、俄罗斯、哈萨克斯坦、吉尔吉斯斯坦、塔吉克斯坦、乌兹别克斯坦、印度和巴基斯坦8个正式成员国，阿富汗、白俄罗斯、伊朗和蒙古4个观察员国，以及阿塞拜疆、亚美尼亚、柬埔寨、尼泊尔、土耳其和斯里兰卡6个对话伙伴。上合组织由"上海五国会晤机制"发展而来，这五个国家也是最初的正式成员，它们是中国、俄罗斯、哈萨克斯坦、吉尔吉斯斯坦、塔吉克斯坦。

上海合作组织正式成立于2001年，其宗旨是"加强各成员国之间的相互信任与睦邻友好；鼓励成员国在政治、经贸、科技、文化、教育、能源、交通、旅游、环保及其他领域的有效合作；共同致力于维护和保障地区的和平、安全与稳定；推动建立民主、公正、合理的国际政治经济新秩序"。[①] 自成立至今，上合组织已成为中亚、南亚区域合作的重要平台，对促进地区稳定与繁荣、世界和平与发展起到了积极作用。上合组织对内遵循"互信、互利、平等、协商，尊重多样文明、谋求共同发展"的"上海精神"，对外奉行不结盟、不针对其他国家和地区及开放的原则。

#### （二）上海合作组织的扩员

2014年召开的杜尚别峰会上，上合组织通过了《上海合作组织成员国地位程序》和《关于申请国加入上海合作组织义务的备忘录范本》，为上合组织的扩员奠定了法律基础。2015年乌法峰会接受印度和巴基斯坦成为正式成员国的申请，标志着上合组织正式启动扩员程序。2016年签署的塔什干峰会宣言对印、巴成为上合组织正式成员后的责任和义务进行了规定。2017年阿斯塔纳峰会正

---

① 上海合作组织. 上海合作组织简介[EB/OL]. http：//chn. sectsco. org/about_sco/.

式接受印、巴成为上合组织正式成员。随着印度和巴基斯坦的加入,上合组织促进各成员国和平、安全与繁荣的能力极大增强。上合组织也由原有的"6+5"工作机制正式转变为"8+3"。

## 二、上合组织在国际秩序重构中的地位与作用

截至2017年,扩员之后的上合组织涵盖了全球人口的43%、全世界GDP总量的24%,发展成为世界上覆盖领域最广、人口数量最多的地区性国际组织之一,为欧亚地区的政治、经济、安全合作做出了巨大的贡献。由表11-1可以看出,上合组织自2001年成立以来,历次峰会对组织内部建设与成员国关系、反恐安全问题、地区政治与外交以及经贸合作方面做出了积极的建设与安排。

表11-1　　　　　　　上海合作组织历届峰会概览

| 次数 | 历次峰会 | 时间 | 成果 | 合作重点 |
| --- | --- | --- | --- | --- |
| 1 | 上海峰会 | 2001.6.15 | 《上海合作组织成立宣言》 | 内部建设 |
| 2 | 圣彼得堡峰会 | 2002.6.7 | 《上海合作组织宪章》《关于地区反恐怖机构的协定》《上海合作组织成员国元首宣言》 | 内部建设 |
| 3 | 莫斯科峰会 | 2003.5.29 | 《上海合作组织成员国元首宣言》 | 地区合作 |
| 4 | 塔什干峰会 | 2004.6.17 | 《塔什干宣言》《上海合作组织成员国关于合作打击非法贩运麻醉药品、精神药物及其前体的协议》 | 政治、安全、经济合作 |
| 5 | 阿斯塔纳峰会 | 2005.7.5 | 《上海合作组织成员国元首宣言》 | 内部建设 |
| 6 | 上海峰会 | 2006.6.15 | 《上海合作组织五周年宣言》 | 政治合作、内部建设 |
| 7 | 比什凯克峰会 | 2007.8.16 | 《上海合作组织成员国长期睦邻友好合作条约》 | 政治、地区合作 |
| 8 | 杜尚别峰会 | 2008.8.28 | 《上海合作组织成员国元首杜尚别宣言》《上海合作组织对话伙伴条例》 | 政治、地区合作 |
| 9 | 叶卡捷琳堡峰会 | 2009.6.15 | 《叶卡捷琳堡宣言》《反恐怖主义公约》 | 内部建设、安全合作 |

续表

| 次数 | 历次峰会 | 时间 | 成果 | 合作重点 |
|---|---|---|---|---|
| 10 | 塔什干峰会 | 2010.6.11 | 《上海合作组织成员国元首理事会第十次会议宣言》《上海合作组织接收新成员条例》《上海合作组织程序规则》 | 内部建设 |
| 11 | 阿斯塔纳峰会 | 2011.6.15 | 《上海合作组织十周年阿斯塔纳宣言》 | 政治合作 |
| 12 | 北京峰会 | 2012.6.6-7 | 《上海合作组织成员国元首关于构建持久和平、共同繁荣地区的宣言》等10个文件 | 政治、地区合作 |
| 13 | 比什凯克峰会 | 2013.9.13 | 《上海合作组织成员国元首比什凯克宣言》《〈上海合作组织成员国长期睦邻友好合作条约〉实施纲要（2013~2017）》 | 政治、地区合作 |
| 14 | 杜尚别峰会 | 2014.9.12 | 《杜尚别宣言》《上海合作组织成员国政府间国际道路运输便利化协定》《给予上海合作组织成员国地位程序》《关于申请国加入上海合作组织义务的备忘录范本》 | 政治、安全、经济合作 |
| 15 | 乌法峰会 | 2015.7.10 | 《乌法宣言》《上海合作组织至2025年发展战略》《上海合作组织成员国边防合作协定》 | 政治、安全合作 |
| 16 | 塔什干峰会 | 2016.6.24 | 《上海合作组织成立十五周年塔什干宣言》《〈上海合作组织至2025年发展战略〉2016~2020年落实行动计划》《上海合作组织地区反恐怖机构理事会关于地区反恐机构2015年工作报告》 | 政治、安全合作，内部建设 |
| 17 | 阿斯塔纳峰会 | 2017.6.9 | 《上海合作组织成员国元首阿斯塔纳宣言》《上海合作组织反极端主义公约》 | 政治、安全合作，内部建设 |

资料来源：上海合作组织轮值主席国网站，http://scochina.mfa.gov.cn/chn/zjshhzzz/2018-05-22。

政治层面上，上海合作组织及其成员一直以来都是积极参与全球治理的重要力量，在实践新型国家关系的发展模式上做出了重要贡献。凭借强大的区域影响力与军事实力、较快的经济增长速度和庞大的人口数量，扩员后的上海合作组织成为国际社会中不容忽视的一股力量。① 目前，上海合作组织中俄罗斯、印度和中国同为金砖国家成员，强劲的综合实力使它们有意愿也有能力积极参与国际秩序重构，这一明显优势也使得上海合作组织成为维护和实施地区安全合作的重要力量。在上海合作组织的历届峰会中，通过了《关于地区反恐怖机构的协定》《反恐怖主义公约》以及《上海合作组织成员国关于合作打击非法贩运麻醉药品、精神药物及其前体的协议》，这些协议对巩固地区安全、维护世界的和平与稳定具有重要意义。上海合作组织成员共同打击恐怖主义、极端主义和分离主义，还在打击贩毒团伙及跨境犯罪方面加强合作。地区安全合作有效维护了中亚地区的稳定和安全，为各国经济建设创造了良好的外部安全环境。经济贸易合作方面，上海合作组织一直致力于推动区域经济一体化进程。随着"一带一路"倡议的不断推进，上海合作组织成员间的双边合作关系不断拓展到区域性的多国合作，为区域经济一体化的发展做出了巨大贡献。2016 年中国已提出愿与上海合作组织各方开展自贸区可行性研究，哈萨克斯坦也于 2017 年呼吁上海合作组织各成员国进一步加强经济合作，以建立自贸区为目标继续推进。

2018 年中国担任上海合作组织轮值主席国期间，以弘扬"上海精神"、挖掘扩员潜力、促进团结合作、共谋稳定发展为出发点，在各方大力支持下，成功举办了一系列重要机制性会议以及大型多边活动，积极倡导部长经贸会议上达成的重要贸易合作框架，将上海合作组织与"一带一路"倡议对接，推进中国同欧亚经济联盟国家、南亚国家的经贸合作，促进了"一带一路"经济走廊的畅通和贸易合作深化。

## 三、上海合作组织区域合作空间潜力巨大

### （一）重视区域安全

一方面，中亚地区的安全形势备受世界瞩目。2016 年世界范围内的恐怖袭击事件使各国的注意力纷纷重新回到中亚地区，安全问题再次成为国际社会的焦点。另一方面，上海合作组织扩员后，区域安全问题的关注点发生了变化。扩员后的区域包含了中亚、西亚、南亚甚至欧亚地区，安全议题覆盖的范围从中亚地

---

① 薛志华. 上海合作组织扩员后的发展战略及中国的作为——基于 SWOT 方法的分析视角 [J]. 当代亚太，2017（3）：55 - 77.

区转向为中亚和南亚地区。印、巴两国同时加入上海合作组织,对于中亚和南亚地区的和平与稳定有着重要意义,将为未来阿富汗地区的政治和解提出新的解决方案。此外,上海合作组织内部还单独设立了地区反恐机构,并同联合国毒品和犯罪问题办公室、联合国安理会反恐委员会、国际刑警组织等机构签订了合作文件。

### (二) 推动区域国际话语权的扩大

对于上海合作组织来说,扩员的过程实际上是其整体国际话语权扩大的过程,是各成员积极参与全球治理的体现。作为内陆成员较多的区域组织,上海合作组织同联合国在经济发展和安全合作议题上存在广阔的合作空间,联合国可以成为上海合作组织践行多边主义和参与全球治理的平台。①

### (三) 加强能源合作

上海合作组织所囊括的中亚国家地处欧亚大陆的中心,油气资源丰富,能源地缘地位十分突出。中亚地区被称为"21世纪的能源基地"。《世界能源统计年鉴》的数据显示,2016年中亚地区石油储量约为40亿吨,占世界储量比重高达1.83%;其中,哈萨克斯坦石油储量39亿吨,占世界石油储量的1.63%,居世界第12位。2015年上海合作组织发布了《上海合作组织至2025年发展战略》,重视成员国在能源领域开展全方位的互利合作。在此基础上,中国应当积极推进上海合作组织框架下的能源合作,将能源合作这一议题放在关键位置,构建能源部长定期会晤机制,增强能源问题对话,切实解决各国关心的能源、可再生能源问题。

### (四) 努力推进区域经贸发展合作

上海合作组织成员已经提出建立自贸区的议题,积极推进区域经济一体化进程。2018年5月17日,中国与欧亚经济联盟签署《中华人民共和国与欧亚经济联盟经贸合作协定》,该协定涵盖了海关合作和贸易便利化、知识产权、部门合作以及政府采购等13个章节,纳入了电子商务和竞争等新议题;同时,中国与欧亚经济联盟都同意通过加强合作、信息交换、经验交流等方式,进一步简化通关手续,降低货物贸易成本。② 这意味着中国已经同俄罗斯、哈萨克斯坦、吉尔

---

① 薛志华. 上海合作组织扩员后的发展战略及中国的作为——基于SWOT方法的分析视角 [J]. 当代亚太, 2017 (3): 55-77.
② 人民网. 中国与欧亚经济联盟签署经贸合作协定 [EB/OL]. http://world.people.com.cn/n1/2018/0518/c1002-29997784.html.

吉斯斯坦建立了密切的经贸合作关系，对于上海合作组织成员建立自贸区打下了良好的基础。

## 第二节 全力推进亚太区域经济一体化发展

### 一、亚太地区在国际秩序重构中的地位与作用

#### （一）亚太地区是大国对话的重要平台

亚太地区是一个地理概念，主要指亚洲和环太平洋沿岸地区。从广义上讲，整个环太平洋地区包括美洲西海岸、欧亚大陆东海岸、太平洋岛屿以及大洋洲地区，囊括了美国、加拿大、澳大利亚、新西兰、俄罗斯、日本、韩国、东盟、中国等重要经济体。从狭义上讲，亚太地区仅指西太平洋地区，包括东亚国家、东南亚的东盟、大洋洲各国。这些国家多是在全球治理中掌握一定话语权、为全球提供解决方案的大国。无论是中美、日美、中日韩等国家之间的对话，还是东盟与中日韩的"10+3"、RCEP的"10+6"对话机制都依赖于亚太地区。可以看出，"亚太"这一概念已经超出其本身的地理概念，在国际政治范畴中具有重要地位。

#### （二）亚太区域经济一体化进程有利于多边贸易体制的发展

亚太地区已经完成的和正在进行的自贸协定，皆有助于促进亚太地区的贸易自由化、投资便利化，是推动世界经济发展的重要力量，也能够在一定程度上推动多边贸易谈判的继续进行。

### 二、亚太地区主要经贸合作组织和平台

#### （一）亚太经济合作组织

亚洲太平洋经济合作组织（Asia-Pacific Economic Cooperation，APEC）简称亚太经济合作组织，旨在"保持经济的增长和发展，促进成员间经济的相互依存，加强开放的多边贸易体制，减少区域贸易和投资壁垒，维护本地区人民的共

同利益"。表 11-2 是 2008~2017 年 10 次 APEC 会议的概况。可以看出,会议涉及的关键议题不断扩大,紧跟世界经济发展的脚步,与全球经济治理的新议题相一致,APEC 正不断在推进多边贸易谈判中贡献自己的力量。

表 11-2　　　　　　　　2008~2017 年 APEC 会议概况

| 时间 | 地点 | 主题 | 议题 |
| --- | --- | --- | --- |
| 2008 年 | 秘鲁利马 | 亚太发展的新承诺 | 国际经济金融形势、地区经济一体化、推动多哈回合谈判、贸易投资自由化和便利化等 |
| 2009 年 | 新加坡 | 持续增长,区域联合 | 应对国际金融危机、应对气候变化、反对贸易保护主义、支持多边贸易体制,以及推进区域经济一体化和亚太经合组织未来发展等 |
| 2010 年 | 日本横滨 | 变革与行动 | 增长战略、人类安全、区域经济一体化、茂物目标审评、多哈回合谈判、亚太经合组织未来发展等 |
| 2011 年 | 美国夏威夷 | 紧密联系的区域经济 | 亚太地区经济增长、区域经济一体化、绿色增长、能源安全、规制合作等 |
| 2012 年 | 俄罗斯符拉迪沃斯托克 | 融合谋发展,创新促繁荣 | 贸易投资自由化与区域经济一体化、加强粮食安全、建立可靠供应链、推动创新增长合作等 |
| 2013 年 | 印度尼西亚巴厘岛 | 活力亚太,全球引擎 | 实现茂物目标、可持续和公平增长、亚太互联互通等 |
| 2014 年 | 中国北京 | 共建面向未来的亚太伙伴关系 | 推动区域经济一体化,促进经济创新发展、改革与增长,加强全方位基础设施与互联互通建设 |
| 2015 年 | 菲律宾马尼拉 | 打造包容性经济,建设更美好世界 | 打造包容性经济、促进中小微企业参与区域和全球市场、建设可持续和有活力的大家庭、投资人力资源开发、推动区域经济一体化、加强协作 |
| 2016 年 | 秘鲁利马 | 高质量增长和人类发展 | 当前全球自由贸易和投资面临的挑战与机遇、迈向实质而有效的区域互联互通、粮食安全、气候变化和获取水资源 |
| 2017 年 | 越南岘港 | 打造全新动力,开创共享未来 | 可持续创新和包容性增长、深化区域经济一体化、促进数字时代中小微型企业的竞争力与创新以及促进食品安全和可持续农业 |

资料来源:人民网. 盘点:25 次 APEC 会议,取得了哪些成果?[EB/OL]. http://world.people.com.cn/n1/2017/1112/c1002-29641130.html.

中国于 1991 年加入 APEC，这也是中国加入的第一个区域经济合作组织。在特定的历史时期内，APEC 为中国顺应经济全球化趋势、积极融入亚太区域经济一体化合作进程打开了一扇大门。APEC 是中国与亚太地区众多经济体建立密切经贸关系的重要合作组织。通过这一平台，国内市场不断改革开放，为中国加入 WTO 和构建国际经济合作新秩序打下了坚实的基础。

### （二）中日韩领导人峰会

中日韩合作初期，三国领导人的合作机制是在东盟框架下进行的。在每年中日韩三国与东盟领导人"10 + 3"会议期间，三国领导人举行会议或会晤。1999～2007 年，三方领导人共举行了 8 次会晤或会议。① 自 2008 年起，三国领导人启动独立的会晤机制，决定在保留"10 + 3"对话机制外单独举行会议。截至 2018 年 5 月 20 日，中日韩领导人峰会共举行了 7 次，详细情况如表 11 - 3 所示。

表 11 - 3　　　　　　　　历次中日韩领导人峰会

| 日期 | 地点 | 议题 | 成果 |
| --- | --- | --- | --- |
| 2008 年 12 月 13 日 | 日本福冈 | 首次明确了三国伙伴关系定位，确定了三国合作的方向和原则 | 《三国伙伴关系联合声明》《推动中日韩三国合作行动计划》 |
| 2009 年 10 月 10 日 | 中国北京 | 总结了中日韩合作 10 年历程，展望规划了三国合作的未来，并就共同关心的国际和地区问题深入、坦诚地交换了看法，达成广泛共识 | 《中日韩合作十周年联合声明》 |
| 2010 年 5 月 29 日 | 韩国济州岛 | 对未来十年中日韩合作进行了规划，确定了未来十年将稳步推进五大领域的 40 多项重点合作内容 | 《2020 中日韩合作战略》 |

---

① 中国外交部. 东盟与中日韩（10 + 3）合作 [EB/OL]. http：//www.fmprc.gov.cn/web/wjb_673085/zzjg_673183/yzs_673193/dqzz_673197/dmyzrh_673227/jbqk_673229.

续表

| 日期 | 地点 | 议题 | 成果 |
|---|---|---|---|
| 2011年5月1日 | 日本东京 | 加强灾害管理合作、核安全合作、可再生能源和能效合作等 | 《第四次中日韩领导人会议宣言》 |
| 2012年5月13日 | 中国北京 | 启动中日韩自贸区谈判 | 《关于提升全方位合作伙伴关系的联合宣言》《中日韩关于促进、便利和保护投资的协定》 |
| 2015年11月1日 | 韩国首尔 | 国际产能合作、技术创新、经济发展战略对接、推进中日韩自贸区建设和区域经济一体化进程、推动贸易便利化、财金合作、宏观政策协调、奥运经济、地方经济合作、环境保护、循环经济 | 《关于东北亚和平与合作的联合宣言》 |
| 2018年5月9日 | 日本东京 | 朝鲜半岛政治问题，维护多边贸易体系、反对保护主义、推动贸易投资自由化便利化、推进RCEP谈判，确立"中日韩+X"合作机制 | 《联合宣言》 |

资料来源：根据中国外交部网站、中国商务部网站资料整理。

## （三）区域全面经济伙伴关系

区域全面经济伙伴关系（Regional Comprehensive Economic Partnership, RCEP）是由东盟发起，邀请中国、日本、韩国、澳大利亚、新西兰、印度共同参加的伙伴关系（"10+6"）。RCEP旨在通过削减关税和非关税壁垒，建立起由16个国家组成的自由贸易区。2019年2月，RCEP第25轮谈判在印度尼西亚举行，各方围绕关税领域、知识产权及电子商务规则等展开磋商。2019年6月25日至7月3日，RCEP第26轮谈判在澳大利亚墨尔本举行。各方在召开贸易谈判委员会全体会议的同时，举行了货物贸易、服务贸易、投资、原产地规则、贸易救济、金融、电信、知识产权、电子商务、法律与机制等相关工作组会议。各成员在《RCEP谈判指导原则》的基础上，积极推进RCEP各项议题的谈判。2020年11月15日，15国（不包含印度）签署协定。2021年3月8日，中国正式核定该协定，标志着世界上最大的自由贸易区将于2022年1月1日正式形成。

## 三、积极推进亚太自贸区建设,打造亚太命运共同体

### (一)借助亚太经合组织有效合作,推进亚太自贸区建设

作为 APEC 最大的发展中成员,中国为推进 APEC 合作进程做出了重要贡献。中国经济的快速增长也为亚太经济的繁荣起到了重要的拉动作用,为广大 APEC 成员提供了巨大的商机和广阔的市场。当前,中国应继续维护 APEC 经贸成果,保持亚太自贸区合作势头,不断推进亚太示范电子口岸网络、跨境电子商务便利化合作框架、服务业政策环境指数制定等务实合作。APEC 各国领导人就全面推进亚太自贸区(FTAAP)建设不断努力,在 2017 年的 APEC 越南峰会上,各成员更是就改善原产地规则体系达成共识,为建设亚太自由贸易区做了准备。

### (二)打造"中日韩+X"合作模式,加快推进中日韩自贸区的落地

中国、日本、韩国不仅是亚太区域的强国,也是全球重要的经济体,三国 GDP 和贸易额均占全球总额的 20% 以上。2015 年 11 月,中日韩领导人会议发表联合宣言,重申将进一步努力加速三国自贸区谈判,最终缔结全面、高水平和互惠的自贸协定。① 中国希望在担任主席期间,将三国合作打造成为东亚合作之舰、地区稳定之锚、全球发展之源,② 促进地区经济增长、贸易自由化、投资便利化,为世界经济发展和全球的和平稳定做出贡献。在 2018 年 5 月中日韩领导人会议期间,三国都赞成维护多边贸易体系、反对保护主义、推动贸易投资自由化便利化,并对中日韩自贸区的建立、RCEP 的谈判持积极态度。中国提出建立"中日韩+X"合作机制,在三国优势互补的基础上共同拓展第四方市场,实现东亚地区的更好更快发展。2019 年 4 月 12 日,中日韩自贸区第十五轮谈判完成,这也是三方达成全面提速谈判共识后的首轮谈判,三方一致同意,在 RCEP 已取得共识的基础上,打造 RCEP+ 的自贸协定。尽快推进中日韩自贸区落地对于打造

---

① 中国自由贸易区服务网. 加快实施自由贸易区战略 构建开放型经济新体制[EB/OL]. http://fta.mofcom.gov.cn/article/chinayatai/yatainews/201603/31058_1.html.
② 中国外交部网站. 外交部就第七次中日韩领导人会议有关情况等答问[EB/OL]. http://www.gov.cn/xinwen/2018-05/10/content_5289920.htm.

"中日韩 + X"的合作模式而言至关重要。

### （三）着力推进 RCEP 尽快生效

RCEP 谈判成功，涵盖约 35 亿人口，国内生产总值总和将达 23 万亿美元，占全球经济总量的 1/3，成为全世界最大的自贸区。RCEP 谈判过程遇到了重重障碍。一方面，各国的态度不尽相同，阻碍了整体自贸谈判的进程。另一方面，RCEP 内部 5 个 "10 + 1" 自贸协定的整合也是一大困难。尽管如此，从中国的角度看，自 RCEP 提出以来，中国对 RCEP 一直持积极响应并努力推动其发展的态度。① 中国从中国—东盟自贸协定升级版入手，深化与东盟的合作；稳步推进中日韩自贸协定谈判，早日实现"中日韩 + X"的合作机制，积极与 RCEP 国家开展合作；同时，中国还应积极倡导各项规则的制定，努力推进 RCEP 自贸规则的落地，并与国际高标准的规则和议题接轨，为成功签署 RCEP 协定做出了积极贡献。

## 第三节 加强"金砖国家"有效合作，提高发展中国家政经话语权

### 一、金砖国家的成立与发展

"金砖国家"（BRIC）这一概念起初是在 2001 年由高盛集团作为投资市场理念提出，将中国、俄罗斯、印度和巴西四国的首字母组合在一起。2008 年，中国、俄罗斯、印度、巴西四国外长在首次会议上正式提出"金砖国家"这一概念。2009 年升级成为领导人峰会后，又陆续举行了 8 次金砖国家领导人峰会，达成了《金砖国家银行合作机制金融合作框架协议》《金砖国家经济伙伴战略》等协议，成立了金砖国家开发银行，金砖国家合作机制基本形成。② 2014年 7 月，金砖国家领导人第六次会晤时，巴西、俄罗斯、印度、中国以及南非

---

① 张彬，张菲. RCEP 的进展、障碍及中国的策略选择 [J]. 南开学报（哲学社会科学版），2016 (6)：122 - 130.

② 屠新泉，蒋捷嫒. 金砖国家合作与"一带一路"倡议协同发展机制研究 [J]. 亚太经济，2017 (3)：47 - 51.

领导人共同签署了《福塔莱萨宣言》(Fortaleza Declaration),宣布成立金砖国家开发银行(The New Development Bank),旨在"为金砖国家以及其他新兴经济体和发展中国家的基础设施建设、可持续发展项目筹集资金"。金砖国家开发银行不仅能提升发展中国家之间的跨国直接投资和金融合作,同时能够有效地在经济、政治合作等更高层次加强合作,并推进发展中国家参与全球金融治理的步伐。

## 二、金砖国家在国际秩序重构中的地位与作用

近年来,金砖国家对世界经济增长贡献率提高,国际经济影响力提升。金砖国家发展迅速,追赶发达国家的势头相当明显,表现为经济增长速度较快、经济规模世界排位提升。在 21 世纪前十年,新兴经济体平均经济增长率超过 6%,是发展中国家中的佼佼者。虽然 2008 年金融危机席卷全球,对世界经济贸易和国际金融秩序带来了巨大的冲击,但金砖各国立足国内、改善民生,集中精力发展经济,在这十多年期间,五国经济总量增长了 179%,贸易总额增长了 94%,城镇人口增长了 28%。① 整体来看,金砖国家对世界经济增长贡献超过 50%,中国和印度保持了较快的经济增长水平,甚至成为全球增长的主引擎。②

金砖国家在全球贸易治理方面发挥着重要作用。虽然总体而言,多边贸易体制是由成员驱动的组织,但由于经济贸易竞争力的差距,当前多边贸易体制总体上依然由发达国家成员主导,发展中国家成员处于附属地位。实际上,发展中国家成员在全球经贸格局中的竞争性与互补性并存,对以中国、俄罗斯、印度、巴西为代表的发展中大国而言更是如此。对于发展中国家来说,如果联合起来,就能获得平等待遇,如果单独行事,就有可能被当成"乞讨者"。随着俄罗斯加入 WTO,WTO 中发达国家成员和发展中国家成员的力量对比进一步均衡,而中国、俄罗斯、印度、巴西等发展中大国需要在 WTO 规则制定中更好地合作,同时在区域、双边领域发力,共同促进多边贸易体制健康发展,金砖国家在国际贸易领域的独特优势不容忽视。

金砖国家在全球金融治理方面也发挥着重要作用。发展中国家在现有的全球

---

① 习近平. 共同开创金砖合作第二个"金色十年"——在金砖国家工商论坛开幕式上的讲话[EB/OL]. https://www.fjmu.edu.cn/xxxsx/2018/0830/c5384a78514/page.psp.
② 罗来军. 人民日报新论:全球治理凸显"金砖"力量[EB/OL]. http://opinion.people.com.cn/n1/2017/0711/c1003-29395712.html.

金融体系中仍处于劣势地位。虽然金砖国家经济体量约占全球经济总量的1/5，但其在国家复兴开发银行和国际开发协会的投票权份额仅分别为13.08%和7.08%。基于经济体量的考量，金砖国家在国际金融领域的话语权有望进一步提升。

## 三、加强合作，打造下一个"金砖十年"

首先，金砖国家等发展中大国需要对其他发展中国家起到良好的示范与带动作用，把握新一轮全球贸易规则形成的时机，通过合作广泛参与全球贸易治理，提升发展中国家的贸易话语权，使之与发展中国家不断增长的贸易份额相匹配。

其次，金砖国家之间需要增强合作，夯实合作机制的基础。[1] 金砖国家作为最大的发展中国家联合体，应该倡导面向发展的区域合作，不仅仅是签署优惠贸易安排、自由贸易协议等，还应该将区域合作焦点集中在促进整体经济增长、改善经济结构的宏观经济政策领域，包括货币与金融安排、大型基础设施建设以及产业政策等。

再次，要整合原有的区域经济合作资源，创新区域合作形式，从一开始就面向发展，凡是有利于经济发展的合作形式都可以采取，灵活地整合与拆分，无需固守原有的推进模式。因为随着经济全球化的迅猛推进，国与国之间的联系日益紧密，各国之间的经济政策协调变得越来越紧迫，与其在多边领域进行艰难的博弈与争论，不如先在区域层面进行经济政策、产业政策以及金融政策间的协调与沟通，建立应对世界经济波动尤其是金融波动的区域经济合作机制，建立相应的区域金融稳定机制、区域基础设施建设基金、区域内发展中国家援助机制等。

最后，金砖国家还应该在全球环境治理方面发挥重要作用。由于发展相对落后，发展中国家在环境治理相关议题上一直处于劣势。发展中国家应坚持走生态环保节能发展路线，重视发展绿色经济，加强生态环境保护，宣传生态环境治理理念，从而增强发展中国家在生态环境问题领域的可信度和影响力。打造南南合作的高质量旗舰项目，例如提升环保技术、获取技术与资金支持。此外，在具体环境议题谈判过程中，发展中国家应加强沟通交流，增进理解与协调，制定有利于发展中国家的谈判策略。

---

[1] 林跃勤. 合作机制理论与完善金砖国家合作机制研究 [J]. 亚太经济, 2017 (3): 24 - 32.

## 第四节 推进"一带一路"沿线合作，促进区域协同发展

### 一、"一带一路"倡议是中国参与国际秩序重构的重大举措

2013年9月7日，习近平主席首次提出建设"丝绸之路经济带"的倡议，同年10月3日，又提出共同建设"21世纪海上丝绸之路"的倡议。2015年3月28日，国家发展和改革委员会、外交部、商务部联合发布《推动共建丝绸之路经济带和21世纪海上丝绸之路的愿景与行动》（以下简称《愿景与行动》），标志着"一带一路"倡议正式成型。《愿景与行动》明确指出，"一带一路"倡议规划路线贯穿整个欧亚非大陆，将活跃的亚太经济圈和发达的欧洲经济圈连接起来。① "一带一路"从"五通"建设入手，努力实现沿线国家的政策沟通、设施联通、贸易畅通、资金融通、民心相通。

从全球治理的角度来看，中国提出的"一带一路"倡议具有全球化再平衡的作用。"一带一路"倡议正在为全球化再平衡提供了一种"共治格局"下的新型全球化模式，它将对世界经济运行再平衡、国际利益格局再平衡以及全球治理格局再平衡发挥无可替代的关键性作用。② 从区域经济的角度来看，中国与沿线国家的合作进一步加深，各国的话语权将随着区域经济一体化的进程而不断提升。

### 二、中国与"一带一路"沿线国家合作的现状与障碍

自"一带一路"倡议提出以来，中国与沿线国家的合作取得进展。截至2020年1月底，中国已经同138个国家和30个国际组织签署200份共建"一带一路"合作文件。③ 商务部统计数据显示，2018年1~11月，中国企业对"一带

---

① 推动共建丝绸之路经济带和21世纪海上丝绸之路的愿景与行动［EB/OL］. http：//ydyl. people. com. cn/n1/2017/0425/c411837 - 29235511. html.
② 竺彩华. "一带一路"引领全球化再平衡进程［J］. 和平与发展，2017（5）：69 - 85.
③ 中国一带一路网. 已同中国签订共建"一带一路"合作文件的国家一览［EB/OL］. http：//www. yidaiyilu. gov. cn/gbjg/gbgk/77073. htm.

一路"沿线的 56 个国家有新增投资,合计 129.6 亿美元,同比增长 4.8%。① 中国与"一带一路"沿线国家的投资合作稳步推进。随着投资和经贸往来的快速增长,中国同沿线国家的金融合作需求也不断增加,更加快捷、多样的资金融通服务必将成为影响经贸发展的关键因素。与此同时,中国与"一带一路"沿线国家的经贸合作也面临着挑战。

### (一)沿线各国经济差异明显,与中国的贸易紧密度不尽相同,成为经贸合作的最大障碍

经济基础决定上层建筑,一个国家或地区的经济增长是该区域发展的先决条件。一方面,"一带一路"沿线国家的经济和贸易发展水平存在差异。其一,这些地区的资源禀赋条件、政治经济发展、地理人文状况、科学技术研发等方面差异巨大,经济发展的差异尤为突出。其二,沿线国家中大多数为发展中国家,还包括发达国家和最不发达国家,沿线国家发展的差异明显。其三,地区内部各国的差异性。"一带一路"沿线涉及地区中,差异最大的是东南亚,其贸易总额最大国(新加坡)是贸易额最小国(东帝汶)贸易总额的 677.57 倍。另一方面,沿线国家与中国的贸易紧密程度也有差异。东南亚 11 国与中国的贸易联系较为紧密,而东欧 20 国与中国的贸易联系程度较弱。主要原因离不开地缘政治联系、贸易开放程度、经济发展水平等方面。这种差异性会带来"一带一路"沿线区域发展的失衡,也会加大多边磋商谈判的难度,影响整体贸易的畅通度,甚至出现贸易合作停滞不前乃至谈判被搁置的局面。

### (二)贸易摩擦与非关税贸易壁垒并存,为贸易自由化、便利化带来挑战

中国对沿线国家贸易顺差不断扩大、货物贸易结构失衡,造成贸易摩擦不断加剧。在"一带一路"贸易合作大数据报告所列明的沿线国家中,仍有 16 个国家尚未正式加入 WTO,不受多边规则的约束和监管,其外贸政策将会对货物的自由流通产生一定的负面效应。除此之外,具有隐蔽性、带有歧视性的海关监管、进口限制、进口许可证、技术性贸易壁垒和卫生与植物卫生检疫措施等非关税壁垒,也阻碍着中国与"一带一路"沿线国家的贸易畅通。

---

① 商务部. 去年 1 月~11 月中企对"一带一路"沿线新增投资 129.6 亿美元[EB/OL]. http://fec.mofcom.gov.cn/article/tzhzcj/xgzx/201901/20190102827234.shtml.

## （三）文化的多元化、地区冲突不断、地缘政治不稳定使得中国与沿线国家贸易合作存在风险

古丝绸之路贯穿世界四大文明古国，"一带一路"沿线区域涵盖了印度文明、古埃及文明、两河流域文明等世界古文明，呈现出文化的多样性、包容性。但是，不同的种族、不同的宗教衍生出不同的世界观、价值观，形成各异的风俗、习惯，甚至出现种族歧视、文化鸿沟、宗教冲突，伙伴国的教育水平不同，科技水平也存在天壤之别，这些都影响着"一带一路"沿线区域的安定和繁荣。

## 三、推进"一带一路"沿线合作，促进区域协同发展

要实现五通，首先要从基础设施建设入手，实现沿线国家标准化建设。只有打破沿线国家的贸易关税与非关税壁垒，才能实现贸易成本的降低。只有加强基础设施建设合作，才能向西打通中国与沿线国家的贸易通道，真正实现六大经济走廊的畅通。

同时，面对国际经贸规则碎片化、全球经济治理体系滞后等十分突出的问题，中国应当积极推进"一带一路"沿线国家规则的建立。特别是进入多哈回合以来，WTO谈判一再被搁置。尽管《贸易便利化协议》已经生效，WTO也难以达成实质性共识，从而进一步消除贸易壁垒、实现贸易自由化。放眼全球，美国主导的巨型区域贸易协定TPP已经搁置、大国之间（尤其是中美、中欧、美欧）自由贸易协定推进困难、发展中国家与最不发达国家的发展问题尚未得到有效解决，全球的多边合作机制举步维艰。在此背景下，中国倡导的"一带一路"国际合作也面临巨大风险。当前，中国应联合沿线国家讨论更深层次合作机制的建立、探讨以何种方式达成新的多边经贸规则，并且妥善解决沿线国家的发展问题以及目前全球新议题（如劳工、环境、透明度等）。

"一带一路"倡议可以与哈萨克斯坦的"光明之路"、蒙古国的"发展之路"、韩国的"欧亚倡议"、欧盟的"容克计划"及欧亚经济联盟对接，形成覆盖亚洲、欧洲、非洲的格局。也可以借力多边合作机制，如上合组织、欧亚经济联盟、亚太经合组织、亚信会议、大湄公河次区域经济合作、中亚区域经济合作等。这些互联互通将推动世界经济中心的转移，形成对国际格局新的影响力。

# 第十二章

# 中国在双边层面参与国际秩序重构与实现国家安全的战略及策略

## 第一节 中国—美国关系展望及中国的策略选择

### 一、中美关系现状

2020年是中美建交41周年,中美两国已从昔日几乎彼此隔绝走到今天,相互交往日益密切、利益交汇日益加深。不仅两国政府层面建立起不同级别、不同领域的60多个双边对话机制,两国普通民众往来也日益密切。中美两国每年人员往来超过300万人次,平均每天有近1万人往返于太平洋两岸。中美关系已发展成为当今世界最重要、最富活力和最具潜力的双边关系。互利互惠的中美经贸关系正呈现合作领域持续拓展、合作规模日益扩大、合作层次不断提高的发展态势,双边贸易额已从建交当年不足25亿美元发展到2017年的5 837.0亿美元。两国早已互为第二大贸易伙伴,中国已连续10年成为美国增长最快的出口市场,既是美国农产品第一大出口市场,也是美国汽车、飞机等机电产品的重要海外市场。2018年中美双边贸易进出口总值达6 335.2亿美元,同比增长8.5%。其中,中国对美国出口4 784.2亿美元,自美国进口1 551亿美元,分别增长11.3%和

0.7%。中国贸易顺差为 3 233.2 亿美元，同比扩大 17.2%。

## 二、中美关系面临的挑战与展望

### （一）中美经贸关系

后金融危机时代的中美经贸关系不仅由两国的共同利益构成，同时也包括两国的矛盾与分歧。中美经贸关系从来就不是单纯的经济议题，还与政治和安全密切相关。美国国内政治的纷扰、彼此战略评估的模糊以及外来偶发事件的冲击，都会严重影响和制约两国正常贸易关系的开展。冷战结束后，中美政治、安全关系一直起伏不定，而经济领域的相互依存却逐渐加深，中美经济关系也一直被当成双方关系的"稳定剂"和"压舱石"。不过正如罗伯特·基欧汉（Robert O. Keohane）、约瑟夫·奈（Joseph Nye）所言，经济相互依赖就需要进行调整，但调整的过程常常是痛苦的。这就决定了中美两国在共同利益持续增加的情况下，由"痛苦的"调整所带来的分歧与冲突也越来越多。近年来中美经济关系呈现出巨大的和日益增长的"复杂性"，中美经贸、金融等领域的矛盾和摩擦日渐加剧。全球金融危机爆发后，中美之间就人民币的升值与贬值、贸易自由化与贸易保护主义等问题展开激烈交锋，而这些只是两国矛盾与分歧的冰山一角。

尤其是特朗普执政以来，中美贸易一直摩擦不断。2018 年 3 月，特朗普政府指令相关部门开始限制中国的对美投资，并且拟对价值 500 亿美元的中国商品征收关税。而作为回应，中国商务部也发布了针对美国 232 调查措施的中止减让产品清单，并计划对价值 30 亿美元的商品征收关税。同年 4 月，贸易摩擦再次升级。美国将对从中国进口的价值 500 亿美元的商品加征 25% 的关税，而中国立即宣布对原产于美国的 106 项商品加征 25% 的关税。这样一来，封锁政策成为美国对华政策的新范式。2019 年 5 月，美国对 2 000 亿美元中国输美商品加征的关税正式从 10% 上调至 25%。

事实上，美国贸易代表莱特希泽一直坚持对中国采取强硬的贸易政策，多哈回合目前的进展集中于中国具有巨大优势的制造业领域，而美国希望的服务业领域谈判迟迟无法推进，并且随着中国对国际规则的不断熟悉，开始使用"游戏规则"反制美国时，美国对中国崛起的担忧开始显现，具体表现在抨击 WTO、不执行争端解决机制的相关裁决等，并开始采取 WTO 之外的其他手段来遏制中国的经济发展，例如，2018 年 4 月美国商务部对中兴执行的为期 7 年的出口禁令，实质上就是对中国的技术进步进程加以遏制。2019 年 5 月美国政府宣布将华为列入"实体清单"，即除非获得美国政府许可证，否则对华为的任何出口都应事先假定会被美国政府禁止。

特朗普政府的贸易保护措施更加聚焦于中国。在 2018 年第一季度的 37 项贸易保护措施中，有 25 项都将矛头直指中国，占比达到 67.6%。美国这种"逆全球化"的行为在美国国内也引起了不少的批评与反对。

### （二）中美政治与安全问题

奥巴马政府推行的"亚太再平衡"战略事实上沿用了美国长期以来构建安全共同体的形式，通过盟友、伙伴关系以对抗外部威胁，从而实现扩大地区政治影响力。这样，一些本来就与中国存在领土与海洋争端的国家（日本、菲律宾、越南、马来西亚等）纷纷同美国加强了安全合作，以达到制衡中国的目的。美国在亚太地区的军事力量一直处于主导地位，其同日本、韩国建立了军事同盟，而且美国在安全事务上追随者的数量也遥遥领先于中国；虽然中国近些年军事实力在不断壮大，但其长期走和平崛起的道路，着重强调经济发展，在安全投入以及外交方面仍显不足，这就使其面临严峻的地缘政治挑战。同时，朝核问题、跨国犯罪、恐怖主义等问题依然存在，中国外部安全仍面临风险和隐患。此外，尽管中国的和平发展赢得了国际社会越来越多的认可，但仍有国外势力利用人权、民主、宗教等问题攻击中国。美国长期宣扬的"中国威胁论""中国责任论"，加剧了周边国家对中国的质疑和防范，中国崛起经常被认为是对亚太政治秩序的威胁，而美国却成为维护亚太地区安全的有力保障。在这种情况下，中国在政治和安全领域的崛起困难重重。

秉持着"美国优先"的原则以及"让美国再次伟大"的口号，特朗普越来越多地从负面角度对待中美关系。特别是在朝核、台湾和南海问题上，特朗普政府频繁向中国施压，以换取中国在经贸领域的退让，同时压缩中国的战略空间。特朗普政府一直指责中国在约束朝鲜开发核武器及弹道导弹项目上没有承担"应有的责任"，而中国则表明自身已多次呼吁举行六方会谈，而且鼓励美朝直接进行双边会谈，并且多次在联合国安理会上投票通过了关于制裁朝鲜开发核武器的决议。反而是美国等其他外部势力的干预才使得朝鲜核问题愈发严重。特朗普更提出了如果中国能够在朝核问题上改变立场，美国可以考虑在经贸领域做出部分让步，企图进一步在朝核问题上向中国施压。同时，特朗普政府加大了美军在南海自由航行的频率，到 2017 年 10 月，已进行了五次自由航行，该频率远超奥巴马时期的频率。2018 年 4 月美国在南海海域进行了海上军事演习。2019 年美国通过"2019 年台湾保证法"，企图遏制中国。

## 三、中国的应对策略

### (一) 积极构建中美双边自由贸易安排

制度性合作机制的构建对于中美贸易的平稳发展起到重大作用。双边自由贸易安排将考虑在货物、服务贸易以及投资、技术合作等方面削弱制度性壁垒,为中美两国企业在对方市场上的发展提供更加优惠的待遇。由于中美经济结构的互补性,美国在中国市场的最大竞争对手往往来自势均力敌的第三国企业。通过双边自由贸易安排,中方可以尽力提供给美国优于其竞争对手的待遇,使美国更便利地抓住中国市场的机遇,从而逐步降低中美贸易失衡的风险。

同时,中美双边自由贸易安排可以最大限度地避免美国采取单边贸易保护措施,从而为中国对美投资创造良好的制度环境。构建中美双边自由贸易安排还可以使美国参与到中国的消费升级、产业结构升级的进程中,从而更多地分享中国经济高速发展带来的红利,而中国也可以加大开放力度,扩大从美国进口更多高新技术产品,美国也可以通过中美双边自由贸易安排进一步扩大与中国企业合作的机遇以提升其基础设施建设以及发展高新技术产业。

中美双边投资协定谈判(BIT)已经有良好的基础,中美双方可以从恢复BIT谈判着手,尽快推动双边自由贸易安排的谈判,逐步建立中美双边自由贸易区。

### (二) 增强政治与战略互信,促进中美合作新机遇

中美应该理性地审视双方的政治分歧。有很多国内政治问题是需要中美双方共同面对和治理的,例如社会不公正现象的存在、贫富差距的拉大,以及国际社会中的不稳定因素。中美双方可以就共同关心的问题展开更多的合作,共同探索解决的方法。

此外,在维护世界和平上,双方也有着共同的利益诉求。在朝核问题上,中方一直秉承负责的态度,多次呼吁各方不要采取恶化形势的行为,并在联合国安理会投票通过制裁朝鲜的决议。中美双方还可以通过拓展军事领域的对话和合作,在国际安全问题上保持及时沟通。

中美两国元首及高层日益增多的交流与互动,可以使双方扩大互利合作领域,并在充分尊重对方的基础上管理分歧。四大新对话机制的推进更是为中美解决诸多棘手问题提供了新渠道。中国将继续坚定不移地走和平发展的道路,同时也可以积

极邀请美国参与到"一带一路"倡议中,一起维护世界的和平、稳定和发展。

## 第二节 中国—欧盟关系展望及中国的策略选择

### 一、中欧关系面临的挑战

#### (一) 中欧贸易失衡的多米诺骨牌效应

中国和欧盟互为重要贸易伙伴,经贸合作紧密且规模不断扩大。虽然德国和荷兰等发达国家在资本密集型产业和服务业具有较强优势,但众多以发展劳动密集型产业为主的欧盟国家却指责由于中国产能过剩和经济补贴,使其全球市场地位下降,就业和企业面临着越来越大的压力。出于对国家利益和本国福利的保护,大多数国家的外交政策也发生了相应的变化,因此,该问题的常态化存在就决定了中欧伙伴关系不对称且持久的特性。[①] 欧盟民粹主义者利用贸易逆差指责中国实行不公平贸易策略,呼吁建立"堡垒",[②] 法国、意大利等欧盟成员国甚至实行贸易保护,在外商投资、并购方面实施收紧举措,包括修改相关法律以加强审查、延长审查期限等。加上英国退出欧盟后,中国将失去一个在欧盟内部推动中欧自由贸易的重要支持者,未来中欧自由贸易协定谈判的难度将会增加。[③] 贸易领域的广泛分歧,还导致了中欧有关气候变化联合声明的计划以失败告终。总体而言,贸易失衡问题带来了多米诺骨牌效应,不仅中断了中欧经济合作和谈判的进程,而且对贸易自由化和全球治理措施的推进产生了负面影响。

#### (二) 中国市场经济地位问题的政治化

推动欧盟严格遵守国际法,切实履行国际协定的义务,承认中国市场经济地位,是中国保护自身合法权利的手段。尽管承认中国市场经济地位从根本上来说

---

[①] Shi Zhiqin. China – EU Relations: Crisis and Opportunity [EB/OL]. thediplomat, https://thediplomat.com/2016/03/china-eu-relations-crisis-and-opportunity.

[②] 赵纪周. 当英国欧盟"一刀两断",会不会刺伤中国? [EB/OL]. http://opinion.haiwainet.cn/n/2017/0119/c353595-30666433.html.

[③] 王宏禹. 欧盟经济外交的特点及中国的应对策略 [J]. 欧洲研究, 2014 (4): 88–99.

仅仅是一个技术问题，但由于该问题关系到欧盟成员国的众多国家利益和产业利益，加上受到来自美国的干扰和压力影响，这一经济议题现已逐渐政治化，并成为中欧关系中最敏感的问题之一。虽然德国、法国、西班牙等国在外交层面都先后表示支持承认中国的市场经济地位，但是欧盟主要成员国对该问题的决策并没有产生重大影响。直到目前，欧洲议会仍然拒绝承认中国的市场经济地位，欧盟没有履行自己在 WTO 规则上的义务，对《中国加入议定书》中 2016 年 12 月 11 日结束对中国反倾销调查"替代国"做法的最后期限置若罔闻。可以看出，在欧盟复杂的制度结构——"主权国家联合体"和集体决策机制的影响下，中国追求与自身实力相匹配的利益受到阻碍，欧盟独特的集体决策模式使其成为"易守难攻"的"欧洲堡垒"。这种特性使欧盟在中欧谈判中仍然占据优势地位，而中国企业却在不停面临来自欧盟的反倾销调查和征收反倾销关税。

## 二、中欧关系基础上的中国对策

在全球化趋势难以逆转、人类社会愈加相互依赖的背景下，构建更紧密的新型中欧互惠互利关系是中国和欧盟顺应全球发展的必然选择。欧元区危机大幅削弱了欧盟国际地位，同时中国快速崛起使其具有愈加显著的世界强国地位，中国和欧盟都有必要调整其在世界政治经济舞台上的角色，加强自身角色定位，尊重对方基本身份。两大经济体在气候变化和援助等问题上的共识有利于推进双边合作，并在世界舞台上采取联合行动，对全球治理做出贡献。

对现存问题的解决和双边关系矛盾的减少是今后中欧关系得以深化发展的重点。对于中国而言，首先，在中欧利益共同体的形成过程中，应该主动挖掘中欧间的共同利益，寻找从高速增长向高质量增长过渡中两大经济体合作的巨大机遇，提高中欧关系的深度、广度和高度，努力促进贸易平衡，争取在对欧的双边谈判中发挥优势地位。例如，加强"一带一路"倡议下连接欧盟的项目建设，这和欧盟改善基础设施的愿望之间具有协同作用；加快推进中欧 BIT 尽快生效，并着手准备 FTA 谈判；就产能过剩、政府政策等进行国际对话和信息交流；探索数字经济和绿色发展等领域的合作。其次，中国应该促进自身经济实力向政治影响力进行转化。[①] 主要途径如下：积极融入和创设双边及多边平台，并在此基础上重塑规则；设立一揽子协议寻求欧盟内部成员间的利益平衡；配合关键领域的反制、报复和威慑策略破解欧盟的防守性经济权力，敦促欧盟早日承认中国的市

---

① Wu P K, Jensen M D. Examining the EU – China Relationship in the Aftermath of the Economic Crisis [J]. International Journal of Public Administration, 2017 (1): 1159 – 1163.

场经济地位，保障自身国家利益的实现。例如在贸易争端问题的解决方案上把握欧盟内部的利益构成，将谈判工作细化至动员欧盟成员国层面上，游说欧盟成员国改变其战略和政策。最后，在对欧经济外交中，中国应该准确把握欧盟经济外交的特点，学会与规则合作，快速适应欧盟经济外交的策略。中国应加强与欧盟各方在人权领域的交流合作，在"软实力"方面共同进步，并为国际人权事业发展做出贡献。

## 三、中英关系面临的挑战及中国对策

### （一）中英关系面临的挑战

**1. 中英贸易和投资领域发展存在挑战**

总体来看，由于中国和英国都是贸易自由化和开放经济政策的倡导者，所以中英经贸关系发展形势向好，中英基础设施投资增长迅猛。然而，英国和其他西方发达经济体一样，认同中国在市场准入壁垒、补贴和人民币汇率人为低估上存在问题，从而导致两国在贸易结构、贸易额和投资环境的改善方面仍然存在许多挑战。在贸易结构上，中国对英国的贸易顺差规模仍然较大，这种持续顺差状态会导致贸易争端增多，且阻碍人民币流动性的进一步增强。在双边贸易额上，一般一国经济结构的转型升级会带来对外贸易结构的转变，但从中英双边贸易数据来看，中国经济结构的转型升级并未明显反映在中英双边贸易额的提升上，这意味着中国新兴产业的发展可能和英国优势产业存在重合，这种国际市场上的产业竞争会给两国深化合作与对接带来阻碍。在投资环境上，由于中英在法律制度、社会文化、政府审批时效性、透明度、确定性等方面存在较大差异，企业对外投资中存在较多难题，进而导致两国民众各自心存偏见，英国在对中国经济体制透明度规则方面也存在较多争议，政府当局和监管机构面临较大的舆论压力。并且在英国脱欧之后，中国企业在出口时很可能必须符合调整后的英国标准（而非欧盟标准），这意味着中国企业将面临成本提升。综上所述，在贸易谈判上，如果要化解上述难题，达成比欧盟、美国和日本自由贸易协定更优惠的条款，英国和中国都将面临提供优先进入本国市场机会的艰难选择。

**2. 中英金融领域深化合作存在挑战**

一方面，中英关系在很大程度上依赖于经济交流，英国选择与中国合作很大程度上也是源于中国经济实力和国际地位的提升，英国关注到了中国的投资利益。另一方面，中国国际地位的提升需要人民币业务发展的配合，现阶段人民币已被包括在国际货币基金组织的一篮子货币当中，自然而然地，中国会继续推动人民币的欧洲交易额的增加。但是，英国退出欧盟不仅引致英国自身局势出现恶化，动摇了伦敦全球顶级金融中心的地位，减弱了自身作为中国对外投资理想目的地的吸引力，而且还给人民币流动性扩展、中国在境外发行人民币主权债券、伦敦离岸人民币贸易中心的发展带来了挑战。人民币清算规模本身就相对较小，在欧美地区的接受程度不高，若英国硬脱欧，外资金融企业大量外迁，人民币国际化和中国资本输出不得不面临紧张态势，这也会直接削弱中英金融合作的基础。

**3. 英美和英日特殊关系的潜在影响**

英国和美国之间的特殊关系会导致中英关系存在潜在不稳定因素，尽管英国在美国强力反对情况下，坚持要成为亚洲基础设施投资银行的创始成员，但英美之间持续多年的特殊关系以及两国共同的文化价值观难以消散。尤其是涉及安全防务问题时，英国和美国仍然是坚定的盟友。如果中美发生冲突，毫无疑问英国将与美国站在一边，这将对中国以及中英关系极其不利。此外，英国和日本之间日益密切的军事合作也是深化中英关系的潜在不稳定因素。中国也不希望英国只关注军火利益，而忽视其所带来的其他国家安全问题，这主要会对中英在国防装备的合作研究、军事演习和出售顶级军事技术的谈判等方面造成影响。

### （二）中英关系基础上的中国对策

中国应该在"全球化英国"和"全球化中国"的战略视野高度上，利用中英关系中两国共同利益远大于矛盾冲突的特性，继续加强与英国的合作、共同维护双方利益，推动更自由和开放的政策，推进两国关系朝着更积极的方向发展。例如，中国可以从战略对接（英格兰北部振兴计划与"一带一路"倡议对接）、五通（基础设施建设等）、开发第三方市场以及共建海上丝绸之路等方面与英国进行合作。① 积极促进中英两国发挥各自的比较优势，推动中英贸易结构的优化，减少中国对英国的贸易顺差，建立更深层的双边贸易和投资关系。妥善处理问题和分歧，放弃零和思维。同时，为了消化英国"脱欧"对人民币业务发展的影响，致力于减少中英关系中的不确定性，中国还需对"走出去"投资策略做相应调整。例如，在借用英国软实力，帮助中国在世界舞台和全球事务中发挥更重要作用的同时，也配合发展法兰克福和巴黎等其他离岸人民币交易中心。

总体而言，中国在参与国际秩序重构和实现国家安全的过程中，应该积极构建与英国的新型大国关系，以建立利益共同体和命运共同体的思路，推动全球治

---

① 李奇泽．新形势下，中英两国合作、共赢的机制［EB/OL］．http：//theory. gmw. cn/2016 - 03/29/content19497608. htm.

理。作为回应英国积极的对华态度和务实的全球眼光，中国应坚持共商、共建、共治和共享的原则，促进中英关系成为新型大国关系的典范，保持两国的战略合作高度和长远发展前景，充分发挥中英模式的引领作用和示范效应。

## 第三节 中国—日本关系展望及中国的策略选择

### 一、中日关系存在的四个问题

第一，中日海上争端问题依旧是双边安全的隐患。这些争端彼此关联，十分复杂，既涉及最为敏感的钓鱼岛领土主权争议，又涉及两国在东海专属经济区及大陆架界限安排、东海的防空识别区等诸多问题，双方在这些问题上均存在十分严重的分歧。解决这些问题，是中日能够建立起危机管理机制的首要前提。①

第二，中日之间的军事对峙态势对两国的政治经济关系发展带来了不利影响。作为一个标志性事件，2012 年的钓鱼岛危机不仅加剧了两国之间的军事对峙，还导致了中日政治经济关系的倒退。在此基础之上，2013 年，日本又连续出台三个军事安全文件，明确把中国视为主要的潜在防范对象和军事威胁国。此外，日本还置历史问题和本国宪法于不顾，强行推动解禁集体自卫权，同时积极与美国商议修订日美防卫指针，企图加强"日美联盟"，加强对中国的制衡。

第三，中日两国的外交、政治、经济、安全等对话渠道和机制尚未达到全面恢复的程度。尽管自 2014 年来中日双方的许多对话渠道和机制已逐渐重启，如 2018 年 4 月在日本召开的第四次中日经济高层对话，但部分高层次的对话机制仍未恢复，如中日战略对话、中日防务安全磋商等。此外，中国人民解放军与日本自卫队之间的双边交流与合作仍难以重启。

第四，现阶段中日双方的战略互疑构成了两国关系发展的桎梏。中日双方的战略互疑开始于冷战之后，日本对中国的疑虑主要体现在"中国军事威胁论"，而中国对日本的担忧主要是重新走上"军国主义"的老路。面对中国对钓鱼岛争端的强烈反应，日本国内的"中国军事威胁论"急剧上升；同时安倍政府强化与美国的同盟关系、促进解禁集体自卫权和修改宪法，使中国对日本未来的发展方

---

① 张沱生.走出危机、重启对话与合作——中日关系的现状与前景 [J]. 东北亚论坛, 2015 (5): 3－12.

向也更加担心。至此,中日两国之间的战略互疑已达到自两国关系正常化以来的顶点,这无疑为中日关系的回暖与改善带来了障碍。

## 二、如何应对中日关系的问题

在上述背景之下,中日双方短期内的共同目标是切实贯彻四点原则共识、避免进一步摩擦。为此,双方落实以下四个方面的内容尤为重要:

第一是认真面对和切实处理中日历史问题。中国对可能加剧两国摩擦的争议和问题的立场是一贯且清晰的。2015 年,中国外交部发言人明确指出:"中国政府隆重举行中国人民抗日战争和世界反法西斯战争胜利 70 周年纪念活动,目的是铭记历史、缅怀先烈、珍视和平、开创未来。"如果日本能谨遵与中国达成的共识——"正视历史、面向未来",中日摩擦再次加剧是可以避免的。解决好中日历史问题,其关键取决于日本面对历史的态度。

第二是强化双方危机应对和管控。针对这一问题,尽管中日双方已经恢复了防务部门海空联络机制和海洋事务高级别磋商,但关键就在于这两个磋商能否取得实质进展。若双方通过这些对话协商机制就危机管理的共识达成协议,中日两国应对和管控海上争端风险与危机的能力将明显上升。2018 年 5 月,中国国务院总理李克强应邀出访日本,已与日方达成海空联络机制协定。此后,尽管双方依然会存在海上分歧与摩擦,但危机管理机制的建立,对双方维护两国关系大局的底线——避免发生军事冲突,必将发挥举足轻重的作用。①

第三是重启与开展对话。根据中日达成的四个原则中的第四点共识——"逐步重启政治、外交和安全对话",中日双方恢复和开展对话的势头良好,为两国管控分歧、促进双边关系的改善与健康发展打下了坚实的基础。2018 年 4 月 16 日,第四次中日经济高层对话于日本东京举行。中国外交部长王毅和日本外务大臣河野太郎共同出席对话,这也是中日高层自 2010 年以来首度重启经济对话;②此外,2018 年 5 月李克强应邀出访日本,双方领导人的表态表明,中日两国双边关系很可能迎来回暖契机。中日两国高层对话的重启,特别是两国领导人的积极回应,是中日关系正常化的重要标志。双方应在此基础之上不懈努力,使中日邦交正常化的目标能够早日实现。

第四是重启与加强中日之间各方面的合作、积极扩大两国关系好转的有利局

---

① 张沱生. 走出危机、重启对话与合作——中日关系的现状与前景 [J]. 东北亚论坛,2015 (5):3 – 12.
② 中华人民共和国外交部. 第四次中日经济高层对话联合新闻稿 [EB/OL]. http://www.fmprc. gov. cn/web/wjbzhd/t1551969. shtml.

面。中日的共同利益体现在许多领域，不仅包括两国官方和民间的交流、经贸合作与往来，还包括两国在非传统安全领域中的合作，如应对气候变化、环境保护、节能减排、反恐与防止核扩散等多个方面。

2018年，日本与中国双边货物进出口额3 175.3亿美元，增长6.8%，双方推进中日韩自贸区建设也已取得新的重要共识。此外，中日还在2015年召开的第三轮中日海洋事务磋商中达成了多项一致，其中包括双方根据国际法加强在打击海上犯罪、海上搜救、科技及环境等多个领域的合作。未来，如果中日能够恢复并加强合作，不仅有助于解决双方的摩擦和分歧，还能推进两国重启战略互惠关系的进程。

中日关系的未来发展道路不会是平坦的，需要双方精诚努力。若双方能在将来解决好上述四个问题，将有助于中日关系在短期内全面恢复正常、长期内消减战略互疑和军事对峙，进而为解决困扰两国的历史问题和领土争议打下重要的基础，促进中日关系的稳定发展与不断改善。

## 第四节  中国—俄罗斯关系展望及中国的策略选择

### 一、中俄关系的演变和现状

叶利钦执政期间采取的外交政策一般以与西方国家的外交为主，即使在后期推出了"双头鹰"政策，但仍旧以与西方交往为主。与此同时，中国与俄罗斯之间并未开展大型经济合作项目，双边经济发展一度受阻，由于缺少经济上的大力支持，两国未能成为合作密切的战略伙伴。

普京的外交战略不断倾向于务实主义，逐渐意识到中国对俄罗斯而言的重要作用以及中俄两国合作的重要性。20年来，中俄两国的战略合作取得空前进展；两国边境问题通过协商谈判等和平途径得到妥善解决，不再是影响两国合作的阻碍；双边以及多边合作愈加密切，两国在国际安全领域也开展了深入合作；经贸方面的多样合作为深化两国关系打下了良好基础；两国官方相关组织开展了许多文化、科学方面的合作项目，与此同时民间组织也积极交流，这些丰富多彩的文化交流项目成为两国人民沟通感情的良好途径。以上工作都使中俄两国的关系愈加密切，并为以后的深入发展打下了良好基础。乌克兰危机和克里米亚事件使得俄罗斯受到欧美联合制裁，国家经济受到重大打击，短期内同欧美的关系不可能迅速恢复，俄罗斯更加需要中国的支持。可以说，中俄两国在政治、经济、文化、军事和能源领域的关系都取得了积极进展。

## （一）中俄经贸合作

2007～2018年，除2008年（受全球金融危机影响）和2014年（受乌克兰危机影响）外，双边贸易额都呈稳步增长趋势。2016年中俄进出口贸易额达695亿美元，同比增长2.2%。2018年的双边贸易额度更是达到1 082.8亿美元，中国是俄罗斯第一贸易伙伴国的身份已经持续9年不曾改变，与此同时，俄罗斯也是中国排名第11位的贸易合作伙伴。① 2017年，中国对俄直接投资22.2亿美元，同比增长72%，在俄新签工程承包合同额77.5亿美元，同比增长191.4%。两国在核能等能源合作方面取得全面进展，在航空航天领域也开展了许多重大合作项目，两国战略合作不断深化。

## （二）中俄能源合作

### 1. 中俄能源合作具有必然性

虽然中国经济增速放缓，但由于可观的经济总量和特殊阶段的能源消费结构，中国已成为世界第二大原油进口国、俄罗斯第三大原油出口伙伴国。② 据世界能源署的初步测算，2017年全球能源需求增速为2.1%，为2016年增速的2倍。全球能源需求主要集中在亚洲，而中国和印度联袂贡献了40%的增长。中国近几年来的油气产量和国内需求存在巨大缺口，超过一半以上的油气依赖进口，如表12-1所示。与此同时，俄罗斯油气资源丰富且急需多元稳定的出口市场，在这种情况下中国无疑成为俄罗斯较好的选择。中俄两国在能源方面开展了长期战略合作，并在《中俄睦邻友好合作条约》签署10周年的联合声明中指出，两国要在油气、核能以及一些新能源领域不断拓宽合作范围，扩大两国的利益空间，并成为可以在能源方面长期合作的良好伙伴。中俄两国不断深化的能源合作，使两国的能源市场更加稳定和谐，使能源安全得到进一步保障。两国通过能源合作可以开展多样的金融合作以及技术交流活动，这些不仅为两国的战略合作注入了新的动力，还增加了更多具有活力的新内容。③

---

① 外交部. 中国同俄罗斯的关系［EB/OL］. http://www.fmprc.gov.cn/web/gjhdq_676201/gj_676203/oz_678770/1206_679110/sbgx_679114/.

②③ 徐洪峰，王海燕. 中俄能源合作的新进展及存在的制约因素［J］. 欧亚经济，2017（1）：88-103.

表 12-1　　　　　　　中国近 5 年石油产、耗情况

|  | 2011 年 | 2012 年 | 2013 年 | 2014 年 | 2015 年 | 2016 年 |
|---|---|---|---|---|---|---|
| 产量（亿吨） | 2.07 | 2.07 | 2.10 | 2.10 | 2.15 | 2.00 |
| 表观消费量（亿吨） | 4.61 | 4.92 | 4.98 | 5.18 | 5.43 | 5.56 |
| 进口量（亿吨） | 2.54 | 2.85 | 2.88 | 3.08 | 3.28 | 3.56 |
| 对外依存度（％） | 56.6 | 58.7 | 58.1 | 59.5 | 60.6 | 64.1 |

资料来源：陈宪良．中国能源安全与中俄能源合作［J］．东北亚论坛，2017（3）：59-71．

**2. 中俄能源合作路径：趋利避害**

第一，加强同俄罗斯的能源合作与贸易，包括帮助俄罗斯建立核电站；同俄罗斯公司合作，加大对能源开采的人力、物力和财力投资，特别是能源领域的直接投资。

第二，在俄罗斯敏感区域，比如独联体国家和中亚，加强经贸合作的同时，尽量避免同俄罗斯在此地的能源需求产生争端，不断缓和与俄罗斯在中亚方面的竞争，使能源合作进一步深化。

### （三）中俄政治关系

中国在亚太乃至世界发挥着越来越大的作用，又是俄罗斯最大的邻国，俄罗斯逐渐将中俄政治、外交关系视为其亚太外交的重点。以下因素将有利于中俄建立更紧密的政治关系：第一，经济上的互补性有助于政治的合作。中俄两国的经济具有很强的互补性，俄罗斯拥有丰富的自然资源，在军事领域的科技水平高；中国的家电、轻工业发达，劳动力充足。资源上的互补性为两国开展经贸和军工合作提供了有利的条件，经济上的利益诉求和政治关系的发展相互促进。第二，中俄政治合作有助于确保全球力量的均衡。中俄都奉行世界向多极化方向发展，美国在很长一段时间内霸权和强权的存在，是中俄两国共同面临的挑战和威胁，中俄两国只有相互合作才能改善自身的处境，增强在国际社会上的发言权，有助于确保全球力量的均衡。第三，中俄两国人民和平友好的共同意愿。中俄两国人民在历史上有着深厚的友谊，苏联在中国解放和建设事业过程中给予中国很大的帮助和支持，双方政府间和民间的文化交流也增进了两国的情谊。

### （四）中俄军事合作

由于欧美国家对中国实行武器禁运，俄罗斯抓住向中国出口一些较先进军事装备的机会，推动了双方的军事合作，成为中国先进武器的主要提供者。俄罗斯一方面继承了苏联的先进军事工业，另一方面缺少需求市场，中国需要俄罗斯的

合作以促进军队的现代化建设。从 1992 年开始，中国从俄罗斯购买的武器比从其他国家进口的总和还多。1989~2005 年，俄罗斯对华常规武器出口达到 200 亿美元（以 1990 年为基期），占同期中国进口武器的 90%。[①] 1999~2005 年俄罗斯对中国的武器销售占到其武器出口的 37%。[②] 近年以来，俄罗斯和中国的合作已经开始走向共同研发阶段，除了 C929 这类的民用项目以外，还有 35 吨级直升机、新型地空导弹等一系列军事装备合作项目，军事合作进一步深入。

中俄军事合作也表现在军事互信机制的建立与军事演习的共同开展方面。这些军事演习为深化两军在防务与安全领域的合作奠定了更为坚实的基础，为两军务实合作探索出了新途径和新形式。

## 二、中国的应对策略

### （一）加大在经贸、投资领域的合作

**1. 在 WTO、IMF 和世界银行框架下继续合作**

随着俄罗斯经济复苏及加入 WTO，中国应该继续加大与俄罗斯的经贸合作，在重大问题上相互协调立场，实现互利共赢。联合包括俄罗斯在内的广大发展中国家进一步推进贸易自由化，针对美国的反倾销和反补贴政策集体发起诉讼。

在 IMF 中，中国和俄罗斯联合起来进一步要求增加发展中国家在 IMF 中的投票权，以削弱美国在 IMF 中的影响力。在国际金融秩序改革上，推动非美元国际货币结算体制。协同"金砖五国"推进 IMF 改革，提高发展中国家份额：目前，IMF 主要履行经济监测、提供贷款和技术援助三种职能。各成员在加入 IMF 时都要认缴一定的份额，该份额决定了一国应该向 IMF 支付的会费、在 IMF 中的投票权、接受资金援助的规模及获得特别提款权的数量。美、日、德、英、法五国在 IMF 中的份额占总份额的 39.18%，几乎可以左右 IMF 的决策权。

在世界银行框架下，中国应联合俄罗斯充分利用在世界银行的投票权，着力发展多边经济外交，增加对广大发展中国家的援助，尤其是非洲、南非和中亚的一些发展中国家。

**2. 加大在联合国贸易与发展会议下的合作**

联合国贸易与发展会议是促进发展中国家发展的国际机构。作为世界上规模

---

[①] Stockholm International Peace Research Institute (SIPRI). Imported Weapons to China in 1989 - 2005 [EB/OL]. SIPRI Arms Transfers Database, March 2, 2006.

[②] SIPRI. Exported Weapons from Russia in 1995 - 2005 [EB/OL]. SIPRI Arms Transfers Database, March 23, 2006.

最大的两个发展中国家，中俄两国可以通过联合国贸易与发展会议实现深入合作，起到更大的推动作用。具体来说，中俄两国可以协调联合国贸易与发展会议，共同成立"发展中国家经济互助委员会"，实现对众多小型发展中国家的帮助，进一步开展自身的对外援助计划，并使这些发展中国家成为促进中俄两国发展的重要基础与广大平台。

### 3. 加强在上海合作组织框架下的经济贸易合作

上海合作组织的经济合作明显滞后于政治和安全合作。上海合作组织如果不能在经济合作方面采取一些有效措施，在中亚事务的发展过程中一旦出现一些极端情况，整个组织就会向虚无化与边缘化发展。因此，中俄应该致力于提升上海合作组织区域经济贸易合作水平，可先在上海合作组织内开展全方位合作，形成机制，同时邀请巴西参与上海合作组织。在与巴西的合作中，将合作领域局限在区域经贸合作领域，淡化上海合作组织的政治色彩。上海合作组织应该重点在能源和农业领域内开展合作，俄罗斯拥有丰富的石油和天然气，巴西拥有丰富的矿石资源、农业资源，中印对能源资源的需求比较大，四国完全可以在这些领域内合作。

### 4. 在东北亚能源问题上的合作

俄罗斯将能源出口视为刺激经济复兴的重要推动力量，积极利用其自身的优势展开能源外交。普京"外交为经济服务"的方针，在俄罗斯的东亚能源政策中得到充分体现。俄罗斯在东北亚地区的能源外交不仅有经济目的，更为重要的是还有在地缘政治上实施战略突围的目的，以牵制来自其西部欧洲部分和南部中亚地区的地缘压力。目前，东北亚地区是俄罗斯在能源方面的重要出口市场，在俄罗斯整体能源计划中也处于举足轻重的地位。亚太地区多个国家的发展都离不开充足的能源供应，但国内也都存在巨大的能源缺口，为了使经济发展不受阻碍，这些国家不断开展多元化的能源进口工作，也都希望与俄罗斯达成良好的能源合作伙伴关系。与此同时，由于东北亚地区极大的能源需求以及较快的能源需求增速，俄罗斯也将东北亚地区看作良好的能源出口市场，并逐渐与其开展大型能源事业合作，促进与该地区的经济一体化，达到进一步加速自身经济发展的目的。

### 5. 加强中俄在中亚地区的政治与经济合作

在对中亚国家能源战略方面，中俄两国有很多相似之处：两国的经济发展都离不开安全稳定的外部环境支持，中亚国家在这其中发挥了巨大作用；两国与中亚国家之间在能源方面均开展了许多大型项目，是密不可分的利益合作关系；两国的发展均受到美国的阻碍与排斥。所以，中国可以深化与俄罗斯的战略合作，维持良好的伙伴关系，不断增大共同利益并且遏制美国在中亚地区的影响。但事实上，近年来中国的高速发展以及在中亚地区不断扩大的影响力都使俄罗斯对中国怀有戒心，但二者的合作确实可以有力抵抗美国在中亚地区的势力发展，并保护两国自身利益。这是由于中国的发展目的主要是基于保护自身安全以及维护能源利益，而美国的发展目的则是不断开展能源外交，进一步加大对中亚地区的掌控力。俄罗斯在中亚地区的影响力不断增加，同时还是参与能源博弈的重要一方。中国应该在充分考虑其他发展中国家自身意愿的前提下，不断以俄罗斯战略伙伴的身份加深与中亚国家的能源合作，同时还要与俄罗斯一同努力，处理好自身以及其他想要参与能源博弈的西方国家之间的关系，进一步维护能源博弈格局的平衡与协调。

**6. 加强军备交易和初级产品贸易合作**

中俄两国在地缘政治压力上存在相似性，在经贸合作上具有互补性，中俄加强军备交易和以石油天然气为代表的初级产品贸易合作是双赢的选择。虽然在21世纪的前10年，俄罗斯对中国军备出口占比下降，但随着美国重返亚太战略的推进，中国的地缘政治空间将进一步受到打压，再加上以美国为首的西方国家对华实施严格的武器出口禁运或管制，中俄之间军备交易特别是高端武器贸易势必会成为中俄经贸合作中的重要部分。另外，随着国际油价的大幅下行，再加上美欧的制裁，俄罗斯的能源迫切需要新的出口市场，而中国得益于经济的稳步增长，对石油、天然气的需求呈明显上升趋势，进一步强化中俄石油、天然气等初级产品贸易合作对双方都是有百利而无一害。

### （二）在政治和外交层面的合作

**1. 立场一致，在联合国中加深合作关系，推动改革发展**

世界多极化的发展可以使所有国家的利益得到保护，并且可以在这一进程中实现自身发展。但这个民主稳定、公平合理的新格局也遭到了多个西方国家的强烈反对。针对这一现象，中俄两国应该帮助联合国及其安理会提高在国际事务中的影响力，进一步加强其主导作用，共同抵抗西方国家的不正当干预手段。

**2. 关于独联体、叙利亚和伊朗问题**

鉴于俄罗斯把独联体放在越来越重要的地位，且俄罗斯怀疑中国一直对其"大后方""心怀不轨"，中国应明确表示支持俄罗斯、白俄罗斯和哈萨克斯坦关税同盟，消除俄罗斯对中国图谋其独联体的疑虑。同时应尽力促进同哈萨克斯坦签署自由贸易协定。当前叙利亚问题错综复杂，美国主导的北约直接在军事上介入叙利亚冲突，俄罗斯陷入进退两难的困境；在伊朗核问题上，俄罗斯也不会同意武力解决，中国在叙利亚和伊朗也有利益诉求，所以中俄应继续保持在叙利亚和伊朗问题上的一致性。

## 第五节 中国—印度关系展望及中国的策略选择

### 一、中印关系关注重点

#### (一) 中印边界问题

领土和边界争端是中印之间悬而未决的问题,长期以来影响两国关系的健康发展。20世纪80年代后期以来,两国在边界问题上做了努力并且取得了一些成绩,中印领导人在解决边界问题上都表现出积极的态度。但是自那时起,随着印度经济的崛起和印度"大国自信心"的增强,中印边界的不确定性进一步增大,解决的难度也更大。2017年的洞朗事件中,印度越过中越边界锡金段干扰中国部队正常活动的行为也证明了这一点。尽管洞朗事件最终以印度撤退结束,但中印边界问题未来仍将是中印双边关系中最重要的问题之一。

2017年因洞朗危机而出现的中印紧张关系自两国领导人武汉会晤以后逐步缓和下来。莫迪总理在2018年度的新加坡香格里拉对话会上暗示"四方安全对话"不针对中国的表态,为增强两国战略互信增加了动力。[①]

#### (二) 印巴关系危机与南亚地区关系

印巴关系的缓和总的来说将有助于中国在南亚地区的安全利益。但是考虑到印巴冲突有其特殊的历史背景,预判在未来相当长的一段时间之内印巴冲突是无法解决的。印度和巴基斯坦是南亚的两个主要国家,也是中国的邻国。两国之间的持续冲突将会限制中国与印度深化政治互信,以及中国与该地区的经济互通。随着印度经济实力的增强,缓和印巴关系的难度也进一步提升。

印度视南亚为自己的主场,维护自身在南亚的利益是印度进行国内改革和制定对外政策的基调。随着中国"一带一路"倡议在该地区的落实,南亚诸国与中国之间的政治经济关系愈加紧密,因此中印在该地区地缘利益上出现了不一致。长期来看,印度在该地区的"一家独大"格局必然会影响到中国在南亚地区的战

---

① 上海国际问题研究院中国外交70年课题组. 中国外交70年专家谈(之二)——周边关系和发展中国家外交[J]. 国际展望, 2019 (4): 1-22+152.

略和经贸发展,中国与南亚诸国(同时也是印度的邻国)之间联系的加强自然也会阻碍印度战略的实施。"一带一路"倡议和"季风行动"将在该地区的政治经济等方面进行博弈。

### (三)美印战略安全关系

印度与美国加强战略关系将对中国产生长期的地缘政治后果,增加战略不确定性,包括在经济、政治和安全等领域。印度加入上海合作组织后,其在经济和安全领域与中国和俄罗斯等国的合作不断深化。特朗普就任美国总统,美国对印度的态度和美印战略安全关系对中国产生的影响将具有更大的不可预测性。

## 二、中国的应对策略

总的来说,现阶段中印双方都需要一个稳定的国际和周边环境来优先发展本国经济。当前,中印作为两个发展中大国,在 IMF 和联合国等国际组织中有着广泛的共同利益。因而在处理对印度的关系上,求同存异,为国内经济发展提供稳定的政治环境是大背景,这也符合印度和中国的基本诉求。

### (一)中国对印度关系的基本定位——睦邻中保持高度警惕

中国对印度战略的定位是基于印度对中国实现周边安全和促进边疆地区开放等方面具有相当的重要性。南亚次大陆的安宁对中国国家安全最具决定性的意义,而印度是左右南亚地区形势的决定性因素,其中也包括了西藏问题。如何针对印度的行为制定相应的政策,避免与印度发生不必要的矛盾和冲突,将会影响中国的稳定与安全。

印度的快速崛起在地缘政治层面上对中国构成压力。印度在政治、经济、军事和文化等方面力量有所增强,但是还没有形成全方位的优势态势。印度国防投入的增加、外交上活跃度的增强和进一步务实以及强化"东进"战略都表明印度已经不满足囿于南亚,而是要进一步扩展其在亚洲的影响力。印度对中国的警惕是否正在演变成其更积极的对外战略有待观察。

### (二)中国对印度的策略选择

**1. 中国增强与印度的政治互信、探索多方位合作**

中印都是对全球事务具有重要影响力的国家。G20、东盟 10 + 机制、金砖国家合作机制,上海合作组织和中国—尼泊尔—印度经济走廊等,从不同层面为中印合作提供了平台。

一是在政府层面，应通过更广泛的、有建设性的对话来共同处理两国关系中的双边、区域性、全球性问题。应建立多渠道沟通，加强两国利益协调，尤其是在国家利益相互交汇的地区更应如此。二是加强与印度在国际社会中的合作和共识。印度的快速发展与中国在国际体系中呈现的崛起态势，在国际社会中已构成发展中大国对现行体系的重大影响，引起西方大国的高度关注，是中国在国际体系的层面上应予以研究的现象。三是在民间层面，应加强两国民众之间的友好往来，在教育合作、学位互认、旅游开发、文体交流等多方位加强合作与交流，培养中印战略合作伙伴关系深入发展的民意基础。

**2. 多边层面寻求共识，促进双边经贸合作**

一是在气候变化、能源资源安全、粮食安全、多哈回合谈判以及应对国际金融危机等问题上，中印有较多利益汇合点，双方应密切合作，在维护自身利益的同时，也捍卫广大发展中国家的正当权益。在G20集团的全球治理中，中国与印度同属金砖国家重要成员，肩负着为发展中国家谋利的重任，应共同主张在这两个领域建立减少贫穷和实现经济增长的基础。在WTO多边贸易谈判中，中国与印度有着共同的利益诉求，应加强双方政治经济合作，并在多边层面共同发声，建立有利于发展中国家的经贸规则。

二是加强中国与印度有较大经济互补性领域的合作。印度的强势产业，正是中国发展的主导产业。中国与印度可在日韩与欧美市场、软件与硬件、专业人才和英语及软件外包与培训学习等多方面广泛合作，优势互补，强强联合，成为品牌和产品对外扩张的承载地和大市场。中印都严重依赖于进口石油和天然气来维持经济的增长。需要减少双方各自在寻求传统资源供给方面的竞争。同时，中国应注重提升自身的经济实力，利用当前先发优势的红利加快经济转型，拉开与印度经济发展的差异性，维护经济安全并提升印度对中国的贸易依赖性。

三是积极构建中印边境自由贸易区。中印边境自由贸易区的建立，将对两国的贸易发展起到极大的促进作用。中印建立边境自由贸易区，不仅有利于双方取消贸易壁垒，就双方的共同利益达成谅解，也有助于两国在国际政治舞台共同提高发展中国家的话语权。

**3. 加强在安全防务方面的合作**

首先，应遵循"互谅互让"的原则，以务实、灵活和决断的政策加快推动解决边界问题。中印边界已成为目前中国与周边国家唯一未经划定的陆路边界。中印双方需共同致力推动边界问题的早日解决，实现边界争端从现阶段的"事实冻结型"向"预期解决型"转化。

其次，要增强在非传统安全领域的合作。中印双方在战略互信与传统安全领域尤其是边界问题与地区战略方面难以取得突破性进展,但不应妨碍两国在非传统安全领域推动实质性合作。非传统安全合作将有助于扩大双方的共识,应对共同的安全挑战。可探索开展有效合作的现实或潜在领域包括:打击极端主义、打击海盗及毒品走私和武器走私等跨境犯罪、海外能源获取和能源安全以及全球核不扩散等。

最后,奉行非对抗性的地区战略,同时做好战争准备及应急预案。如前所述,作为两个崛起中的大国和有重要影响的地缘战略角色,中印在相互周边地区的战略影响范围重叠将不可避免。这些地区包括中亚、东盟、南亚其他国家及印度洋海域。鉴于中印两国战略利益目标相容性低,甚至相互冲突的事实,需要探索如何使中印地区合作的空间实现最大化,至少做到引入真正意义上的健康竞争,适当使用各自的软实力,以地缘文明思维取代地缘战略思维。但是,中国不应忽略印度在经济和军事支出上的迅猛增长,当极端事件出现之时不排除印度将获得美日等国的支持,对中国形成东西包抄态势。

## 第六节　中国—巴西关系展望及中国的策略选择

### 一、中巴关系演进

#### (一) 中巴经贸关系

中巴经贸关系稳中有进,贸易、投资、金融"三驾马车"并驾齐驱。2015年和2016年中巴贸易连续两年下滑,2017年止跌回升,贸易额达到875.43亿美元,中国连续八年稳居巴西最大贸易伙伴地位。

从具体商品种类来看,大豆是巴西对中国出口的主力产品,2017年,出口额为203.1亿美元,同比增长41.2%,占巴西对中国出口总额的42.8%。铁矿石是巴西对中国出口的第二大类商品,出口额103.9亿美元,同比增长42.1%,占巴西对中国出口总额的21.9%。原油为巴西对中国出口的第三大类商品,出口额73.5亿美元,同比增长88.1%,占巴西对中国出口总额的15.5%。

#### (二) 中巴政治关系

中国—巴西政治关系总体上呈现平稳健康发展的态势。自1974年中巴建交以来，两国关系平稳发展，两国高层交往频繁。2018年7月，习近平主席在金砖国家领导人约翰内斯堡会晤期间同特梅尔总统举行双边会见。2019年1月，习近平主席特使、全国人大常委会副委员长吉炳轩赴巴出席新总统博索纳罗就职仪式。① 2019年5月，巴西副总统莫朗访华，访华期间，中巴双方重启了双边交流协调的重要机制——中巴高层协调与合作委员会。

中巴在国际事务中合作密切，在联合国、WTO、G20、金砖国家等国际组织和多边机制中合作密切，并就国际金融体系改革、气候变化、可持续发展等重大国际问题保持良好沟通与协调。但随着中国企业在巴西的市场规模越来越大，一度将中国视作盟友的巴西认为，中国公司正在争夺其资源和市场份额。因此，为了应对中国带来的挑战，巴西在很多方面的合作已经转向美国，如希望美国帮助其建立进出口银行、推出针对中国企业的反倾销调查等。

### （三）中巴拓宽合作领域

中巴两国建立战略合作伙伴关系后，随着经济关系日益密切，中巴两国在诸如空间技术、航空等领域开展了广泛的合作。

## 二、中国—巴西关系面临的挑战与展望

### （一）中国—巴西经贸关系展望

数年来，巴西和中国都已经发生了巨大的变化，现在已经是新兴大国、金砖国家成员和G20成员，是解决任何国际重大问题的中心国家，这使得巴中战略伙伴关系超过了双边的范畴。双方不仅具有良好的外交关系，并且能够为改革国际货币制度、应对气候变化以及克服经济危机共同提出意见。

未来10～15年，中国与巴西双边贸易规模将继续迅速扩大，两国贸易依存度将不断上升，贸易往来将日益频繁，其中巴西对中国的贸易依存度将继续超过中国对巴西的依存程度。中国和巴西在公共项目、社会政策和改革政策等方面存在着巨大的相似之处，这为未来战略伙伴关系的发展奠定了坚实的基础。

### （二）中国—巴西政治及外交关系展望

未来几十年同为金砖国家的中巴两国，将致力于发展长期、稳定、互利的战

---

① 中国外交部. 中国同巴西的关系［EB/OL］. http：//www.fmprc.gov.cn/web/gjhdq_676201/gj_676203/nmz_680924/1206_680974/sbgx_680978/t7915.shtml.

略伙伴关系。巴西作为实力强大的南美洲新兴大国，是中国在南美洲发挥影响力的战略支点，是中国发挥全球影响力的重要盟友。中国作为世界人口最多、经济发展最快的国家，是巴西第一大贸易伙伴。中巴两国在众多国际事务上立场相同，拥有相近的利益诉求，借助于G20、金砖国家等合作机制，有助于实现两国更紧密的沟通与合作。

### （三）国家安全与防务合作展望

未来几十年中巴关系将进入全面深入发展的新时期。随着金砖国家机制的成熟，其防务功能也会增强。中巴两个有全球大国地位目标的发展中大国，一定是促进世界和平发展和维护全球稳定的重要力量。而且历史上两国没有冲突，因此没有历史包袱，合作空间大。因此，未来两国防务和军事关系将不断拓展，将以军事合作的新模式在安全与防务领域进一步深化合作。

## 三、中国的应对策略

### （一）进一步扩大中巴双边经贸合作

**1. 加强双方在多边框架下的合作**

在 WTO 框架下，中国和巴西的关系较为紧密。在中国加入 WTO 和参加多哈回合谈判的过程中，中巴两国就国际贸易规则制定、国际谈判等方面进行了很好的沟通与交流。2019 年 6 月，在巴西等国的大力支持下，来自中国的屈冬玉顺利当选联合国粮农组织总干事，这势必有助于巴西未来农业发展。在未来几十年的发展过程中，中国和巴西及其他金砖国家应该在重大利益关切方面相互支持，为发展中国家谋福利。

**2. 拓宽双方在区域层面的合作**

第一，金砖国家的贸易互补性远大于其竞争性，需要通过完善合作机制，加强金砖国家的互补性贸易。金砖国家的出口产品结构差异明显，无论是贸易相似度还是贸易互补度指数，都表明建立互利共赢关系具有比较稳健的贸易经济基础，因而金砖国家经贸关系的政策重点应从关注贸易摩擦转向互补性贸易的拓展。

第二，构建中国—南方共同市场自由贸易区。未来 10 年中，中国应该在与南方共同市场的对话机制下，积极磋商，尽快启动中国与南方共同市场自由贸易区的谈判，扩宽合作领域，深化合作。

第三，推进中国与"美洲玻利瓦尔联盟—人民贸易协定"的对接。尽快启动中国与"美洲玻利瓦尔联盟—人民贸易协定"的自贸区谈判，可以促进中国与古巴等社会主义国家的经贸交流，深化中国同委内瑞拉和玻利维亚的经贸联系往来，借助这三国使中国在美国"后花园"拥有更多的话语权和决断力，增加与美国对话谈判的筹码。

**3. 进一步拓展双边层面的合作**

第一，建立中国—巴西自由贸易区，促进双边经贸发展。从中巴经贸关系的历史来看，中国对外贸易对巴西的影响是积极的、正面的。两国经贸关系的积极发展态势，雄辩地证明了中巴合作互补性很强，发展前景广阔，因此应建立经贸合作机制，尽快启动自由贸易区谈判，为中国与南方共同市场自由贸易区的建立做好铺垫工作，使合作法律化、常态化。

第二，加强中巴能源合作，在多层次多领域开拓能源产业价值链。当前中巴能源合作由石油合作主导，未来合作领域将会不断拓宽、充实，将涉及石油、水电、电力、新能源、煤炭、核能等诸多方面。此外，中巴石油合作的产业链可实现延长，从勘探开发到炼化，从融资到技术服务，从装备制造到相关基础设施建设等。

第三，加强双边投资互利，共同发展。巴西经济对自然资源的高度依赖和投资能力不足，制约着巴西增长的均衡性。而中国正不断推进企业"走出去"战略，因此中巴在投资领域的合作前景广阔。

第四，扩大基础设施建设方面的合作。巴西的铁路、公路、港口、码头和机场等基础设施也存在不同程度的不足，而中国近年来在基础设施建设方面积累了丰富的经验，双方可以考虑加强合作。

## （二）中巴联合推动世界政治、经济新秩序的建立

推动世界多极化和建立国际政治经济新秩序是两国共同的诉求和经过深思熟虑的远大目标。G20作为国际秩序格局中的新兴力量和未来国际秩序的决定力量，在日本大阪G20峰会期间，金砖国家领导人进行了非正式会晤，尽管中巴两国领导人没有直接见面，但这种多边会晤也从侧面印证了金砖机制对于强化中巴双边关系的重要性。中国应该努力与金砖其他国家合作，利用G20框架内建立的财长和央行行长会晤机制，在重大关切利益上相互支持，利用区域组织的力量提升金砖国家在G20中的地位，推动国际秩序的渐进变革。

## （三）中巴国家安全与防务合作策略

中巴同属新兴发展中大国，都面临着共同的经济崛起的机遇。为了达到这一

目标，两国都在努力营造良好的周边环境及国际政治经济环境。因此，双方可以在以下领域进行合作。第一，反恐合作。两国可开展针对非传统安全威胁的打击海盗、打击跨国犯罪等军事交流和演习。还可以通过非军事性的组织或集团，来共同配合抑制和打击极端主义势力的滋生。第二，维护海洋安全。两国之间应进一步加强海军之间的交流和互动，深化在海洋安全方面的合作。第三，军用武器合作。两国可实现优势互补，例如中国在导弹、战机等方面拥有领先优势，巴西在空间技术等方面也有自己的特长。

第十三章

# 中国参与国际秩序重构与实现国家安全的保障体系

中国积极参与国际秩序重构，是建立在对世界政治、经济格局全面把握和准确判断的基础之上，是中国自身实力提升的重要体现，是中国对世界格局变动的积极应对。在积极参与国际秩序重构的过程中，中国要及时建立完备的保障与评估机制，以便准确把握国际秩序的方向，评估中国参与国际秩序重构的效果。鉴于此，在参与国际秩序重构的过程中，要建立维护国家安全的评估体系，以保障在参与国际秩序重构过程中的国家安全。

## 第一节 构建保障体系与评估机制的重要战略意义

### 一、确保各项战略精准实施

各项战略在制定之初都要预先考虑未来可能发生的变动，为战略实施过程中可能出现的政策和环境变动预留调整空间。由于全球经济和政治格局不断变动，战略的实际实施效果可能与预期存在偏差，对战略实施过程中可能出现的偏差进行事先衡量、对可能出现的重大失误进行事先备案尤为重要。

完善的保障体系与评估机制可以最大限度地规避风险，并对战略实施偏差进行定性和定量的反映。战略的调整一般基于灵活性和审慎性统一、可行性和适度性统一的原则。① 国家战略的调整并非盲目进行，调整的内容和程度需要进行充分评估，以确保战略实施的科学性和有效性。中国积极参与国际秩序重构，必须在参与国际秩序重构的过程中提供充分的组织、人员、机制和物质保障，同时建立科学有效的评估机制，确保战略调整的灵活性，推动中国参与国际秩序重构、维护国家安全的规范化。改革开放以来，中国对政策实施效果的评估意识已经逐渐增强，随着中国参与国际秩序重构、维护国家安全的深入，未来政策工具的制定也将具有针对性、有效性，具备"精准实施"的条件。

## 二、促进社会各界参与，提升综合国家安全意识

保障与评估机制的建立需要社会各界的共同参与。以美国战略安全风险评估机制为例，美国对战略安全风险的有效识别和及时预警依赖于战略情报的收集分析和处理。情报主要提供者为中央情报局下设机构情报处，国家情报委员会负责评估收集的情报。安全委员会负责基于评估结果制定决策，其核心人员为总统、副总统、国务卿、国防部长等核心人物或他们委派的人员。国会在战略评估的过程中发挥监督作用。除此之外，国会下属各研究机构及智库相关人员对战略情报的研究提供支持。由此可见，评估系统的建设需要各部门的广泛参与，这既是对国家保障与评估机制的重大挑战，也是深化部门间合作、促进社会各界群策群力的重要机遇。

战略执行的监督与评估也是一个社会各界广泛参与的过程，这有利于政策执行的公开与透明。评估完成后，评估结果的传递和发布对信息共享机制也提出了较高的要求。积极搭建沟通有效的信息共享体制，有助于各部门间的信息整合，确保各部门工作的协同一致，保证部门间良性的、持续性的互动和配合，并在实践中深化国家安全意识。

## 第二节 中国维护国家安全的保障与评估机制面临的主要问题

中国在参与国际秩序重构、维护国家安全的过程中，对经济战略、政策的实施会进行相应的评估。如国家发展和改革委员会委托世界银行对中国的五年规划进行

---

① 孙新彭. 国家战略实施过程中的国家战略管理、国家战略评估和国家战略调整［J］. 发展研究，2017（6）：16-18.

中期进展评估，世界银行也会自发地对中国贫困问题进行评估，相关部委会对部分政策进行年度或者不定期的评估等。总体来说，中国参与国际秩序重构过程中，维护国家安全的保障和评估机制建设还处于探索阶段，诸多问题亟待解决。

## 一、评价指标体系不够完善

中国在经济战略、政策的评估过程中虽然建立了一套完整的目标体系，包括指导思想、总体指标和一些定性定量指标，但总体上，指标体系设计略显简单，没有涉及组成部分的指标和阶段性指标，从而不利于战略实施成果的监控和战略内容的调整。与此同时，指标体系不够全面，当前指标体系中主要包括经济指标，在政治、军事和外交层面的战略保障及评估体系仍有待进一步完善。

总之，中国尚未建立起一套系统的保障和评估机制，以实现对中国参与国际秩序重构、维护国家安全战略的政治、经济、外交、安全等各方面的政策、措施进行有效评估。

## 二、缺乏相关立法保障评估机制顺利实施

目前，中国在国家安全领域基本形成了一套立足中国国情、体现时代特点、适应中国所处战略安全环境，内容协调、程序严密、配套完善、运行有效的中国特色国家安全法律制度，以《宪法》为核心，以《国家安全法》《反间谍法》《反恐怖主义法》《境外非政府组织境内活动管理法》《网络安全法》《国家情报法》和《核安全法》等专门立法为支撑。由于参与国际秩序重构、维护国家安全战略的保障和评估机制涉及的领域宽、层次多，因而需要各方在职能、责任和义务等方面进行合作分工。但是，由于政府部门的利益主体多元、利益关系复杂，因此很难在短时间内制定出参与国际秩序重构、维护国家安全战略的保障与评估机制。

## 三、评估主体单一化

中国参与国际秩序重构的政策评估研究机制尚不成熟。由于专业水平的限制、信息资源获取约束以及组织和制度的不完善，在中国，非官方评估机构难以实际参与到政策及战略的评估过程中，独立于政府、政党等官方部门的智库在中国较为少见[①]。

---

① James McGann. Chinese Think Tanks, Policy Advice and Global Governance [EB/OL]. Indiana University Research Center for Chinese Politics & Business Working Paper, http：//www.indiana.edu/~rccpb/pdf/McGann%20RCCPB%20Tink%20Tanks%20March%202012.pdf.

因此，鼓励扩充非官方评估渠道，保证评估参与主体的多元化，有助于从多个视角审视与思考国际态势的复杂性，有利于调动社会各界参与国际秩序重构的积极性，提升国家安全意识，促进官方与非官方评估机构的协作互补。

### 四、政策战略保障与评估机制的理论、应用层面和技术层面尚需改进

政策保障与评估机制属于比较困难和复杂的工作，尚处于起步阶段的中国在政策战略评估的视角、方法层面的研究有待深入，如对一些政策的效果评估仅基于单一的经济视角，缺乏对社会、环境等层面影响的评估。国外在政策战略评估上的一些方法和视角可供中国借鉴。如欧美等国对战略执行的相关性回顾、对执行效果的监督和评估、对战略规划的效率和经济性的衡量等。此外，利益相关方的反馈也具有一定的代表性，如对环保、创新专题的评估等。中国需要从技术层面对政策战略的评估机制设计进行探索，制定出适合中国复杂国情的政策战略的保障与评估机制。

## 第三节 建立维护国家安全的制度和组织保障机制

制度是指共同遵守的规则或行动准则。中国在参与国际秩序重构、维护国家安全战略方面深耕了40年，但是相关领域的保障与评估制度尚未建立。下一阶段中国须在建立和维护国家安全的制度与组织保障机制方面重点发力。

### 一、完善相关法律法规

中国要从法律层面确立国家安全的动态监测评估体系，建立国家安全保障与评估法律体系。在推进过程中，要明确监测目标，建立良好的监测机制，充分反映参与国际秩序重构与确保国家安全之间的法律关系。例如，可以从法律上规定对中国参与国际政治秩序重构的效果，尤其是在联合国中的表现和中国同其他国家间的利益关系进行定期评估。就国家安全而言，中国可以尝试对跨国并购中的国有企业盈利状况进行评估，从法律层面要求国有企业肩负起对自身行为进行内外评估的义务。通过构建完备的法律保障，国际政治、经济、外交和军事战略的实施将会更加精确和高效，基于法律的威慑作用，严格执行和评估中国参与国际

秩序重构过程中的战略选择，从而更加有效地保证国家安全。

## 二、建立政府间国家安全保障与协调机制

中央政府各部门在参与国际秩序重构、维护国家安全战略方面起主导作用。各部门应从自身职能出发，从不同方面对企业跨国并购行为进行评估，审计署要对整体的参与国际秩序重构、维护国家安全战略行为进行评估，商务部、外交部等也需要有自身的角色定位。要有配套的积极参与国际秩序重构、维护国家安全战略的保障与评估机制。部门的配合需要完备的信息传递系统，中国参与国际秩序重构的所有战略设想、策略选择及评估结果均应在不同政府部门之间（各级政府之间，以及同一级别的政府各部门之间）实现信息共享。

目前，中国各部门之间缺乏沟通的畅通渠道，横向（同一级政府的不同部门）或纵向（从中央到地方各级政府）信息的交换存在不同程度的隐性壁垒。如世界银行对中国第十一个五年规划中期进展进行的评估指出，在政治和安全问题上，外交部、军方、其他部委之间的信息沟通渠道未必顺畅，在某些安全问题的处理上往往缺乏协调和沟通。在国家安全问题上国家发展和改革委员会就不掌握省、市级发展和改革委员会的投资项目信息。如果各种资金项目的目标能够更加明确，突出重点，加强对其的监测，并引入影响评价体系，各种资金的使用效率可望有较大改善。因此，在确保安全的情况下，实现信息共享显得尤为重要。

## 第四节　建立参与国际秩序重构和维护国家安全的评估机制

### 一、国家安全评估是参与国际秩序重构必须面对和解决的战略性课题

在全球化迅速推进的背景下，中国融入世界的程度日益加深，国际政治、经济环境对中国的影响越来越大。国际经济关系与国际政治关系之间的关联程度日益提高。利益主体多元化、利益关系复杂化、实现利益的手段多样化的趋势越来越明显。参与国际秩序重构、维护国家安全面临着更加复杂多样的风险因素，国

家安全面临的潜在威胁形式越来越多。因此，中国亟须关注和研究参与国际秩序重构的绩效评估机制，以评估各项政策措施对经济、社会和环境发展的影响，及时进行风险防范，维护国家安全和确保经济平稳较快发展。

## 二、国家安全评估对提高国际竞争力和抗风险能力具有重要意义

在中国参与国际秩序重构、维护国家安全的过程中，一些不稳定的因素时刻威胁着国家安全，国际政治、外交层面的问题层出不穷、区域冲突不断，全球主要大国战略调整频繁，领土争端尤其是海洋争端日益成为威胁国家安全的重要问题。在金融领域，资本账户开放的节奏和程度等都需要认真思考，防患于未然。后金融危机时代，世界经济微弱复苏、前景仍不明朗。经济纠纷、贸易摩擦频繁发生，贸易保护主义盛行。中国国内经济发展面临着内需不振、通货膨胀预期显现、产业升级困难重重等问题，经济可持续发展面临很大压力，政策运用不当将会使经济陷入困境，最终可能会威胁到国家安全。通过构建战略实施评估机制，能够及时评估存在的问题，有助于提升中国国际竞争力和抗风险能力。

## 三、新时期迫切需要构建维护国家安全的战略和政策评估与快速反应机制

在缺乏有效评估机制和工具的情况下，政治、外交、军事政策及战略的失误成为当前国家安全的非常规威胁，这些非常规威胁与中国经济发展所面临的金融安全隐患、资源能源与生态环境安全隐患、就业与产业安全隐患、市场安全隐患等问题叠加在一起，可能会对中国的国家安全形势造成更严重的负面影响。通过建立快速评估与反应机制，以全面、及时、准确地评估涉外政策可能造成的新影响，发现国际秩序战略实施中存在的问题与隐患，能够为中国积极参与国际秩序重构、维护国家安全战略的制定与实施提供基础性保障。

## 四、参与国际秩序重构、维护国家安全政策评估能增强经贸政策的针对性

由于没有深入研究参与国际秩序重构、维护国家安全中的战略和政策绩效及影响，导致此类政策制定和实施的针对性和有效性大打折扣。安全战略本身即是影响国家利益的风险因素，如国际政治战略、外交战略、军事战略以及产业政

策、出口政策的调整可能引发国际政治、外交、军事及经济纠纷和贸易摩擦，成为威胁中国国家安全尤其是产业安全、就业安全和市场安全的导火索。由于缺乏完备的评估机制，对国际格局的变化没有充分的思想准备和政策储备，一旦发生政治、经济和军事风险以及贸易摩擦、外交冲突，往往造成"救火式"的反应。在制定和执行参与国际秩序战略时，如果能够对其潜在影响进行正确的评估和监测，这些战略和政策的针对性及有效性将大大增强，将能够提升中国参与国际秩序重构的底气，在对外政治、经济、外交、军事的合作与竞争中把握主动。

## 五、建立系统的评估体系

从系统科学的视角入手来分析，评估是一项系统工程，包括评估原则、评估方法及指标体系选择模块，系统结构评估模块，输入、输出、数据资料及专家咨询系统模块。战略评估要把所涉及的问题、过程、部门或体系等看成一个系统，研究其结构、输入、输出、环境，以及环境与结构的交互作用、整体运行等方面，接着通过分析与改造，建立以下功能性的子系统：（1）评估者模块；（2）评估对象模块；（3）评估方法、指标、标准模块；（4）评估系统组织机构模块；（5）数据资料及专家咨询系统模块。通过定性分析与定量评判对以上子系统进行综合评估。在实践中，定量分析一般通过加权综合分析获得，定性分析则是根据评估系统中的各种信息，对于评估对象的以往表现和以后应该注意改进以及渴望达到的状态给予判断性的描述。

## 六、评估过程中要重视国家决策安全问题

随着经济全球化的迅速推进，各国经济的开放程度加深，民族国家对国内经济的控制能力呈现弱化趋势，国家决策安全也就成为国家安全的新内涵。例如，跨国公司的经营活动会影响到东道国的货币政策及时正常地发挥作用，而世界及周边国家经济形势的变化也与一国的经济政策有直接关系，尤其会受到某些经济大国政策或国际经济组织规定的影响和限制，使该国被迫放弃对本国经济某一领域的既定政策，从而威胁到国家安全。因此，研究在经济全球化下如何维护国家的决策安全具有十分重要的现实意义[①]。

---

① 王瑛. 经济安全：中国面临的挑战 [M]. 太原：山西经济出版社，2004.

## 第五节 基本结论及政策建议

### 一、对外开放与国家安全应和谐并存

在国际秩序加速重构的背景下，中国更加紧密、深入地融入全球版图中，因而需要对国家安全形势给予更多关注。开放与国家安全是有机统一、和谐并存的，一国完全可以在高水平开放状态下，提升本国的国家安全保障水平。中国不应以国家安全为理由，阻碍开放政策的施行，在投资和贸易领域的开放进程要继续推进，在声讨国外对华保护主义的同时，要谨防国内保护主义的蔓延。应该看到，全球化的深入发展使得经济发展的内外环境都发生了很大变化，威胁国家安全的变量和不确定因素增多。2008年国际金融危机在全球范围内的蔓延，对中国国家安全形势造成了一定程度的损害，这进一步警示我们，在开放进程中尤其是在制定开放决策时，要密切跟踪分析国家安全的新变化，对威胁国家安全的因素进行及时评估和预警。

### 二、在国际组织中建立信息情报分析网络

国际组织是参与国际秩序重构的重要载体，国际秩序的变革和国际秩序观的传播往往可以通过国际组织得以体现。通过在国际组织中的利益协调、谈判、互动与博弈，能够深入参与到国际秩序的演变进程中。而参与国际组织管理和运营是打通这一渠道的重要途径。可以通过国际组织规则制定、政策导向、利益协调、内部治理及人才储备与输送等途径，参与国际秩序重构，传播中国国际秩序观。政府间国际组织是由各成员政府创立的，国际组织的职能由成员政府授权，所以成员政府会影响国际组织的决策和行为。国际组织的重要职能之一就是制定国际规则。各成员可以通过国际组织将自己的主张转化为国际规则，以此来发挥自身对国际秩序的影响。美国等发达国家也多通过国际组织制定有利于自身的国际规则实现其主导国际秩序的目的。自加入WTO以来，中国也在不断增强在国际组织中的影响力和话语权，但总体上还处于相对弱势的地位。

在国际组织中制定议程、引导国际组织的政策重点与方向，是通过国际组织参与国际治理的另一个重要方面。中国在这方面有许多成功的实践，但总体而

言，在提出议题、设定议程方面与发达国家相比还有一定差距。国际组织还是协调成员利益的重要平台。成员可以通过国际组织这一平台，协调整合自己的利益同盟者，推进共同主张，有效维护自己的权益，实现比双边机制更为主动和更加有力的利益协调，这对中国提高国际地位、提升国际话语权具有重要的现实意义。因此，在各类型的国际组织中建立强大的情报信息分析网络对于中国参与国际秩序重构、维护国家经济安全具有重要的战略意义，也是需要重点推进的工作。

## 三、建立参与国际秩序重构、维护国家安全的人才储备保障机制

参与国际秩序重构的一个必要条件是要培养维护国家安全的国际组织人才队伍。这些人才广泛分布于各大国际组织，直接影响国际秩序的重构进程。从根本上讲，各国在能够影响国际秩序重构的国际组织中的股份比例及由此决定的投票权、成员向国际组织输送工作人员的能力是决定成员方参与国际组织治理的主要因素。

长期以来，中国在国际组织中出任高级职位的人员很少，而且主要国际组织中中国籍雇员占比与中国自身国家实力和人口规模远不匹配。因此，中国有必要尽快加大对国际人才的培养和投入，打通国际组织与国内机构人才互动的机制，积极为国际组织输送管理人才，并以此为契机，建立参与国际秩序重构、维护国家安全的人才储备保障机制。

## 四、加大投入构建国家安全评估指标体系，开发新的评估方法

参与国际秩序重构、维护国家安全是一个复杂的系统工程，很难制定出一个涵盖所有内容的评估方案，普遍的做法是按涉及领域将评估事项分为政治安全、国家安全、军事安全等，受数据限制、利益相关者界定、咨询渠道扩展等影响，目前国际上尚没有一套完整的参与国际秩序重构、维护国家安全的政策评估体系。美日及欧洲各国都在加紧开发评估工具并逐步推广运用，中国应该集中力量研究开发参与国际秩序重构、维护国家安全的评估体系。

## 五、将参与国际秩序重构、维护国家安全的评估机制纳入法律框架内

在很多领域，政策监测与评估仅仅是一个程序而已，并不存在实质性的内

容。中国在执行评估机制时需要以法律支撑作为保证，因而要将参与国际秩序重构、维护国家安全政策评估事项纳入法律框架内，使政策评估成为具有约束性、实质性的政策实施程序，为中国准确评估自身实力、把握国际经济格局和未来发展趋势提供基础性法律保障。

## 六、强化国家安全评估的常态化、制度化研究

随着国际政治经济格局的不断变动，中国参与国际秩序重构、维护国家安全政策的评估机制需要及时调整以适应新的国际环境。要将评估机制常态化，对多边、区域与双边层面的格局变动进行评估，保障对中国参与国际秩序重构、维护国家安全政策评估的准确有效。

# 参考文献

[1] 奥尔森等. 国际关系的理论与实践 [M]. 王沿等译. 北京：中国社会科学出版社，1987.

[2] 巴蒂斯特拉. 国际关系理论 [M]. 潘革平译. 北京：社会科学文献出版社，2010.

[3] 贝尔. 巴西经济增长与发展 [M]. 罗飞飞译. 北京：石油工业出版社，2014.

[4] 博赞等. 世界秩序：旧与新 [J]. 史学集刊，2000（1）.

[5] 曹胜强. 现代国际关系史：世界体系的视阈 [M]. 北京：人民出版社，2011.

[6] 陈菲."一带一路"与印度"季风计划"的战略对接研究 [J]. 国际展望，2015（6）.

[7] 陈凤英. G20杭州峰会呈现中国方案为世界经济增长添动力 [J]. 紫光阁，2016（9）.

[8] 陈刚. 日本财政政策视角下安倍经济学的逻辑和前景 [J]. 现代日本经济，2015（2）.

[9] 陈金英. 莫迪执政以来印度的政治经济改革 [J]. 国际观察，2016（2）.

[10] 陈乐民. 西方外交思想史 [M]. 北京：中国社会科学出版社，1995.

[11] 陈文鸿等. 东亚经济何处去——97东亚金融风暴的回顾与展望 [M]. 北京：经济管理出版社，1998.

[12] 陈文玲. 未来十年中国经济发展趋势研判 [J]. 南京社会科学，2014（1）.

[13] 陈宇，韩奕琛. 浅析乌克兰危机对俄罗斯的影响 [J]. 国际研究参考，2014（12）.

[14] 陈拯. 失衡的自由国际秩序与主权的复归 [J]. 国际政治科学，2018（1）.

［15］程春华. 特朗普海上能源战略转型挑战重重［N］. 中国石油报, 2017 (5).

［16］丛鹏, 张钰函. 近年美俄关系析论［J］. 俄罗斯东欧中亚研究, 2008 (2).

［17］崔健. 日本国家安全战略选择的政治经济分析——以均势理论为基础［J］. 日本学刊, 2015 (2).

［18］戴二彪. 安倍经济学有效吗？［N］. 21世纪经济报道, 2017-10-10.

［19］丁平. 美国再工业化的动因、成效及对中国的影响［J］. 国际经济合作, 2014 (4).

［20］丁银河. 冷战后欧洲联盟多边外交战略研究［M］. 武汉: 武汉大学出版社, 2011.

［21］董术, 董化研. 中国经济安全外资经济比重临界值研究［J］. 经济问题探索, 2007 (3).

［22］董勇. 中国参与国际体系: 从全球化到国际制度［J］. 新政治学, 2010 (1).

［23］杜厚文, 夏庆杰. 世界经济一体化集团化研究及关于欧洲经济一体化的特例分析［M］. 北京: 中国大百科全书出版社, 1997.

［24］杜幼康, 葛静静. 试论冷战后印度的国际秩序观［J］. 南亚研究季刊, 2013 (4).

［25］樊勇明. 全球化与国际行为主体多元化——兼论国际关系中的非政府组织［J］. 世界经济研究, 2003 (9).

［26］费尔德斯坦. 20世纪80年代美国经济政策［M］. 王健等译. 北京: 经济科学出版社, 2000.

［27］福斯托. 巴西简明史［M］. 刘焕卿译. 北京: 社会科学文献出版社, 2006.

［28］傅梦孜, 付宇. 变化的世界, 不确定的时代——当前国际秩序演变的趋势［J］. 人民论坛·学术前沿, 2017 (7).

［29］傅梦孜. 中国和平崛起与国际秩序变革［J］. 现代国际关系, 2005 (10).

［30］傅莹. 全球的变革与中国的角色［J］. 政工学刊, 2017 (4).

［31］高程. 从规则视角看美国重构国际秩序的战略调整［J］. 世界经济与政治, 2013 (12).

［32］高德步. 世界经济通史（下卷）［M］. 北京: 高等教育出版社, 2005.

［33］高飞. "逆全球化"现象与中国的外交应对［J］. 国际论坛, 2017

(6).

[34] 高海红. 透视国际货币基金法国组织份额改革 [J]. 清华金融评论, 2016 (3).

[35] 格雷. 自由主义 [M]. 曹海军等译. 长春: 吉林人民出版社, 2005.

[36] 官力. 国际金融危机与国际秩序的变革 [J]. 现代国际关系, 2009 (4).

[37] 关培凤, 胡翃. 当前莫迪政府对华政策及中印关系发展前景 [J]. 现代国际关系, 2019 (2).

[38] 郭树勇. 新型国际关系: 世界秩序重构的中国方案 [J]. 红旗文稿, 2018 (4).

[39] 花勇. 西方国际关系学者对马克思主义国际关系思想的认识 [J]. 国际论坛, 2019 (3).

[40] 黄薇. 国际组织中的权力计算——以 IMF 份额与投票权改革为例的分析 [J]. 中国社会科学, 2016 (12).

[41] 黄永祥, 代天宇. 不要忘记德国 [M]. 北京: 中国城市出版社, 1997.

[42] 基欧汉. 局部全球化世界中的自由主义、权力与治理 [M]. 门洪华译, 北京: 北京大学出版社, 2004.

[43] 基辛格. 大外交 [M]. 顾淑馨, 林添贵译. 海口: 海南出版社, 1994.

[44] 吉尔平. 全球政治经济学: 解读国际经济秩序 [M]. 杨宇光, 杨炯译. 上海: 上海人民出版社, 2006.

[45] 江天骄, 王蕾. 诉求变动与策略调整: 印度参与全球治理的现实路径及前景 [J]. 当代亚太, 2017 (2).

[46] 江忆恩, 李韬. 简论国际机制对国家行为的影响 [J]. 世界经济与政治, 2002 (12).

[47] 杰克逊. 经过十年风雨洗礼的全球多边贸易体制 [J]. 沈大勇, 张蔚蔚编译. 国际商务研究, 2006 (2).

[48] 金钿. 国家安全论 [M]. 北京: 中国友谊出版社, 2002.

[49] 金仁淑. 日本对中印投资战略调整研究——政治经济因素探析 [J]. 现代日本经济, 2008 (1).

[50] 金中夏. 全球化向何处去: 重建中的世界贸易投资规则与格局 [M]. 北京: 中国金融出版社, 2015.

[51] 景跃军. 美国、日本经济增长方式转变比较及启示 [J]. 人口学刊, 2004 (2).

[52] 卡莱欧. 欧洲的未来 [M]. 冯绍雷等译. 上海: 上海人民出版社,

2003.

［53］克努成．国际关系理论史导论［M］．余万里，何宗强译．天津：天津人民出版社，2005.

［54］肯尼迪．大国的兴衰［M］．王保存等译．北京：求实出版社，1988.

［55］库巴科娃，奥鲁弗，科维特．建构世界中的国际关系［M］．肖锋译．北京：北京大学出版社，2006.

［56］拉哈．欧洲一体化史［M］．彭姝祎，陈志瑞译．北京：中国社会科学出版社，2005.

［57］蓝建学．新时期印度外交与中印关系［J］．国际问题研究，2015（3）.

［58］雷达，杨连星．现行国际经济秩序改革困境与全球治理理念的完善［J］．中国人民大学学报，2017（4）.

［59］雷日科夫．大国悲剧［M］．徐昌翰译．北京：新华出版社，2008.

［60］李刚军，薛莉．IMF与俄罗斯［J］．俄罗斯东欧中亚研究，2002（6）.

［61］李计广．欧盟贸易政策体系与互利共赢的中欧经贸关系［M］．北京：对外经济贸易大学出版社，2009.

［62］李莉．印度大国崛起战略新动向［J］．现代国际关系，2017（12）.

［63］李思奇，姚远，屠新泉．2016年中国获得"市场经济地位"的前景：美国因素与中国策略［J］．国际贸易问题，2016（3）.

［64］李巍．美元的霸权与人民币的未来［J］．现代国际关系，2016（9）.

［65］李锡奎，严功军．俄罗斯媒体视角下"一带一盟"研究［J］．东北亚论坛，2016（1）.

［66］李向阳．特朗普经济政策评估［J］．国际经济评论，2017（4）.

［67］李晓华．当代俄罗斯国际关系学者世界秩序观管窥［J］．西伯利亚研究，2010（6）.

［68］李晓．"一带一路"战略实施中的"印度困局"［J］．国际经济评论，2015（5）.

［69］李兴．俄罗斯外交20年：比较与展望［J］．新视野，2012（2）.

［70］李兴，王心怡．俄罗斯独联体政策论析［J］．俄罗斯学刊，2016（4）.

［71］李杨，高天昊．从G7到G20：竞争的多边主义与日本的全球经济治理角色［J］．外交论，2016（5）.

［72］李杨．国际政治三大流派视角下的国际秩序——基于三大流派核心概念的分析［J］．中州大学学报，2013（6）.

［73］李杨，贾瑞哲．以"一带一盟"对接促中俄经贸有效合作［J］．东北亚论坛，2017（4）.

［74］李杨. 印度对 G20 的定位、立场与参与策略［J］. 社会科学战线，2016（9）.

［75］梁明. 推进新时代中国特色社会主义贸易强国建设［J］. 国际贸易，2018（4）.

［76］梁守德，洪银娴. 国际政治学概论［M］. 北京：中央编译出版社，1994.

［77］廖晓明，刘晓锋. 当今世界逆全球化倾向的表现及其原因分析［J］. 长白学刊，2018（2）.

［78］林民旺. 日印关系进入"蜜月期"？［J］. 当代世界，2017（10）.

［79］刘昌黎. 日本 FTA/EPA 的新进展、问题及其对策［J］. 日本学刊，2009（4）.

［80］刘丰. 国际利益格局调整与国际秩序转型［J］. 外交评论（外交学院学报），2015（5）.

［81］刘海霞. 马克思主义时代观与国际秩序的重构——再议马克思主义国际关系理论的发展路径［J］. 欧洲研究，2016（2）.

［82］刘建江，蒋丽霞，唐志良. 美元霸权基础的动摇与美国应对战略探析［J］. 国际展望，2016（3）.

［83］刘杰. 论国际秩序重构进程中的制度霸权［J］. 上海社会科学院学术季刊，2000（3）.

［84］刘杰. 全球化时代的国际秩序及其治理机制［J］. 社会科学，2003（4）.

［85］刘清才，周金宁. 国际新秩序与全球治理体系建设——中国智慧与方案［J］. 吉林大学社会科学学报，2017（3）.

［86］刘笑阳. 马克思主义国际战略的时代背景分析——基于国家实力和世界秩序的互动［J］. 太平洋学报，2019（6）.

［87］刘绪贻，杨生茂. 战后美国史［M］. 北京：人民出版社，1989.

［88］刘跃进. 加快国家安全学理论研究与学科建设［N］. 中国社会科学报，2019 - 07 - 09.

［89］龙永图. 世界贸易组织知识读本［M］. 北京：中国对外经济贸易出版社，2001.

［90］吕鹏飞，侯涛. 莫迪首访不丹展"魅力攻势"被指平衡中国影响力［N］. 环球时报，2014 - 06 - 16.

［91］吕耀东. 21 世纪初日本对外目标及外交战略探析［J］. 日本问题研究，2009（3）.

[92] 吕耀东. 战后日本外交战略理念及对外关系轨迹 [J]. 日本学刊, 2015 (5).

[93] 吕银春. 1968－1973 年巴西经济奇迹剖析 [J]. 拉丁美洲研究, 1987 (4).

[94] 吕志平. 大宗商品金融化问题研究 [J]. 湖北社会科学, 2013 (2).

[95] 马嬿. 当代印度外交 [M]. 上海：上海人民出版社, 2007.

[96] 梅冠群. 莫迪主要经济发展战略研究 [J]. 中国经贸导刊, 2016 (35).

[97] 门洪华. 大国崛起与国际秩序 [J]. 国际政治研究, 2004 (2).

[98] 门洪华. 地区秩序构建的逻辑 [J]. 世界经济与政治, 2014 (7).

[99] 门洪华. 中国与国际秩序：国家实力、国际目标与战略设计 [J]. 黄海学术论坛, 2016 (1).

[100] 米军, 刘彦君, 程亦军等. 国际石油价格波动与俄罗斯经济增长 [J]. 欧亚经济, 2015 (5).

[101] 倪世雄等. 当代西方国际关系理论 [M]. 上海：复旦大学出版社, 2001.

[102] 聂泉. 卢拉政府时期（2003－2010）的巴西经济和社会政策初析 [J]. 拉丁美洲研究, 2013 (35).

[103] 欧阳向英. 俄罗斯经济社会形势分析 [J]. 俄罗斯学刊, 2017 (2).

[104] 欧阳峣, 张亚斌, 易先忠. 中国与金砖国家外贸的"共享式"增长 [J]. 中国社会科学, 2012 (10).

[105] 帕斯特. 世纪之旅 [M]. 胡利平, 杨韵琴译. 上海：上海人民出版社, 2001.

[106] 潘德礼等.《学习邓小平理论评析叶利钦时代》学术研讨会纪要 [J]. 东欧中亚研究, 2000 (1).

[107] 潘德礼. 俄罗斯十年 [M]. 北京：世界知识出版社, 2003.

[108] 普京. 普京文集：文章和讲话选集 [M]. 徐葵等译. 北京：中国社会科学出版社, 2002.

[109] 綦鲁明. 国际组织机构进展研究 [A] // 国际经济分析与展望（2015－2016）. 2016.

[110] 邱震海. 2008 年：应有的冷静与思考 [N]. 联合早报, 2008－01－04.

[111] 曲静. 近代以来日本外交战略的三次转变及其原因 [J]. 日本学论坛, 2008 (4).

[112] 任晓. 南南合作的蓬勃重构世界秩序 [J]. 国际关系研究, 2015 (2).

[113] 阮宗泽. 从国际秩序转型看中国的和平发展 [J]. 国际问题研究, 2005 (3).

[114] 山本吉宣. 国际政治理论 [M]. 王志安译. 上海: 三联书局, 1993.

[115] 上海国际问题研究院中国外交70年课题组. 中国外交70年专家谈 (之二) ——周边关系和发展中国家外交 [J]. 国际展望, 2019 (4).

[116] 申剑. 美国主权债务危机原因及其影响分析 [J]. 经济研究导刊, 2014 (10).

[117] 施瓦布. 第四次工业革命 [M]. 李菁译. 北京: 中信出版社, 2016.

[118] 史晨昱. 大宗商品金融化 [J]. 中国金融, 2011 (7).

[119] 史志钦. 排外主义折射欧洲人的集体焦虑 [J]. 人民论坛, 2019 (1).

[120] 宋志芹. 俄罗斯的独联体外交: 现状与前景 [J]. 学理论, 2015 (8).

[121] 苏长和. 自由主义与世界政治: 自由主义国际关系理论的启示 [J]. 世界经济与政治, 2004 (7).

[122] 孙庆国. 普京时期俄罗斯外交政策的调整及其对独联体的影响 [D]. 哈尔滨: 黑龙江大学, 2008.

[123] 孙新彭. 国家战略实施过程中的国家战略管理、国家战略评估和国家战略调整 [J]. 发展研究, 2017 (6).

[124] 孙兴杰. 帝国、后帝国空间与国际秩序的重建 [J]. 史学集刊, 2019 (3).

[125] 孙执中. 荣衰论——战后日本经济史 [M]. 北京: 人民出版社, 2006.

[126] 汤碧. 中国在WTO的地位变迁趋势及未来作用研究 [J]. 国际贸易, 2012 (10).

[127] 唐世平. 国际秩序变迁与中国的选项 [J]. 中国社会科学, 2019 (3).

[128] 陶蕊, 施筱勇, 迟计. 国外发展战略与规划评估的案例研究及启示 [J]. 软科学, 2019 (1).

[129] 田庆立, 程永明. 日本外交中的机会主义与对华行动选择 [J]. 东北亚论坛, 2008 (6).

[130] 屠新泉, 蒋捷媛. 金砖国家合作与"一带一路"倡议协同发展机制研究 [J]. 亚太经济, 2017 (3).

[131] 屠新泉, 苏骁. 中美关系与中国"市场经济地位"问题 [J]. 美国研究, 2016 (3).

[132] 屠新泉. 中国市场经济地位问题的由来与应对 [J]. 中国发展观察, 2016 (11).

[133] 屠新泉. 中国在 WTO 中的定位、作用和策略 [M]. 北京: 对外经济贸易大学出版社, 2005.

[134] 王公龙. 权力转移及其对世界政治发展的影响 [J]. 国际论坛, 2009 (4).

[135] 王海运. 乌克兰危机、俄罗斯战略调整与国际格局演变 [J]. 国际石油经济, 2014 (10).

[136] 王金辉, 周永生. 简析安倍政府国际秩序构想及实质 [J]. 日本学刊, 2017 (3).

[137] 王文, 刘典, 贾晋京. 大接替: 国际金融危机 10 周年来的世界经济动能转换 [J]. 广西师范学院学报（哲学社会科学版）, 2018 (3).

[138] 王希. 美国历史上的"国家利益"问题 [J]. 美国研究, 2003 (2).

[139] 王昕. 关于第二次世界大战后日本政府开发援助的政策研究 [D]. 上海: 华东师范大学, 2011.

[140] 王艳. 美国债务危机的演进、影响及前景展望 [J]. 国际经济合作, 2011 (10).

[141] 王燕. 试析国际货币基金组织（IMF）的作用及其改革 [J]. 科技信息, 2007 (26).

[142] 王瑛. 经济安全: 中国面临的挑战 [M]. 太原: 山西经济出版社, 2004.

[143] 王颖, 李计广. G20 与中国 [J]. 现代国际关系, 2012 (6).

[144] 温特著. 国际政治的社会理论 [M]. 秦亚青译. 上海: 上海人民出版社, 2000.

[145] 邬乐雅, 曾维华, 时京京, 王文懿. 美国绿色经济转型的驱动因素及相关环保措施研究 [J] 生态经济, 2013 (2).

[146] 吴国平, 王飞. 浅析巴西崛起及其国际战略选择 [J]. 拉丁美洲研究, 2015 (37).

[147] 吴兆礼. 印度亚太战略发展、目标与实施路径 [J]. 南亚研究, 2015 (4).

[148] 向前. 日本应对 GATT/WTO 体制的策略探析 [J]. 日本学刊, 2008 (5).

[149] 萧国亮, 隋福民. 世界经济史 [M]. 北京: 北京大学出版社, 2007.

[150] 肖晞. 国际秩序变革与中国路径研究 [J]. 政治学研究, 2017 (4).

[151] 谢剑南. 国际关系退化机制与国际秩序重构 [M]. 北京: 时事出版社, 2014.

[152] 星野昭吉. 全球政治学 [M]. 刘小林, 张胜军译. 北京: 新华出版社, 2000.

[153] 徐步. 关于国际秩序调整构建问题的思考 [J]. 外交评论, 2009 (4).

[154] 徐崇温. 美国联邦和地方政府债务危机 [J]. 中国延安干部学院学报, 2015 (1).

[155] 徐菲, 文富德. 印度"新邻国外交"战略及其对华影响 [J]. 国际展望, 2018 (2).

[156] 徐洪峰, 王海燕. 乌克兰危机背景下美欧对俄罗斯的能源制裁 [J]. 美国研究, 2015 (3).

[157] 徐洪峰, 王海燕. 中俄能源合作的新进展及存在的制约因素 [J]. 欧亚经济, 2017 (1).

[158] 徐坚. 逆全球化风潮与全球化的转型发展 [J]. 国际问题研究, 2017 (3).

[159] 徐坡岭, 肖影, 刘来会. 乌克兰危机以来俄罗斯经济危机的性质及展望 [J]. 俄罗斯研究, 2015 (1).

[160] 徐奇渊. "广场协议"和中国经济系列之终结篇: 日本货币政策的教训 [J]. 南风窗, 2010 (20).

[161] 徐向梅. 结构性难题与进口替代——俄罗斯经济发展前景分析 [J]. 国外理论动态, 2018 (1).

[162] 徐秀军. 国际秩序: 变革呼唤加强全球治理 [J]. 世界知识, 2018 (14).

[163] 徐秀军. 逆全球化挑战下金砖国家经济合作的增长点 [J]. 亚太经济, 2017 (3).

[164] 薛志华. 上海合作组织扩员后的发展战略及中国的作为——基于SWOT方法的分析视角 [J]. 当代亚太, 2017 (3).

[165] 杨红强, 武亮. 美国全球FTA战略调整的制度分析 [J]. 国际经贸, 2006 (10).

[166] 杨思灵. "一带一路": 中印战略互疑、挑战与对策 [J]. 印度洋经济体研究, 2016 (5).

[167] 叶海林. 印度南亚政策及对中国推进"一带一路"的影响 [J]. 印度洋经济体研究, 2016 (2).

[168] 伊肯伯里. 大战胜利之后 [M]. 门洪华译. 北京: 北京大学出版社, 2008.

[169] 于潇, 孙悦. 全球共同治理理论与中国实践 [J]. 吉林大学社会科学

学报，2018（6）.

[170] 余敏友，刘衡. WTO与全球贸易治理：演变、成就与挑战［J］. 吉林大学社会科学学报，2010（5）.

[171] 俞文华. 面向全球市场的技术竞争：地位变化、竞争力和适应效应——基于WIPO的PCT申请统计分析［J］. 世界经济研究，2012（7）.

[172] 约菲，卡斯. 国际贸易与竞争［M］. 官桓刚等译. 沈阳：东北财经大学出版社，2000.

[173] 岳云霞. 巴西经济启动萧条模式［J］. 人民论坛（人民日报），2016（6）.

[174] 曾泳心. 新阶段"东向政策"下印度—东盟关系对中国的挑战及其对策［J］. 浙江理工大学学报（社会科学版），2018（1）.

[175] 张彬，李畅，杨勇. 多边化区域主义的新发展与中国的对策选择［J］. 亚太经济，2017（5）.

[176] 张彬，张菲. RCEP的进展、障碍及中国的策略选择［J］. 南开学报（哲学社会科学版），2016（6）.

[177] 张贵洪. 印度的国际组织外交［J］. 国际观察，2010（2）.

[178] 张汉林，魏磊. 全球化背景下中国经济安全量度体系构建［J］. 世界经济研究，2011（1）.

[179] 张家栋. 中国与美国：谁是当代国际秩序的挑战者［M］//美国问题研究（第六辑），北京：时事出版社，2007.

[180] 张力. 美印新一轮战略互动：观察与评估［J］. 南亚研究季刊，2015（2）.

[181] 张璐晶. 商务部部长钟山出席中印经贸联合小组第11次会议侧记 中印要"龙象共舞、合作共赢"［J］. 中国经济周刊，2018（14）.

[182] 张茂明. 欧洲联盟国际行为能力研究［M］. 北京：当代世界出版社，2003.

[183] 张其仔. 中国产业竞争力报告："一带一路"战略与国际产能合作［M］. 北京：社会科学文献出版社，2015.

[184] 张少冬. 现代国际秩序的历史变迁及当代启示［J］. 甘肃理论学刊，2017（6）.

[185] 张仕荣. 二十国集团：国际秩序重构的动力与表征［J］. 当代世界与社会主义，2016（4）.

[186] 张沱生. 走出危机、重启对话与合作——中日关系的现状与前景［J］. 东北亚论坛，2015（5）.

[187] 张玮. 国际贸易 [M]. 北京：高等教育出版社，2006.

[188] 张锡昌，周剑卿. 战后法国外交史（1944-1992）[M]. 北京：世界知识出版社，1993.

[189] 张小明. 从G20杭州峰会看中国与国际社会关系的变化 [J]. 浙江社会科学，2016（10）.

[190] 张晓通，解楠楠. 冷战后中东欧地缘政治博弈：过程、规律及未来走势 [J]. 领导科学论坛，2017（1）.

[191] 张晓通. 特朗普经济外交思想与实践：重返经济民族主义 [J]. 边界与海洋研究，2017（4）.

[192] 张雪莹，刘洪武. 国际大宗商品金融化问题探析 [J]. 华北金融，2012（4）.

[193] 张迎红. 欧盟共同安全与防务政策研究 [M]. 北京：时事出版社，2011.

[194] 张永香，巢清尘，郑秋红，黄磊. 美国退出《巴黎协定》对全球气候治理的影响 [J]. 气候变化研究进展，2017（6）.

[195] 赵磊. 从世界格局与国际秩序看"百年未有之大变局" [J]. 中共中央党校学报（国家行政学院），2019（3）.

[196] 赵鸣文. "梅普组合"下的俄罗斯对外战略态势 [J]. 国际问题研究，2009（2）.

[197] 赵英. 政府采购与国家经济安全 [J]. 中国招标，2007（4）.

[198] 赵英. 中国经济面临的危险：国家经济安全论 [M]. 昆明：云南人民出版社，1994.

[199] 郑必坚. 历史机遇与中国特色社会主义在新世纪的根本走向 [J]. 求是，2003（8）.

[200] 周喧明，丁子函，堀江正弘. 日本经济高速增长的政策软实力 [J]. 现代日本经济，2010（2）.

[201] 周永生. 日本经济外交政策的转变及其影响 [J]. 东北亚论坛，2014（1）.

[202] 朱锋，李淑华. 金融危机与当前国际秩序的演变 [J]. 现代国际关系，2009（4）.

[203] 朱海燕. 安倍政府的安保战略：目标、路径及前景 [J]. 现代国际关系，2016（4）.

[204] 朱特. 战后欧洲史（上）[M]. 林骧华等译. 北京：新星出版社，2010.

[205] 竺彩华. "一带一路"引领全球化再平衡进程 [J]. 和平与发展, 2017 (5).

[206] Baylis J, Smith S. The Globalization of World Politics: An Introduction to International Relation [M]. Oxford: Oxford University Press, 2001.

[207] Black J. A History of Britain: 1945 to Brexit [M]. Bloomington: Indiana University Press, 2017.

[208] Boughton J M. Silent Revolution: The International Monetary Fund 1979 – 1989 [M]. Washington D. C.: International Monetary Fund, 2001.

[209] Broadman H G. Global Economic Integration: Prospects for WTO Accession and Continued Russian Reforms [J]. The Washington Quarterly, Spring 2004.

[210] Bull H. A Study of Order in World Politics [M]. Columbia University Press, 1995.

[211] Camilleri J A. States, Markets and Civil Society in Asia Pacific [M]. Mas: Edward Elgar Publishing Limited, 2000.

[212] Canto V A. U. S. Trade Policy: History and Evidence [J]. Cato Journal, 1983/84, 3 (3).

[213] Cheng W. EU's New FTA Strategy: A Response to the Transformation of World Economy and Its Implications [J]. Global Economic Observer, 2017, 5 (1).

[214] Doyle M W. Ways of War and Peace: Realism, Liberalism, and Socialism [M]. New York and London: W. W. Norton & Company, 1997.

[215] Falkowski M. Financialization of Commodities [J]. Contemporary Economics, 2011 (5).

[216] Hajnal P I. The G8 System and the G20: Evolution, Role and Documentation [M]. London: Routledge, 2016.

[217] Hegemony A H. Liberalism and global order: what space for would – be great powers? [J]. International Affairs, 2006 (1).

[218] Keohane R O. Neorealism and its Critics [M]. New York: Columbia University Press, 1986.

[219] Lemek D. Region of War and Peace [M]. London: Cambridge University Press, 2002.

[220] Modelski G. Long Cycles in World Politics [M]. London: Macmillan Press, 1987.

[221] Moravcsik A. Taking Preferences Seriously: A Liberal Theory of International Politics [J]. International Organization. 1997, 51 (4).

[222] Morgenthau H J. Politics Among Nations: The Struggle for Power and Peace [M]. New York: Alfred A. Knopf, 1948.

[223] Nye J S. Soft Power: The Means to Success in World Politics [M]. New York: Public Affairs, 2004.

[224] Paradowska M, Platje J J. European Sustainable Urban Development Policy in the Light of Priorities of the Europe 2020 Strategy [J]. Journal of Economics and Management, 2015, 19 (1).

[225] Patric H, Hozovskt H (eds). Asia's New Giant: How the Japan Economy Works [M]. Brooks, 1976.

[226] Rabesandratana T, Stokstad E. Debate sharpens over U. K. threat to leave Europe [J]. Science, 2016 (6271).

[227] Ramachandra G P. India's Foreign Policy in the Post–Cold War Era [M]//K. Raman Pillai K R (ed). India Foreign Policy in the 1990s, New Delhi: Radiant Publishers.

[228] Ranke T L. The Formative Years [M]. Princeton: Princeton University Press, 1950.

[229] Robertson R. Globalization: A Brief Response [J]. Journal for the Scientific Study of Religion, 1992 (3).

[230] Schweller R L. After Victory: Institutions, Strategic Restraint, and the Rebuilding of Order after Major Wars G. John Ikenberry [J]. Journal of Politics, 2001 (4).

[231] Scotto T J, Reifler J. Getting tough with the dragon? The comparative correlates of foreign policy attitudes toward China in the United States and UK [J]. International Relations of the Asia-Pacific, 2017 (172).

[232] Smith S. The Increasing Insecurity of Security Studies: Conceptualizing Security in the Last Twenty Years [M]//Croft S, Terriff T (eds). Critical Reflections on Security and Change. London: Frank Cass Publishers, 2000.

[233] Stein A. Why Nations Cooperate: Circumstance and Choice in International Relations [M]. Ithaca, NY: Cornell University Press, 1990.

[234] Tang K, Xiong W. Index Investment and the Financialization of Commodities [J]. Financial Analysts Journal, 2012 (6).

[235] Trichet J C. Global Governance Today [C]. Keynote Address at the Council on Foreign Relations, New York, April 2010.

[236] UK Government. National Security Strategy and Strategic Defense and Secu-

rity Review 2015［R］. 2015.

［237］Wight M，Eight G，Porter B（eds）. International Theory：The Three Traditions［M］. Leicester and London：Leicester University Press，1991.

［238］Wilkinson R. The World Trade Organization and the Governance of Global Trade［C］//European Policy Center Working Paper，Global Trade Governance：The WTO at a Crossroad，2006（26）.

［239］Young O R. International Cooperation［M］. Ithaca，NY：Cornell University Press，1989.

# 后 记

近些年，全球范围内的逆全球化运动不断兴起，世界主要经济体在2008年国际金融危机后陆续推出贸易保护主义措施，严重阻碍了贸易和投资的自由化，致使多边贸易体制步履维艰以致陷入停滞。以鲜明的保护主义纲领当选的特朗普总统所奉行的"美国优先"政策极具孤立主义色彩。不仅如此，英国脱欧也使欧洲一体化推进步履维艰，难民问题迟迟无果，欧洲成员间分歧重大。德国、法国、意大利等国极右民粹主义势力抬头，参与国际合作的意愿减退。经济全球化进程面临严峻的挑战，作为国际秩序核心内容的国际经济秩序也面临着重构。

教育部哲学社会科学研究重大课题攻关项目"全球化背景下国际秩序重构与中国国家安全战略研究"（10JZD0046）由对外经济贸易大学中国WTO研究院张汉林教授领衔统筹，最终成果书稿由对外经济贸易大学中国WTO研究院李杨教授、北京林业大学付亦重教授统稿，全书各章参与人员如下：第一章为黄艳希、王家林，第二章为王家林、冯伟杰，第三章为唐克，第四章为程斌琪、冯伟杰，第五章为宋懿达、孙俊成，第六章为孙俊成，第七章为赵曦梦、车丽波，第八章为高媛，第九章为贾瑞哲、高媛，第十章为黄艳希、程斌琪，第十一章为贾瑞哲、刘颖，第十二章为唐克、程斌琪、宋懿达、孙俊成、赵曦梦、高媛，第十三章为贾瑞哲、陈潆潆。感谢他们的辛苦付出。

在课题最终成果付梓之际，谨对本课题的顾问和咨询专家们表示感谢，他们对课题框架的拟定、内容审核等做出了重要贡献。我们还要感谢经济科学出版社各位老师对本书出版给予的支持和帮助。本课题在完成过程中得到了教育部、对外经济贸易大学领导的关心和支持，学校有关部门也给予了大力支持和配合，在此一并表示感谢。另外，在撰写过程中我们参考了国内外专家和学者的有关研究成果，特在此对他们表示感谢。限于水平和时间，本书不当之处在所难免，欢迎批评指正。

# 教育部哲学社会科学研究重大课题攻关项目成果出版列表

| 序号 | 书 名 | 首席专家 |
|---|---|---|
| 1 | 《马克思主义基础理论若干重大问题研究》 | 陈先达 |
| 2 | 《马克思主义理论学科体系建构与建设研究》 | 张雷声 |
| 3 | 《马克思主义整体性研究》 | 逄锦聚 |
| 4 | 《改革开放以来马克思主义在中国的发展》 | 顾钰民 |
| 5 | 《新时期 新探索 新征程——当代资本主义国家共产党的理论与实践研究》 | 聂运麟 |
| 6 | 《坚持马克思主义在意识形态领域指导地位研究》 | 陈先达 |
| 7 | 《当代资本主义新变化的批判性解读》 | 唐正东 |
| 8 | 《当代中国人精神生活研究》 | 童世骏 |
| 9 | 《弘扬与培育民族精神研究》 | 杨叔子 |
| 10 | 《当代科学哲学的发展趋势》 | 郭贵春 |
| 11 | 《服务型政府建设规律研究》 | 朱光磊 |
| 12 | 《地方政府改革与深化行政管理体制改革研究》 | 沈荣华 |
| 13 | 《面向知识表示与推理的自然语言逻辑》 | 鞠实儿 |
| 14 | 《当代宗教冲突与对话研究》 | 张志刚 |
| 15 | 《马克思主义文艺理论中国化研究》 | 朱立元 |
| 16 | 《历史题材文学创作重大问题研究》 | 童庆炳 |
| 17 | 《现代中西高校公共艺术教育比较研究》 | 曾繁仁 |
| 18 | 《西方文论中国化与中国文论建设》 | 王一川 |
| 19 | 《中华民族音乐文化的国际传播与推广》 | 王耀华 |
| 20 | 《楚地出土戰國簡册〔十四種〕》 | 陈 伟 |
| 21 | 《近代中国的知识与制度转型》 | 桑 兵 |
| 22 | 《中国抗战在世界反法西斯战争中的历史地位》 | 胡德坤 |
| 23 | 《近代以来日本对华认识及其行动选择研究》 | 杨栋梁 |
| 24 | 《京津冀都市圈的崛起与中国经济发展》 | 周立群 |
| 25 | 《金融市场全球化下的中国监管体系研究》 | 曹凤岐 |
| 26 | 《中国市场经济发展研究》 | 刘 伟 |
| 27 | 《全球经济调整中的中国经济增长与宏观调控体系研究》 | 黄 达 |
| 28 | 《中国特大都市圈与世界制造业中心研究》 | 李廉水 |

| 序号 | 书　名 | 首席专家 |
|---|---|---|
| 29 | 《中国产业竞争力研究》 | 赵彦云 |
| 30 | 《东北老工业基地资源型城市发展可持续产业问题研究》 | 宋冬林 |
| 31 | 《转型时期消费需求升级与产业发展研究》 | 臧旭恒 |
| 32 | 《中国金融国际化中的风险防范与金融安全研究》 | 刘锡良 |
| 33 | 《全球新型金融危机与中国的外汇储备战略》 | 陈雨露 |
| 34 | 《全球金融危机与新常态下的中国产业发展》 | 段文斌 |
| 35 | 《中国民营经济制度创新与发展》 | 李维安 |
| 36 | 《中国现代服务经济理论与发展战略研究》 | 陈　宪 |
| 37 | 《中国转型期的社会风险及公共危机管理研究》 | 丁烈云 |
| 38 | 《人文社会科学研究成果评价体系研究》 | 刘大椿 |
| 39 | 《中国工业化、城镇化进程中的农村土地问题研究》 | 曲福田 |
| 40 | 《中国农村社区建设研究》 | 项继权 |
| 41 | 《东北老工业基地改造与振兴研究》 | 程　伟 |
| 42 | 《全面建设小康社会进程中的我国就业发展战略研究》 | 曾湘泉 |
| 43 | 《自主创新战略与国际竞争力研究》 | 吴贵生 |
| 44 | 《转轨经济中的反行政性垄断与促进竞争政策研究》 | 于良春 |
| 45 | 《面向公共服务的电子政务管理体系研究》 | 孙宝文 |
| 46 | 《产权理论比较与中国产权制度变革》 | 黄少安 |
| 47 | 《中国企业集团成长与重组研究》 | 蓝海林 |
| 48 | 《我国资源、环境、人口与经济承载能力研究》 | 邱　东 |
| 49 | 《"病有所医"——目标、路径与战略选择》 | 高建民 |
| 50 | 《税收对国民收入分配调控作用研究》 | 郭庆旺 |
| 51 | 《多党合作与中国共产党执政能力建设研究》 | 周淑真 |
| 52 | 《规范收入分配秩序研究》 | 杨灿明 |
| 53 | 《中国社会转型中的政府治理模式研究》 | 娄成武 |
| 54 | 《中国加入区域经济一体化研究》 | 黄卫平 |
| 55 | 《金融体制改革和货币问题研究》 | 王广谦 |
| 56 | 《人民币均衡汇率问题研究》 | 姜波克 |
| 57 | 《我国土地制度与社会经济协调发展研究》 | 黄祖辉 |
| 58 | 《南水北调工程与中部地区经济社会可持续发展研究》 | 杨云彦 |
| 59 | 《产业集聚与区域经济协调发展研究》 | 王　珺 |

| 序号 | 书名 | 首席专家 |
|---|---|---|
| 60 | 《我国货币政策体系与传导机制研究》 | 刘 伟 |
| 61 | 《我国民法典体系问题研究》 | 王利明 |
| 62 | 《中国司法制度的基础理论问题研究》 | 陈光中 |
| 63 | 《多元化纠纷解决机制与和谐社会的构建》 | 范 愉 |
| 64 | 《中国和平发展的重大前沿国际法律问题研究》 | 曾令良 |
| 65 | 《中国法制现代化的理论与实践》 | 徐显明 |
| 66 | 《农村土地问题立法研究》 | 陈小君 |
| 67 | 《知识产权制度变革与发展研究》 | 吴汉东 |
| 68 | 《中国能源安全若干法律与政策问题研究》 | 黄 进 |
| 69 | 《城乡统筹视角下我国城乡双向商贸流通体系研究》 | 任保平 |
| 70 | 《产权强度、土地流转与农民权益保护》 | 罗必良 |
| 71 | 《我国建设用地总量控制与差别化管理政策研究》 | 欧名豪 |
| 72 | 《矿产资源有偿使用制度与生态补偿机制》 | 李国平 |
| 73 | 《巨灾风险管理制度创新研究》 | 卓 志 |
| 74 | 《国有资产法律保护机制研究》 | 李曙光 |
| 75 | 《中国与全球油气资源重点区域合作研究》 | 王 震 |
| 76 | 《可持续发展的中国新型农村社会养老保险制度研究》 | 邓大松 |
| 77 | 《农民工权益保护理论与实践研究》 | 刘林平 |
| 78 | 《大学生就业创业教育研究》 | 杨晓慧 |
| 79 | 《新能源与可再生能源法律与政策研究》 | 李艳芳 |
| 80 | 《中国海外投资的风险防范与管控体系研究》 | 陈菲琼 |
| 81 | 《生活质量的指标构建与现状评价》 | 周长城 |
| 82 | 《中国公民人文素质研究》 | 石亚军 |
| 83 | 《城市化进程中的重大社会问题及其对策研究》 | 李 强 |
| 84 | 《中国农村与农民问题前沿研究》 | 徐 勇 |
| 85 | 《西部开发中的人口流动与族际交往研究》 | 马 戎 |
| 86 | 《现代农业发展战略研究》 | 周应恒 |
| 87 | 《综合交通运输体系研究——认知与建构》 | 荣朝和 |
| 88 | 《中国独生子女问题研究》 | 风笑天 |
| 89 | 《我国粮食安全保障体系研究》 | 胡小平 |
| 90 | 《我国食品安全风险防控研究》 | 王 硕 |

| 序号 | 书名 | 首席专家 |
|---|---|---|
| 91 | 《城市新移民问题及其对策研究》 | 周大鸣 |
| 92 | 《新农村建设与城镇化推进中农村教育布局调整研究》 | 史宁中 |
| 93 | 《农村公共产品供给与农村和谐社会建设》 | 王国华 |
| 94 | 《中国大城市户籍制度改革研究》 | 彭希哲 |
| 95 | 《国家惠农政策的成效评价与完善研究》 | 邓大才 |
| 96 | 《以民主促进和谐——和谐社会构建中的基层民主政治建设研究》 | 徐 勇 |
| 97 | 《城市文化与国家治理——当代中国城市建设理论内涵与发展模式建构》 | 皇甫晓涛 |
| 98 | 《中国边疆治理研究》 | 周 平 |
| 99 | 《边疆多民族地区构建社会主义和谐社会研究》 | 张先亮 |
| 100 | 《新疆民族文化、民族心理与社会长治久安》 | 高静文 |
| 101 | 《中国大众媒介的传播效果与公信力研究》 | 喻国明 |
| 102 | 《媒介素养：理念、认知、参与》 | 陆 晔 |
| 103 | 《创新型国家的知识信息服务体系研究》 | 胡昌平 |
| 104 | 《数字信息资源规划、管理与利用研究》 | 马费成 |
| 105 | 《新闻传媒发展与建构和谐社会关系研究》 | 罗以澄 |
| 106 | 《数字传播技术与媒体产业发展研究》 | 黄升民 |
| 107 | 《互联网等新媒体对社会舆论影响与利用研究》 | 谢新洲 |
| 108 | 《网络舆论监测与安全研究》 | 黄永林 |
| 109 | 《中国文化产业发展战略论》 | 胡惠林 |
| 110 | 《20世纪中国古代文化经典在域外的传播与影响研究》 | 张西平 |
| 111 | 《国际传播的理论、现状和发展趋势研究》 | 吴 飞 |
| 112 | 《教育投入、资源配置与人力资本收益》 | 闵维方 |
| 113 | 《创新人才与教育创新研究》 | 林崇德 |
| 114 | 《中国农村教育发展指标体系研究》 | 袁桂林 |
| 115 | 《高校思想政治理论课程建设研究》 | 顾海良 |
| 116 | 《网络思想政治教育研究》 | 张再兴 |
| 117 | 《高校招生考试制度改革研究》 | 刘海峰 |
| 118 | 《基础教育改革与中国教育学理论重建研究》 | 叶 澜 |
| 119 | 《我国研究生教育结构调整问题研究》 | 袁本涛 王传毅 |
| 120 | 《公共财政框架下公共教育财政制度研究》 | 王善迈 |

| 序号 | 书　名 | 首席专家 |
|---|---|---|
| 121 | 《农民工子女问题研究》 | 袁振国 |
| 122 | 《当代大学生诚信制度建设及加强大学生思想政治工作研究》 | 黄蓉生 |
| 123 | 《从失衡走向平衡：素质教育课程评价体系研究》 | 钟启泉 崔允漷 |
| 124 | 《构建城乡一体化的教育体制机制研究》 | 李　玲 |
| 125 | 《高校思想政治理论课教育教学质量监测体系研究》 | 张耀灿 |
| 126 | 《处境不利儿童的心理发展现状与教育对策研究》 | 申继亮 |
| 127 | 《学习过程与机制研究》 | 莫　雷 |
| 128 | 《青少年心理健康素质调查研究》 | 沈德立 |
| 129 | 《灾后中小学生心理疏导研究》 | 林崇德 |
| 130 | 《民族地区教育优先发展研究》 | 张诗亚 |
| 131 | 《WTO主要成员贸易政策体系与对策研究》 | 张汉林 |
| 132 | 《中国和平发展的国际环境分析》 | 叶自成 |
| 133 | 《冷战时期美国重大外交政策案例研究》 | 沈志华 |
| 134 | 《新时期中非合作关系研究》 | 刘鸿武 |
| 135 | 《我国的地缘政治及其战略研究》 | 倪世雄 |
| 136 | 《中国海洋发展战略研究》 | 徐祥民 |
| 137 | 《深化医药卫生体制改革研究》 | 孟庆跃 |
| 138 | 《华侨华人在中国软实力建设中的作用研究》 | 黄　平 |
| 139 | 《我国地方法制建设理论与实践研究》 | 葛洪义 |
| 140 | 《城市化理论重构与城市化战略研究》 | 张鸿雁 |
| 141 | 《境外宗教渗透论》 | 段德智 |
| 142 | 《中部崛起过程中的新型工业化研究》 | 陈晓红 |
| 143 | 《农村社会保障制度研究》 | 赵　曼 |
| 144 | 《中国艺术学学科体系建设研究》 | 黄会林 |
| 145 | 《人工耳蜗术后儿童康复教育的原理与方法》 | 黄昭鸣 |
| 146 | 《我国少数民族音乐资源的保护与开发研究》 | 樊祖荫 |
| 147 | 《中国道德文化的传统理念与现代践行研究》 | 李建华 |
| 148 | 《低碳经济转型下的中国排放权交易体系》 | 齐绍洲 |
| 149 | 《中国东北亚战略与政策研究》 | 刘清才 |
| 150 | 《促进经济发展方式转变的地方财税体制改革研究》 | 钟晓敏 |
| 151 | 《中国—东盟区域经济一体化》 | 范祚军 |

| 序号 | 书　名 | 首席专家 |
|---|---|---|
| 152 | 《非传统安全合作与中俄关系》 | 冯绍雷 |
| 153 | 《外资并购与我国产业安全研究》 | 李善民 |
| 154 | 《近代汉字术语的生成演变与中西日文化互动研究》 | 冯天瑜 |
| 155 | 《新时期加强社会组织建设研究》 | 李友梅 |
| 156 | 《民办学校分类管理政策研究》 | 周海涛 |
| 157 | 《我国城市住房制度改革研究》 | 高　波 |
| 158 | 《新媒体环境下的危机传播及舆论引导研究》 | 喻国明 |
| 159 | 《法治国家建设中的司法判例制度研究》 | 何家弘 |
| 160 | 《中国女性高层次人才发展规律及发展对策研究》 | 佟　新 |
| 161 | 《国际金融中心法制环境研究》 | 周仲飞 |
| 162 | 《居民收入占国民收入比重统计指标体系研究》 | 刘　扬 |
| 163 | 《中国历代边疆治理研究》 | 程妮娜 |
| 164 | 《性别视角下的中国文学与文化》 | 乔以钢 |
| 165 | 《我国公共财政风险评估及其防范对策研究》 | 吴俊培 |
| 166 | 《中国历代民歌史论》 | 陈书录 |
| 167 | 《大学生村官成长成才机制研究》 | 马抗美 |
| 168 | 《完善学校突发事件应急管理机制研究》 | 马怀德 |
| 169 | 《秦简牍整理与研究》 | 陈　伟 |
| 170 | 《出土简帛与古史再建》 | 李学勤 |
| 171 | 《民间借贷与非法集资风险防范的法律机制研究》 | 岳彩申 |
| 172 | 《新时期社会治安防控体系建设研究》 | 宫志刚 |
| 173 | 《加快发展我国生产服务业研究》 | 李江帆 |
| 174 | 《基本公共服务均等化研究》 | 张贤明 |
| 175 | 《职业教育质量评价体系研究》 | 周志刚 |
| 176 | 《中国大学校长管理专业化研究》 | 宣　勇 |
| 177 | 《"两型社会"建设标准及指标体系研究》 | 陈晓红 |
| 178 | 《中国与中亚地区国家关系研究》 | 潘志平 |
| 179 | 《保障我国海上通道安全研究》 | 吕　靖 |
| 180 | 《世界主要国家安全体制机制研究》 | 刘胜湘 |
| 181 | 《中国流动人口的城市逐梦》 | 杨菊华 |
| 182 | 《建设人口均衡型社会研究》 | 刘渝琳 |
| 183 | 《农产品流通体系建设的机制创新与政策体系研究》 | 夏春玉 |

| 序号 | 书　名 | 首席专家 |
|---|---|---|
| 184 | 《区域经济一体化中府际合作的法律问题研究》 | 石佑启 |
| 185 | 《城乡劳动力平等就业研究》 | 姚先国 |
| 186 | 《20世纪朱子学研究精华集成——从学术思想史的视角》 | 乐爱国 |
| 187 | 《拔尖创新人才成长规律与培养模式研究》 | 林崇德 |
| 188 | 《生态文明制度建设研究》 | 陈晓红 |
| 189 | 《我国城镇住房保障体系及运行机制研究》 | 虞晓芬 |
| 190 | 《中国战略性新兴产业国际化战略研究》 | 汪　涛 |
| 191 | 《证据科学论纲》 | 张保生 |
| 192 | 《要素成本上升背景下我国外贸中长期发展趋势研究》 | 黄建忠 |
| 193 | 《中国历代长城研究》 | 段清波 |
| 194 | 《当代技术哲学的发展趋势研究》 | 吴国林 |
| 195 | 《20世纪中国社会思潮研究》 | 高瑞泉 |
| 196 | 《中国社会保障制度整合与体系完善重大问题研究》 | 丁建定 |
| 197 | 《民族地区特殊类型贫困与反贫困研究》 | 李俊杰 |
| 198 | 《扩大消费需求的长效机制研究》 | 臧旭恒 |
| 199 | 《我国土地出让制度改革及收益共享机制研究》 | 石晓平 |
| 200 | 《高等学校分类体系及其设置标准研究》 | 史秋衡 |
| 201 | 《全面加强学校德育体系建设研究》 | 杜时忠 |
| 202 | 《生态环境公益诉讼机制研究》 | 颜运秋 |
| 203 | 《科学研究与高等教育深度融合的知识创新体系建设研究》 | 杜德斌 |
| 204 | 《女性高层次人才成长规律与发展对策研究》 | 罗瑾琏 |
| 205 | 《岳麓秦简与秦代法律制度研究》 | 陈松长 |
| 206 | 《民办教育分类管理政策实施跟踪与评估研究》 | 周海涛 |
| 207 | 《建立城乡统一的建设用地市场研究》 | 张安录 |
| 208 | 《迈向高质量发展的经济结构转变研究》 | 郭熙保 |
| 209 | 《中国社会福利理论与制度构建——以适度普惠社会福利制度为例》 | 彭华民 |
| 210 | 《提高教育系统廉政文化建设实效性和针对性研究》 | 罗国振 |
| 211 | 《毒品成瘾及其复吸行为——心理学的研究视角》 | 沈模卫 |
| 212 | 《英语世界的中国文学译介与研究》 | 曹顺庆 |
| 213 | 《建立公开规范的住房公积金制度研究》 | 王先柱 |

| 序号 | 书名 | 首席专家 |
|---|---|---|
| 214 | 《现代归纳逻辑理论及其应用研究》 | 何向东 |
| 215 | 《时代变迁、技术扩散与教育变革：信息化教育的理论与实践探索》 | 杨　浩 |
| 216 | 《城镇化进程中新生代农民工职业教育与社会融合问题研究》 | 褚宏启<br>薛二勇 |
| 217 | 《我国先进制造业发展战略研究》 | 唐晓华 |
| 218 | 《融合与修正：跨文化交流的逻辑与认知研究》 | 鞠实儿 |
| 219 | 《中国新生代农民工收入状况与消费行为研究》 | 金晓彤 |
| 220 | 《高校少数民族应用型人才培养模式综合改革研究》 | 张学敏 |
| 221 | 《中国的立法体制研究》 | 陈　俊 |
| 222 | 《教师社会经济地位问题：现实与选择》 | 劳凯声 |
| 223 | 《中国现代职业教育质量保障体系研究》 | 赵志群 |
| 224 | 《欧洲农村城镇化进程及其借鉴意义》 | 刘景华 |
| 225 | 《国际金融危机后全球需求结构变化及其对中国的影响》 | 陈万灵 |
| 226 | 《创新法治人才培养机制》 | 杜承铭 |
| 227 | 《法治中国建设背景下警察权研究》 | 余凌云 |
| 228 | 《高校财务管理创新与财务风险防范机制研究》 | 徐明稚 |
| 229 | 《义务教育学校布局问题研究》 | 雷万鹏 |
| 230 | 《高校党员领导干部清正、党政领导班子清廉的长效机制研究》 | 汪　曦 |
| 231 | 《二十国集团与全球经济治理研究》 | 黄茂兴 |
| 232 | 《高校内部权力运行制约与监督体系研究》 | 张德祥 |
| 233 | 《职业教育办学模式改革研究》 | 石伟平 |
| 234 | 《职业教育现代学徒制理论研究与实践探索》 | 徐国庆 |
| 235 | 《全球化背景下国际秩序重构与中国国家安全战略研究》 | 张汉林 |
| …… | | |